Siegfried Kaltenecker

Tatort Kanban

Ein agiler Kriminalroman

Siegfried Kaltenecker
siegfried.kaltenecker@loop-beratung.at

Lektorat: Christa Preisendanz
Copy-Editing: Ursula Zimpfer, Herrenberg
Satz: Birgit Bäuerlein
Herstellung: Stefanie Weidner
Umschlaggestaltung: Helmut Kraus, *www.exclam.de*
Druck und Bindung: mediaprint solutions GmbH, 33100 Paderborn

Bibliografische Information der Deutschen Nationalbibliothek
Die Deutsche Nationalbibliothek verzeichnet diese Publikation in der Deutschen National-
bibliografie; detaillierte bibliografische Daten sind im Internet über *http://dnb.d-nb.de* abrufbar.

ISBN:
Print   978-3-86490-653-4
PDF   978-3-96088-793-5
ePub   978-3-96088-794-2
mobi   978-3-96088-795-9

1. Auflage 2019
Copyright © 2019 dpunkt.verlag GmbH
Wieblinger Weg 17
69123 Heidelberg

PEFC zertifiziert
Das Papier für dieses
Buch stammt aus nach-
haltig bewirtschafteten
Wäldern und kontrol-
lierten Quellen
PEFC/04-31-0810   www.pefc.de

Hinweis:
Dieses Buch wurde auf PEFC-zertifiziertem Papier aus
nachhaltiger Waldwirtschaft gedruckt. Der Umwelt zuliebe
verzichten wir zusätzlich auf die Einschweißfolie.

Schreiben Sie uns:
Falls Sie Anregungen, Wünsche und Kommentare haben, lassen Sie es uns wissen:
hallo@dpunkt.de.

5 4 3 2 1 0

Siegfried Kaltenecker ist geschäftsführender Gesellschafter der Loop GmbH, die sich auf agile Unternehmensentwicklung spezialisiert hat. Seit mehr als 20 Jahren unterstützt er die Umsetzung innovativer Arbeits- und Organisationsformen in den unterschiedlichsten Bereichen. Die Erfahrungen, die er dabei sammelt, verarbeitet er in Artikeln und Büchern wie *Kanban in der IT*, *Selbstorganisierte Teams führen* und *Selbstorganisierte Unternehmen*.

Tatort Kanban

Inhalt

Montag, 20:15
Streit in der *SafeIT*

»Was denkst du dir eigentlich dabei?«

Eleanore Ortiz war laut geworden. Gleichzeitig hatte sie sich nach vorne gebeugt und ihre Hände links und rechts auf der Tischplatte aufgestützt. Paul Steiner sah, wie sich ihre Finger verspannten. Es wirkte, als ob sie sich schon im nächsten Moment auf ihn stürzen könnte. Da schlägt wohl wieder einmal ihr südamerikanisches Temperament durch, dachte er, während er sich betont langsam zurücklehnte.

»Ich verstehe gar nicht, warum du dich so aufregst.«

»Das verstehst du nicht?«, fuhr ihn Ortiz an. Sie war nun tatsächlich von ihrem Stuhl aufgesprungen. Ihre Augen funkelten zornig.

»Ele, setz dich bitte wieder hin und lass uns vernünftig darüber reden«, probierte er es auf die väterliche Tour, die normalerweise immer funktionierte. Die beherrschte er wie kein anderer: Luft herausnehmen, sich in einzelnen Punkten nachsichtig zeigen, den eigentlichen Vorwurf aber sukzessive entkräften, bis am Ende alles auf ein Missverständnis hinauslief.

»Vernünftig?«, wurde ihm die Tour schon im Ansatz vermasselt. »Das sagst ausgerechnet du?«

»Jetzt beruhige dich doch erst mal!«, versuchte es Steiner noch einmal. Doch seine Kollegin war nicht mehr zu bremsen. »Wie soll ich mich beruhigen, wenn du unsere Arbeit vorsätzlich sabotierst?«

»Ich bin doch kein Saboteur!«, wandte Steiner ein, hörte aber selbst, wie schwach das klang.

»Allein dein Verhalten im heutigen Meeting: die pure Verweigerung! Als hättest du immer noch nicht verstanden, dass Transparenz und Offenheit für unsere Arbeit essenziell sind.«

Steiner setzte erneut an, doch seine Kollegin wischte seinen Einwand mit einer energischen Handbewegung zur Seite, bevor er ihn aussprechen konnte. Sie war jetzt so richtig in Fahrt gekommen.

»Schlimm genug, dass du deine Teamkollegen an der kurzen Leine hältst«, schleuderte ihm Ortiz ins Gesicht. »Aber deine Geheimniskrämerei im Projekt bringt das Fass endgültig zum Überlaufen!«

Steiner musste blinzeln und fuhr sich rasch über die Augen. Ortiz starrte ihn unverwandt an. Obwohl sie fast einen Kopf kleiner und sicher 30 Kilo leichter war, musste Steiner zugeben, dass jetzt etwas Bedrohliches von seiner Kollegin ausging. Ihr ganzer Körper wirkte wie ein einziger Muskel, der zum Zerreißen angespannt war. Als er sich gerade fragte, ob sie wirklich einen Angriff wagen würde, gab es plötzlich einen ohrenbetäubenden Knall. Steiner fuhr zusammen. Wie vom Blitz getroffen, kam ihm in den Sinn, während er die Tischplatte unter Ortiz' Hand anschaute, die immer noch von der Wucht ihres Schlages zu zittern schien.

Dann aber ging ein Ruck durch ihn. Ansatzlos sprang er auf. »Was glaubst du eigentlich, wer du bist?«, brüllte er sie an. »Dass du mir da Moralvorträge halten kannst!«

»Moralvorträge!«, schrie Ortiz zurück. »Es geht nicht um Moral. Es geht um Fairness! Und Loyalität!«

Steiner schluckte. »Du bist ja verrückt«, presste er hervor, konnte aber nicht verhindern, dass er dabei den Blick abwandte.

»Leugne nur. Du wirst schon sehen, wohin das führt!«, zischte Ortiz so heftig, dass sich zwischen ihnen ein feiner Sprühregen von Speicheltropfen ergoss.

»Willst du mir etwa drohen?«, fragte Steiner, während er seinen Blick wieder in die Richtung seiner Kollegin zwang.

»Jedenfalls werde ich morgen noch einmal mit Viktor reden«, erklärte Ortiz. »Und am Donnerstag wird das Projekt das Erste sein, was ich mit Heidrun und Ferdinand bespreche. Dieses Mal kommst du nicht ungeschoren davon!«

»Tu, was du nicht lassen kannst«, entgegnete er so gleichgültig wie möglich. Ortiz sollte ja nicht glauben, dass er sich gleich in die Hose machte, wenn sie zu den beiden Geschäftsführern lief. Seit Heidrun und Ferdinand Junior ihren Vater beerbt hatten, war zwar vieles anders geworden – passiert war ihm dennoch nie etwas. Und Viktor Solochin war zwar fachlich ein Genie, sozial aber eher autistisch unterwegs. Wahrlich kein Grund, sich derart zu echauffieren! Wenn ihm jetzt noch ein verächtliches Grinsen gelang, war die Sache wohl wieder im Lot. In seinen 30 Jahren im Vertrieb hatte er weiß Gott schon schwierigere Situationen bewältigen müssen!

»Darauf kannst du Gift nehmen«, holte ihn Ortiz wieder in die Gegenwart zurück. Sofort fiel Steiner auf, dass sich ihre Stimme wieder ganz normal anhörte. Keine Spur von Emotion mehr. Was sie sagte, klang wie eine nebensächliche Feststellung. War das die sprichwörtliche Ruhe vor dem Sturm? Doch bevor Steiner sich die plötzliche Veränderung erklären konnte, machte seine Kollegin auf dem Absatz kehrt und ging rasch davon. Ehe er sich versah, war sie beim Ausgang angelangt. Das Licht im Treppenhaus sprang an und er sah, wie sie Stufe für Stufe kleiner wurde. Für eine Weile hörte er noch das Klappern ihrer Absätze. Dann war es auf einmal ganz still.

Steiner atmete durch. Erst jetzt, da er seinen langen Körper langsam durchstreckte, fiel ihm seine Anspannung auf. Das war nicht gut, das war gar nicht gut! Ob man ihm jetzt doch noch einen Strich durch die Rechnung machte, wo doch schon die Kassa klingelte?

Die macht ihre Drohung doch ohnehin nicht wahr, versuchte er sich zu beruhigen. Bei der *SafeIT* verpetzte man einander nicht. Stattdessen tat man alles dafür, die Konflikte kollegial zu lösen. Und Konflikte hatte es zuhauf gegeben, seit die jungen Glaser-Geschwister die Geschäftsführung übernommen hatten.

Zugegeben: In den letzten Monaten waren die Auseinandersetzungen des Öfteren eskaliert. Daran war vor allem die Einführung dieser Kanban-Methode schuld. Warum musste plötzlich alles transparent sein? Wozu brauchte es überall Austausch? Und das nicht nur zwischen den Kollegen untereinander, den verschiedenen Geschäftsbereichen, dem Management und sogar zwischen Unternehmen und Kunden? Am Anfang hatte er das Ganze ja bloß für ein Kinderspiel gehalten. Er erinnerte sich noch gut an sein herzhaftes Lachen, als der eigens von der Geschäftsführung eingestellte agile Coach die Idee vorstellte. Dieser Nikolas Gauss glaubte allen Ernstes, dass man seine Arbeit auf ein paar Zettelchen auf einem Whiteboard darstellen konnte! Und bildete sich ein, damit komplexe Unternehmensprozesse managen zu können! Aber nachdem alle davon so angetan waren, hatte er halt gute Miene gemacht. Schließlich wollte er nicht als Spielverderber dastehen.

Sein Team hatte er von Anfang an ganz gut im Griff gehabt. Die fraßen ihm ja ohnehin aus der Hand. Wer von denen hatte denn schon eine Ahnung von den speziellen Vorgängen im Bankensektor, auf den sie sich fokussiert hatten? Von den eigenen Gesetzen des Vertriebs ganz zu schweigen!

Doch jetzt war allerorten Kommunikation angesagt. Überall mussten nunmehr Informationen fließen, explizite Abstimmungen erfolgen und klare Vereinbarungen getroffen werden. Wofür das gut sein sollte, konnte ihm bislang keiner erklären. Das führte doch bloß dazu, dass man sich permanent rechtfertigen musste, statt sich auf seine eigentliche Arbeit konzentrieren zu können – so wie früher, wo ihn wochenlang keiner gefragt hatte, womit er sich eigentlich beschäftigte.

Im Grunde brauchte sich also keiner zu wundern, dass er sich diesem Transparenzzwang entzog, wo es nur ging. Mittlerweile war es wie ein Spiel, dessen Regeln er auszureizen versuchte – und manchmal bewusst übertrat. Natürlich führte das zu weiteren Konflikten. Erst letzte Woche hatte ihm Gauss vorgeworfen, die größte Blockade in der *SafeIT* zu sein! Aber solche Angriffe war er gewohnt und Gauss' Wutausbrüche hatten fast schon etwas Rituelles. Der konnte sich so schön ärgern, dass es die reine Freude war, die getroffenen Vereinbarungen zu missachten. Doch möglicherweise sah die Sache nun doch ein wenig anders aus. Vorausgesetzt, dass Ortiz wirklich etwas wusste. Aber das konnte doch gar nicht sein – oder doch? Hatte etwa Viktor etwas verraten?

Steiner blickte auf die Uhr: 20:42. Wahnsinn! Eigentlich wollte er am Abend nur noch ein paar Kleinigkeiten erledigen. Aber dann war alles ganz anders gekommen. Zuerst war Gauss bei ihm vorbeigeschneit, um sich für das morgige Retrospektive-Meeting abzustimmen. Dann traf eine neue Nachricht von Luka Novacic im Posteingang ein – dessen Drohungen wurden allmählich auch immer lästiger. Und zu allem Überfluss hatte dann auch noch seine Schwester angerufen.

Alles in allem war es wohl höchste Zeit, hier die Zelte abzubrechen. Aus irgendeinem Grund musste er auf einmal grinsen – und spürte sofort, wie seine Sicherheit zurückkehrte: Nein, es würde nichts mehr dazwischen kommen! Nur noch ein paar Tage und dann wartete ein neues Leben auf ihn. Ob er noch kurz bei Karin vorbeischauen sollte? Besser war wohl, wenn er vorher anrief, schließlich liebte sie solche Überraschungsbesuche nicht.

Er griff gerade nach seinem Handy, als es plötzlich vibrierte. Das muss Gedankenübertragung sein, dachte Steiner erfreut und drückte auf die Annahmetaste.

»Hallo, mein Schatz«, flüsterte er zärtlich.

»Ich bin's«, antwortete eine männliche Stimme, die ihm nur allzu bekannt war. Wie hatte er nur so leichtsinnig sein können, den Anruf blindlings anzunehmen?

»Was willst du?«, fragte er schroff.

»Das weißt du genau.«

Einige Sekunden verstrichen, in denen Steiner fieberhaft überlegte, was er tun sollte. Wahrscheinlich war es das Beste, auf Zeit zu spielen.

»Natürlich, wir sollten uns treffen«, versuchte er seine Taktik gleich in die Tat umzusetzen. »Wie sieht es denn nächste Woche bei dir aus, zum Beispiel am …«

»Wo bist du?«, unterbrach ihn der Mann am anderen Ende der Leitung.

»Äh, ich sitze immer noch im Büro, ich muss noch dringend …«

»Ich komme«, beschied ihm die Stimme in einem Ton, der keinen Widerspruch duldete.

Dienstag, 7:29
Ein agiler Coach nimmt Fahrt auf

Bislang war das echt nicht sein Tag. Zuerst hatte Nikolas Gauss ewig gebraucht, um aus den Federn zu kommen. Dann funktionierte das Warmwasser wieder einmal nicht, sodass er sich mit einer Katzenwäsche begnügen musste. Und zu guter Letzt hatte ihm sein Kühlschrank nur gähnende Leere serviert: Die Essiggurken und eine angebrochene Dose Sardinen, die sich noch darin befanden, erschienen ihm nicht wirklich frühstückstauglich. Wie sollte es auch anders sein, schließlich war er gestern wieder so spät aus der Firma gekommen, dass die Geschäfte bereits geschlossen hatten. Das war ärgerlich. Noch viel mehr ärgerte ihn jedoch, dass er gestern Abend zu müde für die Vorbereitung auf das heutige Meeting gewesen war.

In Wahrheit hatte der ganze Ärger eine lange Vorgeschichte. Immerhin wusste Gauss seit mehreren Wochen, dass heute das erste Retrospektive-Meeting zu ihrem teamübergreifenden Kanban-Board anstand. Im Grunde war dafür alles vorbereitet gewesen: Die wichtigsten Arbeitszusammenhänge waren für alle gut sichtbar auf dem Board dargestellt und der Informationsfluss zwischen den Teams und ihren jeweiligen Vertretern funktionierte bereits gut. Statt langwierige Statusmeetings abzuhalten, konzentrierte man sich nunmehr auf das Wesentliche. Deswegen hatte man bereits viele der Probleme lösen können, die früher so oft unter den Teppich gekehrt wurden.

Aus Gauss' Sicht war alles für die angekündigte Retrospektive bereit. Es war höchste Zeit für eine gemeinsame Reflexion. Zurückschauen, Einsichten gewinnen, nächste Verbesserungsschritte festlegen – das war das, was er für sich den Dreisprung der Retrospektive nannte. Wenn ihm eine gute Moderation gelang, würde ihnen dieses Meeting zweifellos einen neuen Entwicklungsschub geben. Zum einen würde es der gesamten Kanban-Initiative, also der Einführung von visuellem Arbeitsmanagement in allen Bereichen, den Rücken stärken; zum anderen würde es das unternehmensweite Lernen fördern, das natürlich um einiges aufwendiger war als die Reflexion auf Teamebene. Deswegen hatte sich Gauss ja auch ausreichend Zeit für die Ausarbeitung des Moderationsplans reserviert.

Doch dann ließ er sich dazu hinreißen, seine Vorbereitungsarbeit immer weiter aufzuschieben. Natürlich hatte man als agiler Coach in einem dynamischen Umfeld viel zu tun. Das war ja auch ein guter Gradmesser für den Wert der eigenen Arbeit, wenn es viele Anfragen um Unterstützung gab. Trotzdem hätte es ihm nicht passieren dürfen, dass er immer alles andere wichtiger nahm als seine eigene Reflexionszeit. Bis er schließlich mit seinem Anspruch auf eine professionelle Vorbereitung am gestrigen Abend gelandet war. Wo er prompt, inmitten seiner Unterlagen, auf dem Sofa einschlief.

Wo war nur sein Sinn für Prioritäten geblieben? Fokus war doch ein zentrales Element des agilen Vorgehens? Oder hatte er sich bloß die ganze Zeit etwas vorgemacht? Schließlich redete er zwar ständig von der notwendigen Einschränkung paralleler Arbeiten, selbst hielt er sich aber kaum daran. War er nicht seit eh und je geradezu zwanghaft darauf programmiert, möglichst viele Bälle gleichzeitig zu jonglieren?

Während sich Gauss ein Glas Wasser einschenkte, schaute er aus dem Fenster. *Freud* verkündete das Museum, das genau gegenüber seiner Küche lag. Unvermutet fiel ihm der alte Witz wieder ein, der zu seinem Fensterblick passte, wie die sprichwörtliche Faust aufs Auge: Neurotiker bauen Luftschlösser, Psychotiker wohnen darin und Psychiater kassieren die Miete. In welche Kategorie er wohl selbst fiel?

Grundsätzlich wohnte Gauss gerne in der Berggasse. Seine Wohnung lag quasi mitten im Stadtzentrum. Mit dem Fahrrad brauchte er keine fünf Minuten zum Stephansplatz. Und zum Donaukanal oder in den Augarten war es ebenfalls nur ein Katzensprung. Gauss genoss die Nähe zu dem historischen Ort, zu dem so viele Menschen aus der ganzen Welt pilgerten. Allerdings hatte er schon öfters das Gefühl gehabt, dass der Ahnherr der Psychoanalyse Gauss' gute Vorsätze regelrecht sabotierte. Konnte ihm das Unbewusste, dessen Erforschung hier wurzelte, nicht wenigstens einmal zu Hilfe kommen? Idealerweise jetzt sofort?

Doch solche Wunschträume erfüllten sich bekanntlich nur im Märchen. In der echten Welt war es gleich halb acht und es gab noch nicht den kleinsten Baustein von jenem ausgeklügelten Moderationsplan, den er sich vorgenommen hatte. Dann musste er also einmal mehr auf sein Improvisationstalent vertrauen – und auf einen dieser kreativen Schübe, die er beim Fahrradfahren immer wieder erlebte. Hastig stopfte er seine Unterlagen in die Tasche, schlüpfte in seine Jacke und nahm sein Bike von der Wand.

Nach exakt 9 Minuten und 43 Sekunden traf er am Hannoveraner Markt ein. Er blickte noch einmal auf die Stoppuhr auf seinem Handy. Unter zehn Minuten: Das war zweifellos eine neue Rekordzeit! Im nächsten Augenblick sprang die Ampel auf Grün und er stemmte sich wieder in die Pedale. Vor der nächsten Kreuzung blickte Gauss kurz über die Schulter, streckte seinen Arm aus und bog in voller Fahrt in die Jägerstraße. Kaum, dass er sich in den Fließverkehr eingefädelt hatte, tauchte bereits die wuchtige Brigittakirche vor ihm auf. Dahinter konnte er bereits die Fassade der *SafeIT* erkennen. Bei Schönwetter spiegelte sich um diese Zeit immer die Morgensonne im obersten Stockwerk.

Er ließ die Kirche hinter sich, nahm die letzte Rechtskurve und rollte auf das Gebäude zu. Wenig später war sein Fahrrad mit seinem verrosteten Fahrradschloss abgeschlossen, das ihm nach wie vor Probleme machte. Heute aber ließ es sich problemlos öffnen und schließen. Mit wenigen Schritten hatte er das Firmenportal erreicht. »Morgen!«, rief er Monika Watzinger zu, die heute am Empfang saß. Im Vorüberlaufen hob er noch kurz die Hand zur Schläfe, als wollte er salutieren. »Wunderschönen guten Morgen!«, grüßte seine Kollegin zurück und schenkte ihm ein strahlendes Lächeln. »Auf dass uns die Sonne den ganzen Tag erleuchte!«

Jetzt musste auch Gauss lächeln. »Dein Wort in Petrus Ohr«, entgegnete er, bevor er mit neuem Elan die Treppe hinauf eilte. Zwei Stufen auf einmal nehmend, spürte er, wie sich seine Laune mit jedem Schritt besserte. Als er im dritten Stock angekommen war, atmete er auf. Er blickte auf das Landschaftsfoto, das einen hier willkommen hieß und bei dem er jedes Mal an Sommerurlaub denken musste. Irgendwo im Süden, ging ihm durch den Kopf: vielleicht Italien oder Spanien oder doch eher Kroatien? Egal. Jetzt ging es nicht um Urlaub, sondern um die Ideen, die ihm auf der Herfahrt gekommen waren. Er brannte darauf, diese zu Papier zu bringen.

Als er das Großraumbüro betrat, war es mucksmäuschenstill. Kein Wunder, schließlich war die Firma um diese Zeit noch ziemlich ausgestorben. Gauss genoss diese Ruhe, die dann ab 8 Uhr 30 nach und nach jener chaotischen Betriebsamkeit wich, bei der er schon oft an einen Ameisenhaufen denken musste. Deswegen war er in den letzten Jahren zum echten Frühschichtler geworden: Zwischen sechs und acht war mittlerweile seine produktivste Zeit. Obwohl er heute deutlich später dran war als üblich, wollte er jede freie Minute nutzen, die ihm noch blieb, bevor es hier so richtig losging.

Auf dem Weg zum Materialschrank hielt Gauss überrascht inne. Er war ja doch nicht allein! In der hinteren Ecke des Großraumbüros sah er jemand sitzen, noch dazu direkt neben dem Kanban-Board, das sie zur teamübergreifenden Koordination verwendeten. Er riskierte einen zweiten Blick: War das etwa Paul Steiner? Konnte das wirklich sein? Schließlich galt Paul Steiner als ausgesprochener Nachtarbeiter, der oft lange blieb, aber so gut wie nie vor 9 Uhr ins Büro kam.

Noch erstaunlicher war allerdings, dass sein Kollege das Kanban-Board konzentriert zu betrachten schien. Bis jetzt war er dem visuellen Arbeitsmanagement nämlich sehr skeptisch gegenübergestanden. Änderte sich das gerade? Hatte er, gewissermaßen über Nacht, den Nutzen der Visualisierung entdeckt? Als er gestern Abend noch einmal mit ihm gesprochen hatte, klang das allerdings noch ganz anders.

Oder bereitete Steiner bloß seinen nächsten Coup vor? Überlegte er, wie er das agile Vorgehen noch besser ausbremsen konnte? Vielleicht sollte Gauss einfach zu ihm hingehen und ihn das direkt fragen. Doch der bloße Gedanke daran rief heftigen Widerwillen in ihm hervor. Immerhin waren die letzten Begegnungen mit Steiner allesamt unangenehm verlaufen. Und für verklemmten Smalltalk hatte er weder Zeit noch Lust.

So warf Gauss seinem Kollegen nur einen schnellen Gruß zu. Er wunderte sich noch kurz, dass Steiner überhaupt nicht darauf reagierte. Andererseits passte das durchaus in dessen Verhaltensmuster: Ignoranz allerorten. Oder war Steiner etwa vor dem Board eingeschlafen? Egal. So würde er wenigstens ungestört arbeiten können.

Gauss nahm den Moderationskoffer aus dem Schrank, ging zu einem der Steharbeitsplätze und fuhr den Laptop hoch. Kurze Zeit später war der Raum wieder von einer geradezu friedlichen Stille erfüllt. Nur das leise

Klappern der Tastatur war zu hören, während seine Finger über die Buchstaben tanzten.

Zwischendurch blickte Gauss noch einmal in Richtung seines Kollegen. Einen Augenblick lang schien es ihm nämlich, als hätte ihm Steiner zugewunken. Er stellte seinen Blick scharf, konnte aber keinerlei Bewegung erkennen. Weder hatte sich Steiner zu ihm umgedreht noch schien er seine Sitzposition verändert zu haben. Litt Gauss bereits an Halluzinationen? Oder spielte ihm bloß sein schlechtes Gewissen einen Streich? Immerhin hatte er sich fest vorgenommen, die Situation mit Steiner vor der Retrospektive zu klären. Doch die Klärung hatte er ebenso aufgeschoben wie seine Vorbereitung – bis es zumindest für erstere zu spät war.

Kein Wunder, dass das persönliche Gespräch, zu dem er sich gestern Abend durchrang, nichts gebracht hatte. Dafür verlief die Auseinandersetzung mit Steiner schon viel zu lange nach dem Muster *Und täglich grüßt das Murmeltier*: immer dieselben Vorwürfe, dieselben Rechtfertigungen, dieselben Emotionen. Bill Murray ließ grüßen!

Der Klärungsanspruch blieb freilich. Als agiler Coach war er nun einmal dafür verantwortlich, dass die Probleme nicht zugedeckt wurden. Und nach all den fruchtlosen Versuchen, die Spannungen bilateral zu klären, gemeinsam mit Kollegen zu thematisieren oder mithilfe einer externen Mediation zu lösen, führte wohl kein Weg mehr an einer Eskalation vorbei. Gauss musste zugeben, dass sich das ein bisschen nach Niederlage anfühlte. Im Sinne des Selbstorganisationsprinzips hätte er das lieber ohne Hilfe der Geschäftsführung gelöst. Andererseits wollte er damit ja keinen Richterspruch erwirken, sondern sich mit Heidrun und Ferdinand beraten. In Bezug auf Paul Steiner war er mit seinem eigenen Latein am Ende, das konnte er sich mittlerweile eingestehen.

Genau genommen war nichts daran auszusetzen, dass er sich in dieser Situation Unterstützung holte. Vielmehr entsprach sein Vorgehen genau jenen neuen Formen von Führung und Management, die die *SafeIT* propagierte. Erst im letzten unternehmensweiten Meeting hatte Heidrun Glaser betont, dass die konstruktive Teamarbeit und die Arbeitszufriedenheit jedes Einzelnen zwei unverzichtbare Erfolgsfaktoren seien, und versichert, dass sie gemeinsam mit ihrem Bruder alles dafür tun wolle, um die dafür notwendigen Rahmenbedingungen zu schaffen. Oder war das am Ende des Tages doch nur Managementrhetorik? Bloß heiße Luft, wenn es hart auf hart kam? Immerhin war Steiner dem Unternehmen seit über 20 Jahren in ganz besonderer Weise verbunden.

Mal sehen, wie es heute lief, riss sich Gauss aus seinem trüben Gedankenfluss. Vielleicht passierte ja doch ein Wunder und Paul Steiner machte gerade seine große Läuterung vor dem Kanban-Board durch!

Vorerst ging es aber ausschließlich darum, das Retrospektive-Meeting zu gestalten. Wie so oft gelang es ihm auch dieses Mal, alles auszublenden, was ihn davon ablenkte. Keine unerledigten Aufgaben mehr, die ihn beschäftigten, kein schlechtes Gewissen, keine ungeklärten Konflikte, deren Brennpunkt nach wie vor auf der anderen Seite des Raums saß. Gauss liebte dieses Gefühl, ganz in seiner Arbeit zu versinken.

Dann waren seine Vorbereitungen endlich abgeschlossen. Er blickte auf die Uhr. Konnte es wirklich sein, dass er fast 40 Minuten vor sich hin gearbeitet hatte? Egal. Wichtig war nur, dass er sich nun bereit für die Retrospektive fühlte, fokussiert und kraftvoll. Gauss streckte seinen Rücken durch und setzte sich in Bewegung.

In der einen Hand trug er den Moderationskoffer, während er mit der anderen das Flipchart in Richtung des Kanban-Boards zog. Auf halbem Weg nahm er noch schnell den Ausdruck seiner Notizen aus dem Drucker. Von ihm aus konnte es losgehen. Er war neugierig, wann die anderen Kollegen eintreffen würden. Hoffentlich nicht zu spät – so wie das in letzter Zeit wieder häufiger passiert war.

»Hola Nikolas«, hörte er schon im nächsten Moment eine vertraute Stimme in seinem Rücken. Noch bevor er sich umgedreht hatte, wusste Gauss, dass es sich um Eleanore Ortiz handelte. Der dunkle, stets ein wenig rauchige Klang ihrer Stimme war unverkennbar.

»Guten Morgen, Ele! Du kommst ja wie gerufen«, begrüßte er sie lächelnd. »Leider bist du heute nur die Zweite!«, sagte er in Anspielung an den Pünktlichkeitswettbewerb, den sie kürzlich wieder gestartet hatten. »Paul ist nämlich schon da.«

Ortiz folgte dem in Richtung Kanban-Board gestreckten Arm von Gauss und nickte. »Schade, dass mir die heutige Belohnungsschokolade entgeht«, entgegnete sie grinsend und leckte sich demonstrativ über die Lippen. »Aber dass ich einmal von Paul geschlagen werde, hätte ich im Traum nicht gedacht.«

Lachend zog Gauss das Flipchart weiter. Kurz bevor er an dem kleinen Ablagetisch links vom Board angekommen war, grüßte er erneut: »Guten Morgen, Paul. Na, gut geschlafen?«

Plötzlich schrie Gauss auf: »Nein!«

»Was ist denn los?«, rief Ortiz erschrocken, bevor sie auf ihren erstarrten Kollegen zulief.

»Das gibt's doch nicht«, stammelte Gauss und deutete nach links. Nun sah auch Ortiz den Grund für die Reaktion ihres Kollegen. Vor ihnen saß Paul Steiner und starrte mit leicht geöffnetem Mund auf das Kanban-Board – als ob er gerade fragen wollte, wer ihm diese Wunde auf der Stirn verpasst hatte, aus der sich ein dünner Blutfaden über sein leichenblasses Gesicht zog.

Dienstag, 8:13
Familie Nemecek verschläft

»Was denn?«, murmelte Chefinspektor Nemecek, als ihn jemand am Arm rüttelte. Rief da jemand nach ihm? Oder gehörte die Stimme noch zu seinem Traum?

»Papa, wir haben verschlafen!«, gab ihm Sophie eine gar nicht traumhafte Antwort, die sie mit einem weiteren Armrütteln unterstrich.

»Mist!«, entfuhr es Nemecek, als er auf seine Armbanduhr blickte. »Schläft Lea noch?«, fragte er seine jüngere Tochter, während er sich aus dem Bett schwang. »Die habe ich geweckt, bevor ich zu dir gekommen bin.«

Sophies vorwurfsvoller Ton war nicht zu überhören. Es war ja auch wirklich zu blöd: Warum mussten sie gleich alle drei verschlafen? So lange waren sie doch gestern gar nicht zusammengesessen. Oder doch? »Papa!«, riss ihn Sophie aus seiner kleinen Ursachenforschung. »Wir müssen!«

»Leise!«, flüsterte Nemecek und legte dabei seinen Zeigefinger auf den Mund. »Sonst wecken wir Mama auf. Kannst du schon mal Wasser aufsetzen? Ich komme sofort.«

Während Sophie murrend aus dem Schlafzimmer schlich, fuhr sich Nemecek mehrmals mit beiden Händen über den Kopf. Das passierte natürlich ausgerechnet an Bettinas freiem Tag, an dem er für die Kinder verantwortlich war!

Er griff nach seiner Hose. Wenigstens war er gestern noch geistesgegenwärtig genug gewesen, sich frische Sachen zurecht zu legen. Die waren doch frisch, oder?

Nachdem er die Schlafzimmertür geschlossen, kurz die leere Küche inspiziert und den von Sophie vergessenen Wasserkocher aufgesetzt hatte, beschloss er, noch kurz nach Lea zu sehen. Wer weiß, ob sie wirklich schon munter ist, dachte er, als er nach einem kurzen Klopfen die Tür zu ihrem Zimmer öffnete.

»Du hast verschlafen!«, informierte ihn seine ältere Tochter, ohne sich von ihrem Schminkspiegel abzuwenden.

»Danke, das weiß ich bereits.«

»Ich möchte trotzdem etwas frühstücken. Ich hab' einen Bärenhunger!«

»Ich auch!«, echote Sophie aus dem Badezimmer.

»Was darf es denn sein?«, bemühte sich Nemecek, seine väterliche Fehlleistung wieder gut zu machen.

»Haben wir Eier und Schinken?«, wollte Lea wissen, während er von links die Bestellung ihrer Schwester vernahm: »Früchte, Joghurt, Müsli, Kakao.«

»Your wish is my command«, verkündete er mit einer gespielten Verbeugung, was die Schminkexpertin mit einer weiteren Ermahnung quittierte: »Papa! Wir sind eh schon spät dran!«

Seufzend machte sich Nemecek auf den Weg in die Küche. Dieser Tag fing ja echt gut an! Wenigstens hatte er gestern noch eingekauft, wie ihm ein Blick in den Kühlschrank bestätigte. Er nahm die nötigen Lebensmittel aus den Fächern, schaltete den Herd an und machte sich an die Zubereitung.

Ein paar Minuten später traf Sophie in der Küche ein und setzte sich an den noch leeren Tisch. »Wann ist das Frühstück fertig?«, grummelte sie, während ihre Finger über das Smartphone huschten.

»In einer Minute«, versicherte Nemecek, schob die brutzelnden Eier von der Herdplatte und griff nach dem Joghurt. »Kommt Lea auch schon?«

»Papa«, rügte ihn seine jüngere Tochter, ohne ihn eines Blickes zu würdigen. »Wie oft denn noch? Ich bin nicht Leas Kindermädchen!«

»Ich weiß, war ja nur eine Frage!«, beschwichtigte er und servierte Sophies Frühstück. Verständlich, dass Sophie ungehalten war. Oder verhielt er sich einmal mehr zu nachsichtig? Sollte er sie nicht wenigstens zu einem anderen Ton anhalten? Die Frage war bloß: Wie? Es waren immerhin Kinder und keine Maschinen, die man nach Belieben umprogrammieren konnte.

»Wie wär's, wenn du dein Handy wenigstens beim Essen zur Seite legst?«, schlug er Sophies Mittelscheitel vor. »Ich muss noch schnell meinen Freundinnen Bescheid geben, dass ich zu spät komme«, nuschelte diese mit müsliverstopftem Mund. Bevor Nemecek etwas entgegnen konnte, traf Lea ein. Schwungvoll wuchtete sie ihre Tasche auf den Tisch, dass es nur so knallte.

»Psst! Willst du unbedingt Mama aufwecken?«, zischte Nemecek verärgert.

»Ist mein Frühstück fertig?«, fragte Lea unbeeindruckt und schlug ihr Französisch-Buch auf.

»Avec plaisir!«, mobilisierte Nemecek seine eingerosteten Sprachkenntnisse und stellte den Teller vor seine Tochter.

»Merci«, murmelte diese und stutzte sogleich. »Äh, haben wir keine Tomaten?«

»Du hast keine Tomaten bestellt!«

»Aber ich nehme immer Tomaten zu Ham & Eggs!«

»Das stimmt, Papa!«, assistierte Sophie und erklärte damit jede weitere Diskussion für überflüssig. Bevor Nemecek zu einer Antwort ansetzen konnte, läutete sein Telefon.

»Handy weg beim Essen!«, beschieden ihm seine beiden Töchter im Chor.

»Beeilt euch lieber!«, winkte er ab, ging ins Wohnzimmer und drückte auf die grüne Taste. *Nina Obermayr*, verriet ihm das Display.

»Der frühe Wurm hat einen Vogel«, begrüßte ihn seine Kollegin. »Du hast die Morgenbesprechung versäumt«, konstatierte sie, während sie auf irgendetwas herumkaute. Nemecek stellte sich einen grünen Apfel vor. Oder ein paar Nüsse. Auf alle Fälle etwas Knackiges. »Unser Chef tobt. Er hat schon mehrmals versucht, dich zu erreichen. Ihr habt offenbar verschlafen?«

Nemecek nahm das Telefon vom Ohr und öffnete seine Anrufliste. »Kappacher (4)«, las er. Sein Vorgesetzter hatte also mehrmals angerufen und offenbar auch zwei Sprachnachrichten hinterlassen. Andererseits: Warum hatte er die Morgenbesprechung, die seit dem letzten Managementseminar seines Chefs plötzlich *Daily* hieß, bloß auf 8 Uhr angesetzt? Da konnte doch kein normaler Mensch denken!

»Egal«, wischte Obermayr jede weitere Überlegung aus der Leitung. »Wir haben ohnehin Besseres zu tun als eilfertig zu apportieren und abstruse Marschbefehle entgegenzunehmen. Wir haben nämlich einen Mord. Und stell dir vor: ausgerechnet bei der *SafeIT*.«

»Okay.« Nemecek dehnte das Wort so stark, dass es sich wie ein Gähnen anhörte. »Wohin genau soll ich kommen?«

»Der Herr ist wohl noch ein wenig müde?«, lachte Obermayr. »Sag bloß, du kennst die *SafeIT* nicht?!«

»*SafeIT*?«, dachte Nemecek laut nach. »*SafeIT*? Das habe ich doch schon mal irgendwo gehört!«

»Das hoffe ich doch – zumindest wenn du weiter als jemand gelten willst, der mit offenen Augen und Ohren durch die Welt geht. Die haben doch sowohl mit ihrem neuen Bürogebäude als auch mit ihrer innovativen Organisationsform für Furore gesorgt. Klingelt's jetzt bei dir?«

»Diese Sicherheitstypen? Die einen Teil der Festung am Brigittaplatz übernommen haben?«

»Genau die«, bestätigte Obermayr mit einem lauten Schmatzen. »Direkt neben dem alten Amtshaus, gegenüber der Kirche.«

»Ich war zwar noch nie dort«, begann Nemecek sein Gedächtnis zu aktivieren. »Aber ich glaube unser Oberst ist mit dem Firmenchef befreundet, oder?«

»Soweit ich weiß, ist er nur mit dem alten Glaser befreundet«, schränkte Obermayr ein, während sie ungestört weiterschmatzte. Ob sie sich wohl zwischendurch über die Lippen leckte? Oder gar ihre Finger abschleckte? »Die Firma wird aber seit über drei Jahren von seinen beiden Kindern geleitet: Heidrun und Ferdinand Junior.«

»Was du wieder alles weißt!«

»Morgenstund' hat Internet im Mund«, erklärte Obermayr. »Und weißt du, was ich noch weiß?«

»Willst du mich in aller Herrgottsfrüh' schon zum Rätselkönig machen?«, stöhnte Nemecek. Dann rieb er sich mit dem Handballen über die Stirn, als könnte er damit seine grauen Zellen mobilisieren.

»Ich weiß, dass wir uns in 20 Minuten am Tatort treffen«, beschied ihm seine Kollegin. »Ich warte vor dem Eingang auf dich.«

»Ja, das kann ich schaffen«, meinte Nemecek, nachdem er den Anfahrtsweg überschlagen hatte. 15 Minuten mit dem Fahrrad, schätzte er. Aber Obermayr hatte wohl schon aufgelegt.

»Na, neuer Fall?«, fragte Sophie durch die Zahnbürste hindurch, mit der sie jetzt durch die Küche spazierte. Ihre leere Müslischüssel und die Kakaotasse befanden sich noch auf dem Küchentisch. Hatte er sich nicht erst letzte Woche darüber beklagt, dass seine Töchter immer alles stehen und liegen ließen? Und eine neue Familienregel eingefordert?

»Ja, und ihr beeilt euch jetzt bitte! Wenigstens zur zweiten Stunde solltet ihr in der Schule sein.«

»Papa, chill mal ein bisschen«, sagte Lea und schob sich eine Gabel mit Ei in den Mund. »Wir haben das voll im Griff.«

»Kinder!«, ging es Nemecek noch durch den Kopf, als er sich seinen Fahrradschlüssel angelte und aus der Tür trat.

Dienstag, 9:09
Tatort *SafeIT*

»Wann lässt du endlich deine Bremsen überholen?«, empfing ihn Nina Obermayr mit einem säuerlichen Gesichtsausdruck. »Die kreischen ja höllisch«, fügte sie mit einer seltsamen Geste hinzu, die wohl Ohrenschmerzen ausdrücken sollte.

»Was haben wir?«, ignorierte Nemecek die kollegiale Beschwerde.

»Das Opfer ist ein gewisser Paul Steiner. 45 Jahre alt. Vertriebsexperte hier in der *SafeIT*.«

»Gerda ist schon vor Ort?«, deutete Nemecek auf den alten Mercedes der Gerichtsmedizinerin.

»Du weißt doch, dass die ein früher Wurm ist«, setzte Obermayr ihr morgendliches Wortspiel fort. »Und einen Vogel hat die sowieso.«

Nemecek schüttelte den Kopf. Nicht schon wieder! Erst in ihrem letzten Fall waren Gerda Probisch und Nina Obermayr heftig aneinander geraten. Zuerst hatte die Grande Dame der Gerichtsmedizin seine Kollegin nach allen Regeln der Kunst auflaufen lassen – so wie sie das mit allen tat, die sie als Jungspunde ansah. Nemecek wusste, dass das zum Stil der alten Dame gehörte, die weithin als fachliche Koryphäe, aber ebenso als Diva galt. Doch Obermayr pfiff auf deren Ruf und revanchierte sich mit ausgesuchten Gemeinheiten. Wenn das gleich wieder so anfing, konnte es echt heiter werden. Vielleicht sollte er dem auf der Stelle einen Riegel vorschieben? Fragte sich nur, wie genau er das bewerkstelligen sollte: einmal den Vorgesetzten heraushängen lassen? Eine offizielle Dienstanweisung geben? Oder es doch wieder mit gut zureden versuchen? An die Vernunft aller Beteiligten appellieren? Noch bevor Nemecek zu einem klaren Entschluss gekommen war, war seine Kollegin bereits hinter der gläsernen Eingangstür verschwunden.

»Willkommen im Reich der neuen Unternehmerstars«, fügte sie mit einer einladenden Handbewegung hinzu, als auch Nemecek im Eingangsbereich angekommen war. »Nicht schlecht«, staunte er. Schon die Fassade des Gebäudes war beeindruckend gewesen: ein massiver Ziegelbau mit drei regulären Stockwerken und einem Dachgeschoss, das aus einer einzigen Glasfront zu bestehen schien. Doch auch das Innenleben hatte es in sich: Allein wie sich die Vorhalle kathedralenartig nach oben öffnete, sorgte für Aufsehen. Die Rückwand der Halle hatte man mit Efeu bepflanzt und so beleuchtet, dass der ganze Raum in einem sanften Grün erstrahlte. Auf der rechten Seite erhoben sich breite Stufen, die mit einem hellgrünen Teppich bespannt waren. Die Stufen verbanden sich allerdings zu keiner normalen Treppe. Sie waren vielmehr leicht schräg zueinander versetzt und führten direkt in die Wand. Offensichtlich dienten sie als Sitzgelegenheiten. Ob es wohl Zufall war, dass die Konstruktion an ein Amphitheater erinnerte? Am Fuß der Stufen standen eine dunkelgrüne Sitzgruppe sowie eine Reihe grauer Hocker, die wie abgerundete Felsen aussahen. Der Empfangsbereich selbst, auf den Obermayr nun geradewegs zusteuerte, war in dunklem Holz gehalten.

»Guten Morgen!«, vernahm Nemecek eine Frauenstimme, als seine müden Augen gerade an einer imposanten Espressomaschine hängen geblieben waren. »Guten Morgen!«, grüßte Nemecek zurück, während er mit seiner Koffeinsucht kämpfte. Ob es wohl möglich war, hier einfach einen Kaffee zu bestellen?

»Sie müssen die Herrschaften von der Mordkommission sein«, erklärte die Mittvierzigerin. Ihr Gesicht war so bleich, dass der verwischte Lidschatten wie ein Schnitt aussah. »Ist das nicht schrecklich?«, sagte die Frau und legte die linke Hand aufs Herz. »Ich kann es einfach nicht glauben!«

»Chefinspektor Nemecek, Bezirksinspektorin Obermayr«, übernahm seine Kollegin das Begrüßungsritual. »Und Sie sind?«

»Oh, Entschuldigung! Ich bin noch ganz durcheinander«, stammelte die sichtlich mitgenommene Rezeptionistin und streckte die Hand aus. »Monika Watzinger mein Name. Ich bin heute für den Empfang unserer Gäste verantwortlich.«

»Nur heute?«, fragte Nemecek verwundert, während er Watzingers kräftige Hand schüttelte. »Wie dürfen wir das verstehen?«

»Ach so, ja, das ist wahrscheinlich etwas ungewöhnlich. Wir haben in unserer Firma kürzlich das Rotationsprinzip für Mitarbeiter eingeführt. Wir im Frontdesk-Team haben uns auf einen wöchentlichen Wechsel der Zuständigkeiten geeinigt und das funktioniert super. Vor allem, weil wir uns an den rezeptionsfreien Tagen besser auf die anstehenden Organisationsaufgaben im Hintergrund konzentrieren können.« Nemecek versuchte das Gehörte nachzuvollziehen. Das war doch dasselbe Prinzip, von dem ihm unlängst Bettina erzählt hatte. Jobrotation, hieß das wohl auf Neudeutsch.

»Aber Sie sind ja nicht gekommen, um unser Unternehmen kennenzulernen«, fügte Watzinger entschuldigend hinzu. Dann öffnete sie das Zugangsportal. »Ich bringe Sie noch schnell in den dritten Stock. Ihre Kollegen sind schon vor Ort.«

»Das ist nicht nötig«, meinte Obermayr freundlich. »Wir finden schon von alleine zum Tatort.«

»Ja, Tatort. So heißt das jetzt«, murmelte Watzinger betroffen, bevor sie sich wieder hinter ihre Theke zurückzog. Auf dem Weg zum Fahrstuhl zeigte Obermayr nach rechts. »Komm, lass uns die Treppe nehmen.«

»Alles ziemlich spektakulär hier«, kommentierte Nemecek, als sie ihr Ziel erreicht hatten. Allein die großformatigen Fotografien, die ein eigentlich langweiliges Treppenhaus mit ungewöhnlichen Motiven in kräftigen Farben belebten, waren sehenswert. Aber auch der Rest der Raumausstattung beeindruckte. Im ersten Stockwerk hatte er eine offene Küche erspäht, dazu mehrere Tischreihen und Stühle. Das zweite Stockwerk schien wiederum in verschiedene Besprechungsbereiche unterteilt zu sein, die jedoch eher Wohnzimmer- als Büroatmosphäre verströmten. Zumindest auf den ersten Blick sah er verschiedenfarbige Sofas, mehrere Glastische und eine Stehlampe, die Nemecek verblüffend an die in seiner eigenen Wohnung erinnerte.

Am Treppenabsatz zum dritten Stockwerk befand sich eine Sitzgruppe, die komplett aus Quadern in unterschiedlichsten Grautönen bestand. Nemecek hätte gerne ausprobiert, ob diese Quader tatsächlich so hart wie die Betonklötze waren, an die sie ihn erinnerten. An der Seitenwand befand sich eine wabenartige Glaskonstruktion, aus der verschiedene Moose ragten. Allerdings waren nicht alle Waben bepflanzt, sodass sich insgesamt ein eigenwilliges Muster ergab, das Nemecek an den Umriss eines Schiffs erinnerte. Ob das Absicht war?

Das Großraumbüro selbst wirkte riesig und kam ohne Zwischenwände aus. Sicher 200 Quadratmeter, schätzte Nemecek, während er auf die dunklen Sofas mit den hohen Lehnen blickte, die hier anscheinend als Raumteiler dienten. Vor den hohen Fenstern waren jede Menge Stehtische zu sehen. Erst am Ende des Raumes schien es einige klassische Schreibtische zu geben. Sah so die Zukunft des Arbeitens aus?

»Da staunt der Fachmann und der Laie wundert sich«, grinste ihn Obermayr an, als könnte sie seine Gedanken lesen. »Nicht schlecht, oder?«

»Ich frage mich gerade, wie sich so ein Umfeld auf unsere eigene Arbeit auswirken würde? Ich denke, dass wäre eine ganz andere Polizeiarbeit.«

Obermayr legte den Kopf zur Seite, als ob sie Wasser im Ohr hätte. »Und das, was wir hier sehen, ist ja nur die Oberfläche der Organisation«, sagte sie und ließ ihren Kopf langsam von links nach rechts kippen, bevor sie ihn über den Nacken in seine Ausgangsposition zurück kreisen ließ. »Du wirst noch viel mehr staunen, wenn du auch die Hintergründe kennst.«

»Wann warst du eigentlich hier? Und vor allem, warum?«, wollte Nemecek wissen, während er das Bild zu seiner Rechten zu identifizieren versuchte. Die Großaufnahme einer Erdbeere? Ein aufgerautes Stück Metall? Eine seltene Pflanze?

»Tja, wer mit einer Architektin liiert ist, ist eindeutig im Vorteil«, bemerkte Obermayr lakonisch. »Marie war Mitglied des Designteams, das für das Raumkonzept und die Bürogestaltung der *SafeIT* verantwortlich war. Ihr Team wurde dafür mehrfach ausgezeichnet.«

Nemecek nickte. Zumindest das mit dem österreichischen Staatspreis hatte er mitbekommen, schließlich war er ja auch bei der Feier gewesen, die Marie Rosinger nach der Preisverleihung veranstaltet hatte. Nemecek war sich sicher, dass sie dort sogar eine kurze Rede gehalten und einige Dinge zu ihrer Arbeit erklärt hatte. Leider hatte er keinen blassen Schimmer mehr, was genau das war. Ob er womöglich wirklich schon unter Alzheimer litt, wie ihm seine Kinder gerne unterstellten?

»Aber man muss nicht unbedingt Beziehungen haben, um Genaueres über die *SafeIT* zu erfahren«, riss ihn Obermayr aus seinen Gedanken. »Immerhin haben fast alle Zeitungen über das besondere Organisationskonzept berichtet«, erklärte sie und breitete die Arme aus. Mit kreisenden Handbewegungen fuhr sie fort. »Im Internet findet man in der Zwischenzeit einige Artikel und Videos dazu. Und seit Anfang des Jahres lädt die *SafeIT* einmal pro Monat zu einer öffentlichen Führung ein. Das Interesse ist riesig.«

»Kein schlechtes Marketingkonzept«, kommentierte Nemecek, als es vor ihnen laut wurde.

»Kommt, macht mal'n Abjang!«, hörte er Sven Kampinski schwadronieren. »Aba dalli!«

»Hallo Sven«, begrüßte Obermayr den großgewachsenen Kriminaltechniker. »Wieder mal Probleme?«

»Imma ditselbe Heckmeck!«, schnaubte der Angesprochene in seinem schönsten Berlinerisch. Wie so oft zupfte er dabei an seiner langen Nase herum, aber das schien keine beruhigende Wirkung zu haben. »Dit is'n Tatort, nicht 'ne Fußgängerzone.«

»Tja«, setzte Nemecek gerade an, um etwas Beschwichtigendes von sich zu geben, aber Kampinski war bereits in voller Fahrt: »Ick krieg gleich 'n Föhn! Großraumbüro, 'ne Armee von Leuten, dit janze Papier an dit Wände und dann noch dit Rollflächen!«

»Gott schütze uns vor Regen, Hagel, Wind und Berlinern, die im Ausland sind«, zitierte Obermayr ihren Standardspruch zu Kampinski. Nemecek winkte ab. Sie wussten ja, dass der Chef der Kriminaltechnik zum Dramatischen neigte. Dennoch folgte er dessen Hinweis auf die Rollflächen und ließ seinen Blick durch den Raum schweifen.

Tatsächlich standen an vielen Stellen mobile Wände herum, auf denen verschiedene Zeilen, Spalten und jede Menge bunter Karten zu sehen waren. Vor der größten dieser Wände, ganz am Ende des Raumes, entdeckte er nun endlich Gerda Probisch.

Wie immer war die Gerichtsmedizinerin mit einem weißen Mantel bekleidet, in diesem Moment war aber nur dessen Rückenteil sichtbar. Nemecek trat nach vorne, um den Anlass für Probischs Verbeugung zu erkennen.

»Hallo Gerda«, grüßte Nemecek schon von Weitem.

»Na, da schau her!«, gab die Gerichtsmedizinerin in ihrem klassischen Schönbrunnerisch zurück. »Die werten Kollegen geben uns auch einmal die Ehre!« Ächzend richtete sie sich auf.

»Also, was wissen wir?«, drängte Obermayr, der offenkundig nicht nach Geplänkel war.

»Nun, ausgehend von der Körper- und Raumtemperatur ist der Mann seit etwa zehn Stunden tot«, verfiel Probisch sogleich in ihren eigenwilligen Medizinerinnenton. Ob das von den vielen Diktaten kam, mit denen sie zuerst ihr kleines Aufnahmegerät und hernach ihren Assistenten quälte? »Keine offensichtlichen Kampfspuren. Er muss wohl überrascht worden sein.«

»Und die Todesursache?«, insistierte Obermayr. Aus irgendeinem Grund schien sie das Gefühl zu haben, dass Probisch gegenüber Druck angesagt war – obwohl sie längst wissen sollte, dass sie damit das Gegenteil bewirkte: Sie bekamen dann nämlich nicht mehr, sondern weniger Information geliefert. Und obendrein dauerte es dann auch länger.

»Sieht ganz nach Schussverletzung aus«, deutete die Gerichtsmedizinerin auf das Gesicht des Toten. »Ihr seht ja das Loch!«

Beinahe im Gleichschritt gingen Nemecek und Obermayr um die Gerichtsmedizinerin herum, um das Opfer genauer in Augenschein zu nehmen. Sofort fiel Nemecek die punktförmige Wunde an der Stirn auf, die kaum größer als ein Stecknadelkopf war. Sie lag etwa zwei Zentimeter über den Augenbrauen des Toten, fast genau in der Mitte. Wie eine Miniaturvariante jenes religiösen Mals, das die verheirateten Inderinnen auf der Stirn trugen. Wie hieß dieses rote Zeichen doch gleich? Irgendetwas mit B: Banda? Bundu? Bindi? Die viel wichtigere Frage war natürlich, was eine solche Wunde verursachte. Hatte jemand eine Nadel im Kopf des Opfers versenkt?

»Das ist aber eine seltsame Verletzung«, hing Obermayr offenbar denselben Überlegungen nach.

»Gell?« Probisch beugte sich wieder nach vorne. »Minimale Perforation, keine Verfärbungen, glatte Wundränder, extrem schmaler Einschusskanal, kaum Blutfluss.« Sie richtete sich wieder auf, ließ ihren Blick eine Weile auf Obermayr ruhen, enthielt sich aber jedes Kommentars.

»Welche Waffe hinterlässt solche Wunden?«, fragte Nemecek.

»So wie das aussieht, würde ich auf einen Pfeil tippen.«

»Einen Pfeil?«

»Von einem dieser modernen Bögen«, bestätigte Probisch. »Oder einer Armbrust.«

»Einer Armbrust?«, wiederholte Nemecek aufs Neue und kam sich allmählich ziemlich blöd vor. Wer bitte verwendete heutzutage noch eine Armbrust? War das nicht mit Wilhelm Tell ausgestorben?

»Genaueres kann ich euch aber erst sagen, wenn ich ihn mir gründlicher ang'schaut hab.«

»Und was ist das in seinem Schoß?«, lenkte Obermayr ihre Aufmerksamkeit vom Gesicht auf den Körper des Toten. Erst jetzt fiel Nemecek die grüne Karte auf, die zwischen den Oberschenkeln des Toten lag. Seltsam, dass er das bislang völlig übersehen hatte. Dabei hob sich das kräftige Grün scharf von der dunklen Hose des Opfers ab.

»Da simma ausnahmsweis mal überfragt«, sagte Probisch zerknirscht. Ob das daher rührte, dass es für sie total ungewöhnlich war, einmal etwas nicht zu wissen?

»Sieht aus, als würde das zu der Tafel da vorne gehören«, spekulierte Obermayr. »Zumindest haben die Karten darauf dieselbe Farbe.« Nemecek folgte ihrem Blick: An der Wand vor dem Toten war eine mindestens fünf Meter breite Fläche mit Papier und Klebestreifen übersät. Neben den grünen Karten, die der am Körper des Toten glichen, gab es auch gelbe und weiße sowie kleinere rote, die in einem schrägen Winkel auf den größeren Karten angebracht waren. Auf jeder Karte standen bestimmte Informationen: Worte, aber auch einzelne Buchstaben und Zahlen, die in verschiedene Kästchen eingetragen waren. Dazu gab es auf jeder weißen Karte zumindest einen Farbpunkt, manchmal auch zwei. Die ganze Wand war von dünnen schwarzen Linien zerteilt, die dem dort anscheinend aufgezeichneten System etwas Rasterhaftes verliehen. Was hatte das alles zu bedeuten? Hilfesuchend sah sich Nemecek um und entdeckte ein Plakat, das auf der rechten Seite des Boards an der Wand hing. *Unser Koordinationsboard* stand dort zu lesen. Jemand hatte diese Überschrift im selben Rot ausgemalt wie die quadratischen Punkte, mit denen die darunter liegenden Sätze aufgelistet waren. *Stop starting, start finishing*, las Nemecek weiter, *Fokus auf das Beenden von Aufgaben, Wert für den Kunden im Zentrum, Manage work not people, parallele Tätigkeiten limitieren, Abhängigkeiten reduzieren.*

Nemecek schüttelte den Kopf. Was für ein sonderbares Sammelsurium von Begriffen, ganz abgesehen von der Mischung von Deutsch und Englisch. »Was ist das?«, fragte er in die Runde, während er mit dem rechten Arm durch die Luft ruderte, als könnte er dadurch wieder Oberwasser gewinnen. Jetzt schüttelte auch Probisch den Kopf. Plötzlich streckte Obermayr ihre Hand in die Höhe wie eine Musterschülerin, die nun unbedingt an die Reihe kommen wollte. Nemecek ertappte sich dabei, wie er ihr lehrermäßig zunickte.

»Soweit ich weiß«, sagte seine Kollegin, »ist das ein sogenanntes Kanban-Board.« Nemecek spürte, wie sich seine Augenbrauen hoben. »Was ist das?«, wiederholte er begriffsstutzig.

»Ein sogenanntes Kanban-Board«, wiederholte Obermayr. »Damit wird Arbeit dargestellt«, führte sie weiter aus, »und dessen Management vereinfacht.«

Nemecek nickte, obwohl er Obermayr nicht wirklich verstanden hatte. Arbeit wird dargestellt? Und Management erleichtert? Keine Ahnung, was damit genau gemeint war. Die entscheidende Frage war allerdings, was dieses Kanban mit ihrem Toten zu tun hatte. Oder war er nur zufällig hier aufgefunden worden? Doch warum lag dann eine dieser Karten in seinem Schoß?

»Alles in allem ein attraktiver Mann«, brachte sie Probisch wieder vom Board zum Opfer zurück. Nemecek spürte, wie seine automatische Gesichtserkennung ansprang: breites Kinn, eine gerade Nase, kräftige Brauen, volles, an den Schläfen leicht angegrautes Haar, ein gepflegter Dreitagebart, registrierte er.

»Ein Mann, der Wert auf sein Äußeres gelegt hat«, konstatierte Obermayr. »Der hätte ohne Weiteres eine Karriere als Fotomodell machen können.«

»Vienna's Next Topmodel«, pointierte Probisch, die immer noch bei ihnen stand. Nemecek musste schmunzeln, da Probischs Vergleich ihn an eine der Lieblingssendungen seiner Töchter erinnerte. Er überlegte, an welchem Wochentag diese ausgestrahlt wurde: Mittwoch? Oder Donnerstag? Auf alle Fälle hatte Lea an diesem Tag immer das Wohnzimmer für sich beansprucht, meistens zusammen mit Sophie, manchmal sogar mit einer mehr oder weniger großen Gruppe an Freundinnen. GNTM-Party hatten seine Mädels den Abend immer genannt. Bettina und er waren dann höflich, aber bestimmt aus der Wohnung komplimentiert worden. »Ihr wollet doch ohnehin öfter miteinander essen gehen. Heute wäre die ideale Gelegenheit dafür!«, lautete ihr Standardargument.

»Seine Stirn ist nahezu faltenfrei«, holte ihn Obermayr aus seiner Familien- in die gegenwärtige Mordgeschichte zurück. Nemecek seufzte. Er war wieder einmal völlig vom Thema abgeglitten. Es fiel ihm nach wie vor extrem schwer, sich zu konzentrieren. Er brauchte dringend sein Koffein.

»Und von seinen Sorgen ist er nun auch befreit«, fügte Probisch hinzu, als wäre das die ideale Gelegenheit, um wieder einmal das Klischee von der zynischen Pathologin aufleben zu lassen. Nemecek presste die Lippen aufeinander. Das half ihnen alles nicht weiter, war er überzeugt. Doch was würde ihnen weiterhelfen?

»Also ich brauche jetzt mal einen anständigen Espresso«, verkündete er kurzerhand und setzte sich sogleich in Richtung Treppenhaus in Bewegung. In den nächsten fünfzehn Minuten würde er endlich das versäumte Morgenritual nachholen, einen guten Platz an der Cafébar suchen und dort in aller Ruhe nochmals in den Tag starten.

Dienstag, 10:17
Von Kaffeepausen, Untersuchungen und Zeugen

Das war definitiv die beste Zeit des bisherigen Tages. Die Espressomaschine löste ein, was ihr Anblick versprochen hatte: beste Arabica-Bohnen mit ausreichend Druck und der richtigen Wassertemperatur exquisit verarbeitet. Nemecek fand einen guten Platz an der Theke und fühlte sich sogleich an sein Lieblingskaffeehaus in der Florianigasse erinnert. Endlich ein anständiger Kaffee! Und endlich Zeit für seine Notizen! Daumenkino, fiel ihm ein, als er das schmale Notizbuch durchblätterte. Dann hatte er die erste leere Seite gefunden, drückte den Falz hinunter und griff zu seinem Stift. *Tatort Kanban*, schrieb er. Der neue Fall war nun offiziell eröffnet.

Nemecek dachte nach. Am Anfang einer Ermittlung war stets besondere Wachsamkeit angesagt. Was waren bislang die auffälligsten Elemente gewesen? *SafeIT*, notierte er, *Paul Steiner, Schusswunde, Kanban*. Ihm fiel auf, dass er die einzelnen Buchstaben eher malte, als dass er flüssig schrieb. Er fügte eine grobe Skizze des Großraumbüros hinzu, in dem sie den Toten gefunden hatten: das lange Rechteck, die Fensterseite mit Doppelstrichen, die Stehtische als kleine Kreise, die Sitzgruppen und die Schreibtische als kleinere Rechtecke, schließlich die mobilen Tafeln und das große Whiteboard, vor dem sie den Toten gefunden hatten.

Mit jedem Strich gewann Nemecek an Klarheit. Einmal mehr spürte er, wie sehr er seine Kritzeleien brauchte: um ins Denken zu kommen; um sich in Ruhe zu sortieren; um sich einen Überblick zu verschaffen; last but not least, um seine nächsten Schritte zu klären.

Leider war die Zeit des Innehaltens schnell wieder vorbei – und die des Genusses sowieso. Als er in den dritten Stock zurückkam, sah er Kampinski, Obermayr und ihren Assistenten Manninger angeregt diskutieren.

»Was habt ihr denn schon über den Toten herausgefunden?«, wandte sich Nemecek ohne eine weitere Erklärung an Manninger.

»Pau-Pau-Paul St-Steiner, si-sieben-und-und-vier-zi-zig, ledig, k-keine Kinder, k-keine Vor-stra-strafen, Sie-Siever-verin-inger Hauptstraße zw-zwölf«, trug der Angesprochene die Basisdaten aus dem Polizeicomputer vor. Dann trat er einen Schritt zur Seite, als ob er jemand den Vortritt lassen wollte. Obermayr wartete nicht lange auf eine Extraeinladung. »Der Typ scheint keine Angehörigen zu haben«, fügte sie hinzu, »bis auf eine jüngere Schwester, die in Währing lebt.«

»U-u-und eine-ne Le-lebens-g-g-gefährt-tin«, ergänzte Manninger. »An-g-g-geblich g-g-gab es d-da je-jem-mand Neuen. Da s-sind wir d-d-dran.«

»Verstehe«, sagte Nemecek. »Dann sollten wir zumindest mal die Schwester schleunigst kontaktieren. Wie heißt die?«

»Syl-Sylvie St-st-steiner«, berichtete Manninger, während er auf seinem Smartphone herumdrückte. »Le-Ledig, kin-kin-der-lo-los, n-nicht v-vor-b-bestraft. Gre-g-gor-M-mendel-Str-straße 50.« Dann blickte er wieder auf und wirbelte mit der Hand durch die Luft. »D-dat-ten auf dei-nem H-h-handy.«

»Danke, René«, sagte Nemecek und drehte sich zur Seite. Er wollte sich wieder zu den anderen Kollegen gesellen, doch Manninger hielt ihn zurück. »D-d-da g-gibt's noch w-was.« Nemecek blickte überrascht auf. »Ei-ein Ge-gerichts-v-ver-fa-fahren weg-gen ei-ner un-ge-ge-recht-f-fertig-t-ten Kün-di-digung«, berichtete Manninger und streckte seinen linken Zeigefinger aus. Gleich darauf ließ er den Mittelfinger folgen: »U-und ein-ne An-an-z-zeige weg-gen sex-xuel-ler Be-beläst-tig-gung.«

»Ach«, kommentierte Nemecek und kam sich dabei ziemlich blöd vor. Er rettete sich in eine naheliegende Frage: »Wen hat er denn belästigt?«

»Ein-ne ge-gewisse Mi-le-n-na Da-dic.«

»Und das ist wer?«

Manninger zuckte mit den Achseln.

»Okay, das werden wir schon noch herausfinden«, sagte Nemecek, den es nun noch dringender zu seinen anderen Kollegen zog. Umso mehr, als er seine neuesten Erkenntnisse gleich mit Obermayr teilen wollte.

»Danke nochmals, René.«

»B-bit-te«, sagte der Angesprochene, bevor er sich mit einem zufriedenen Gesichtsausdruck zurückzog.

»Was würden wir nur ohne dich tun, Sven?«, hörte er Obermayr gerade sagen, als Nemecek zu der kleinen Gruppe dazustieß.

Kampinski schien weder das Lob noch den ironischen Unterton zu registrieren. »Dit is 'n Ding«, setzte er mit gerunzelter Stirn fort, »ick hab nix jefunden. Weder hier noch an seinem Arbeitsplatz.«

»Komisch«, teilte Obermayr Kampinskis Stirnrunzeln. »Das hat wohl der Täter mitgehen lassen.«

»Oder die Täterin«, ergänzte Nemecek automatisch und verscheuchte sogleich den Gedanken an das selbstgefällige Fotomodell aus der Castingshow, deren Namen ihm partout nicht einfallen wollte. Wenn das keine saubere Verdrängungsleistung war! Oder war es doch wieder nur ein weiteres Zeichen seiner fortschreitenden Vergesslichkeit?

»Steiners Rufdaten sind jejessen«, informierte Kampinski. »Morgen früh sollte ick schon mehr über dit Kontakte unseres Opfers wissen.«

»Gut«, fühlte sich Nemecek zu einer positiven Reaktion bemüßigt. Immerhin war Kampinski nicht nur als Meister seines Fachs, sondern auch als ausgesprochener Narzisst bekannt, der viel Wert auf Anerkennung legte.

»Und sein ...«, setzte Nemecek an, worauf Kampinski blitzschnell die Hand hob. »... Laptop hamma noch nich jefunden«, schloss er den Satz ab.

»Ich hoffe, ihr könnt die Rufdaten gleich auswerten«, setzte Obermayr nach. »Das letzte Mal hat sich das Ganze ja ziemlich hingezogen.« Kampinski starrte sie an, als entdeckte er gerade einen ekligen Hautausschlag auf ihrem Gesicht.

»Hör bloß uff mit dit Jeseire!« Er betonte jedes einzelne Wort. »Wir tun, wat wir können. Gleich kannste knicken. Zwei bis drei Tagen schätz ick.«

»Zwei bis drei Tage?!«, mischte sich nun auch Nemecek ein.

»Ick setz dit Prios nicht. Wir wissen ja, wer der Macher is von dit Janze«, erklärte der Kriminaltechniker missmutig. »*Safety First* is jetzt dit Devise. Wien darf nüscht Chicago werden. Dafür dürfen wir bei jedem Autodieb dit große Besteck auffahren.«

Nemecek verdrehte die Augen. Natürlich hatte er schon von der Kampagne gehört, mit der das Präsidium sein Image aufpolieren wollte. *Volksnah* sollte sich die Polizei zeigen, *den Bürger schützen, den Verbrechern das Handwerk legen.* So stand es zumindest in der Zeitung zu lesen, die an allen U-Bahnstationen gratis verteilt wurde. »Damit Wien seinem Ruf als die lebenswerteste Stadt der Welt auch in Zukunft gerecht wird«, hatte auch Kappacher am Ende seiner letzten Pressekonferenz dick aufgetragen. Warum man dafür die Kontrolle von Fahrradfahrern verstärken musste oder gar eine berittene Polizei brauchte, war Nemecek indes schleierhaft. Zu allem Überfluss band die medial ausgeschlachtete *Aktion scharf* viele Ressourcen, die sie anderswo viel sinnvoller einsetzen könnten. Solcherart hinterließ der Populismus, der unter der neuen Regierung allgegenwärtig war, auch im Kommissariat seine Spuren.

»Bei uns stapelt sich dit Arbeit!«, war Kampinski mittlerweile in helle Empörung verfallen. »Aufgebrochene Türschlösser, zerdepschte Autotüren, Lackspuren auf Verkehrszeichen. Fehlt noch, dass wir Fingerabdrücke von dit gefüllte Kottüten nehmen müssen, die irjendwo liegenbleiben!«

Nimm ein Sackerl für mein Gackerl, erinnerte sich Nemecek an den klingenden Slogan der Initiative, die vor einigen Jahren für ein schöneres Stadtbild eingetreten war. Binnen kürzester Zeit waren am Straßenrand überall Tütenspender zu finden gewesen – und in den Grünflächen Hinweistafeln, auf denen ein depressiv aussehender Terrier mit einem Schild im Maul vor der Geldstrafe warnte, die unbelehrbaren Hundehalterinnen und -haltern drohte. *Sind dir 50,- Wurst?*, stand auf dem Schild zu lesen, mit einem Bild der sogenannten Hundstrümmerl, wie der Kot in Wien seit jeher genannt wurde. Später waren diese Schilder an allen möglichen Orten zu finden gewesen; nicht selten unter den Scheibenwischern, am Martinshorn oder sogar im Auspuff von Einsatzfahrzeugen.

Wie Nemecek zugeben musste, hatte diese Initiative dennoch Wirkung gezeigt. Längst musste man sich als Fußgänger nicht mehr auf jedem Gehsteig auf einen exkrementbedingten Slalom gefasst machen. Oder als Radfahrer damit rechnen, sich am Straßenrand eine braune Spur einzufangen.

»Aber bitte«, riss ihn Kampinski aus seinen Gedanken, »ihr könnt ja jerne mit dit Obersten reden, damit er andere Schwerpunkte setzt.« Er grinste hämisch: »*SafeIT* first, *Safety in the City* second!«

Nemecek fühlte Wut in sich aufsteigen. Natürlich wusste Kampinski bestens über das schwierige Verhältnis zu seinem Vorgesetzten Bescheid. Kein Wunder, dass der jetzt die Vorstellung genoss, wie Kappacher seinen Chefinspektor zur Schnecke machen würde, sobald dieser seine Marschbefehle infrage stellte.

»Eine Frage noch«, rief er sich zur Disziplin. »Weißt du eigentlich, was diese Karte bedeuten soll?«

Kampinski folgte Nemeceks ausgestrecktem Finger, der jetzt geradewegs in den Schoß des Toten zeigte. Dann schüttelte er den Kopf. »Ick hab keen'n Dunst.«

»D-D-Das ist ein Kan-Kan-ban«, grätschte Manninger dazwischen.

»Wie meinste?«, zeigte sich Kampinski so überrascht, dass er ganz seine übliche Reaktion vergaß, wenn man ihn unterbrach.

»Ei-ne-ne Sig-Sig-nal-kar-te-te, d-das Ba-Ba-Basis-el-el-ement vis-visuel-ler-ler Arbeitsmanagementsysteme.«

»Woher weißt du denn das schon wieder?«, staunte Nemecek. Allerdings war ihm selbst nicht ganz klar, ob ihn eher Manningers unvermutetes Wissen verblüffte oder der Umstand, dass dieser das schwierigste Wort des Satzes ohne jeden Hänger ausgesprochen hatte.

»Da hat jemand seine Hausaufgaben jemacht«, meinte Kampinski anerkennend, obwohl er höchstwahrscheinlich keinen blassen Schimmer hatte, wovon Manninger gerade gesprochen hatte.

»Dann weeßt du sicher auch, was dat heeßt«, meinte Kampinski. Mit einer Pinzette hob er die grüne Karte hoch und drehte sie nach vorne. *DONE*, hatte jemand in Blockbuchstaben auf die Karte geschrieben. Am Rand war ein breiter schwarzer Strich hinzugefügt worden, sodass das Ganze wie eine dieser typischen Todesnachrichten aussah, die man in Wien Partezettel nannte.

»Dit is nich ganz koscher«, kommentierte Kampinski, doch Obermayr schüttelte den Kopf. »Das sieht eher aus wie die Überschrift zu der Spalte, die für gewöhnlich als letzte auf einem Kanban-Board zu finden ist. Seht ihr?«, sagte sie und deutete ganz rechts auf die vor ihnen stehende Tafel. Tatsächlich befand sich dort ebenfalls eine *Done*-Karte, wenngleich das Wort nicht in Blockbuchstaben geschrieben war.

»Aber dazu können uns diejenigen, die mit diesem Board arbeiten, sicher mehr erzählen«, meinte Obermayr und wandte sich wieder Kampinski zu. »Weißt du zufällig, wer ihn gefunden hat?«

»Natürlich weeß ick dat«, entgegnete dieser eingeschnappt. »Ick war ja wieder mal der Erste vor Ort.«

Mit ausgestrecktem Arm wies er auf die kleine Gruppe, die er zuvor vom Tatort verscheucht hatte. »Dit Lulatsch da hat ihn gefunden.«

Wortlos wandte sich Nemecek ab und steuerte direkt auf die Gruppe zu. Obermayr folgte ihm auf dem Fuß.

»Bezirksinspektorin Obermayr, Chefinspektor Nemecek«, rief er schon von Weitem. »Sie haben den Toten gefunden?« Erschrocken wandte sich ein schmächtiger Mann um. Wie so oft, wenn er jemand zum ersten Mal sah, sprang in Nemecek sein internes Scanprogramm an: etwa 40 Jahre alt, einen Meter fünfundsiebzig, höchstens siebzig Kilo, schmaler Kopf, braunes, bereits stark ausgedünntes Haar, graublaue Augen.

»Ja – ich – Nikolas Gauss mein Name«, stammelte der Angesprochene, während Nemecek seine Erstaufnahme mit einigen besonderen Kennzeichen abschloss: leichte Hakennase, tiefe Falten zwischen den Augenbrauen, etwa zwei Zentimeter lange Narbe über der linken Augenbraue. »Ich und ... Ich meine, ich war der Erste. Dann kamen nach und nach auch die anderen dazu«, erklärte er und wies mit einer schwachen Geste in die Runde. Der Schock stand ihm noch ins Gesicht geschrieben.

»Okay, jetzt mal zum Mitschreiben«, verlangte Obermayr. »Sie sind also Herr Gauss. Und das sind Ihre Kollegen, richtig?«

Gauss nickte.

»Dann fangen wir doch mal mit Ihrem Namen und Ihrer Funktion in der *SafeIT* an.«

»Akasha Devi«, startete die Frau neben Gauss sogleich die verlangte Vorstellrunde. Sie war mittelgroß und hatte rabenschwarze Haare. »Ich bin im Manner-Team für das Marketing verantwortlich.«

»Ma-ma-ma-nner?«, fragte Manninger nach, der unversehens hinter Nemecek aufgetaucht war. »Mar-mar-mar-keting?« Die Angesprochene nickte, während sich Obermayrs Assistent Notizen machte. Nemecek holte nun ebenfalls sein Notizbuch hervor.

»Igor Wasjaschwilli, Developer im Team Scooter«, meldete sich nun ein untersetzter, vollbärtiger Mann zu Wort. Er trug ein grünes *Suck the Fystem*-T-Shirt, das Nemecek von seiner älteren Tochter kannte. Ob die mal auch so ein Hipster wurde? Gab es überhaupt weibliche Hipster?, fragte sich Nemecek.

Er fand keine Zeit für eine Antwort, denn schon stellte sich eine Frau mit langen, roten Haaren vor. »Melanie Wunzer, Produktentwicklung im VIP-Team.«

»Kim Sun, Qualitätssicherung für alle Teams im Bankensektor«, setzte eine asiatisch aussehende Frau fort, die Nemecek an eine dieser chinesischen Kunstturnerinnen erinnerte. Dazu passte, dass sie das Wort mit einer dynamischen Körperdrehung an ihren Kollegen weitergab, als würde sie ihm einen Ball zuwerfen. Oder eines dieser Bänder, das die Turnerinnen durch die Luft zu schleudern pflegten.

»Harald Terzenberger«, erklärte der vergleichsweise plump wirkende Kollege. »Ich bin als Softwareentwickler für das Team Apollo tätig.«

Nemecek notierte sich alle Nachnamen und dazu jeweils ein Stichwort, wie er es immer tat, um seine Erinnerung zu ankern. Inderin, Hipster, Rothaarige, Turnerin, Bär, ließ er Revue passieren und warf dann auch noch einmal einen Blick auf die Teambezeichnungen: Manner, Scooter, VIP, Apollo. Was trieben diese Leute hier eigentlich?

»Und was machen Sie?«, sprach Obermayr Nikolas Gauss an.

»Ich bin hier der agile Coach.«

»Was sind Sie?« Nemecek runzelte die Stirn. Bis dahin hatte er das Gefühl gehabt, die genannten Berufe zumindest einigermaßen verorten zu können. Aber jetzt?

»Agiler Coach«, wiederholte Gauss langsam, als würde er zu einem Kind sprechen. »Ich kümmere mich um alle fachlichen und sozialen Aspekte des Veränderungsprozesses bei der *SafeIT*: vom strategischen Marktradar über die Verschlankung der Entwicklungszyklen bis hin zur persönlichen Entwicklung, die es dafür braucht.« Gauss ließ seinen Blick langsam von Nemecek über Obermayr zu Manninger wandern, als wollte er sich vergewissern, dass ihm alle folgen konnten. Dann ergänzte er: »Agil steht schlagwortartig für die Beweglichkeit, die wir dabei anstreben.«

»Ah ja«, murmelte Nemecek, obwohl er nicht die geringste Vorstellung davon hatte, was Gauss konkret machte. *Agiler Coach*, hielt er in seinem Buch fest. Darauf würde er später zurückkommen.

»Gut«, nahm Obermayr das Gespräch wieder auf. »Bevor wir einzeln mit Ihnen sprechen, würden wir noch gerne wissen, wieso Sie sich alle am Tatort versammelt haben.«

»Für heute um neun Uhr war die erste Retrospektive zu unserem Koordinationssystem angesetzt«, erklärte die Inderin. »Und an der hätte auch Paul als Delegierter von Team Dagobert teilgenommen.«

Also ein Meeting, übersetzte Nemecek für sich und war froh, wieder festeren Boden unter den Füßen zu spüren. Besprechungen kannte er zur Genüge, auch wenn ihm der genannte Begriff nichts sagte.

»Also ein Meeting«, wiederholte Nemecek laut und erntete prompt die erwartete Bestätigung.

»Ja, genau. Und ich habe mich noch gewundert, dass Paul schon im Büro war, als ich kam – und dass er noch dazu direkt vor dem Kanban-Board saß.«

Kanban schrieb Nemecek noch einmal in sein Notizbuch und fügte gleich zwei Ausrufezeichen hinzu. Dazu würde er sich von Manninger ein Dossier erstellen lassen. Zumindest die großen Zusammenhänge sollte er verstehen. Wahrscheinlich würde ihm dann auch klarer sein, wozu es diesen Coach brauchte.

Tatort = Fundort?, kritzelte er noch an den Seitenrand, um nicht wieder eine der naheliegendsten Fragen zu vergessen. Zweifellos machte es einen Unterschied, ob die Tat hier oder woanders verübt worden war. Last but not least für die Botschaft, die ihnen der Mörder vermitteln wollte.

»Wo sind eigentlich Ihre Vorgesetzten?«, wechselte Nemecek das Thema, ohne sich dabei an jemand Bestimmten zu wenden. In Wahrheit war er noch mit seinen Notizen beschäftigt. Doch als er seinen Blick durch die Gruppe schweifen ließ, wirkten alle seltsam ratlos, so als würden sie die Frage nicht verstehen. Was war daran bitte unklar?

»Wir haben keine Vorgesetzten«, fasste sich die asiatisch aussehende Frau schließlich ein Herz. »Wir arbeiten doch selbstorganisiert.«

»Aber Sie werden doch wohl Führungskräfte haben!«, entgegnete Nemecek und staunte, dass er sich dabei fast erschrocken anhörte.

»Außer der Geschäftsführung gibt es bei uns keine Managementposition«, meldete sich die Rothaarige zu Wort. »Das macht ja unsere DNA aus: dass wir nicht auf Hierarchie, sondern auf verteiltes Management setzen.«

»Okay«, gab sich Nemecek vorerst geschlagen. *Selbstorganisation* hielt er für später fest. Allmählich hatte er ein richtiggehendes Forschungsprogramm vor sich.

»Und wo sind die Geschäftsführer?«, wollte Obermayr wissen. »Die nehmen offensichtlich nicht an dem Meeting teil, oder?«

»Heidrun und Ferdinand sind beide auf einer Konferenz in San Francisco. Die kommen erst am Donnerstag wieder«, informierte der Bär.

»Gut, dann starten wir unsere Befragungen mit Ihnen«, verkündete Obermayr kurzerhand. »Wo können wir hier ungestört Einzelgespräche führen?«

»Im zweiten Stock haben wir eine ganze Reihe an Kommunikationsboxen«, erklärte der Hipster. »Die sind um diese Tageszeit sicher noch nicht alle besetzt.«

»Also gut«, wirkte Obermayr nun ebenfalls einigermaßen verwirrt. »Dann zu den Kommunikationsboxen. Hat der werte Kollege irgendwelche Präferenzen? Oder gehen wir einfach nach alphabetischer Reihenfolge vor?«

»Ja, lass uns das so machen«, stimmte Nemecek zu. Und war schon gespannt, wie sich wohl seine erste Vernehmung in einer Kommunikationsbox gestalten würde.

Dienstag, 11:44
Ermittlungen in der Kommunikationsbox

Nemecek war überrascht, wie bequem die Sitze waren. Zudem hörte er plötzlich keinen Ton mehr, als wären die Gespräche in den beiden anderen Kommunikationsboxen schlagartig verstummt. Dabei hatte er sich beim ersten Anblick der gepolsterten Höhlen ernsthafte Sorgen um die Vertraulichkeit gemacht. Schließlich musste nicht jeder mitbekommen, was die Ermittler beschäftigte.

»Die Polsterung absorbiert den Schall nahezu vollständig«, erklärte Gauss, als könne er seine Gedanken lesen. »Eine geniale Erfindung, die in allen möglichen Tonstudios und Fernsehsendern zum Einsatz kommt.«

Nemecek sah sich um. Die Box maß in jede Richtung kaum mehr als zwei Meter. Dennoch haftete ihr nichts Klaustrophobisches an. Vom Rand des schmalen Tisches, auf dem er nun sein Notizbuch aufschlug, hatte er freie Sicht in den Raum. Während er sowohl die Holztische als auch die Bildschirme an den Wänden sah, war er seinerseits von drei Seiten abgeschirmt. Kein schlechtes Konzept, um den offenen Raum mit intimen Plätzen zu kombinieren.

»Und hier ziehen Sie sich für Einzelgespräche zurück?«, nahm Nemecek den Gesprächsfaden wieder auf.

»Ja«, bestätigte Nikolas Gauss. »Manche führen hier sogar Telefonate, ohne dass jemand anderer dadurch gestört wird.« Unversehens schweiften seine Augen zur Seite und er verfiel in eine tiefe Nachdenklichkeit. Abwesend griff er nach seinem Wasserglas, führte es an die Lippen, trank dann aber nicht, sondern stellte es unverrichteter Dinge wieder vor sich ab. Nemecek überlegte, woran sein Gegenüber wohl gerade dachte. War er immer noch mit dem toten Kollegen beschäftigt? Lief der Moment, in dem er den Toten entdeckt hatte, in einer Endlosschleife wieder und wieder vor seinem geistigen Auge ab? Oder dachte er bereits an die Folgen dieser Tat?

Ansatzlos sagte Gauss: »Manche ziehen sich hierher zurück, um in Ruhe nachdenken zu können.« Dann rieb er sich mit der flachen Hand mehrmals über die Stirn. Als er die Hand wieder auf den Tisch legte, war das Nachdenkliche aus seinem Gesicht verschwunden. »Die Boxen haben sich wirklich bewährt«, fuhr er in geschäftsmäßigem Ton fort. »Wobei das ja nur ein kleiner Teil unserer Bürolösung ist.« Er legte eine kleine Pause ein, um nun tatsächlich einen Schluck Wasser zu trinken. »Am Anfang haben ja einige Kollegen befürchtet, dass man so nicht produktiv arbeiten kann – mit Großraumbüros, offenem PC-Zugang, flexiblen Arbeitsplätzen oder eben diesen Boxen hier. Vom flächendeckenden visuellen Arbeitsmanagement ganz zu schweigen.«

»Was genau meinen Sie?«, setzte Nemecek nach, in der Hoffnung den Nebel in seinem Kopf ein wenig lichten zu können. »Visuelles Arbeitsmanagement?«

»Für einen Außenstehenden ist das gar nicht so leicht nachzuvollziehen – obwohl wir ja auf volle Transparenz setzen. Das merken wir jedenfalls immer bei unseren öffentlichen Veranstaltungen.«

»Sie meinen das monatliche Open House? So eine Art Tag der offenen Tür?«

»Ja, genau«, bestätigte Gauss. »Das Interesse ist riesig, wir können mittlerweile gar nicht mehr allen Anfragen nachkommen.« Er breitete die Arme aus wie jemand, den absolut keine Schuld trifft. Oder wie jemand, der sich manches nicht so recht erklären kann. Im nächsten Moment zog er die Arme wieder zum Körper. »Gleichzeitig fühlt sich das Ganze ein bisschen wie im Zoo an. Die Leute bestaunen das Offensichtliche, übersehen dabei aber gerne die Hintergründe. Doch agiles Organisationsdesign ist weit mehr als offene Räume, schicke Möbel und bunte Zettel an der Wand.«

»Einen Moment«, bat Nemecek und zog sein Notizbuch aus der Tasche. *Agiles Organisationsdesign* schrieb er auf. Schon wieder so ein Begriff, von dem er noch nie etwas gehört hatte! *Nicht nur Oberfläche, sondern Substanz*, notierte er weiter. Doch stimmte das so? Ging es wirklich um das alte Thema von Schein und Sein? Oder hatte er da etwas falsch verstanden?

Nemecek seufzte. Allmählich beschlich ihn das Gefühl, dass er bei diesem Fall eine völlig neue Welt entdecken würde.

»Wie passte Paul Steiner in diese Geschichte?«, wechselte Nemecek endlich ins klassische Aufklärungsregister. Er spürte das starke Bedürfnis, sich zumindest zwischendurch wieder auf gewohntes Terrain zu begeben. Gauss stutzte und drehte sich dann wie in Zeitlupe zur Seite. Scheinbar hatte ihn der unvermutete Themenwechsel irritiert. Aber das war ja durchaus Nemeceks Absicht gewesen.

»Tja, Steiner und Veränderung war eine interessante Kombination«, begann Gauss langsam und spitzte die Lippen. »Paul gehört zweifellos zur alten Garde. Ähm. Gehörte muss ich seit heute wohl sagen.«

»Reden Sie bitte weiter«, sagte Nemecek und lehnte sich zurück, um der Geschichte den nötigen Raum zu geben. Sein Gegenüber zögerte noch ein wenig, setzte dann aber seine Erzählung fort.

»So viel ich weiß, war Paul schon Ende der 1990er-Jahre dabei. Er bestach durch sein Engagement, sein Wissen – und sicher auch durch sein selbstbewusstes Auftreten. Damit punktete er bei vielen Kunden, aber auch beim alten Geschäftsführer, der ihn bald zum Vertriebsleiter ernannte. Und Paul verstand es offensichtlich blendend, diese Position zu seinen eigenen Gunsten auszunützen.« Gauss verzog den Mund. Offensichtlich schmeckte ihm die Erinnerung nicht so recht. »Ein waschechter Verkäufer, wie man so sagt.«

»Das klingt, als hätte er sich nicht nur Freunde gemacht«, konstatierte Nemecek.

»Davon dürfen Sie ruhig ausgehen«, stimmte Gauss zu. »Ich bin ja erst seit knapp zwei Jahren im Unternehmen und habe die alten Geschichten nur vom Hörensagen mitbekommen. Vor Paul wurde ich aber bereits in meinen ersten Wochen gewarnt.«

Erneut hielt Gauss inne, um vor sich auf die Tischplatte zu starren. Es wirkte, als läge dort plötzlich der Brennpunkt aller vergangenen Ereignisse. Ob er jetzt wohl überlegte, was genau er davon preisgeben sollte und was er besser für sich behielt?

»In den letzten Jahren unter dem alten Chef sind anscheinend einige Konflikte eskaliert«, durchbrach Gauss sein eigenes Schweigen wieder. »Nicht zuletzt, weil der Erfolg zusehends ausblieb – was auch Pauls rigorosem Vorgehen zugeschrieben wurde.«

»Wer genau war an diesen Konflikten beteiligt?«, hakte Nemecek nach. Gauss blickte ihn an und wirkte mit einem Male ganz weit weg: in einem fernen Land; in einem dieser schwarzen Löcher, die sich manchmal auftun; oder in dem, was sie als Kinder Narrenkastl genannt hatten. Nemecek spürte den starken Impuls, mit den Fingern zu schnippen, so wie man das bei Hypnosen tat. Doch genau in dem Moment, in dem er Gauss aufrütteln wollte, kam plötzlich eine Antwort: »Da reden Sie am besten mit unserer Geschäftsführung. Heidrun und Ferdinand Glaser haben das hautnah erlebt.«

Sackgasse, dachte Nemecek. Ein klassischer Fall von: zuerst ewig nachdenken und dann keine Antwort geben. Doch er beschloss, seinen aufkeimenden Ärger zurückzudrängen. Statt Gauss zu fragen, ob er noch ganz bei Trost sei, beschloss er, vorerst an der Geschichte dranzubleiben: »Und wie ging das Ganze weiter, als Sie ins Unternehmen kamen?«

»Sie meinen hinsichtlich der Konflikte mit Paul?«

Nemecek signalisierte Zustimmung.

»Mmmh. Da ist natürlich viel passiert. Die beiden neuen Geschäftsführer haben eine Menge frischen Wind in die Firma gebracht. Ich bin aber nicht sicher, was davon für Ihre Ermittlungen relevant ist.«

»Da wir noch ganz am Anfang stehen, ist das schwer zu sagen«, argumentierte Nemecek. »Lassen wir es auf einen Versuch ankommen!«

»Dann würde ich drei große Konfliktfelder nennen: erstens der radikale Wandel der Geschäftsstrategie in Richtung umfassender Digitalisierung – die sich ja auch im neuen Firmennamen niederschlug. Zweitens die Umstellung auf interdisziplinäre Teams. Und drittens die Veränderung der hierarchischen Führungsstruktur in Richtung Selbstorganisation.«

Digital-interdisziplinär-selbstorganisiert, hielt Nemecek fest, bevor er wieder aufblickte. Er wollte jetzt nichts Wesentliches versäumen, denn anscheinend kam Gauss allmählich in Fahrt. »Wenn Sie mich jetzt fragen, was das für Paul bedeutete, so würde ich sagen: Erstens, dass er mit seiner bisherigen Denk- und Arbeitsweise kaum mehr etwas zur neuen Strategie beitragen konnte. Zweitens, dass der Vertrieb nun nicht mehr alle Geschäftsprozesse diktierte. Und drittens, dass Paul seine Machtposition verlor.«

Ein sehr strukturierter Mensch, ging Nemecek durch den Kopf, während er dem agilen Coach zuhörte. Oder einfach jemand, der sich bereits länger mit diesem Thema beschäftigt hat. Vielleicht hatte ihm Steiner ja keine andere Wahl gelassen? *Leidensdruck?*, hielt er in seinem Buch fest, bevor er seinen Blick wieder in die Augen seines Gegenübers versenkte. »Das wird ihm nicht gefallen haben.«

Gauss zuckte mit den Schultern: »Er hat sich entsprechend zur Wehr gesetzt.« Für Nemecek hörte sich das ziemlich müde an. Zugleich hatten sich auf Gauss' Stirn tiefe Falten gebildet. »Offiziell war Paul natürlich für den Veränderungsprozess. An rhetorischem Talent fehlte es ihm ja keineswegs. Ein Unbeteiligter hätte wahrscheinlich den Eindruck gewonnen, dass er einer der Pioniere des selbstorganisierten Vorgehens war.« Ein bitterer Ausdruck zeichnete sich auf seinem Gesicht ab. »Hinter den Kulissen agierte Steiner dann allerdings oft völlig anders. Von ihm konnte man viel über Widerstand lernen.«

»Das dürfte wiederum Ihnen nicht besonders geschmeckt haben«, entschloss sich Nemecek zu ein bisschen mehr Provokation. »Wenn ich das richtig verstehe, hat man Sie ja geholt, um Veränderung voranzutreiben.«

Gauss blickte Nemecek erschrocken an. Offenkundig war die Botschaft angekommen. Vielleicht sogar stärker, als das beabsichtigt war. »Sie wollen mir jetzt aber keinen Mord andichten, oder?«

»Für mich klingt das nach einem astreinen Motiv«, entgegnete Nemecek trocken.

»Einen Menschen töten, weil er die Veränderung sabotiert? Ich bitte Sie!«, empörte sich Gauss. »Da hätten einige Leute ganz andere Gründe, auszuflippen.«

»Ach, wer denn?«, setzte Nemecek nach und merkte sofort, wie er den Coach damit in Verlegenheit brachte. Unruhig rutschte dieser auf seinem Stuhl hin und her. Wahrscheinlich hätte er seine Worte am liebsten zurückgenommen. Nachdem er seine Unterlippe ausreichend durchgekaut hatte, öffnete Gauss wieder den Mund. »Wie gesagt: Reden Sie mit den jungen Glasers. Die können Ihnen dazu Genaueres erzählen. Ich kann ja doch nur Gerüchte weitergeben.«

»Werde ich machen«, versicherte Nemecek Er wusste, dass ihm Gauss nicht die ganze Wahrheit sagte. Er wusste aber ebenso, dass es noch zu früh war, um darauf zu drängen. Noch hatte er zu wenig in der Hand, um gezielt Druck ausüben zu können. Er musste sich in Geduld üben und erst einmal die üblichen Ermittlungsfragen abarbeiten.

»Verraten Sie mir in der Zwischenzeit, wo Sie gestern Abend waren?«

Überrascht verfolgte Nemecek, wie sein Gegenüber zur Seite schnellte und sich die Wange hielt. Es wirkte, als hätte er ihn geohrfeigt. »Jetzt verdächtigen Sie mich also doch«, stammelte Gauss, als er sich wieder aufrichtete. War das nur die Überraschung, weil er nicht mit der Frage gerechnet hatte? Oder war da sogar eine Spur von Angst in seiner Stimme gelegen? Vielleicht Angst, dass man ihm auf die Schliche kommen könnte?

»Reine Routine«, beruhigte Nemecek und musste schmunzeln. Da war er wieder, der Fernsehserien-Kommissar mit den immergleichen Sprüchen! »Also?«

»Gestern Abend?«, überlegte Gauss laut. Nemecek spürte, wie sein Gesprächspartner zu taktieren begann. In diesem Moment wäre sogar einem Blinden aufgefallen, dass Gauss etwas zu verbergen hatte. Wie ein beim Schummeln ertappter Schüler saß er vor ihm und überlegte krampfhaft, wie er sich aus der Affäre ziehen konnte. »Gestern bin ich früher aus der Firma, um noch laufen zu gehen. Später habe ich noch ein paar Stunden vor dem Computer verbracht. Gegen Mitternacht bin ich dann ins Bett.«

»Sie waren allein zu Hause? Keine Zeugen?«, prüfte Nemecek die Kernaussage des agilen Coachs.

»Leider nicht«, bedauerte dieser und schaffte es, dabei sogar ein wenig zerknirscht auszusehen.

Er lügt, bekräftigte Nemeceks Großhirn das Bauchgefühl, das ihn die ganze Zeit über begleitet hatte. Glaubte Gauss wirklich, dass er ihn mit so einem seichten Schauspiel beeindrucken konnte? *Gauss lügt*, notierte er, um seinen Ärger in Schach zu halten. Dann klappte er sein Buch zu und erhob sich.

»Danke, das war's fürs Erste«, verabschiedete er sich und verließ die Kommunikationsbox. Doch kaum, dass er sich ein paar Schritte entfernt hatte, fiel Nemecek noch etwas ein.

»Herr Gauss«, wandte er sich nochmals an den Coach, der unverändert in der Box saß. Unwillkürlich musste er an die amerikanische Krimiserie denken, die er als Kind so gerne gesehen hatte. Pflegte sich Columbo nicht auch noch einmal umzudrehen, sobald er die Tür erreicht hatte? Um den Verdächtigen mit seinen pointierten Fragen sukzessive den letzten Nerv zu rauben? Nemecek widerstand der Versuchung, seine Hand in einer ähnlich nachdenklichen Geste an die Stirn zu legen, wie das Peter Falk immer getan hatte. Stattdessen fragte er gerade heraus: »Können Sie mir eigentlich erklären, was es mit dieser grünen Karte auf sich hat?«

Gauss hob die Augenbrauen. Dann fragte er: »Sie meinen die Karte in Paul Steiners Schoß?«

Nemecek verzog den Mund. Er hasste solche rhetorischen Fragen, die nur dazu da waren, um Zeit zu gewinnen. Bereitete Gauss etwa seine nächste Lüge vor?

»Sieht aus wie eine dieser Karten, auf denen wir unseren Aktivitätenfluss auf dem Kanban-Board darstellen«, erklärte Gauss, bevor sich Nemecek weiter hineinsteigern konnte. Um sich zu beruhigen, achtete der Inspektor genau auf seine Schritte: eins, zwei, drei. Bei vier war er wieder bei der Box angelangt und nahm seinen alten Platz ein.

»Das wissen wir bereits«, servierte er Gauss noch ein wenig Restärger. »Wir wissen allerdings nicht, was das zu bedeuten hat.«

»Sie meinen jetzt die Karte im Besonderen oder Kanban im Allgemeinen?«

Nach kurzem Nachdenken antwortete Nemecek: »Eigentlich beides.«

»Kanban kann ich Ihnen leicht erklären«, setzte Gauss an und hielt unvermutet inne, als warte er noch auf einen offiziellen Startschuss.

»Ich bitte darum«, lieferte Nemecek die gewünschte Bestätigung und griff erneut nach seinem Notizbuch. Mit einem leisen Klicken schob sich die Mine aus seinem Kugelschreiber. *Kanban ist …*, schrieb er und blätterte um. Wie immer blieb die erste Seite vorerst leer, damit er Platz für eine bündige Zusammenfassung seiner einzelnen Notizen hatte.

»Einfach ausgedrückt geht es um die Visualisierung komplexer Wissensarbeit«, erklärte Gauss. »Diese Arbeit findet ja zum Großteil in den Köpfen der Mitarbeiter statt und ist entsprechend intransparent. Woran arbeitet jemand gerade? Warum tut er das? Zu welchem größeren Ganzen trägt diese Arbeit bei? Was sollten andere darüber wissen? Und wie können alle Expertinnen und Experten dafür sorgen, dass die gesamte Arbeit möglichst rasch erledigt wird.«

Nemecek nickte. Soweit leuchtete es ihm ein, schließlich lief seine eigene Arbeit nicht viel anders ab. Obwohl es bei ihm nicht um Software, sondern um Kriminalfälle ging. Um diese zu lösen, wurden erfahrene Ermittler gebraucht, aber auch Pathologen, Forensiker, Techniker und nicht zuletzt IT-Spezialisten. Mit komplexen Problemen hatten sie es allemal zu tun und diese konnten eben nur gemeinsam gelöst werden.

»Die meisten dieser Fragen können wir mithilfe einfacher Darstellungstechniken beantworten«, führte Gauss weiter aus. »Darf ich Ihnen das kurz skizzieren?« Nemecek blickte irritiert auf die ausgestreckte Hand des Coaches. Dann aber schob er einladend sein Notizbuch über den Tisch zu Gauss und beugte sich vor. Schon hatte Gauss darin ein Raster gezeichnet, das er jetzt mit kleinen Rechtecken bevölkerte. »Sie dürfen sich das so vorstellen«, deutete er mit dem Stift auf eines der Rechtecke: »Das ist ein Stück Arbeit. Jede Arbeit wird stichwortartig auf einer eigenen Karte erfasst und mit einem sogenannten Avatar versehen, also einem grafischen Stellvertreter der für diese Arbeit verantwortlichen Person oder des verantwortlichen Teams – oft in Form von Magneten in unterschiedlichen Farben oder mit Initialen. Gleichartige Arbeiten, beispielsweise vom Kunden gewünschte Veränderungen an einem bestehenden Produkt, werden in sogenannten Schwimmbahnen zusammengefasst – etwa in der Schwimmbahn Changes, um beim Veränderungsbeispiel zu bleiben.« Nemecek nickte und sah zu, wie Gauss *Changes* an den Rand einer horizontalen Zeile des Rasters schrieb. Die anderen Zeilen markierte er als *Projekte, Fehler* sowie *Interne Verbesserungen*. Gleich darauf wechselte er zu den Spalten. *Optionen* notierte er ganz links, *Done* ganz rechts und dazwischen *Next, A, B* und *C*.

»Jede einzelne Arbeit folgt einem bestimmten Ablauf oder Fluss«, setzte der agile Coach fort und leitete Nemecek mit dem Stift durch die gerade festgehaltene Reihe. »Dieser Fluss führt vom Stadium möglicher Arbeit über die zugesagte Arbeit, die als Nächstes kommt, und verschiedene Aktivitäten – hier einfach A, B und C genannt – bis zur Fertigstellung.« Nemecek nickte wieder. »Nun kann es sein, dass man mit Arbeiten nicht wie vorgesehen vorankommt – zum Beispiel, weil eine bestimmte Information fehlt, man auf einen anderen Experten warten muss oder es an technischen Hilfsmitteln mangelt. Was auch immer der Grund dafür ist, wird als sogenannte Blockade erfasst und der betreffenden Arbeit zugeordnet. Es versteht sich, dass wir alles daran setzen, dieses Hindernis zu beseitigen, um Arbeit wieder ins Fließen zu bringen.«

Gauss setzte den Stift ab. Er schien zu überlegen, ob er noch etwas hinzufügen sollte. Dann aber legte er den Stift endgültig zur Seite und lehnte sich zurück. Nemecek besah sich die Zeichnung in seinem Notizbuch. »Wie?«, fragte er irritiert. »Das ist schon alles?«

»Im Großen und Ganzen«, antwortete Gauss grinsend: »Zumindest die Basisvisualisierung. Ich habe Ihnen ja einfache Darstellungstechniken versprochen.«

»Die Boards in der *SafeIT* sehen aber um einiges komplizierter aus«, wandte Nemecek ein. Er öffnete das Fotoprogramm seines Smartphones und hielt Gauss eine Aufnahme des Koordinationsboards entgegen, vor dem Steiner aufgefunden wurde.

»Sie haben natürlich recht«, räumte sein Gesprächspartner ein. »Das liegt zum Teil daran, dass ich Ihnen jetzt eine sehr einfache Skizze vorgestellt habe: Visualisieren kann man um einiges mehr – und von anderen Kanban-Praktiken wie Work-in-Process-Limits oder Feedbackschleifen haben wir noch gar nicht gesprochen.«

Nemecek wusste nicht recht, ob ihn das jetzt beruhigen oder beunruhigen sollte. Auf alle Fälle wusste er jetzt deutlich mehr über Kanban als vorher. Er spürte, dass ihm das vorerst genügte, aber Gauss war offenbar noch nicht fertig.

»Dass Ihnen meine Skizze im Vergleich zu den Kanban-Boards hier eher trivial vorkommt, hat aber auch damit zu tun, dass wir bei der *SafeIT* das sogenannte Enterprise Kanban einsetzen – das heißt, wir nutzen das visuelle Arbeitsmanagement in allen Unternehmensbereichen. Das ist natürlich um einiges dynamischer.« Gauss ruderte mit der Hand durch die Luft, als würde er diese Dynamik darstellen wollen. Nemecek warf ihm einen fragenden Blick zu. »Aber davon erzähle ich Ihnen gerne ein anderes Mal.«

Nemecek atmete auf. Vorerst war das wirklich genug. Um den Fall zu lösen, gab es zweifellos noch wichtigere Dinge zu klären als Kanban. Erst einmal galt es, sich noch ein klareres Bild vom Tatort zu machen. Die anderen Zeugen zu befragen. Und natürlich alle notwendigen Untersuchungen einzuleiten. Er war schon drauf und dran, sich endgültig von Gauss zu verabschieden, als ihm einfiel, dass er ja noch eine weitere Frage hatte.

»Und was bedeutet es, wenn eine solche Karte auf dem Schoß eines Toten liegt?«

Von einer Sekunde zur anderen wich alle Farbe aus Gauss' Gesicht. Seine Stimme schaffte zumindest noch ein gestottertes »W-wie b-bitte?«.

»Die Spurensicherung hat entdeckt, dass jemand auf die Rückseite der auf Steiners Schoß liegenden Karte ein schwarz umrandetes *DONE* gemalt hat«, berichtete Nemecek. »Und wir fragen uns natürlich, was das zu bedeuten hat.«

Von Gauss durfte er wohl keine Antwort erwarten. Zumindest nicht in diesem Augenblick, da er völlig fassungslos vor ihm saß. War das verdächtig? Oder ganz normal, weil der Tod plötzlich wieder ganz nah war? Als wären Mord und Totschlag in dieser grünen Karte gespeichert. Erledigt, Getan, Fertig, probierte Nemecek verschiedene Übersetzungen von Done durch, wusste aber selbst nicht, worauf er damit hinauswollte. Er beschloss, die Bearbeitung dieser Fragen auf später zu verschieben. Zuerst wollte er sich mit Obermayr über die Faktenlage austauschen. Was sie wohl in ihrem Gespräch herausgefunden hatte?

Er stand auf und streckte die Hand aus. »Danke, Herr Gauss«, sagte er. »Das war's jetzt aber wirklich.« Der Angesprochene schüttelte ihm stumm die Hand. »Gut möglich, dass sich noch weitere Fragen ergeben«, ergänzte Nemecek und konnte nicht umhin, dabei an Kanban zu denken. Er hatte zwar einen ersten Eindruck gewonnen, was es mit all diese Linien und Karten auf sich hatte. Allerdings war nach wie vor unklar, wie das Ganze mit dem Mord zusammenhing. Gab es da überhaupt eine Verbindung? Oder war das Board ganz zufällig zum Schauplatz der tödlichen Auseinandersetzung geworden?

»Wir kommen bei Gelegenheit noch einmal auf Sie zu«, sagte er, während er aus der Kommunikationsbox trat. Aus den Augenwinkeln sah er noch, wie Gauss den Kopf hin- und herwiegte. Dann machte er sich endlich auf den Weg zu Obermayr.

Dienstag, 13:56
Zu Mittag beim Pokorny

»Und wie war's?«, rief ihm seine Kollegin schon von Weitem zu, als er die Treppe herunterkam. »Erzähle ich dir in aller Ruhe, wenn wir beim Essen sind«, entgegnete Nemecek, als er den Empfang erreicht hatte.

»Mahlzeit«, tauschten sie noch schnell den klassischen Wiener Mittagsgruß mit Watzinger. Dann standen sie wieder auf der Straße. Nemecek blinzelte in die Sonne. »Wie wär's, wenn wir wieder einmal zum Pokorny gehen?«

»Gute Idee. Nachdem das Frühstück heute ausgefallen ist, sterbe ich ohnehin gleich vor Hunger«, antwortete Obermayr und rieb sich den Bauch. »Und der Pokorny ist ein verlässlicher Lebensretter.«

Den Weg durch den 20. in den 9. Bezirk verbrachten sie weitgehend schweigend. Jeder war in seine eigenen Gedanken vertieft, so wie das oft der Fall war, wenn sie intensive Gespräche hinter sich hatten. Zwischendurch brauchten sie einfach ein wenig Zeit, um das Gesehene und Gehörte für sich zu sortieren. Was wurde gesagt? Aber auch: Wie wurde es gesagt? Welche Botschaften waren gewissermaßen zwischen den Zeilen zu hören? Und wo wurde geschwiegen, obgleich die Gedanken gleichsam in der Luft lagen? Die Bewegung half ihnen beiden, zu ersten Antworten zu kommen – nicht umsonst hieß es ja, dass man eine gewisse Sache durchgehen oder auf einen bestimmten Punkt eingehen wolle.

Beim Gasthaus wurden sie von einer schwarzen Tafel empfangen. *Menü* verkündete diese: *Frittatensuppe, I Falscher Hase, II Gemüseplatte.* »Etwas für dich dabei?«, fragte Nemecek seine Kollegin und sah, wie sie sich die Lippen leckte. »Frittaten hatte ich schon eine halbe Ewigkeit nicht mehr.«

Obermayr öffnete die schwere Holztür und Nemecek hörte, wie diese in den Angeln quietschte. Kaum, dass sie über die Schwelle getreten waren, schlug ihnen diese einzigartige Mischung von Düften entgegen, die den Pokorny auszeichnete: herb und süßlich zugleich, ein wenig nach Bier, ein wenig nach Putzmittel, dazu eine feine Note von Frittieröl.

Nemecek ließ seinen Blick durch den Raum schweifen. Überraschenderweise waren nur wenige Tische besetzt. Aber das war wahrscheinlich der Zeit geschuldet: Um zwölf Uhr war der Gastraum üblicherweise brechend voll. Nemecek blickte über die dunkelbraune Holztäfelung mit den geschwungenen Kleiderhaken in Richtung Ausschank. Das war noch eine echte Budl, wie der Ausschank in Wien hieß, mit verschiedenen Zapfhähnen und jener unverwüstlichen Resopalplatte, die es früher in jedem ordentlichen Wirtshaus gegeben hatte. Genau wie die rot-weiß-karierten Tischtücher, das in eine Papierserviette gerollte Besteck und diese hölzernen Menagen, die neben einem Salz- und einem Pfefferstreuer stets eine Flasche Maggi und einen kleinen Behälter mit Zahnstochern enthielten.

Völlig altmodisch hätten die einen wohl dazu gesagt, traditionsbewusst behaupteten die anderen. Auf alle Fälle noch ein Wirt von echtem Schrot und Korn ging Nemecek gerade durch den Kopf, als sich die Schwingtür zur Küche öffnete und den Blick auf eine vertraute Gestalt freigab. Rudolf Pokorny, den sie schon in der Volksschule immer nur den Pokorny nannten – genau wie seinen Vater und seinen Großvater und wahrscheinlich noch viele Ahnen zuvor. Das Wirtshaus gab es schon, als Österreich noch von einem Kaiser regiert wurde; und das war mittlerweile über 100 Jahre her. Eine lange Tradition der Gastkultur, die es selbstverständlich zu wahren galt.

Pokornys Erscheinung war zweifellos ebenso traditionell zu nennen: braune Schuhe, schwarze Hose, weißes Hemd, eine lederne Geldtasche auf der linken Seite, ein rot-weiß-kariertes Geschirrtuch auf der rechten. Zudem war Pokorny fast zwei Meter groß und stattlich gebaut. Schon im Gymnasium war er nicht nur körperlich der Größte gewesen, sondern auch derjenige, der sich von den Lehrern am wenigsten gefallen ließ. Stets hatte er eine Antwort parat gehabt, wobei er oft genug gar nicht auf die jeweilige Frage einging. Es gefiel ihm einfach, Widerspruch zu äußern. Manchmal stellte er bloß eine Gegenfrage, andere Male ließ er eine seiner gefürchteten Brandreden vom Stapel, in denen er gegen alles und jeden wettern konnte. »Wenn du einmal stirbst«, hatte ihm sein langjähriger Klassenvorstand Kranbichler bereits in der dritten Klasse prophezeit, »müssen sie deine Gosch'n extra erschlagen!«

Spätestens damit war Pokorny endgültig zur Legende aufgestiegen, bevor er sich wenig später aus dem Gymnasium verabschiedete. »Zwölf Fleck«, hatte er stolz seine rekordverdächtige Anzahl an Nicht-genügend verkündet. »Sogar in Reli hab' ich's g'schafft«, schrie er durch das Klassenzimmer, als ihm Kranbichler das Jahreszeugnis überreichte.

»Ja, da schau' her«, stand Pokorny nun mit einem breiten Grinsen vor ihnen. »Die Polizei im Haus. Hamma was ang'stellt?«

»Servus Pokorny«, grüßte Nemecek, ohne auf die Anspielung seines alten Freundes einzugehen. »Geh' sei so gut und bring uns zwei mal das Einser-Menü mit Suppe. Dazu ein Soda-Zitron und ein Mineralwasser.«

»Mineralwasser darf auch mit Zitrone sein?«, fragte Pokorny in gestelztem Hochdeutsch nach und Obermayr nickte. »Zwei Frittat, zwei Falsche, Sozi, Mizi«, las Pokorny die speziellen Abkürzungen vor, die er auf seinen schmalen Papierblock gekritzelt hatte. Gleich darauf wandte er sich dem Nebentisch zu, um die gerade eingetroffenen Gäste zu begrüßen.

»Du zuerst«, flüsterte Obermayr. »Was hast du erfahren?«

»Ich habe den Verdacht«, eröffnete Nemecek und senkte ebenfalls die Stimme, »dass sich hinter dem schönen Schein der *SafeIT* ein paar hässliche Dinge verbergen.« Er zog sein Notizbuch aus der Tasche. »Auf der einen Seite scheint es massive Konflikte mit Steiner gegeben zu haben«, kam Nemecek gleich auf den Punkt, während er durch die vollgeschriebenen Seiten blätterte. »Dieser agile Coach, du weißt schon: dieser Nikolas Gauss, der Steiners Leiche als Erster bemerkt hat, machte zwar nur Andeutungen – aber mit dem Generationswechsel in der Geschäftsführung vom alten zu den beiden jungen Glasers wurden die Karten offenbar ganz neu gemischt.«

Obermayr schürzte die Lippen. »Vor allem sollte jetzt mit offenen Karten gespielt werden«, strapazierte Nemecek seine Metapher noch ein wenig weiter. »Was ja, wenn ich es richtig verstanden habe, durch den Einsatz von Kanban gewissermaßen zur Leitkultur wurde.«

»Dieses Kanban scheint für unseren Fall eine wichtige Rolle zu spielen«, meinte Obermayr. »Wir wissen nur noch nicht, welche.«

Nemecek zuckte mit den Schultern. »Manches riecht verdächtig nach Managementkauderwelsch. Du weißt ja, so wie der Oberst redet, wenn er von einem Managementseminar zurückkommt. Plötzlich heißt unsere Mor-

genbesprechung dann *Daily*, wir müssen unsere Effizienz steigern und
unsere Dienstleistung validieren.«

»Sozi für den Herrn Kommissar, Mizi für die Frau Kommissar«, unterbrach
sie ein vertrauter Bariton. »Und dazu zweimal die Suppe.«

»Danke Pokorny«, sagte Nemecek und hob kurz die Hand. Der Wirt verstand den Hinweis und zog sich ohne einen weiteren Kommentar zurück.

Wortlos schlürften sie ihre Teigstreifen und legten dann fast zeitgleich den
Löffel zur Seite. Zwischen ihnen lag immer noch die Skizze, die ihm Gauss
ins Notizbuch gezeichnet hatte. Er war schon drauf und dran, es in Richtung Obermayr zu schieben. Dann aber überlegte er es sich plötzlich anders
und blätterte rasch um.

»Zumindest habe ich ein klareres Bild vom Umfeld gewonnen. Ich bin mir
nur nicht sicher, wie uns das bei der Aufklärung des Falles weiterhilft.«

»Naja, irgendeine Verbindung muss es geben«, meinte Obermayr und griff
nach einem der Zahnstocher, die neben der Maggiflasche in dem hölzernen
Gestell steckten. »Sonst hätten wir Steiner nicht ausgerechnet in der *SafeIT*
und genau vor dem Kanban-Board gefunden. Mal ganz abgesehen von der
DONE-Karte in seinem Schoß.«

Da war sie wieder, diese grüne Karte, auf die sich Nemecek einfach keinen
Reim machen konnten. Was sollte das heißen? Dass jemand mit Steiner fertig war? Dass die Geschichte nun zu Ende war? Dass es der Mörder wirklich
getan hatte? Oder war das alles nur ein Ablenkungsmanöver?

»Eines glaube ich jedenfalls verstanden zu haben«, riss sich Nemecek aus
seiner Grübelei. »Steiner muss unter dem Seniorchef ziemliche Narrenfrei-
heit genossen und diese weidlich ausgenutzt haben. Ich wette, dass da einige
alte Rechnungen mit Kollegen offen sind.«

»Das kann ich mir gut vorstellen«, entgegnete Obermayr.

»Apropos vorstellen«, sponn Nemecek den Gedankenfaden weiter. »Sagt
dir eigentlich der Name Milena Dadic etwas?«

»Dadic? Die hat doch bis vor Kurzem auch bei der *SafeIT* gearbeitet«,
informierte ihn seine Kollegin. »Das war sogar eine Kollegin von Akasha
Devi – du weißt schon: dieser Marketingspezialistin aus dem Manner-Team,
mit der ich am Vormittag gesprochen habe.«

Nemecek erinnerte sich gut an die Frau mit den schwarzen Haaren. War sie nicht diejenige gewesen, die die Vorstellrunde eröffnet hatte?

»Im Übrigen hat mir die Devi erzählt, dass die Dadic früher mit Steiner liiert war. Offenbar sogar ziemlich lange.«

»Ach«, brach sich Nemeceks Staunen in einem ersten Laut Bahn.

»Dann halt dich fest«, fuhr Obermayr fort. »Genau diese Dadic hat Steiner vor zirka einem Jahr wegen sexueller Belästigung angezeigt – die Anzeige später jedoch wieder zurückgezogen.«

»Na so was«, zeigte sich Nemecek erneut erstaunt.

»Das Supperl war in Ordnung?«, riss ihn Pokorny aus seiner Überraschung. »Danke«, antworteten Obermayr und Nemecek im Chor und sahen zu, wie Pokorny den Hauptgang vor ihnen abstellte. »Recht so. Dann hoffe, ich, dass euch auch die Falschen richtig schmecken.«

Nemecek blickte auf den vor ihm dampfenden Teller. Ein absoluter Pokorny-Klassiker: Faschiertes, also Hackfleisch, mit Zwiebel vermengt, Senf und Petersilie dazu, verschiedene Gewürze, ein Schuss Maggi, gut durchgeknetet. Dann in der Mitte noch ein gekochtes Ei und zwei Karotten, bevor das Ganze im Ofen gebraten wird. Als Beilage gab es, geradezu verpflichtend, goldgelben Kartoffelbrei, nach alter Schule natürlich Erdäpfelpüree genannt.

Er griff nach seinem Besteck, drückte die Gabel in das butterweiche Fleisch und nahm einen Bissen. Wie erwartet stellte sich sofort der Geschmack seiner Kindheit wieder ein, in der sie oft nach dem Unterricht zum Pokorny gegangen waren. In späteren Jahren dann immer öfter statt des Unterrichts oder abends – was am nächsten Tag nicht immer zu den besten Schulleistungen geführt hatte.

»Gauss ist sicherlich nicht nur der selbstlose Helfer, als der er sich gerne verkauft«, erklärte er schmatzend, um sich wieder in die Gegenwart zurückzuholen.

»Das passt zu dem, was mir die Devi anvertraut hat«, bestätigte Obermayr und stach ihre Gabel in die Luft.

»Zwischen Gauss und Steiner ist es anscheinend regelmäßig zu lautstarken Auseinandersetzungen gekommen. Der Geschäftsführung gegenüber hat

Steiner zwar immer den Unterstützer gegeben, sich jedoch gerne quergelegt, sobald es um richtungsweisende Entscheidungen ging.« Obermayr steckte sich einen weiteren Bissen in den Mund. Die Gabel blieb jedoch erneut in der Luft hängen. Wie ein vierzackiges Anführungszeichen, dachte Nemecek, bevor seine Kollegin mit vollem Mund weiterredete.

»Das mit der Transparenz scheint nicht wirklich sein Ding gewesen zu sein, ganz zu schweigen von der Einhaltung von Vereinbarungen, die in den Meetings getroffen wurden. Kanban war für ihn bloß eine neue Arena für seine alten Machtspiele.«

»So was in der Richtung hat mir auch Gauss erzählt«, bestätigte Nemecek und legte seine Gabel auf den Tellerrand. »Wobei ich in der Vernehmung bis zum Schluss das Gefühl nicht los wurde, dass er mir wesentliche Dinge verschweigt. Ich glaube, dass er Steiners Spielchen weit persönlicher nahm, als er uns gegenüber zugibt. Vielleicht war ihm das selbst gar nicht so klar, bis ihm irgendwann mal die Hutschnur geplatzt ist.«

»Also ist Gauss dein erster Verdächtiger?«

»Auf alle Fälle hat er ein Motiv – und kein Alibi.«

»Dann sollten wir dem jungen Herrn vielleicht etwas energischer auf den Zahn fühlen«, schloss Obermayr. Nemecek nickte und griff wieder nach seinem Besteck. Die Dentisten-Nummer, wie sie das scherzhaft nannten, würde Gauss sicher nicht schaden.

»Allerdings gibt es noch eine ganz andere Spur«, katapultierte sie Obermayr wieder aus der Arztpraxis in den Ermittlungsalltag zurück. »Die Devi hat nämlich erzählt, dass Steiner zahlreiche Affären hatte. Und wir wissen ja: Wo Leidenschaft im Spiel ist, ist das Verbrechen nicht weit!«

»Ich glaub', du liest zu viele billige Schmonzetten«, spottete Nemecek, musste aber zugeben, dass verschmähte Liebe und bohrende Eifersucht astreine Mordmotive darstellten. So eine Casanova-Geschichte hatte ihm gerade noch gefehlt!

»Kann schon sein. Andererseits hat es anscheinend erst vor ein paar Monaten wieder große Aufregung gegeben. Devi gab zwar vor, nichts Genaueres zu wissen, aber ich denke, sie wollte vor allem keine Namen nennen. Würde mich aber sehr wundern, wenn es da nicht um die Dadic gegangen wäre.«

Obermayr schüttelte den Kopf, als könnte sie es einfach nicht fassen. Nemecek war allerdings unklar, ob sich das nun auf das Schweigen der Kollegin oder auf die neue Aufregung bezog. »Wer weiß«, übersetzte ihm seine Kollegin ihr Kopfschütteln, »vielleicht hat Steiner die Dadic einmal zu viel bedrängt? Nicht akzeptiert, dass diese nichts mehr von ihm wissen wollte? Oder gar ignoriert, dass diese längst neu liiert war?«

»Wäre natürlich nicht der erste Mord aus Eifersucht«, räumte Nemecek ein. »Und vielleicht ist ja nicht nur die ehemalige Liebhaberin, sondern auch deren neuer Freund im Spiel.«

»Dem dann mal kurz die Sicherungen durchgebrannt sind«, ergänzte Obermayr. »Jedenfalls sollten wir die Damenwelt in der *SafeIT* genauer unter die Lupe nehmen. Soll ich gleich mal Re-re-renne darauf ansetzen?«

Nemecek warf ihr einen bösen Blick zu. Er konnte es nicht leiden, wenn Obermayr ihren Kollegen verspottete. Zum einen konnte der nichts für sein Stottern. Zum anderen hieß er nun einmal René und nicht Renne. Das hatte er seiner Kollegin bereits zig-mal erklärt!

Er beschloss, es dieses Mal bei einem bösen Blick bewenden zu lassen. Statt seinen Unmut kundzutun, streckte er nur die Hand nach vorne, als könnte er damit jedwede Respektlosigkeit ausbremsen. »Lass uns am Nachmittag zuerst noch die anderen Zeugen befragen, bevor wir vorschnelle Schlüsse ziehen. Und wir dürfen nicht vergessen, gleich alle Alibis prüfen zu lassen.«

»Darum kümmert sich bereits unser geschätzter Assistent«, flötete Obermayr. Anscheinend war seine Botschaft auch ohne Worte angekommen. »Und du weißt ja: Wen sich Manninger vornimmt, der wird auf Herz und Nieren geprüft!«

»Ich hoffe bloß, die Alibis der Kollegen sind nicht so seicht wie das von Gauss. Sonst haben wir es echt lustig!«

»Außerdem müssen wir dringend Sylvie Steiner erreichen – die weiß wahrscheinlich noch gar nichts vom Schicksal ihres Bruders. Und mit den beiden Geschäftsführern müssen wir auch möglichst bald reden.«

»Der Schwester hab ich schon auf die Mailbox gesprochen. Die ruft uns hoffentlich umgehend zurück«, sagte Obermayr, während sie den allerletzten Rest ihres Bratens vom Porzellan kratzte. Fehlte gerade noch, dass sie den Teller sauber schleckte. Zu Nemeceks Erleichterung legte sie ihr Besteck auf dem Teller ab und schob ihn beiseite, bevor sie weitersprach.

»Um den Termin mit der Geschäftsführung wollte sich Manninger kümmern«, fügte sie hinzu. »Er war sicher, dass die jetzt noch schliefen, sie aber ab 16 Uhr erreichbar sein würden. Du weißt schon, wegen der Zeitverschiebung zwischen Wien und San Francisco.«

Nemecek breitete die Arme aus, als wollte er sagen, dass er gegen solche Verschiebungen nun wirklich machtlos war. Dann verschränkte er die Arme wieder vor seiner Brust und drehte sich leicht nach links.

»Gut. Dann schlage ich vor, dass wir heute Nachmittag mit unseren Vernehmungen fortfahren, bis sich die Schwester meldet. Wir müssen mit allen sprechen, die sich zum geplanten Meeting eingefunden haben. Und morgen kümmern wir uns dann um Steiners Kernteam.«

»Sollten wir nicht auch dem Oberst Bescheid geben?«, fragte Nina stirnrunzelnd.

»Ja, das wird uns wohl kaum erspart bleiben«, meinte Nemecek und zog seinerseits die Augenbrauen hoch. »Aber ich denke, das machen wir im Rahmen unseres morgigen *Daily*.« Er sprach Kappachers derzeitiges Lieblingswort so eigenartig aus, dass er lachen musste.

»Ich sehe schon«, fiel Obermayr in das Lachen ein, »du bist definitiv für den nächsten Karriereschritt fällig.«

»Na, da hammas aber wieder lustig heut«, kommentierte Pokorny, der völlig lautlos aufgetaucht war, um die leeren Teller abzuservieren. »Hat's euch g'schmeckt?«

»Na, was glaubst?«, fragte Nemecek zurück und legt die Hände auf seinen Bauch. »Grauslich war's und z'wenig war's auch«, zitierte er einen der Sprüche, die sie in ihrer Jugend immer Pokornys Vater aufgetischt hatten. Jetzt lachte auch Pokorny. Wie immer klang das ein wenig nach Weihnachtsmann. Im nächsten Moment aber drehte er sich plötzlich zur Seite, als hätte er vorne am Eingang etwas Ungewöhnliches bemerkt. Nemecek war drauf und dran, seinem Blick zu folgen, als Pokorny unversehens kehrt machte und rasch in Richtung Küche davon schritt.

»Du denkst also, dass morgen reicht?«, nahm Obermayr das heikle Thema ihres Informationsflusses wieder auf. Nicht alles ließ sich mit Humor erledigen.

»Ja, das denke ich«, entgegnete Nemecek und war selbst überrascht, wie entschlossen sich das anhörte. »Wir sind schließlich nicht Kappachers Schoßhunde, die jedes Stöckchen apportieren müssen. Statt unsere Zeit mit unnötigem Reporting zu vergeuden, sollten wir lieber noch einige Informationen sammeln, damit wir nicht mit leeren Händen dastehen.«

»Du meinst einschlägige?«, grinste Obermayr aufs Neue und malte mit ihren Fingern zwei Anführungszeichen in die Luft. Ja, auch dieses Wort liebte ihr Vorgesetzter.

»Im Übrigen möchte ich heute Nachmittag sowieso früher aufhören, damit ich wenigstens noch eine kleine Runde drehen kann, bevor ich meine Kinder bekoche.«

»Ah, heute ist Papatag?!«

»Ja, die jungen Damen haben sich ihr Lieblingsessen bestellt«, berichtete Nemecek. »Du weißt schon, das Essen, das ich früher für die ganze Kindergruppe gekocht habe.« Im nächsten Moment schlug sich Nemecek auf die Stirn. »Herrschaftszeiten, dafür muss ich ja noch einkaufen!«

»Na dann sollten wir aber schleunigst loslegen«, sagte Obermayr und winkte sogleich Pokorny zu. »Zahlen bitte!«

Dienstag, 15:16
Von Liebesdingen und Zukunftsplänen

Da hatte Manninger wieder einmal ganze Arbeit geleistet! Nicht umsonst haftete ihm der Nimbus des Spürhunds an. Denn obwohl er eigentlich nur die Alibis der Meetingteilnehmer überprüfen sollte, hatte er auch gleich Paul Steiners Liebesleben durchleuchtet. Zumindest hatte er ihnen sowohl die Geschichte mit Steiners Ex-Geliebten bestätigt als auch den Namen seiner aktuellen Lebensgefährtin recherchiert. Erstere hieß, wie sie bereits wussten, Milena Dadic und hatte früher ebenfalls bei der *SafeIT* gearbeitet; letztere war eine 28-jährige Betriebswirtschaftsstudentin namens Karin Köllerer. Das sprichwörtliche Tüpfelchen hatte Manninger auf das i gesetzt, indem er auch gleich Köllerers derzeitigen Aufenthaltsort herausfand. Der lag indes nicht in der Wirtschaftsuniversität im zweiten Wiener Gemeindebezirk, sondern in einem Fitnessstudio im siebzehnten. Elterleinplatz 13 hatte ihnen Manninger gemailt, und gleich das Dossier beigefügt, das er in der Zwischenzeit über Köllerer zusammengestellt hatte. Und jetzt saßen sie auf eben diesem Platz in eben diesem Studio und sahen der jungen Frau beim Schluchzen zu.

»Wir hatten so viel miteinander vor«, sagte sie mit tränenerstickter Stimme. »Unser ganzes Leben! Und das soll plötzlich zu Ende sein?« Nemecek sah, wie ihr die Tränen die Wangen herunterliefen und auf ihre weiße Jacke tropften. Allmählich bildete sich dort ein Muster aus dunklen, leicht gezackten Flecken. Wie Zahnräder, assoziierte Nemecek.

»Frau Köllerer«, unternahm Obermayr einen neuen Anlauf. »Glauben Sie mir: Wir verstehen Ihren Schmerz. Aber Sie werden verstehen, dass wir Ihnen dennoch ein paar Fragen stellen müssen.«

Nemecek schielte auf seine Uhr. Sie saßen bereits über eine halbe Stunde in dem stickigen Büro, ohne etwas Brauchbares erfahren zu haben. Stattdessen mussten sie hilflos zusehen, wie ihre Zeugin wellenartig von ihren Gefühlen überwältigt wurde. Doch war sie überhaupt eine Zeugin? Konnte sie ihnen etwas Brauchbares liefern? Bislang hatte sie keine drei zusammenhängende Sätze herausgebracht. Wäre es vielleicht doch besser gewesen, die geplanten Befragungen in der *SafeIT* fortzusetzen, statt Hals über Kopf zu Köllerer zu eilen? Vielleicht sollten sie Köllerer zuerst die Chance geben, sich vom ersten Schock zu erholen – immerhin hatte sie gerade erst vom Tod ihres Geliebten erfahren.

»Meinen Sie, dass Sie diesen Fragen gewachsen sind?«, fragte Obermayr ungewohnt einfühlsam. »Oder sollen wir ärztliche Hilfe für Sie holen?«

Karin Köllerer hob ihren Kopf und starrte Obermayr mit weit aufgerissenen Augen an. Dann kippte plötzlich ihr Kopf zur Seite, als könnte sie dessen Gewicht nicht mehr länger halten. »Nein, Danke. Es geht schon«, sagte sie, nachdem sie sich wieder aufgerichtet hatte. Erneut versuchte sie, sich die Tränen abzuwischen. Doch ihr Taschentuch war bereits so feucht, dass sie bloß ihre Wimperntusche verwischte.

»Also gut, dann von vorne: Wie und wann haben Sie Paul Steiner kennengelernt?« Nemecek beobachtete wie Köllerer bei der Erwähnung des Namens kurz zusammenzuckte. Dann aber streckte sie sich und erklärte mit fester Stimme: »Im Studio. Das war vor sechs Monaten.«

»Hier in diesem Studio, in dem Sie bereits seit zwei Jahren arbeiten, richtig?«, fragte Nemecek und überflog Manningers Dossier. *28 Jahre, ledig, keine Kinder, Studentin der Betriebswirtschaft, Mitarbeiterin bei Studio Fit, Elterleinplatz 13, 1170, Meldeadresse Währinger Straße 217, 2. Hof, Tür 20, 1090.*

Köllerer nickte schwach. Dann wandte sie sich wieder Nemecek zu, der nun zum ersten Mal ihr ganzes Gesicht sah, ohne dass dieses von ihren Händen oder einem Taschentuch bedeckt war. Vom Weinen hatte sie ganz gerötete Augen und auch ihre Nase hatte durch das ständige Reiben eine unnatürliche Farbe angenommen. Ihr Make-up war an vielen Stellen verblasst und der Rest ihres Lippenstifts zog sich in schmalen Streifen über die Mundwinkel nach oben. Das verlieh ihrem Gesicht einen seltsam grotesken Ausdruck.

»Plötzlich stand er vor mir«, erzählte Köllerer und hob beide Hände in die Luft, als müsste sie demonstrieren, wie man sich seinem Schicksal ergab. »Es war wie ein Donnerschlag«, fügte sie leise hinzu, während sich neue Tränen auf den Weg machten.

»Sie arbeiten hier regelmäßig?«, versuchte Obermayr wieder auf die sachliche Ebene zurückzukommen. Mit einer vagen Geste unterstrich sie, dass sie das Fitnessstudio meinte.

»Zwei bis drei Mal die Woche«, sagte Köllerer und unterdrückte ein weiteres Beben ihrs Körpers. »Eigentlich wann immer es mein Studium zulässt.«

»Uns ist aufgefallen, dass Sie schon ziemlich lange studieren.«

»Das ist mir auch schon aufgefallen«, versetzte Köllerer. Täuschte sich Nemecek oder klang sie mit einem Male eingeschnappt?

»Gibt es dafür eine Erklärung?«

»Geldnot?«, verwies Köllerer auf eine naheliegende Ursache, aber für Nemecek klang das ein wenig, als wüsste sie es selbst nicht so genau. »Zwischen Ihnen hat es also gleich gefunkt und Paul Steiner und Sie waren ein Paar«, fasste Obermayr zusammen.

»Paul ist die Liebe meines Lebens!«, behauptete Köllerer. »Er ist der aufmerksamste Mensch, der mir je begegnet ist«, fügte sie mit einer pathetischen Pose hinzu. Dann aber stutzte sie und sank unversehens in sich zusammen. »War, muss ich wohl sagen.«

»Da haben wir aber ganz etwas anderes gehört«, schob Nemecek eilig nach, um zu verhindern, dass Köllerer wieder in ihrem Schmerz versank.

Die junge Frau blickte ihn so erstaunt an, als hätte er behauptet, die Welt sei mit Sicherheit eine Scheibe. In ihrem Blick lag Irritation, aber auch Zorn. »Wie meinen Sie das?«

»Seine Arbeitskolleginnen und -kollegen beschreiben ihn als schwierigen Charakter«, sprang Obermayr ein. Ruckartig drehte sich Köllerer wieder in ihre Richtung. »Die haben ihn alle nicht wirklich gekannt!«, protestierte sie. »Paul war das Gegenteil davon. Er war rücksichtsvoll und zuvorkommend.«

»Andere beschreiben ihn als dominant und egoistisch«, legte Obermayr noch ein Schäuflein nach.

»Das hat ihnen sicher seine Schwester erzählt«, brauste Köllerer auf. »Die hat ihn gehasst«, rief sie erregt und riss dazu ihren rechten Arm in die Höhe, als würde sie zu einem Schlag ausholen.

»Warum gehasst?«, hakte Obermayr in aller Ruhe nach. Seine Kollegin sah mit einem Male ganz zufrieden aus. Sie hatte wohl auch allen Grund dazu, schließlich hatte sie es wieder einmal geschafft, eine Zeugin aus der Reserve zu locken. Köllerers Augen waren jetzt zu schmalen Schlitzen verengt und ihre Nasenflügel bebten, während sie die nächsten Worte ausspie: »Die war immer nur eifersüchtig auf ihren erfolgreichen Bruder, der es mit 35 schon zum Prokuristen gebracht hat!«

»Wobei Paul Steiners Stern die letzten Jahre stetig gesunken ist«, blieb Obermayr ihrer provokanten Linie treu.

»Das hat mir Paul natürlich erzählt«, zischte Köllerer weiter. Ihre Augen waren mittlerweile wieder offen, aber zwischen ihren Brauen hatte sich eine tiefe Zornesfalte gebildet. »Wie ihn die beiden Juniorchefs aufs Abstellgleis schieben wollten. Wie mit einem Male Erfahrung und Leistung nichts mehr zählen sollten und sie stattdessen diesen ganzen Firlefanz eingeführt haben.«

»Sie meinen das selbstorganisierte Vorgehen? Und Kanban als Managementsystem?«, fragte Nemecek nach und verspürte dabei eine überraschende Sicherheit. Allmählich schien er dieses andere Arbeiten zu begreifen – und auch den Widerstand dagegen.

»Ja, das meine ich. Das kenne ich natürlich aus meinem Betriebswirtschaftsstudium. In seiner Vorlesung über Organisationsmodelle hat Professor Klinger überzeugend dargelegt, wie naiv dabei zum Teil vorgegangen wird. Als glaube man ernsthaft, ein komplexes System wie die heutige Weltwirtschaft mit ein paar bunten Zetteln steuern zu können! Als zählten nur noch die Menschen und deren Interaktionen! Und das aktive Planen und Steuern von Projekten wäre völlig überflüssig!«

Nemecek musste zugeben, dass ihn Köllerers Verhalten überraschte. Im Laufe seiner Karriere hatte er bereits viele Stimmungswechsel verfolgt. Wie die junge Frau allerdings von einer Sekunde zur nächsten von tiefstem Schmerz in höchste Wut umschlug, um kurz darauf in die Wissenschaft zu wechseln, war großes Kino. Ob sie jemals Schauspielunterricht erhalten hatte? Talent schien allemal vorhanden.

»Lassen Sie uns von den unendlichen Weiten der Weltwirtschaft wieder ins überschaubare Wien zurückkehren«, schlug seine Kollegin vor. »Es ist eindeutig belegt, dass die ökonomische Situation des alten Familienunternehmens in den Nuller-Jahren immer schwieriger wurde. Dem Vernehmen nach stand die *Securitas* 2014 sogar kurz vor dem Bankrott. Das dürfte Ihnen als Betriebswirtschaftlerin ja kaum entgangen sein.«

»Damals stand ich noch ganz am Anfang meines Studiums«, wandte Köllerer ein. »Aber Paul hat mir selbstverständlich auch davon erzählt. Wir haben die Situation ausführlich diskutiert und waren uns am Ende einig, dass die Lage viel dramatischer dargestellt wurde, als sie tatsächlich war. Bei der angeblichen großen Unternehmenskrise hat es sich lediglich um einen kurzfristigen Liquiditätsengpass gehandelt.«

Während Köllerers Ausführungen hatte Obermayr zuerst ihre linke und wenig später auch ihre rechte Hand auf die Tischplatte gelegt. Nemecek beobachtete, wie ihre langen Finger während der letzten Sätze ganz ruhig nebeneinander lagen. Doch nun schnellten diese Finger plötzlich in die Luft. Seine Kollegin schlug die Handflächen zusammen und sagte dann: »Sie wollen damit andeuten, dass die Lage bewusst schlecht geredet wurde?«

Allein der Ton ihrer Frage ließ keinen Zweifel daran, wie viel sie von Köllerers These hielt. Diese ließ sich allerdings in keiner Weise von ihrer Linie abbringen: »Nur ein Blinder kann übersehen, worum es dabei tatsächlich ging!«

Nemecek musste schlucken, um nicht ein hämisches »Weisen Sie uns sehbehinderten Menschen doch den rechten Weg!« zu äußern. Er durfte sich jetzt nicht von seiner persönlichen Antipathie leiten lassen. »Nämlich?«, fragte er so neutral wie möglich.

»Ich denke, die Medienberichte spielten vor allem den jungen Glasers in die Karten, die den Alten mit allen Mitteln aus dem Geschäft drängen wollten. Paul war nur ein Bauernopfer in diesem Machtkampf.«

»Selbst wenn dem so wäre«, kehrte Obermayr wieder zu den Fakten zurück, »hat die Veränderung dem Unternehmen ja keinesfalls geschadet. Im Gegenteil: Sowohl die strategische Neuausrichtung der *SafeIT* als auch die Etablierung neuer Arbeits- und Organisationsformen hat sich voll gelohnt. Die stehen heute besser da als je zuvor, gelten als Vorzeigebetrieb in Sachen *digital business* und haben ihren neuen Status in einem eindrucksvollen Gebäude manifestiert.«

»Das meiste ist doch nichts als modischer Schnickschnack«, beharrte Köllerer. »Sie werden sehen: In drei Jahren ist die Situation schlimmer als je zuvor. Dann aber wurden die ganzen erfahrenen Leute längst hinausgeekelt.«

»Es gab das Gerücht, dass auch Paul Steiner aussteigen wollte«, hakte Obermayr ein.

»Das ist kein Gerücht. Das war sein fester Plan.«

»Und warum wollte er aussteigen?«

Köllerer blickte Obermayr konsterniert an. Es wirkte, als könnte sie die Frage beim besten Willen nicht verstehen. »Das ist doch sonnenklar«, ließ sie sich schließlich doch zu einer Erklärung herab. »Paul war total frustriert von der *SafeIT*.«

»Hat er Ihnen auch gesagt, warum?«

»Sowieso. Wir hatten keinerlei Geheimnisse voreinander«, behauptete Köllerer. Nemecek hatte Mühe, das mit seinen bisherigen Eindrücken in Einklang zu bringen. Das Bild von Paul Steiner als vertrauensvollem Mann passte so gar nicht zu dem, was er bislang gehört hatte. Oder war das nur eine weitere Spielart von harte Schale – weicher Kern?

»Und?«, drängte Obermayr.

»Sie meinen, was ihn so aufgeregt hat, dass er bereit war, die Firma nach fast 20 Jahren zu verlassen?«

»Ja!«, versetzte Obermayr unerwartet scharf.

»Eigentlich waren es mehrere Gründe«, holte Köllerer aus. Abgesehen von ihrem verschmierten Gesicht erinnerte nun nichts mehr an das Häuflein Elend, das keine 15 Minuten zuvor vor ihnen gesessen hatte.

»Erstens hat ihn diese Zwangserneuerung, wie er das nannte, tierisch genervt. Alles musste plötzlich transparent sein. Nichts durfte mehr bearbeitet werden, ohne dass man sein Vorhaben allen kundtat. Dafür durfte dann jeder mitreden, selbst wenn er keine Ahnung von der Sache hatte.«

»Sie reden von Kanban und dem Prinzip der Selbstorganisation, oder?«

»Ich rede davon, dass Fachwissen und Erfahrung plötzlich viel weniger zählten als Transparenz und Kommunikation.«

»Ich nehme an, das war ein weiterer Grund für Paul Steiners«, Nemecek machte eine bewusste Pause, »Unzufriedenheit?«

Köllerer deutete ein Nicken an, bevor sie ihre Erklärung für Steiners Ausstieg fortsetzte. »Der andere Grund für Pauls Frust war natürlich die neue Geschäftsführung. Die beiden Jungspunde schreckten ja nicht einmal davor zurück, Paul in ein ganz normales Team zu stecken!«, ereiferte sie sich. »Das muss man sich mal vorstellen! Dem ehemaligen Prokuristen dieses Team-Mischmasch zuzumuten! Und ihm gleichzeitig vorzuschreiben, sich nur mehr um eine einzige Kundengruppe zu kümmern! Wo er sich doch über Jahre hinweg ein riesiges Netzwerk in allen Bereichen aufgebaut hatte!«

»Ich nehme an, Paul Steiner hat die Geschäftsführung deutlich spüren lassen, was er von diesen Veränderungen hielt.«

»Davon dürfen Sie ruhig ausgehen. Der Junior ist ja anscheinend ganz vernünftig. Aber diese Heidrun führt sich wie eine Furie auf.«

Die größten Kritiker der Elche sind selber welche, ging Nemecek durch den Sinn. Aber das Sprücheklopfen war nun einmal Obermayrs Domäne. Also hielt er den Mund und hörte zu, was seine Kollegin als Nächstes vorbrachte. »Paul Steiner hat ihr eine Menge Brennstoff dafür geliefert!«

»Wie meinen Sie das?«, fragte Köllerer finster. Nemecek betrachtete ihre Augenbrauen, die Zornesfalte und die Lippen, die jetzt wieder zu einer schmalen Linie zusammengepresst waren. Irgendwie drängte sich ihm der Eindruck auf, dass ihr Repertoire mittlerweile erschöpft war. Sie begann sich zu wiederholen.

»Nachdem Sie ja offensichtlich ein Herz und eine Seele waren, wird er Ihnen ja auch von der Kündigung erzählt haben, die sogar ein gerichtliches Nachspiel hatte und damals noch der *Securitas* teuer zu stehen kam.«

»Wegen eines Formalfehlers!«, gab Köllerer wieder ganz die Empörte.

»Und seine zahlreichen Frauengeschichten?«

»Na und?«, sagte Köllerer und grinste überheblich. »Ich war schließlich auch keine Kostverächterin.«

»Hat er Ihnen auch von Nikolas Gauss erzählt?«, unternahm Nemecek einen neuen Anlauf. Allmählich beschlich ihn das Gefühl, dass sie dieses Gespräch keinen Schritt weiterbringen würde. Bis dato hatten sie zwar viel Emotion erlebt, aber kaum verwertbare Information erhalten.

»Der war der Schlimmste!«

»Warum?«

»Paul hat immer gesagt: Der hat vom Business keine Ahnung. Aber er will uns vorschreiben, wie wir zu arbeiten haben.«

»Vorschreiben? So hätte ich seine Rolle nicht verstanden.«

»Was sollte das bitte für eine Rolle sein? Der ist den Leuten einfach nur tierisch auf den Keks gegangen.«

Allmählich hatte Nemecek genug von Köllerers Schwarz-Weiß-Malerei. Teflonisten, so hatten sie früher jene Zeugen genannt, die einfach alles von sich abprallen ließen. Von Köllerer würden sie niemals ein kritisches Wort über Paul Steiner hören. Schuld waren immer die anderen, die einem übel mitspielten. Mittlerweile war Nemecek davon überzeugt, dass sie hier nur ihre kostbare Zeit verschwendeten.

»Für mich deutet das alles auf eine stinknormale Midlife Crisis hin«, ging Obermayr in eine ähnliche Richtung. Für Nemecek hörte sich das an, als hätte auch sie genug von der Vernehmung.

»Sie wissen ja«, gab Köllerer zurück, »jede Krise ist eine Chance.«

»Danke, ich habe auch einen Kalender mit solchen Sprüchen zu Hause«, parierte Obermayr. Sie verzog dabei den Mund, als würde sie auf etwas Saures beißen.

»Aber Paul Steiner wollte definitiv aus der *SafeIT* aussteigen?«, griff Nemecek einen Aspekt auf, den er eigentlich viel früher hätte ansprechen wollen.

»Ja, das stimmt. Wir waren bereit, ein neues Leben zu beginnen«, geriet Köllerer sogleich ins Schwärmen und bewies damit einmal mehr ihre Wandlungsfähigkeit. Keine Stimmung schien ihr fremd zu sein und die Übergänge waren geradezu atemberaubend. Sie sollte wirklich über eine Schauspielkarriere nachdenken, bekräftigte ein Teil von Nemecek, während ein anderer den gerade eingeschlagenen Pfad fortsetzte: »Dann würde uns interessieren, wie Sie das zu finanzieren gedachten. Sie haben noch nicht einmal Ihr Studium fertig, jobben nebenbei im Fitnesscenter und die Liebe Ihres Lebens war auch nicht gerade betucht.«

»Deswegen hat er ja auch das Elternhaus verkauft.«

»Sein Elternhaus?«, zeigte sich Obermayr zum ersten Mal erstaunt, während sie in ihrem Dossier blätterte. Nemecek vermutete jedoch, dass es dazu keinen Eintrag gab. »Was sagt denn seine Schwester dazu?«

»Außerdem hatte Paul eine Riesensache an der Angel«, ignorierte Köllerer Nemeceks Frage, klang dabei aber ungewohnt defensiv. War jetzt etwa Bescheidenheit angesagt?

»Was denn für eine Sache?«

Köllerer schaute sie an. Dann begann sie an ihrer Unterlippe herumzukauen, als könnte sie so zu einer Antwort finden. »Das weiß ich nicht genau«, gab sie schließlich zu.

»Das wissen Sie nicht?«, versetzte Obermayr. »Ich dachte, Sie hatten keine Geheimnisse voreinander?«

»Irgendwas mit Cybercrime«, murmelte Köllerer und hatte plötzlich wieder Tränen in den Augen. Rasch fischte sie ein frisches Taschentuch aus ihrer Handtasche. »Jedenfalls war das ein ganz großes Ding«, wiederholte sie wie ein trotziges Kind, während sie sich mehrmals übers Gesicht wischte. »Paul war sich sicher, dass wir ein sorgloses Leben vor uns haben.«

»Dieses Ding muss dann aber in der *SafeIT* entstanden sein, oder?«, fragte Nemecek, merkte aber selbst, dass er sich dabei eher an seine Kollegin als an Köllerer wandte.

»Dazu sollten wir unsere anderen Zeugen befragen«, antwortete Obermayr prompt, als wäre Steiners Geliebte gar nicht mehr anwesend.

»Danke, Frau Köllerer. Das war's fürs Erste.« Nemecek erhob sich. Mit zwei Schritten war er an der Tür, dicht gefolgt von seiner Kollegin. »Und jetzt entschuldigen Sie uns bitte«, sagte er zum Abschied, »wir haben einen Mordfall aufzuklären.«

Dienstag, 18:19
Laufende Reflexionen

Nemecek blickte auf die Uhr. Jetzt war es bereits zwanzig vor sechs und er musste ja noch einkaufen. Er hatte kurz überlegt, den Einkauf gleich auf seiner Heimfahrt zu erledigen, sich dann aber dagegen entschieden. Stattdessen nahm er seine übliche Fahrradstrecke nach Hause, zog sich rasch seine Sportsachen an und stand keine zehn Minuten später wieder auf der Straße. In Anbetracht der Zeit würde es heute nur für die kleine Laufstrecke durch Ottakring und Fünfhaus reichen – sodass er am Ende über den Brunnenmarkt zurückkam.

Während hinter ihm das Haustor ins Schloss fiel, kam ihm plötzlich die legendäre Zeile von John Lennon in den Sinn: *Life is what happens while you are busy making other plans.* Sicher, dachte er für sich, das sind weise Worte, die auf nahezu jede Lebenssituation zutreffen. Aber warum fiel ihm das gerade jetzt ein? Verwirrt schüttelte er den Kopf und sprintete endlich los.

Es dauerte eine Weile, bis seine Gedanken in Fluss kamen. Für gewöhnlich brauchte er bloß ein paar Minuten, um mit seinem Körper auch sein Denken in Bewegung zu bringen. Er war überzeugt, dass man beim Laufen nicht nur sein Umfeld anders wahrnahm, sondern auch sich selbst – und dabei auf Gedanken kam, die einem im Sitzen niemals einfallen würden. Schritt für Schritt ging er seinen Tag noch einmal durch, sortierte Erlebnisse, prüfte Einsichten und kam nicht selten mit einer neuen Idee nach Hause zurück. »Laufende Ermittlung«, hatte er das Bettina gegenüber einmal genannt und sich über die schöne Doppeldeutigkeit seiner Beschreibung gefreut.

Heute wollte sich allerdings keinerlei Flow einstellen. Es war, als hätte ihm jemand die Beine mit einem Gummiband zusammengeschnürt. Vielleicht lag es ja daran, dass ihm schon beim Verlassen des Hauses eine steife Brise ins

Gesicht blies? Oder daran, dass der Brunnenmarkt heute die reinste Slalom-
strecke war, weil die Leute völlig unmotiviert nach links und rechts aus-
scherten? Oder daran, dass er nach wie vor die schweren Begriffe mit sich
herumschleppte, mit denen er heute konfrontiert worden war? Alles in
allem war es kein Wunder, dass die leichten Assoziationen auf der Strecke
blieben, die das Laufen sonst so zuverlässig in Gang setzte!

Als er die Thaliastraße überquerte, wusste er auf einmal, was ihn heute
bremste: die Unklarheit, wie die Dinge zusammenhingen. Das mit der Digitalisierung aller Geschäftsbereiche hatte er zwar verstanden, aber wozu
brauchte man dafür auch andere Arbeitsformen? Warum brauchte man
dann keine Führungskräfte mehr? Und wie hing das Ganze mit seinem Fall
zusammen? Oder hatte der Mord gar nichts mit dem Unternehmen zu tun?
Er hatte ja schon öfters in Wirtschaftsunternehmen ermittelt, in Non-Profit-
Organisationen, Verwaltungsapparaten und Gesundheitseinrichtungen.
Doch die *SafeIT* war irgendwie anders als alle anderen, sie passte einfach in
keines der ihm bekannten Muster.

Neues Arbeiten? Agilität? Selbstorganisation? Kanban? – fasste er seine Fragezeichen im Kopf zusammen, als er nach rechts bog, um weiter stadtaus-
wärts zu laufen. Irgendwie wurde er das Gefühl nicht los, dass er diese
Begriffe noch genauer verstehen musste, bevor er dem Täter auf die Spur
kommen konnte. Schließlich war er davon überzeugt, dass man erst das größere Ganze eines Falles erfassen musste, bevor man sich den besonderen
Details zuwenden konnte. Warum wurde jemand zum Mörder? Was trieb
ihn an? Wie kam dieser Trieb zustande? Und wohin führte er? Ihm war klar,
dass sich all diese Fragen nur dann beantworten ließen, wenn man die
Zusammenhänge durchschaute. Die Textur eines Verbrechens, hatte ihm
sein Mentor Kallinger vor vielen Jahren erklärt, kannst du erst dann entzif-
fern, wenn du den Kontext kennst. Andernfalls verstehst du weder die besondere Sprache des Täters noch schaffst du es, zwischen den Zeilen zu lesen.

Ein lautes Klingeln riss ihn aus seinen Gedanken. Bevor er sich richtig orien-
tieren konnte, zog ein Fahrrad haarscharf an ihm vorbei. »Aufpassen!«,
raunte ihm der Fahrer noch zu, bevor er in atemberaubender Schräglage um
die Ecke zog. »E-Biker!«, schrie ihm Nemecek hinterher, als wäre damit
alles gesagt, was zu sagen war. Diese Leute wurden langsam zur Plage. Die

Hasnerstraße galt zwar seit ein paar Jahren quasi als Fahrradautobahn. Doch statt mit rücksichtslosen Autofahrern musste man sich jetzt mit einer rasch wachsenden Anzahl an elektrifizierten Rasern herumschlagen. Ganz abgesehen davon, dass sie den Wienerwald überschwemmten und dabei immer wieder für brenzlige Situationen sorgten. Erst bei seinem letzten Ausflug auf die Sofienalpe hatte ihn einer dieser Zeitgenossen beim Downhillen an einer unübersichtlichen Stelle überholt, um bei der darauffolgenden Spitzkehre am Schotter auszurutschen und mit Karacho über die Böschung zu fliegen. Der Typ konnte von Glück sagen, dass er dabei keinen Baum erwischte, sondern mit ein paar Schürfwunden davonkam.

Als Nemecek die Panikengasse erreichte, hatte er sich wieder einigermaßen beruhigt. Er übertrieb mal wieder, ermahnte er sich. Denn eigentlich fand er es ja gut, dass jetzt deutlich mehr Menschen aufs Fahrrad stiegen und dafür, zumindest zwischendurch, sogar auf ihren Wagen verzichteten. Aber auf der anderen Seite war es dennoch nervig, wenn übergewichtige, wie Tour-de-France-Profis gekleidete Männer ohne viel Anstrengung auf jedem Berg an ihm vorbeizogen. Wenn sie nicht einmal ins Schwitzen gerieten und immer nur ein leises Surren von ihren Akkus zu hören war, wenn sie an einem vorbeifuhren. Das war einfach frustrierend! Ganz abgesehen davon, dass es irgendwie die Leistung all jener infrage stellte, die sich jeden Höhenmeter mit ehrlicher Muskelkraft erarbeiten mussten. Wo sollte das noch hinführen, wenn man jetzt schon auf 2000 Meter all jene wiedertraf, die man vor dem Anstieg noch im Biergarten bei Bratwurst und Bretze gesehen hatte?

Wie hieß diese zeitgeistige Abkürzung, von der ihm Bettina einmal erzählt hatte? MAMIL? Ja, genau, das war es: Middle Aged Men in Lycra. Das hatte ihm gefallen, obwohl er sich gleichzeitig ein wenig ertappt fühlte. Gehörte er nicht selbst zu dieser Gruppe? Aus der Perspektive seiner Töchter betrachtet ganz sicher, die machten ihm wahrscheinlich sogar das *Middle* streitig.

16. Brüßlgasse, las er auf dem blauen Schild und bog nach links. *500 Meter Auf der Schmelz*, beschied ihm der grüne Pfeil darunter und er atmete durch. Nun war es nicht mehr weit bis zu der historischen Kleingartensiedlung, die den Übergang zum 15. Bezirk markierte. Allerdings ging es in der Brüßlgasse deutlich bergauf, sodass er seinen Laufrhythmus wechseln musste, um nicht außer Atem zu kommen.

Nachdem er den Verkehr in der Koppstraße hinter sich gelassen hatte, kehrte er in Gedanken noch einmal zu seinem Beinahe-Unfall zurück. Das wäre sicher nicht passiert, wenn er nicht so in Gedanken versunken gewesen wäre. Der E-Biker hatte im Grunde recht: Nemecek hatte einfach nicht aufgepasst. *Augen auf, Ohren auf, Helmi ist da,* fiel ihm dazu gleich die kugelrunde Puppe ein, die seit den 1980er-Jahren durch das Fernsehen tanzte, um Kinder zu mehr Verkehrssicherheit anzuhalten – und natürlich auch Erwachsene.

Genug, mahnte sich Nemecek mit Nachdruck, als er die zweispurige Gablenzgasse überquerte. Er hatte wahrlich andere Sorgen als E-Biker, Helmis & Konsorten! Sein Blick fiel auf den hässlichen Wohnblock auf der rechten Seite, der offensichtlich aus Helmis Blütezeit stammte. Gleich darauf passierte er den nüchternen Funktionsbau, der bereits zum Universitätssportzentrum gehörte. Das Hauptgebäude des Zentrums lag weiter vorne, hinter dem großen Sportfeld und schräg gegenüber dem Gymnasium, das ebenfalls in dieser fast einen Quadratkilometer großen Anlage namens Schmelz angesiedelt war. Ansonsten gab es, der ursprünglichen Kernidee des Schrebergartens folgend, nur kleine Häuser auf schmalen Grundstücken. Und natürlich das legendäre *Schutzhaus zur Zukunft*, an dem er in ein paar Hundert Metern vorbeilaufen würde.

Zukunft, hallte ihm im Kopf wider. Nemecek stockte: Was sollte die Zukunft mit seinem Fall zu tun haben? War das nicht eher ein Fall, der ganz offensichtlich in die Vergangenheit führte? Zukunft?, überlegte er neuerlich – doch er vermochte nicht zu fassen, worauf ihn dieses seltsame Echo hinweisen wollte. Schon war er auf der Südseite des Schutzhauses angelangt und blickte in den großen Gastgarten mit seinen wunderschönen Kastanienbäumen, unter denen er im Sommer schon so manche schattige Stunde verbracht hatte. In vergangenen Sommern, griff er den Zeitgedanken ein letztes Mal auf. Aber auch in zukünftigen.

Dieses ganze Hin und Her brachte ihn keinen Schritt weiter. Also zurück zum Start. Worauf konnten sie in diesem Fall eigentlich bauen? *SafeIT*, Eifersucht, Generationswechsel, Widerstand, Kanban zogen die einzelnen Elemente seines Falls wie ein altmodischer Filmstreifen durch seinen Kopf – bis er unversehens wieder diese Zeitlinie vor Augen hatte, die ihn nicht losließ. Wie genau fand eine altehrwürdige Firma in eine erfolgreiche Zukunft?

Was tat ein Mitarbeiter, der möglicherweise zum Auslaufmodell wurde? Und welche Verbindungen gab es zwischen dem Unternehmen und der persönlichen Geschichte des Opfers?

Wie er es auch drehte und wendete: Es fehlten ihm immer noch zu viele Einzelteile, als dass er ein sinnvolles Gesamtbild umreißen konnte. Er musste noch mehr über die aktuelle Organisation in Erfahrung bringen, er musste verstehen, was es mit dieser Selbstorganisation auf sich hatte, und er musste herausfinden, welche Konflikte sich durch die agile Veränderung ergaben. Und natürlich mussten sie noch jede Menge Zeugenbefragungen durchführen, um die Beziehungen des Opfers, aber auch die möglichen Tatmotive zu durchleuchten.

Als er an der Stadthalle vorbei in den kleinen Park lief, spürte er neuerlich eine unangenehme Schwere. Beinahe war es so, als würde ihn jemand an der Schulter zurückhalten. Es gibt zwei Dinge, die einen in Atem halten, fiel ihm unversehens ein, während er seine Muskeln zu lockern versuchte: das, woran man gerade arbeitet, und das, was in einem arbeitet.

Was arbeitet gerade in mir?, nahm er die These sogleich auf. Und was bremst mich offensichtlich? Die Angst vor dem Unbekannten, schoss ihm als Erstes durch den Kopf. War dem wirklich so? Im Grunde hatte er immer von sich gedacht, dass er sich von komplexen Zusammenhängen nicht abschrecken ließ. Dass er zu denen gehörte, die ihre Wissenslücken nicht überspielten, sondern zu Triebfedern des Lernens machten. Und jetzt fürchtete er sich richtiggehend davor, spürte Überforderung und Abwehr!

Vorne sprang die Ampel gerade auf grün und Nemecek beschleunigte. Plötzlich schien ihm das Laufen wieder ganz leicht zu fallen. Mit großen Schritten lief Nemecek in Richtung Brunnenmarkt zurück. Je weiter er kam, umso mehr fühlte er sich wie einer dieser afrikanischen Langstreckenläufer, die er beim letzten Stadtmarathon live bewundert hatte. Unglaublich, mit welcher Leichtigkeit sich diese Läufer bewegten! Ganz abgesehen von ihrer Durchschnittsgeschwindigkeit!

Auf dem letzten Kilometer machte sich eine angenehme Leere in ihm breit. Seine trüben Gedanken hatten sich in Luft aufgelöst und seine Bewegungen fühlten sich auf einmal so geschmeidig an, als ob er nun ohne jede Kraftanstrengung selbst die größten Distanzen überwinden könnte. Der Rückenwind, der jetzt aufgekommen war, schien ihm wie ein richtungsweisendes Zeichen. Ein letztes Mal bog er nach rechts ab und dann gleich wieder links. Schon tauchte vor ihm der hohe Ballkäfig auf, der den Yppenplatz an der Nordseite begrenzte.

Karotten, Zwiebel, Salat, rief er seinen kleinen Einkaufszettel ab – das würde er noch schnell beim Bio-Leo besorgen und sich dann unverzüglich an die Vorbereitungen machen. Duschen konnte er, wenn alles fertig verarbeitet war und die Sauce nur mehr auf kleiner Flamme vor sich hinköchelte. Und am Abend würde er Bettina fragen, ob sie ihm etwas mehr über das Phänomen Selbstorganisation erzählen konnte. Denn wenn er sich recht erinnerte, war das einmal eines ihrer Forschungsthemen gewesen.

Dienstag, 19:25
Ein traditionsbewusstes Abendessen

»Hallo Papa. Was gibt's heute zu essen?«, stürmte Sophie in die Küche. »Ich bin so hungrig, ich könnte ein Mammut fressen!«

»Mammut ist gut, aber aus«, entgegnete Nemecek.

»Mmmh, sieht nach Kindergruppenessen aus«, rief Sophie erfreut, als sie auf die Zutaten blickte.

»Es gibt euer Kindergruppenessen«, erklärte Nemecek und schob Sophie sanft beiseite. »Wann kommt eigentlich Lea?«

»Papa!«, antwortete seine Tochter entrüstet »Weißt du es immer noch nicht? Die hat am Dienstag bis 18 Uhr 10 Schule!«

»Stimmt«, gestand Nemecek und konnte Sophies verdrehte Augen sehen, ohne hinschauen zu müssen. »Wie war dein Tag?«, bemühte er sich um Ablenkung.

»Erzähl' ich dir nachher beim Essen«, erklärte Sophie knapp. »Wann ist es eigentlich fertig?«

»Wenn Lea kommt, steht schon alles bereit.«

»Super. Dann kann ich ja noch ganz schnell mit Marie chatten, die hatte heute nämlich Schularbeit.«

Gelegentlich verläuft man sich, dann schaut man wieder raus. Und an anderen Tagen kennt man sich gar nicht mehr aus, dröhnte es aus den Lautsprecherboxen. Sophie hatte wohl wieder die Türen offen gelassen. *Lange Zeiten geht's auf, dann wieder ab. Und am Boden wartet's Ende, aber auch ein neuer Start.*

Kaum dass der Refrain erklang, sang Nemecek aus vollem Munde mit: *In Ottakring, in Ottakring. Wo das Bitter so viel süßer schmeckt als irgendwo in Wien. In Ottakring, in Ottakring.*
Zweifellos hatte der Song etwas Mitreißendes. Und natürlich schwang da jede Menge Lokalpatriotismus mit. Schließlich wohnte er nun schon fast 20 Jahre in diesem Bezirk. Im Großen und Ganzen eine gute Zeit, resümierte Nemecek. Eigentlich sogar eine sehr gute Zeit. *In Ottakring, in Ottakring,* folgte er noch einmal der beschwingten Melodie, die unweigerlich den ganzen Körper in Bewegung setzte. Dann warf er das Fleisch in die Pfanne. Für einige Momente lang brachte das laute Zischen des Öls die Musik völlig zum Verschwinden. Nach mehrmaligem Umrühren setzte er den Deckel auf die Pfanne – woraufhin die Musik ebenso schlagartig wieder auftauchte. *Ein ewiges Herumirren, doch am Ende willst du nur heim. Und ob du wirklich richtig stehst, siehst du, wenn das Licht angeht.*

Plötzlich hatte Nemecek das Gefühl, dass auch ihm ein Licht aufging. Ihm fiel nämlich wieder ein, was ihm Harald Terzenberger am späteren Nachmittag erzählt hatte. Der Softwareentwickler, der eigentlich im Apollo-Team tätig war, hatte ja sowohl über das teamübergreifende Koordinationsboard als auch in einem Projekt mit Steiner zu tun. Terzenberger ließ kein gutes Haar an seinem Kollegen: Er beklagte dessen arrogantes Auftreten, die herablassende Art, mit der er Kolleginnen und Kollegen behandelt hatte, und die chronischen Konflikte mit dem Vertrieb, der offenbar die ganze Organisation vor sich hergetrieben hatte. Anscheinend wurden dem Kunden ständig Versprechungen gemacht, ohne sich intern abzusprechen. »Der hat Sachen verkauft, die wir noch gar nicht entwickelt hatten«, erinnerte er sich an Terzenbergers empörte Worte.

Das visuelle Arbeitsmanagement mit Kanban hätte dann zwar für eine bessere Koordination gesorgt; und die Reorganisation in interdisziplinäre Teams, die sich jeweils auf bestimmte Kundengruppen fokussierten, wäre nach einigen Anlaufschwierigkeiten auch eine gute Sache gewesen. Laut Terzenberger habe Steiner aber weiter versucht, sein Ding durchzuziehen – weswegen es während der Standups immer wieder zu Streitereien kam. Einmal scheint es dabei sogar zu einer handgreiflichen Auseinandersetzung zwischen Gauss und Steiner gekommen zu sein.

Nemecek hob den Deckel von der Pfanne und rührte um. Die Sauce bildete bereits leichte Blasen. Jetzt musste er nur noch schnell den Tisch decken, dann war alles bereit. Rasch holte er vier große Teller und Gläser aus dem Schrank. Messer, Gabel, Löffel, ein Krug mit Wasser, Salz und Pfeffer. Hatte er irgendetwas vergessen?

In Ottakring, in Ottakring, wehte die Musik aufs Neue zu ihm herüber. *Wo das Bitter so viel süßer schmeckt als irgendwo in Wien.*

Bitter süßer, hallte es in Nemecek nach. Ob dieses Echo mit seinem aktuellen Fall zu tun hatte? Vielleicht war bitter-süß eine gute Beschreibung des janusköpfigen Verhaltens, das typisch für Steiner zu sein schien? Das passte in jedem Fall zu dem, was ihm Melanie Wunzer vom VIP-Team über das Mordopfer erzählt hatte. Zum einen war die alte Kündigungsgeschichte zu *Securitas*-Zeiten von Anfang an höchst umstritten. Steiner hatte einem von ihm ungeliebten Mitarbeiter eine fristlose Kündigung ausgesprochen, um ihn dann an Ort und Stelle aus dem Firmengebäude werfen zu lassen. Damals verfügte die *Securitas* anscheinend noch über einen eigenen Sicherheitsdienst. Und mit diesen Leuten war nicht zu spaßen gewesen. Wunzer hatte mit eigenen Augen gesehen, wie der Mitarbeiter buchstäblich auf die Straße geworfen wurde. Von wegen Streetlife!

Wenig überraschend hatte sich der Mitarbeiter das nicht gefallen lassen. Er wandte sich an die Arbeiterkammer, die prompt dessen Wiedereinstellung verlangte. Doch das verweigerte Steiner ebenso kategorisch wie eine Abfindung. Das Ganze hatte dann ein gerichtliches Nachspiel und endete schlussendlich in einem Vergleich, der der *Securitas* teuer zu stehen kam.

»Hallo Papa.«

Nemecek fuhr zusammen. Wieder einmal hatte er die Haustür nicht gehört.

»Hallo Lea«. Nemecek versuchte, sich nichts anmerken zu lassen. Er war wieder einmal so in seinen Fall vertieft, dass er rundherum gar nichts mitbekam. Dabei hatte er sich vor langer Zeit geschworen, nicht an die Arbeit zu denken, wenn er zu Hause war!

»Alles okay mit dir?«, fragte Lea, die ein gutes Gespür für Spannungen hatte.

»Ja, alles bestens«, winkte Nemecek ab und wandte sich seinen Töpfen zu. Das Wasser im Reistopf war ebenfalls fast vollständig verkocht. »Das Essen ist gleich fertig. Bist du so nett und gibst deiner Schwester Bescheid?«

Lea nickte, aber es wirkte ein wenig zögerlich. Mit Sicherheit überlegte sie gerade, ob sie noch einmal die verspürte Spannung ansprechen sollte. Doch sie entschied sich dagegen. Statt ihren Vater weiter in Verlegenheit zu bringen, schulterte sie ihre Tasche, murmelte ein »Mach' ich« und verschwand hinter der Tür.

»Schmeckt es euch?«, fragte Nemecek und kam sich auf einmal wie Pokorny vor.

»Sehr gut«, bestätigte Sophie schmatzend. »Bei diesem Essen bist du ein Meisterkoch.«

»Freut mich, dass es euch mundet. Ich hoffe, damit ist mein kleines Hoppala von heute morgen vergessen.«

»Von mir aus«, gab sich Lea großmütig und rülpste laut.

»Lea!«, ermahnte Nemecek.

»Was raus muss, muss raus«, lachte seine Erstgeborene und schlug sich auf ihren prallen Bauch. Jetzt musste auch Nemecek lachen – und erneut an Pokorny denken, der in ihrer Schulzeit der absolute Rülpsmeister gewesen war.

»Warum schaust du so?«, fragte Lea und sah Nemecek dabei direkt in die Augen. Offenkundig hatte sie die seltsame Situation von vorhin nicht vergessen.

»Ich hab' mich gerade an den Pokorny erinnert«, erklärte Nemecek ohne den Blick von Lea abzuwenden. »Da waren Nina und ich nämlich heute zu Mittag.«

»Da müssen wir auch wieder einmal hin«, schmatzte Sophie noch lauter als vorhin. »Wie geht's dem Max und der Helene?«

Nemecek schluckte. Verdammt, er war so mit seiner Arbeit beschäftigt gewesen, dass er sich nicht einmal nach Pokornys Kindern erkundigt hatte. Von dessen Frau Brigitte ganz zu schweigen. Dabei hatten sie früher öfters etwas zusammen unternommen. Immerhin waren nicht nur die beiden Väter seit Ewigkeiten miteinander befreundet – auch die Kinder gingen jeweils vier Jahre lang miteinander in die Schule. Aber seit die beiden Pokorny-Kinder und seine beiden Töchter in unterschiedliche Gymnasien gewechselt hatten, kreuzten sich ihre Wege nur noch selten. Außerdem hatten die Kinder rasch neue Freunde gefunden, sodass sie jetzt eher mit anderen Eltern Kontakt hatten.

»Eh gut«, antwortete Nemecek ausweichend.

»Eh gut?«, wiederholte Sophie irritiert. Nemecek freute sich, dass er einen Ausdruck gewählt hatte, mit dem seine Kinder gerne unliebsame Fragen abschmetterten. Sollte sie doch einmal am eigenen Leib erfahren, wie sich das anfühlte!

Doch Lea lachte bloß. »Das heißt, du weißt es nicht, oder? Wahrscheinlich hast du nicht einmal gefragt!«

»Was wolltest du uns eigentlich erzählen, Sophie?«, lenkte Nemecek ab, weil er gerade gar keine Lust auf Leas Ich-durchschau-dich-Spiel verspürte. »Gab's was Besonderes in der Schule?«

»Und wie!«, verkündete Sophie. »Die Weisz-König ist heute voll ausgetickt.«

»Wieso?«, grinste Lea weiter, »hat bei ihr auch jemand zu viel gegessen?«

»Was war denn?«, fragte Nemecek.

»Wir hatten ein Checkup in Geografie und ihr wisst ja, da macht sie immer dieses Stadt-Land-Quiz. Mit Bundesländern, Bergen, Flüssen und so.«

»Das ist doch eh lustig«, meinte Lea und hielt sich die Hand vor den Mund. Musste sie etwa schon wieder rülpsen?

»Stimmt schon. Aber stellt euch vor! Auf einmal hat sie Autokennzeichen geprüft!«

»Autokennzeichen!«, fiel Lea jetzt in Sophies entrüstetem Ton ein. »Wirklich?«

»Ja«, bestätigte Sophie und legte wieder eine ihrer dramatischen Pausen ein. »Das war schon blöd genug. Wer muss denn wissen, was KB heißt oder OW? Und vor allem: Was hat das mit Geo zu tun?«

Lea schüttelte den Kopf und sogar Nemecek musste zugeben, dass das ziemlich kurios klang.

»Aber das Ärgste war, wie die Weisz-König dem Philipp ein Minus gegeben hat!«

Statt weiterzuerzählen, verstummte Sophie im nächsten Augenblick. Langsam blickte sie von ihrer Schwester zu ihrem Vater und wieder zurück.

»Wieso?«, folgte Lea der unausgesprochenen Aufforderung, endlich nachzufragen.

»Naja«, setzte Sophie fröhlich fort, »zuerst hat er bei SB – Sankt Pölten gesagt, dann bei WZ – Wien Zentrum und bei UU schließlich Ungarn Umgebung.«

Jetzt mussten sie alle drei lachen. Sophie schien mit ihrer Pointe ausreichend zufrieden zu sein. »Wir fanden das auch alle ziemlich lustig. Aber die blöde Weisz-König versteht ja überhaupt keinen Spaß!«

»Die Alte regt mich so was von auf!«, bestätigte Lea. »Die hat echt einen Sprung in der Schüssel!«

»Was heißt da einen!«, ereiferte sich Sophie.

»Und was war heute bei euch los?«, wollte Nemecek von seiner älteren Tochter wissen.

»Eigentlich nichts Besonderes«, meinte Lea und wirkte enttäuscht. »Bis auf den Edi«, fiel ihr plötzlich ein, »der ist im Turnunterricht der Jungs volle Kanne gegen die Reckstange gelaufen!«

»Autsch«, verzog Sophie das Gesicht. »Der Rubinger Edi? Ist das der große Dicke, der immer grinst?«

»Ich hoffe, er hat sich nicht schlimmer verletzt«, sagte Nemecek, während Lea ihrer Schwester zunickte.

»Dem ist heute das Grinsen vergangen. Der hat sich nämlich die Zungenspitze abgebissen. Er musste ins Spital zum Nähen. Das muss krass geblutet haben!«

»Iiih«, quietschte Sophie. »Das war sicher die Ur-Sauerei!«

Lea nickte und wandte sich dann ihrem Vater zu. »Apropos Blut. Was ist eigentlich mit deinem neuen Fall?«

»Mein neuer Fall?«, stammelte Nemecek. Einmal mehr war er davon überrascht, wie abrupt seine Töchter das Thema wechseln konnten. Ob sie das von ihm hatten? Eigentlich setzte er diese Taktik ja nur bei seinen Ermittlungen ein. Oder tat er das auch zu Hause, ohne es zu merken?

»Ihr wisst doch, dass ich über laufende Ermittlungen nicht reden darf«, erklärte er und klang dabei ungewohnt streng.

»Komm' schon!«, setzt Sophie erwartungsgemäß nach. »Erzähl' uns wenigstens, ob es auch so viel Blut gab wie beim Edi!«

»Lea! Du bist ja heute richtig blutrünstig!«

»Ich habe frisches Blut gerochen«, nahm Lea den Spielball auf und steckte sich dabei die Zeigefinger an die Eckzähne als wollte sie an Dracula erinnern.

»Aber was passiert ist, kannst du uns schon verraten, oder?«, setzte Sophie nach. »Steht wahrscheinlich eh schon im Netz.«

»Also gut«, gab sich Nemecek geschlagen. »Es gab einen Mord bei der *SafeIT*.«

»Bei der *SafeIT*?«, riefen Lea und Sophie im Chor. »Da waren wir doch erst letztes Jahr auf Schulexkursion«, erklärte Lea ihrem Vater, bevor Sophie ergänzte: »Ja, der Wrabl macht immer so super Sachen. Und zuletzt ging es eben um modernes Projektmanagement. Offenbar kennt er dort einige Leute von früher.«

»Wie hieß nochmal die coole Frau, die uns das mit dem ganzen Cybercrime erzählt hat?«

»Warte mal: Milena glaub' ich.«

»Ja, Milena, genau. Die kam aus Russland, oder?«

»Nein, ich glaub aus Kroatien. Oder aus Serbien.«

»Milena?«, kramte Nemecek in seinem Gedächtnis, konnte aber mit dem Namen nichts anfangen. Obwohl da doch irgendetwas gewesen war.

»Ich muss noch meine Mathe-Hausaufgaben machen«, sprang Lea plötzlich auf.

»Und ich Bio«, folgte Sophie wie auf Kommando. »Danke nochmals fürs Kochen, Papa!«

»Ja, Danke«, rief ihm Lea zu, bevor sie das Zimmer verließ. »Und danke auch fürs Wegräumen. Wir kochen dann morgen!«

»Gern geschah's«, antwortete Nemecek zerstreut, obwohl er wusste, dass ihn seine Kinder nicht mehr hören konnten. Die hingen ziemlich sicher schon wieder an ihren Handys. Von wegen Hausaufgaben!

Doch Nemecek musste zugeben, dass er selbst längst mit etwas anderem beschäftigt war. Dieser Name ließ ihn einfach nicht mehr los. »Milena«, rief er sich in Erinnerung und versuchte, seinen Tag noch einmal Revue passieren zu lassen. Als starte er ein Suchprogramm, dachte Nemecek, und fügte dem Namen gleich die Länder hinzu, die seine Kinder genannt hatten: Russland, Ukraine, Serbien, Kroatien. Das war es doch gewesen, oder? Dennoch wollte kein Bild dazu auftauchen. Vielleicht war es doch ein anderer Name? Oder ein anderes Herkunftsland? Gleich morgen würde er noch einmal in der *SafeIT* nachfragen, um wen es sich dabei handelte. Immerhin hatte ihn sein Bauchgefühl noch selten betrogen – und das signalisierte ihm eindeutig, dass er diesem Hinweis weiter folgen sollte.

Dienstag, 21:15
Selbstorganisation bei Nacht

»Hallo Schatz. Wie war dein Training?«, begrüßte Nemecek seine Frau, während er die Herdplatte säuberte. Gleich würde das große Reinemachen abgeschlossen sein. »Hast du Lust auf ein Glas Wein?«

»Oh ja, gute Idee«, antwortete Bettina und warf ihm einen Kuss zu. »Ich nehm' noch eine schnelle Dusche, dann bin ich bei dir.«

»Also, wie war dein Training?«, wiederholte Nemecek zehn Minuten später seine Begrüßungsfrage und reichte seiner Frau ein Weinglas. »A votre santé!«

»Prost!«, versetzte Bettina und strich sich eine Haarsträhne hinters Ohr zurück. Dann nahm sie ihre Brille ab, um sie kurz gegen das Terrassenlicht zu halten. Sie runzelte die Stirn, als entdecke sie etwas auf den Gläsern, was ihr nicht gefiel. Vielleicht waren sie ihr einfach zu schmutzig? Doch statt sie zu putzen schob sie sich die Brille unverrichteter Dinge wieder auf die Nase und lieferte ihrem Mann endlich eine Antwort: »Also das Training war ganz okay. Aber frag mich lieber nicht, wie mein Tag war.«

Nemecek sah, wie sie ihre Worte mit einer müden Geste unterstrich, die wohl nicht zufällig nach unten gerichtet war. Auch ihre Mundwinkel zeigten jetzt nach unten. »Derzeit ist es wirklich frustrierend. Ich bin den ganzen Tag mit Bürokratie beschäftigt. Die Lehre rückt wieder einmal unter ferner liefen und die Forschung bleibt ganz auf der Strecke.«

»Ich nehme an, der Dekan macht euch immer noch Freude?«

»Ich sag's dir«, schnaubte Bettina. »Wenn der so weitermacht, hast du bald einen neuen Fall!«

Nemecek lachte. »Komm, du bist doch eine friedliebende Person!«, versuchte er seine Frau aufzumuntern.

»Du solltest den Sesselfurzer mal erleben!«, wischte Bettina seinen Versuch beiseite. Ein Blick in ihr Gesicht genügte, um zu wissen, dass sie sich jetzt erst einmal Luft verschaffen musste. »Schlimm genug, was uns das Ministerium wieder an Einsparungen auflegt, aber der Herr Hofrat macht es doppelt so schlimm.«

Den Titel ihres Vorgesetzten hatte sie regelrecht ausgespuckt. Nemecek konnte nicht umhin, dabei an Kappacher zu denken: »Klingt wie unser Oberst, ich glaube die beiden sind Mitglieder im selben Club.«

»Kann gut sein«, meinte Bettina nachdenklich. Mit einem Male wirkte sie völlig abwesend. Die Augen waren jetzt geradeaus in die Dunkelheit gerichtet, doch Nemecek bezweifelte, dass sie etwas von ihrer Umgebung wahrnahm. Was ihr wohl gerade durch den Kopf ging?, fragte er sich, wie er das so oft tat, wenn seine Frau ins Grübeln kam. Doch er wusste, dass er diese Frage nicht weitergeben konnte. Er durfte seine Frau jetzt nicht stören. Sie brauchte eben ein wenig Zeit für sich und das galt es zu respektieren. Nemecek lehnte sich zurück.

»Apropos Oberst«, riss sich seine Frau plötzlich aus ihrer Starre: »Stimmt das Gerücht, dass du an einem neuen Fall arbeitest?«

»Mist. Haben wir dich doch geweckt, heute morgen?«

»Ehrlich gesagt, war ich schon munter, als Lea ins Zimmer gekommen ist«, erklärte Bettina mit matter Stimme, »aber ich komm derzeit einfach nicht in die Gänge.«

»War ja sowieso mein Tag«, sagte Nemecek und griff nach der Hand seiner Frau.

»Die Mädels waren wahrscheinlich ziemlich ungehalten, oder?«

»Du kennst sie ja«, winkte Nemecek ab, »aber das Kindergruppenessen hat sie wieder versöhnt.«

»Es gab heute Kindergruppenessen?!«, rüttelte Bettina ihre Lebensgeister wach. »Ist vielleicht noch was da?«

»Ja, sicher, soll ich dir den Rest schnell warmmachen?«

»Das schaffe ich schon noch selber«, entgegnete Bettina und richtete sich in ihrem Stuhl auf.

»Ach komm, lass dich doch mal von deinem Mann verwöhnen«, sagte Nemecek. »Außerdem siehst du echt erschöpft aus. Hast du noch gar nichts gegessen?«

»Nein. Ich hatte Mühe, es rechtzeitig ins Training zu schaffen. Und das Training hat mich dann endgültig geschafft. War echt anstrengend, heute.«

»Jetzt stärkst du dich mal und dann sieht die Welt schon wieder ganz anders aus«, rief ihr Nemecek zu und machte sich auf den Weg in die Küche.

»Also wie ist das jetzt mit deinem neuen Fall?«, setzte Bettina noch einmal an, während Nemecek den dampfenden Teller vor ihr abstellte.

»Dieses Mal haben wir was echt Originelles«, berichtete Nemecek, während sich seine Frau auf das Essen stürzte. »Tatort Kanban!«

»Kann- was?«, presste Bettina mit vollem Mund hervor.

»Kan-ban«, betonte Nemecek die beiden Silben, deren Bedeutung er selbst erst seit zwölf Stunden kannte. »Kommt offenbar aus dem Japanischen und heißt so was wie Signalkarte.«

»Aha, und was hat das bitte mit eurem Fall zu tun?«, fragte Bettina, bevor sie sich eine weitere Gabel in den Mund schob.

»Das ist eine gute Frage«, entgegnete Nemecek und musste gähnen. Dann fuhr er sich mit beiden Händen übers Gesicht, als könnte er sich dadurch noch einmal aktivieren. »Derzeit wissen wir nur, dass der Tote vor einem sogenannten Kanban-Board saß, mit einem Loch in der Stirn und einer grünen Karte mit der Aufschrift *DONE* im Schoß. Nämlich genau so eine Karte, wie sie für das Kanban-Board verwendet wird.«

»Makaber«, kommentierte Bettina und nahm einen Schluck Wein. »Und habt ihr schon einen Verdächtigen?«

»Naja, irgendwie ist dort jeder verdächtig. Und das Unternehmen selbst erscheint mir auch ziemlich eigenartig.«

Bettina zuckte kurz mit der Schulter und stand dann auf. »Ich bin gleich wieder da.« Während er seiner Frau nachsah, fiel Nemecek wieder ein, was er vorhin zum Thema Agilität recherchiert hatte. Schnelligkeit, Anpassung, Dynamik, Selbstorganisation, steckte Captain Google ein erstes Bedeutungsfeld ab. Im 21. Jahrhundert, so hieß es, durften Unternehmen nicht mehr länger von stabilen Verhältnissen ausgehen: Die Kundenbedürfnisse änderten sich nämlich genau so schnell wie die Märkte, die sie kreierten. Einfach ausgedrückt: Der gestrige Erfolg zählte nur wenig, was heute top war, konnte morgen schon ein Flop sein. Wollte man erfolgreich bleiben, musste man ausreichend beweglich sein – und also fähig, veränderte Gegebenheiten rasch wahrzunehmen und effizient zu verarbeiten. Darum ging es im Kern, wenn von agil die Rede war.

Obwohl das für Nemecek ein wenig nach Zauberformel klang, mit der man das eigene Unternehmen auf Dynamik einschwor, leuchtete ihm das Was und Warum der Agilität einigermaßen ein. Man musste leichtfüßiger und zugleich schlagkräftiger agieren, um mit den rasanten Entwicklungen Schritt zu halten. Unklar war ihm jedoch nach wie vor das genaue Wie. Allem Anschein nach war Kanban eine Methode, mit der man für mehr Agilität sorgen konnte. Doch wie hing das mit Selbstorganisation zusammen?

»Was ich dich fragen wollte«, kam Nemecek gleich zur Sache, als Bettina auf die Terrasse zurückkam. »Sagt dir als Biologin das Thema Selbstorganisation etwas?«

»Sicher! Das ist doch die Grundlage der modernen Evolutionsforschung. Aber was hat das mit eurem Fall zu tun?«

»Angeblich setzt die *SafeIT* auf eine solche Evolution«, informierte Nemecek. »Die dürften seit zwei Jahren voll auf ...«

»Warte mal«, unterbrach ihn seine Frau. »Hast du gerade *SafeIT* gesagt?«

»Sag nicht, du kennst die?« staunte Nemecek.

»Das Unternehmen selbst hab' ich noch nicht gesehen – obwohl es in einem ziemlich beeindruckenden Gebäude residieren soll«, erklärte Bettina. Vor Nemeceks geistigem Auge tauchte sogleich ein kleines Potpourri von Eindrücken auf: das mächtige Portal, das genau gegenüber der Kirche lag; der kathedralenartige Eingangsbereich, der dieses Gegenüber spiegelte; die offenen Arbeitsräume mit den mobilen Arbeitsplätzen; die bequemen Kommunikationsboxen ...

»Aber die Geschäftsführerin kenn' ich«, holte ihn Bettina wieder auf die Terrasse zurück. »Immerhin saßen wir mal Seite an Seite auf einem Konferenzpodium. Ich glaub', das war in Berlin. Oder war es in Hamburg?«

»Und da heißt es immer, die österreichischen Universitätsprofessorinnen haben zu wenig internationale Kontakte!«, staunte Nemecek.

»Naja, so richtig international war das ohnehin nicht«, schwächte Bettina ab. »Die Konferenz war trotzdem ganz interessant. Und diese Heidrun Glaser hat echt was auf dem Kasten. Weißt du eigentlich, dass die mehrere Jahre in Stanford und am MIT studiert hat – und sogar für eine Informatik-Professur in Berkeley im Gespräch war?«

»Du wirst lachen, aber die ist gerade wieder in den USA. Zusammen mit ihrem Bruder. Auf der Cybersecurity Conference in San Francisco.«

»Das ist aber blöd für eure Ermittlungen, oder?«

»Nicht so schlimm. Nina und ich werden sie morgen mal per Skype befragen – und am Donnerstag sind sie ohnehin wieder in Wien.«

»Da habt ihr den Fall wahrscheinlich schon gelöst«, zeigte sich Bettina optimistisch, »so schnell wie ihr sonst immer unterwegs seid!« Nemecek nickte zerstreut. Das stimmte schon, dass sie zuletzt sehr effizient gearbeitet hatten: Den Regenschirm-Fall hatten sie in drei Tagen gelöst und der Mord an dem iranischen Diplomaten war auch innerhalb einer Woche aufgeklärt. Aus Nemeceks Sicht ließ sich der vorliegende Fall indes viel komplizierter an. Allein der Tatort war ihm ein ziemliches Rätsel. Oder zumindest das Drumherum.

»Ich weiß nicht«, gestand er. »Dieses Mal scheinen doch viele Dinge anders zu sein.«

»Ach ja, beim Thema Selbstorganisation sind wir vorhin abgebogen«, lenkte Bettina das Gespräch in eine neue Richtung. »Was genau willst du eigentlich wissen?«

»Nicht mehr viel heute, glaub' ich«, gähnte Nemecek. »Du isst und ich liege im Suppenkoma!«

»Dann mache ich es kurz«, erklärte Bettina, die jetzt offenbar jene berühmte zweite Luft verspürte, die sie bei ihren satten Kindern oftmals erstaunt hatte. Ihre kreativsten Spiele entwickelten sie direkt nach dem Essen – als ob sie erst mit vollem Tank so richtig durchstarten könnten. »Sagen wir, du bist der …«, erinnerte er sich an Sophies Standardformel – und auch an ihren amüsierten Protest, wenn Nemecek sich dann verweigerte: »Nein, das sagen wir nicht!«

»Beginnen wir doch mit den einfachen Dingen«, setzte seine Frau an und hob dabei den Daumen, als ginge es im Grunde nur um eine einzige Sache. »Anders als gemeinhin angenommen wird, ist Selbstorganisation gar nichts Besonderes. Man könnte sogar behaupten, sie sei gleichsam die natürlichste Sache auf der Welt«, führte Bettina aus. »Die Kybernetik sagt dir ja wahrscheinlich etwas? Forscher wie Wiener, von Foerster, Watzlawick, Maturana, alle in Palo Alto, lange vor dem ganzen Silicon Valley-Hype, beschäftigten sich damit.«

Nemecek nickte und unterdrückte den nächsten Müdigkeitsimpuls. Hoffentlich würde sich seine Frau diesmal kurz halten, er kannte ja ihre Neigung zum Dozieren.

»Die Kybernetiker haben schon in den 1950er-Jahren gezeigt, dass Selbstorganisation der normale Weg ist, auf dem globale Ordnung entsteht«, setzte Bettina munter fort. Im nächsten Moment aber hob sie nicht nur den Daumen, sondern gleich die ganze Hand. Nemecek wusste, dass es ihr eigener Redefluss war, den sie abbremsen wollte. Mit solchen Kunstpausen gab sie einem ein wenig Zeit zum Nachdenken und baute gleichzeitig Spannung auf. Als Nächstes würde sicher gleich eine zentrale Erkenntnis folgen. »Sie entsteht nämlich durch die lokalen Interaktionen zwischen den einzelnen Komponenten eines ursprünglich ungeordneten Systems«, erklärte sie und ließ die Hand wieder sinken. »Deswegen muss Selbstorganisation als die Regel und nicht als die Ausnahme systemischen Verhaltens betrachtet werden.«

Nemecek spitzte die Lippen. Ähnliches sagte doch auch die Theorie sozialer Systeme, mit der er sich im Rahmen seines Philosophiestudiums beschäftigt hatte. »Das klingt irgendwie nach Luhmann, oder?«

»Ja. Die kannten sich selbstverständlich alle. Damals war die Forschung wirklich interdisziplinär unterwegs«, bestätigte Bettina. »Technik, Biologie, Soziologie, Psychologie. Schließlich ist Selbstorganisation ein Gesetz, das auf viele verschiedene Systeme anwendbar ist. Allein in der Biologie gibt es eine breite Palette von Beispielen: etwa Espenhaine, die größten lebenden Organismen der Welt, bei denen alle Bäume in einem undurchschaubaren und doch funktional strukturierten Chaos miteinander verwurzelt sind. Oder Vogelschwärme, die sich so synchron bewegen, als wären sie ein einziges Tier.«

Nemecek musste zugeben, dass er das nicht gewusst hatte. Und er musste zugeben, dass seine Frau auch spätabends eine hervorragende Lehrmeisterin war. Jedenfalls fühlte er sich nur mehr halb so müde wie zuvor. Bettina verstand es, ebenso intelligent wie spannend zu erzählen. Ein wahrer Segen für ihre Studentinnen und Studenten! Und er bekam gewissermaßen eine Privatvorlesung! Für einen Moment überlegte er sogar, ins Wohnzimmer zu gehen, um sein Notizbuch zu holen. Sonst bestand die Gefahr, dass er am nächsten Tag nur mehr die Hälfte wusste. Doch bevor er sich dazu aufraffen konnte, beendete Bettina ihre nächste Pause.

»Ein Kollege von mir hat sich sogar länger mit Ameisen beschäftigt und gezeigt, wie sie aus scheinbar zufälligen Bewegungen ein raffiniertes System der Futtersuche entwickeln. Eine einzelne Ameise mag ja nicht besonders schlau sein. Im Kollektiv legen Ameisen jedoch eine beeindruckende Intelligenz an den Tag. Gemeinsam spüren sie nämlich in kürzester Zeit neue Nahrungsquellen auf und wissen auch, wie sie ihre Beute auf schnellstem Weg in den Bau bringen.«

»Und wie schaffen das die Ameisen?«, fragte Nemecek neugierig.

»Sie schaffen das durch die Fähigkeit, in selbstorganisierter Form eine eigene Ordnung aus ihren chaotisch wirkenden Bewegungen zu kreieren«, antwortete Bettina lächelnd. Sie fand offenbar Spaß an ihrer Nachtschicht. Ihr Gesicht hatte jedenfalls wieder diesen strahlenden Ausdruck angenommen, den Nemecek so liebte. Keine Spur mehr von Müdigkeit oder gar Frust. Stattdessen leuchtende Augen und eine höchst lebendige, ja begeisterte Mimik. Sie war jetzt ganz in ihrem Element. Ob er doch rasch sein rotes Buch holen sollte? Aber eigentlich wollte er Bettina nicht aus ihrem Erzählrhythmus bringen.

»Zunächst durchstreifen Späherameisen völlig ungerichtet die Gegend rund um die Kolonie«, nahm ihm Bettina aufs Neue die Entscheidung ab. Staunend verfolgte Nemecek, wie ihre Finger über die Tischplatte spazierten. »Bleibt ihre Suche erfolglos, kehren sie unverrichteter Dinge ins Nest zurück.« Eilig zogen sich die Finger an die Tischkante zurück. Bevor sie aber in ihren Schoß zurückgelangten, änderten sie unversehens die Richtung und liefen auf den leeren Teller zu. Erst jetzt sah Nemecek, dass noch einige Reiskörner darauf herumlagen. »Wenn sie jedoch auf eine mögliche Futterquelle stoßen, dann nehmen sie ein kleines Stück der Nahrung mit und hinterlassen dabei mittels eines speziellen Pheromons eine schwache Duftspur.«

»Okay, verstanden«, sagte Nemecek, der nun keine Fingerspiele mehr sehen wollte. »Aber wie passt das zur *SafeIT*? Die beschäftigen sich jetzt nicht mit Futtersuche, sondern mit komplexer Wissensarbeit.«

»Naja, dann lass uns doch das Beispiel des Gehirns hernehmen«, parierte Bettina seinen Einwand. Dabei lächelte sie verschmitzt, wie jemand, der genau weiß, dass er noch einige Tricks auf Lager hat. »Im Gehirn gibt es auch keine zentrale Steuerung. Stattdessen funktionieren die verschiedenen Bereiche unabhängig voneinander. Dennoch können sich getrennte Neuronen miteinander verbinden, wenn es gefordert ist. Die moderne Hirnforschung hat beispielsweise festgestellt, dass bei Ausfall des Sprachzentrums, etwa durch eine Verletzung, andere Bereiche diese Funktionen übernehmen können.«

»Zusammengefasst heißt das also«, versuchte Nemecek jetzt die Kurve zu seinem Fall zu bekommen, »dass die *SafeIT* nichts Künstliches macht, sondern sich sozusagen an den ehernen Prinzipien der Natur orientiert?«

»Das ist jetzt vielleicht etwas kurz gegriffen, aber im Grunde kann ich dir da schon zustimmen«, bestätigte Bettina. »Was das allerdings für die konkrete Gestaltung der Organisation bedeutet, kann ich dir nicht sagen. Ich nehme mal an, dass es stark in Richtung autonomer Einheiten geht: um den offenen Austausch unterschiedlicher Personen und Gruppen unter bestimmten Rahmenbedingungen – und um deren dynamische Vernetzung. Jedenfalls würde das den Gesetzen der Selbstorganisation entsprechen.«

Nemecek nickte, obwohl er sicher war, nicht alles verstanden zu haben. Autonome Einheiten, versuchte er zu rekapitulieren, dynamische Vernetzung, Austausch über Unterschiede. Und wie war das mit den Rahmenbedingungen? Nemecek bereute, dass er nicht doch sein Brevier geholt hatte. Zumindest die letzten Argumentationen waren ihm definitiv zu schnell gekommen. Ein paar Notizen hätten ihm sicher geholfen – zumindest aber erlaubt, morgen nochmals darauf zurückzukommen.

»Aber was deinen Fall betrifft«, mischte sich Bettina wieder in seine Überlegungen und musste nun ebenfalls gähnen, »solltest du dir ein Beispiel an den Ameisen nehmen: Folge einfach der Duftspur, die jeder Mörder hinterlässt, dann findest du zur Quelle der Wahrheit!«

Mittwoch, 8:01
Morgenbesprechung bei Oberst Kappacher

Die Duftspur des Mörders, erinnerte sich Nemecek gerade an das nächtliche Gespräch mit seiner Frau, als sein Smartphone piepste.

Stau 10+ GF 9, las er auf dem Display, während er über die Treppe in Richtung Chefbüro hetzte. Mittlerweile hatte er aufgehört, sich über die stenografischen Textnachrichten seiner Kollegin zu wundern. An die Verkürzung des Lebens auf einzelne Buchstaben hatte er sich ja dank der ständigen OMG-, LOL- und WTF-Botschaften seiner Töchter mittlerweile gewöhnt. Dennoch war er sicher, dass die von Obermayr angekündigte Verspätung mehr als zehn Minuten betragen würde. Beim Termin mit den Geschäftsführern ist sie sicher da, beruhigte sich Nemecek, bevor er an die Bürotür klopfte.

»Herein«, hörte er die vertraute Stimme von Ingrid Poppowitz, öffnete die Tür und warf Kappachers Chefsekretärin einen beschwingten Morgengruß zu.

»Guten Morgen, Chefinspektor Nemecek«, antwortete Poppowitz kühl und schaute dabei nicht einmal von dem vor ihr liegenden Dokumentenstapel auf. »Der Oberst erwartet Sie schon«, beschied sie ihm und wies nach links. Als ob er einen solchen Richtungsweiser nötig hätte! Nemecek versuchte Poppowitz' Aufmerksamkeit auf sich zu ziehen. Sie aber würdigte ihn keines Blickes.

»Nemecek«, hörte er da schon die sonore Stimme seines Vorgesetzten durch die angelehnte Doppeltür, die Poppowitz' Reich vom Allerheiligsten trennte. »Nur hereinspaziert in die gute Stube!«

»Wo haben Sie Ihre Kollegin gelassen?«, fragte Kappacher, als Nemecek vor seinem Schreibtisch zu stehen kam. Nicht zum erste Mal hatte er das Gefühl, vor einen Thron zu treten oder zumindest vor ein erhöhtes Podest, in dessen Mitte sein Herr und Gebieter saß. Wie immer trug dieser einen makellosen Dreiteiler. Heute war er in Hellgrau gehalten, dazu hatte er eine Krawatte in Dunkelrot und ein passendes Stecktuch gewählt. Das Sonnenlicht, das durch die halb geöffneten Rollläden fiel, spiegelte sich in Kappachers Hornbrille, sodass seine Augen im Verborgenen blieben. Lautlos glitt die Füllfeder über die Unterlagen vor ihm. Das sollte wohl geschäftig wirken und verstärkte zudem den Eindruck der Unantastbarkeit.

»Stau 10+«, erklärte Nemecek und nahm unaufgefordert in einem der Besucherstühle Platz.

»Ich würde wirklich gerne wissen, wann ihre Kollegin einmal pünktlich ist«, merkte Kappacher an, aber es klang merkwürdigerweise mehr nach einer Feststellung als nach einer Klage. Vielleicht weil er Obermayrs Verspätungen ebenso gewöhnt war wie ihre Kurzbotschaften?

»Wie auch immer«, eröffnete Kappacher, »ich hab nicht viel Zeit und will deswegen gleich zur Sache kommen.« Er schaute Nemecek nun zum ersten Mal in die Augen. Während er seinen Füllfederhalter zuschraubte, fixierte er ihn wortlos. Der Hasen-und-Schlangen-Blick, ging es Nemecek durch den Sinn, bevor er sich zurücklehnte und die Beine übereinander schlug. Jetzt würde Kappacher gleich mit einer rhetorischen Frage eröffnen.

»Sie haben die heutigen Schlagzeilen gelesen?« startete der Oberst standesgemäß. Sein Zeigefinger bohrte ein Loch in Richtung Nemecek. »Ich hatte noch keine Gelegenheit«, begann dieser, kam aber nicht weiter. Kappacher hatte nämlich bereits die Tageszeitung vor ihn hingeworfen, die an allen Ecken von Wien gratis verteilt wurde. *Mysteriöser Mord in IT-Firma! Ehemaliger Prokurist mit Armbrust erschossen,* las er den reißerischen Aufmacher und darunter: *Polizei tappt im Dunkeln.*

»Sie wissen, was Sie sich da eingebrockt haben?«, setzte der Oberst seine rhetorische Fragerei fort, um selbst die Antwort zu liefern: »Das ist ein einziger Alptraum!«

Auf ruhigen Atem achten, im Kontakt bleiben und langsam von zehn herunterzählen, rief sich Nemecek sein Standardrezept ins Gedächtnis. Nur ja keine zusätzliche Angriffsfläche bieten – auch wenn die Frage nahelag, warum das Revolverblatt so schnell Bescheid wusste. Aber mittlerweile war man ohnehin daran gewöhnt, dass immer irgendwer plauderte, um sich ein kleines Zubrot zu verdienen.

Als Nemecek bei sieben angekommen war, erhob sein Vorgesetzter erneut
die Stimme. »Das ist eine absolute Katastrophe!«, griff Kappacher zu einem
neuen Superlativ und ließ seine Faust auf den Schreibtisch sausen, als
müsste er die angesprochene Katastrophe mit einem passenden Ton unter-
malen. Reif fürs Burgtheater, dachte Nemecek – und alles andere als überraschend. Denn sobald es sich um einen öffentlichkeitswirksamen Fall handelte, wechselte der Oberst gerne ins dramatische Fach.

»Ich muss Ihnen wohl nicht erklären, welche außerordentlichen Dimensionen dieser Fall hat«, polterte der Oberst weiter. »Es versteht sich, dass dieser
heimtückische Anschlag auf einen unserer Vorzeigebetriebe unverzüglich
aufgeklärt werden muss!«, fügte er mit ausgebreiteten Armen hinzu. Nemecek
nickte und wechselte die Sitzposition. Gespannt wartete er darauf, dass ihm
Kappacher von seinen persönlichen Beziehungen zur heimischen Wirtschaft
berichtete. So wie er ihn kannte, dauerte das sicher nicht mehr lange.

»Außerdem«, setzte Kappacher in verschwörerischem Ton fort, »habe ich
auch ein ganz persönliches Interesse daran. Sie müssen wissen, dass ich gut
mit Ferdinand Glaser befreundet bin.«

Nemecek setzte ein überraschtes Gesicht auf, während er überlegte, ob diese
Freundschaft wohl auf eine Burschenschaftsgeschichte zurückging. Das war
in den Kreisen, in denen der Oberst verkehrte, gang und gäbe. Oder vielleicht ein Wohltätigkeitsverein?

»Mit dem Ferdl war ich ja bei den Olympiern, während wir unser Rechts-
wissenschaftsstudium absolviert haben«, bestätigte Kappacher den Verdacht. Er hielt kurz inne und ließ ein sentimentales Lächeln über sein
Gesicht huschen. Dann strich er sorgfältig über seinen Schnurrbart: »Später,
als wir beide bereits Familienväter waren, hatten wir dann bei den Rotariern viel miteinander zu tun. Eine schöne Zeit war das damals.«

»Und was können Sie mir über Paul Steiner erzählen?«, versuchte Nemecek
aus der Erinnerungs- wieder auf die Ermittlungsspur zu kommen.

»Ja, den kannte ich natürlich – obwohl ich ihm alles in allem nur zwei oder
drei Mal persönlich begegnet bin. Ein guter Mann, wie mir Ferdl versichert
hat. Ein sehr guter Mann. Ein Verkaufsgenie und lange Jahre der Erfolgsga-
rant für die *Securitas*.«

»Uns ist zu Ohren gekommen, dass der gute Mann ziemlich rücksichtslos agierte und die Firmeninteressen nicht immer über seine eigenen stellte«, brachte Nemecek vor. Um seine Aussage zu erhärten, schlug er sein Notizbuch auf. Zwar hatte er dort nicht das Geringste über Steiners Rücksichtslosigkeit notiert – doch allein der Blick in seine Aufzeichnungen stärkte ihm den Rücken. »Außerdem soll er mit denen, die nicht nach seiner Pfeife tanzten, ziemlich herumgesprungen sein.«

»Nemecek, Nemecek«, kam jetzt Kappachers mahnender Zeigefinger zum Vorschein. »Sie werden hoffentlich nicht gleich den erstbesten Gerüchten auf den Leim gehen! Das sind doch die typischen Vorwürfe der Neider. Der Leute, die es selbst nie zu etwas bringen, aber die Erfolgreichen sofort an den Pranger stellen.«

Hört, hört, der Gesellschaftsexperte spricht!, höhnte eine böse Stimme in Nemecek. Er zwang sich, bei den Fakten zu bleiben. Alles andere würde bloß in ein neues Schreiduell münden – wie es gerade in ihrem letzten Fall häufiger vorgekommen war. Das war kraftraubend gewesen und hatte ihre Ermittlungen natürlich keinen Schritt weitergebracht. Nachdem sie den berüchtigten Regenschirm-Mörder schließlich gefasst hatten, schwor sich Nemecek, solche Konfrontationen in Zukunft zu vermeiden. Dass Kappacher sich lieber seine eigene Wahrheit zurechtbog, als sich an Fakten zu halten, machte das allerdings zu einem schwierigen Unterfangen.

»Tatsache ist, dass ihr Erfolgsduo das Familienunternehmen fast an die Wand gefahren hat«, sagte Nemecek und bohrte nun seinerseits ein Loch in die Luft. Er bemerkte, wie sich Kappachers Miene weiter verfinsterte, ließ sich dadurch aber nicht beirren. Demonstrativ hielt er seinen Blick nun auf sein Notizbuch gerichtet und blätterte sogar um, als würde er all diese Fakten vom Papier ablesen. »Vor ein paar Jahren hat die *Securitas* nur mehr negative Schlagzeilen gemacht. Unseren Recherchen zufolge wurden zur dieser Zeit große Teile der Produktion ausgelagert, es gab Kurzarbeit und am Ende sogar eine Kündigungswelle. Angeblich stand die Firma kurz vor dem Aus.«

Während er Kappachers gerunzelte Stirn beobachtete, begann Nemecek aufs Neue zu zählen. Als er bei fünf angekommen war, holte er zum entscheidenden Informationsschlag aus: »Erst die jungen Glasers haben den Betrieb wieder auf die Erfolgsspur zurückgebracht. Mit mutigen Entscheidungen und einer klaren Zukunftsstrategie.« Er hob die Augenbrauen. »Der frische Wind, den die beiden in die *SafeIT* gebracht haben, hat Steiner voll ins Gesicht geweht.«

Kappacher schien nun endgültig genug zu haben. »Sie mit Ihren Tatsachen!«, sagte er genervt und unterstrich seine Worte mit einer wegwerfenden Geste. »Sie sollten nicht alles glauben, was die Journalisten verzapfen. Im Gegensatz zu Ihnen weiß ich aus erster Hand, welche chaotischen Zustände dort vorherrschen. Ein führungsloser Haufen, seit sich Ferdl zurückgezogen hat!«

»Dieser Haufen«, hielt Nemecek dagegen, »wurde letztes Jahr immerhin zum Unternehmen des Jahres gekürt. Sie haben es aufs Cover namhafter Wirtschaftsmagazine geschafft. Und so nebenbei hat die *SafeIT* auch noch den Staatspreis für Büroarchitektur abgeräumt.« Nemecek musste zugeben, dass das Ganze ein wenig nach Marketingbroschüre klang. Aber das war ihm jetzt egal. Hauptsache, er musste sich nicht länger mit Kappachers Vorurteilen herumschlagen.

»Papperlapapp! Das hilft uns alles nicht weiter«, wischte dieser Nemeceks Argumente zur Seite. »Oder sind Sie mit Ihren tollen Tatsachen auch nur einen einzigen Ermittlungsschritt weitergekommen?« Es war klar, dass Kappacher keine Antwort erwartete – und es war ebenso klar, dass stattdessen eine weitere Mahnung anstand. Gelassen blickte Nemecek auf den Zeigefinger, der sich im Zeitlupentempo erhob, während Daumen und Mittelfinger einen kleinen Kreis bildeten. Ob sich der Oberst diese Geste vom amerikanischen Präsidenten abgeschaut hatte? »Nemecek, Nemecek! Sie verzetteln sich. Oder haben Sie schon einen Tatverdächtigen?«

»Der alte Glaser wird's wohl nicht gewesen sein«, konnte sich der Abgemahnte eine kleine Spitze nicht verkneifen.

»Chefinspektor!«, donnerte Kappacher und richtete seinen Oberkörper auf. Seine Hände hatte er jetzt auf den schweren Schreibtisch gestützt und es sah so aus, als wollte er jeden Moment aufspringen. »Nehmen Sie sich nur ja in Acht! Der Fall ist von nationaler Tragweite!«

Plötzlich klopfte es. Im nächsten Augenblick wurde die Tür aufgestoßen und Obermayr stürmte herein. »Guten Morgen Oberst, ich bitte vielmals …«

»Ah, Bezirksinspektorin Obermayr beehrt uns auch einmal mit ihrer Anwesenheit!«, unterbrach Kappacher ihren Entschuldigungsversuch. Sein Hals hatte mittlerweile die Farbe seiner Krawatte angenommen und an der linken Schläfe war eine Ader hervorgetreten. Bald würden seine Ohren glühen, war sich Nemecek sicher. Pech für seine Kollegin, dass sie nun den idealen Blitzableiter abgab.

»Dann kann ich es Ihnen ja gleich beiden sagen: Ich wünsche in diesem Fall auf dem Laufenden gehalten zu werden, verstanden? Tägliche Lagebesprechung um acht Uhr – und zwar pünktlich!«, verordnete der Oberst mit einem finsteren Seitenblick auf Obermayr. »Und bringen Sie mir bis morgen gefälligst einen Tatverdächtigen. Oder noch besser: den Täter!«

Mittwoch, 8:33
Der Tagesplan der Ermittler

»Welche Laus ist denn dem über die Leber gelaufen?«, raunte Obermayr, nachdem sie die Bürotür geschlossen und das Vorzimmer mit einem pflichtschuldigen Abschiedsgruß in Richtung Poppowitz durchquert hatten.

»Ach«, winkte Nemecek ab, »du kennst ihn doch!«

»Jaja, ich weiß. Der Vorteil der Klugen ist, dass sie sich dumm stellen können. Das Gegenteil ist um einiges schwieriger«, zauberte Obermayr einen ihrer gefürchteten Sinnsprüche hervor.

»Egal«, hakte sie das Thema Kappacher kurzerhand ab, während sie die Treppe zu ihrem Büro hinunterliefen. »Viel wichtiger ist, dass sich heute morgen endlich Steiners Schwester gemeldet hat.«

»Und?«

»Angeblich war sie gestern den ganzen Tag über in Meetings und hat ihre Mailbox erst heute morgen abgehört«, berichtete Obermayr weiter, während sie zwei Stufen auf einmal nahm. Nach wenigen Schritten war sie Nemecek bereits ein gutes Stück voraus. »Dass ihr Bruder tot ist, wusste sie allerdings schon«, rief sie über die Schulter zurück. »Scheinbar hat ihr Gauss gestern noch eine Nachricht hinterlassen – was sie aber auch erst heute morgen gehört haben will.«

»Seltsam«, kommentierte Nemecek. Gleichzeitig versuchte er nun auch seine Schrittlänge zu vergrößern. Seit er als Schüler einmal beim Treppenlauf gestolpert und anschließend mehrere Stufen hinuntergefallen war, erfüllte ihn das stets mit einem gewissen Unbehagen. Er spürte sofort, wie sich sein Körper verspannte. Dementsprechend gepresst klangen seine Worte: »Gauss? Was hat denn der mit Sylvie Steiner zu tun?«

»Keine Ahnung. Aber weißt du, was noch seltsamer ist?«, fragte Obermayr und blieb plötzlich zwischen zwei Stufen stehen. Er schüttelte den Kopf.

»Die Steiner schien überhaupt nicht betroffen.« Nemecek schob die Lippen nach vorne. Was hatte das zu bedeuten? »Vielleicht steht sie unter Schock?«, überlegte er laut.

»Ich weiß nicht so recht«, murmelte Obermayr wenig überzeugt, was sich allein an ihren zusammengekniffenen Augen ablesen ließ.

»Was haben wir eigentlich mit Steiner vereinbart?«, fragte Nemecek, um der Skepsis seiner Kollegin ein wenig Pragmatismus entgegenzusetzen.

»Sie hat heute einen Homeoffice-Tag. Ich habe ihr angeboten, dass wir nach dem Mittagessen vorbeikommen.«

»Dann lass' uns mal gespannt sein, was uns die Dame auftischt«, meinte Nemecek, bevor er sich wieder in Bewegung setzte. »Und ich bin – apropos auftischen – neugierig, was uns die Gerichtsmedizin gleich erzählen wird.«

Obermayr folgte ihm nickend, hielt dann aber mitten in der Bewegung inne. Nemecek blieb ebenfalls stehen. Irritiert blickte er seine Kollegin an.

Im nächsten Moment schlug sich Obermayr mit der flachen Hand so fest auf die Stirn, dass es klatschte. »Verdammt, ich bin ein Idiot. Das hätte ich jetzt fast vergessen!«

Doch statt das Vergessene zu offenbaren, zuckte sie nur kurz mit den Schultern und ging dann einfach weiter.

»Warte mal, Nina«, rief Nemecek. »Was hast du denn nun vergessen?«

»Ach so«, antwortete Obermayr zerstreut. »René hat vorhin nochmals angerufen. Rate mal, was er gestern Abend noch herausgefunden hat.«

Nicht schon wieder!, schoss es Nemecek durch den Kopf. Allmählich sollte seine Kollegin wissen, dass er solche Ratespiele nicht ausstehen konnte. Schon gar nicht am frühen Morgen.

»Ach so«, sagte Obermayr zerstreut, nachdem sie sich wieder zu ihm umgedreht hatte. »Er konnte dich nicht erreichen, deswegen hat er es bei mir probiert«, erklärte sie. Ist doch völlig wurscht, hätte ihr Nemecek am liebsten in schönstem Wienerisch entgegnet. Als ob er jemals auf irgendeine formelle Informationskette Wert gelegt hätte! Waren sie denn im Kindergarten?

Bevor er seinem Ärger Ausdruck verleihen konnte, packte Obermayr endlich aus: »Er hat noch etwas Interessantes herausgefunden«, begann sie und
strich sich über die Lippen. Dann löste sie die Hand von ihrem Mund und
streckte drei Finger in die Luft. Das sah nach Kappacher aus, meinte aber
wohl ganz etwas anderes. »An dem morgendlichen Meeting am Tatort sollten noch zwei weitere Personen teilnehmen.«

Nemecek betrachtete ihre ausgestreckten Finger. Seltsame Aufzählungs-
weise! Wieso benutzte sie drei Finger, wenn von zwei Personen die Rede
war? Plötzlich zeichnete sich in Obermayrs Gesicht eine Lächeln ab, das
geradezu selig wirkte, als hinge sie einem schönen Traum nach. Was war
heute nur mit seiner Kollegin los? Stand sie unter Drogen?

»Und«, sagte er in scharfem Ton. »Wie wär's mit den Namen?«

»Wie bitte?«, fragte sie benommen, als erwache sie aus einem Sekunden-
schlaf. »Ach so, entschuldige«, fügte sie rasch hinzu. »Am Meeting hätten
auch ein gewisser Luka Novacic und eine Eleanore Ortiz teilnehmen sollen.
Ersterer hat sich allerdings schon am Montag krank gemeldet, sodass es
nicht weiter verwundert, dass er Dienstag früh nicht aufkreuzte. Ganz im
Unterschied zu seiner Kollegin.«

Nemeceks versuchte dem Gedanken zu folgen, den Obermayr in der Luft
stehen gelassen hatte, gab aber gleich wieder auf. Stattdessen widmete er
sich der naheliegenden Frage, ob plötzlich zwei neue Verdächtige aufgetaucht waren.

»Angeblich ist die Ortiz ganz normal zum Meeting erschienen«, nahm Obermayr Nemeceks Frage auf, ohne dass er sie ausgesprochen hatte. »Soweit
wir wissen, war sie nach Gauss die zweite Person am Tatort.« Nemecek
spürte wie sich seine Stirn in Falten legte. Das durfte man wohl eine Überraschung nennen! Zumindest eine neue Verdächtige hatte sich hiermit fix qua-
lifiziert.

»Und falls du wissen möchtest, warum sie sich aus dem Staub gemacht hat …«,
fügte Obermayr hinzu und ließ die Frage aufs Neue ausschwingen. »… musst
du wohl oder übel mit der Ortiz reden«, gab sie sich selbst eine Antwort.

Während seine Kollegin vor sich hin grinste, begann es in Nemecek zu rat-
tern. Im Grunde konnte das ja nur eines bedeuten: Ortiz hatte etwas mit
dem Mord zu tun und ging deswegen der Polizei aus dem Weg. Das aller-

dings löste eine ganze Lawine weiterer Fragen aus: Hatte sie selbst den Mord begangen? Oder war sie bloß eine Augenzeugin? Wenn Letzteres zutraf: Warum war sie dann nicht geblieben?

»Interessant ist allerdings«, riss ihn Obermayr aus seinem Fragenkreisel, »warum uns Gauss nichts davon erzählt hat.« Nemecek nickte. Das stimmte natürlich. Eigentlich hätte er das erwähnen müssen. Doch anscheinend hatte der ebenfalls etwas zu verbergen – was ja bestens zu dem Eindruck passte, den Nemecek in seinem Einzelgespräch mit Gauss gewonnen hatte.

»Im Übrigen hat uns Manninger gleich mit allen Beteiligten Gesprächstermine vereinbart: Um 12 kommt die Dadic zu uns, um 13 Uhr die Ortiz, um 15 Uhr besuchen wir die Steiner und um 17 Uhr ist Novacic einbestellt – falls dieser bereits gesundet ist. Manninger hat ihm gleich drei Nachrichten auf der Mailbox hinterlassen. Zumindest melden sollte er sich also.«

Nemecek spürte, wie sein Kopf auf und ab ging. Aus irgendeinem Grund fiel ihm plötzlich diese Hundefigur ein, die sich früher in vielen Autos einen abgenickt hatte. Meistens unter der Heckscheibe, erinnerte er sich, als wäre das gestern gewesen. Gab es solche Hunde denn noch? Oder waren das bloße Relikte seiner Kindheit? Vielleicht sollte er seine Kinder fragen, die waren doch große Fans dieser 70er-Jahre-Retro-Welle? Oder war diese mittlerweile abgeebbt?

»Bist du noch bei mir?«, hörte er plötzlich Obermayrs Stimme. Sie blickte ihn besorgt an.

»Natürlich«, antwortete er knapp, weil er gerade keine Lust auf längere Erklärungen hatte. Außerdem hätte seine Hunde-Nick-Reminiszenz ohnehin nichts erklärt.

»Und was sagst du dazu?«

»Auf jeden Fall höchst interessant«, zeigte sich Nemecek überzeugt. Vor allem war er sich sicher, dass diese allgemeine Antwort zu den meisten Aussagen passte.

»Das finde ich auch«, bestätigte Obermayr. »Aber auch höchst verwirrend.«

Die Verwirrung teilte Nemecek. Die ganze Sachlage war ein ziemliches Durcheinander: auf der einen Seite dieses Beziehungsnetz, das sich allmählich zu einem wahren Dschungel auswuchs; auf der anderen Seite all diese neuen Organisations- und Arbeitsformen. Am liebsten hätte er jetzt nach seinem Notizbuch gegriffen und sich Manningers Entdeckungen noch einmal in Ruhe durch den Kopf gehen lassen – und durch die Hand, denn gerade am Beginn von Ermittlungen half ihm das Schreiben enorm beim Nachdenken. Aber dafür war jetzt wohl keine Zeit. Nemecek blickte auf die Uhr.

»Wann genau haben wir unser Gespräch mit den Geschäftsführern?«, fragte er. »Um 9:30 oder um 10:00?«

»Um 9:30. Da ist es bei denen immerhin schon nach Mitternacht«, informierte Obermayr mit einer entschuldigenden Geste. Hatte sich seine Frage so vorwurfsvoll angehört? Nemecek schob seinen Zweifel zur Seite und verkündete: »Also gut, dann müssen wir uns ranhalten.«

»Und unsere erklärungsfreudigen Kollegen von der Gerichtsmedizin kurz«, ergänzte Obermayr, bevor sie über die letzten drei Stufen sprang. Als Nemecek sie eingeholt hatte, stimmte sie sich gerade auf ihre Art ein: »Wenn aus der Patho Blitze schlagen, spürst du zu Recht ein Unbehagen.« Das versprach wieder mal eine äußerst heitere Begegnung!

Mittwoch, 8:42
Gerichtsmedizinische Einsichten

Schon von Weitem hörten sie Flötenmusik durch den Flur klingen.

»Bei der Probisch ist schon wieder Disco«, merkte Obermayr an, die nach wie vor zwei Schritte vor Nemecek ging. Mozart? Händel? Verdi?, rief er sich die Lieblingskomponisten der Gerichtsmedizinerin ins Gedächtnis, bevor die Schiebetür vor ihnen zur Seite glitt. Schlagartig nahm die Musik Ausmaße an, als würden sie gerade die Wiener Staatsoper betreten.

Süße Stille, sanfte Quelle ruhiger Gelassenheit, vernahm Nemecek den glockenhellen Sopran und ging nun die Sängerinnen durch, die seiner Meinung nach dafür infrage kamen. Callas? Netrebko? Schwarzkopf? Ligendza? Was diese Musik allerdings mit Stille zu tun haben sollte, mit Ruhe und Gelassenheit, blieb ihm schleierhaft.

Selbst die Seele wird erfreut, wenn ich mir nach dieser Zeit arbeitsamer Eitelkeit jene Ruh vor Augen stelle, die uns ewig ist bereit, hallte es durch den kalten Raum.

»Dr. Habicher, wir haben Gäste«, rief Gerda Probisch mit ihrem Schönbrunner Akzent, als sie schließlich von ihrem Seziertisch aufblickte. Immer ein wenig nasal, vielleicht sogar eine Spur hochnäsig – das war der typische Klang dieser alteingesessenen Bürgerfamilien aus dem 13. und 14. Wiener Gemeindebezirk. Während Nemecek noch die Bezirksnamen Penzing und Hietzing durch den Kopf gingen, als wäre er nicht in der Oper, sondern im Geografieunterricht, schrumpfte die Arie auf Zimmerlautstärke zusammen. Wie von Zauberhand, dachte Nemecek und schaute zu Probischs ewigem Assistenten, der regungslos neben seiner Chefin stand. Die rechte Hand steckte in der Tasche seines weißen Medizinermantels. Von wegen Zauberhand! In der Tasche befand sich sicher die Fernbedienung für die Musikanlage.

»Hallo Gerda«, riss sich Nemecek endlich von Habicher los. »Was habt ihr denn Schönes herausgefunden?«

»Kurz und knackig bitte, wir haben nicht viel Zeit«, ergänzte Obermayr. Dazu schlug sie die Hände zusammen, als wollte sie modellieren, wie man die Dinge auf den Punkt brachte. Probisch schaute Obermayr an, verzichtete jedoch auf einen Kommentar. Nemecek atmete auf, schließlich waren die Wortgefechte zwischen den beiden Frauen berüchtigt. Seit sie sich kannten, kam es ständig zu Reibereien, ohne dass es dafür einen erklärbaren Grund gab. Die waren vermutlich einfach das, was der Volksmund Hund und Katz nannte.

»Unseren Untersuchungen zufolge«, kam Probisch endlich zur Sache, »können wir den Todeszeitpunkt auf den Zeitraum zwischen 21 und 22 Uhr eingrenzen. Dr. Habicher?«

»Körpertemperatur zum Auffindungszeitpunkt unter 25 Grad, *rigor mortis* vollständig ausgeprägt, Myosinsättigung 80 %, ATP 45 %«, folgte Habicher dem Kommando und griff nach seinem Klemmbrett. Umständlich rückte er seine Brille zurecht. Kaum zu glauben, dass Habicher mittlerweile selbst ein gefragter Forensiker war, der seit vielen Jahren an der Universität unterrichtete. Innerhalb dieses Seziersaals schienen indes dieselben Regeln zu gelten wie zu der Zeit, als Habicher noch ein Grünschnabel war. Damals hatte ihn die unumstrittene Herrscherin über die Toten unter ihre Fittiche genommen. Das mochte mittlerweile, überschlug Nemecek, gut und gerne 25 Jahre her sein.

»Und die Todesursache?«, fügte Obermayr ungeduldig hinzu. Selbst wenn er nicht von Probisch kam, war ihr der medizinische Fachjargon ein Gräuel.

»Tja, da haben wir etwas besonders Exquisites für euch«, erklärte Probisch und wies auf das Kopfende des Seziertisches. »Ihr seht ja die punktförmige Eintrittswunde« und trat einen Schritt zur Seite, um ihnen freie Sicht auf Steiners Gesicht zu geben. Nemecek starrte auf den kleinen Punkt auf der Stirn, dessen sattes Rot sich scharf von der hellen Haut abhob. Der Ausdruck *totenbleich* fiel ihm ein. Dieser Einfall ergab jedoch so wenig Sinn wie die Beobachtung, dass Steiners Wunde der Farbe von Probischs Lippenstift glich.

»Wir hatten uns ja schon am Tatort gefragt, mit welchem Kaliber unser Opfer wohl in Hades' Reich befördert wurde«, setzte Probisch fort und verschränkte die Arme hinter dem Rücken. »Wir haben natürlich in aller gebotenen Sorgfalt nach möglichen Verbrennungsrückständen, Abwehrverletzungen oder Schmauchspuren gesucht. Aber«, sagte Probisch und legte eine dramatische Pause ein: »Fehlanzeige!«

»Keinerlei Spuren?«, drehte Obermayr ihren Kopf zur Seite wie jemand, der schlecht hört.

»Wir haben die Eintrittswunde seziert«, ignorierte Probisch die Nachfrage, »und den Schusskanal vermessen. Am Ende sind wir dann zur eigentlichen Todesursache vorgedrungen.«

Wie aufs Stichwort trat Habicher mit einer Metallschüssel an Probisch heran. »Frau Professor!«, sagte er und verbeugte sich wie ein Diener, der ein besonderes Schmuckstück präsentiert. Nemecek fragte sich, auf welchen Begriff er reagiert hatte: Schusskanal? Vermessen? Todesursache?

»Danke, Dr. Habicher«, zog Probisch die Aufmerksamkeit wieder auf sich, während sie nach einer Pinzette griff. »Sehr verehrte Damen und Herren«, verkündete sie im Tonfall einer Zirkusdirektorin: »Bestaunen Sie bitte unseren *corpus delicti*.« Folgsam streckten Obermayr und Nemecek ihr Hälse und starrten in die Schüssel. Was sie darin sahen, war ein dünner, etwa drei Zentimeter langer Metallstift. Unwillkürlich musste Nemecek an Holzarbeiten denken, wusste aber aufs Neue nicht, was er mit dieser Assoziation anfangen sollte.

»Gehärteter Stahl, 2,6 cm lang, 1,7 mm dick, 13 Gramm schwer«, ratterte Habicher die Basisdaten jenes Projektils herunter, das Paul Steiners Leben beendet hatte.

»Selbstverständlich sind wir auch der Frage nach der Tatwaffe nachgegangen.« Vorsichtig hob die Gerichtsmedizinerin den Stift aus der Schüssel. »Obacht!«, erklärte sie und blickte von einem zum anderen, bis sie sich der ungeteilten Aufmerksamkeit aller Anwesenden sicher war. »An einem Ende wurde der Stahl leicht zugespitzt«, setzte sie fort, indem sie die Pinzette hin- und herdrehte, »am anderen Ende fanden wir eine exakt 0,5 Millimeter tiefe Einkerbung.«

»Und die Tatwaffe?«, fragte Obermayr. Probisch bedachte sie mit einem dieser Blicke, die einen Elefanten schockgefrieren konnten. Zu Nemeceks Erstaunen verzichtete sie aber erneut darauf, diesen Blick in Worte zu übersetzen. Stattdessen wandte sie sich wieder dem Projektil zu.

»Das müssen euch eigentlich die Kollegen von der Kriminaltechnischen Untersuchung sagen«, erklärte Probisch und legte den Stahlstift zurück in die Schüssel.

»Hat sich denn dein Ursprungsverdacht bestätigt?«, versuchte ihr Nemecek doch ein wenig Erkenntnis abzuringen. Schließlich wusste er, wie lange das bei der KTU dauern konnte. Außerdem war er sicher, dass Probisch darauf eine Antwort hatte, galt sie doch nicht nur als hervorragende Medizinerin, sondern auch als versierte Technikerin.

Jetzt aber warf sie Nemecek bloß einen strengen Blick zu. Von einem Moment zum nächsten nahm ihr Gesicht wieder diesen finsteren Ausdruck an, den er von Probisch nur zu gut kannte: wie ein rasch aufziehendes Gewitter. Jedenfalls sah es ganz und gar nicht danach aus, dass sie zu einer Antwort bereit war. Plötzlich aber entspannten sich ihre Züge und sie sagte: »Bei der Waffe handelt es sich mit an Sicherheit grenzender Wahrscheinlichkeit um eine Armbrust.«

»Eine Armbrust?«, konnte Obermayr ihre Überraschung nicht verbergen. Auch Nemecek war fassungslos. Mit an Sicherheit grenzender Wahrscheinlichkeit, echote es in seinem Kopf nach und er ertappte sich dabei, wie er das Wort Armbrust mit den Lippen nachformte, als würde er ein Bonbon verkosten. Am Tatort hatte er Probischs Tipp noch für ein Kuriosum gehalten. Jetzt aber gab es für ihn keinen Zweifel mehr: Sie suchten einen Armbrust-Mörder.

»Auf dass unsere geschätzten Kommissare nicht gleich an Wilhelm Tell denken«, streckte Probisch zwei Finger aus, als würde sie gleich einen Eid leisten. »Unseren Recherchen nach handelt es sich dabei um eines dieser modernen Geräte, wie sie beispielsweise von Sportschützen verwendet werden. Oder von Jägern.«

»Wie kommt man bitte zu so einer Waffe?«, warf Obermayr eine naheliegende Frage auf.

»Das entzieht sich leider Gottes unserer Kenntnis«, nutzte Probisch nun doch die Gelegenheit für einen herablassenden Kommentar. »Ein bisschen Arbeit müssen Sherlock Holmes und Frau Dr. Watson schon noch selbst erledigen.«

»Das entzieht sich leider Gottes unserer Kenntnis«, hörte Nemecek seine Kollegin nachäffen. Die beiden wurden ganz sicher keine Freundinnen mehr. Da konnte man ausnahmsweise einmal jeden Zweifel beiseite lassen.

»Ich nehme an, das war's – oder hast du sonst noch etwas für uns?«, bemühte sich Nemecek um einen raschen Abgang.

»Nein, das war's«, entgegnete Probisch kühl. »Das Projektil geht gleicht zur KTU. Unser schriftlicher Bericht ist schon in eurem Postfach«, erklärte Probisch. Es war nicht zu überhören, dass es sich dabei um ihre abschließenden Worte handelte. Sie warf Habicher einen kurzen Blick zu und im nächsten Moment setzte die Musik wieder in voller Lautstärke ein. Nemecek fuhr zusammen.

»Küss' die Hand, Gerda. Meine Verehrung, Herr Dr. Habicher«, versuchte er es mit einer klassischen Verabschiedung, war sich aber nicht sicher, ob diese überhaupt gehört wurde. Zumindest das kurze Tippen an die Stirn sollten sie wahrgenommen haben, mit dem er ein *Chapeau* andeutete.

Sprecht nicht, es ist nur Farb' und Schein, hörte er im Hinausgehen. *Man zählt und schließt es nicht im Kasten ein.*

Mittwoch, 9:31
Familien-, Geschäfts- und Führungsgeschichten

»Guten Morgen aus Wien«, grüßte Nemecek in den Bildschirm, auf dem zwei Gesichter aufgetaucht waren. Ganz automatisch begann Nemecek zu sortieren. Das männliche Gesicht hatte eine rundliche Form mit einer hohen Stirn, leicht gebogener Nase, schmalen Lippen, dunklem Haar. Das weibliche Gesicht war ein wenig länglicher mit einer geraden Nase, etwas volleren Lippen und hellem, in die Stirn fallendem Haar. Trotz dieser kleinen Unterschiede sahen sich die beiden Gesichter ziemlich ähnlich. Wie Zwillinge, fasste Nemecek seine Eindrücke zusammen, obwohl er um den Altersunterschied zwischen den Geschwistern wusste.

»Oder sollten wir eher sagen: Gute Nacht?«, unterbrach Obermayr seine Zusammenfassung.

»Guten Abend aus San Francisco«, erhob der Mann die Stimme, die erstaunlich hell klang. Oder war das einer technischen Verzerrung geschuldet? »Und ja«, setzte er mit dem Anflug eines Lächelns hinzu. »War ein langer Tag hier bei uns.«

»Chefinspektor Nemecek, Bezirksinspektorin Obermayr«, stellten sich die beiden Ermittler wechselseitig vor, bevor es ihnen die beiden Geschwister gleichtaten: »Heidrun Glaser, Ferdinand Glaser Junior.«

»Sie haben wahrscheinlich schon von Paul Steiners Tod gehört«, beendete Obermayr das Begrüßungsritual. »Wie Sie sich denken können, haben wir dazu ein paar Fragen.«

»Ja, natürlich«, entgegnete Ferdinand Glaser und das Lächeln verschwand. »Furchtbare Geschichte. Wir können es immer noch nicht fassen!«

»Was genau wollen Sie denn wissen?«, mischte sich Heidrun Glaser ins Gespräch. Sonderbarerweise hörte sich sogar ihre Stimme fast genau so an wie die ihres Bruders. Aber wer wusste schon, was die Töne über die Entfernung hinweg für Kapriolen schlugen?

»Wir stehen natürlich noch ganz am Anfang unserer Ermittlungen«, erklärte Nemecek und kam sich dabei schon wieder wie ein Fernsehkommissar vor. »Deswegen helfen uns erst einmal alle Informationen, die Sie uns zum Opfer und zum Umfeld geben können.«

Die beiden Gesichter vor ihm nickten einhellig. »Vielleicht beginnen wir einmal mit dem Umfeld. Was sollten wir alles wissen, um die *SafeIT* zu verstehen – und die Position Paul Steiners darin?«

»Was muss man wissen, um die *SafeIT* zu verstehen?«, wiederholte Ferdinand Glaser etwas ratlos. Nemecek schaute irritiert zur Seite. War das so eine schwierige Frage für einen Geschäftsführer?

»Ich denke, die Eckpfeiler unseres Unternehmens sind rasch umrissen«, nahm seine Schwester das Heft in die Hand. »Aus meiner Sicht geht es uns vor allem um die Veränderung. Um es auf einen einfachen Nenner zu bringen: um den Wandel eines in die Jahre gekommenen Produktionsbetriebs in ein innovatives Dienstleistungsunternehmen.«

»Vom hässlichen Entlein zum strahlenden Prinzen?«, bot Obermayr an.

»In gewisser Weise ja«, bestätigte Heidrun Glaser. »Wenn Sie es weniger märchenhaft ausdrücken wollen, können Sie die Stichworte Digitalisierung und Internationalisierung bemühen.«

Erst jetzt fiel Nemecek auf, dass es bei jedem S von Heidrun Glaser ganz leicht zischte, als würde ihre Zungenspitze zwischen die Zähne geraten. Oder war das einmal mehr den fast zehntausend Kilometern geschuldet, die gerade zwischen den Gesprächspartnern lagen? Noch mehr störte Nemecek, dass er den Glasers nicht in die Augen schauen konnte. Das einzige, was er sah, waren einige Lichtpunkte in den Brillengläsern, die mit jeder Kopfbewegung hin und her tanzten. Braun? Grün? Dunkelblau?, spekulierte Nemecek, ohne zu wissen, was er damit eigentlich herausfinden wollte.

»Soweit wir wissen, ist ja kaum ein Stein auf dem anderen geblieben«, zwang er sich zur Konzentration. »Neue Organisation, neue Leute, neues Image, neues Gebäude – sogar der Firmenname hat sich geändert.«

»Wobei die *Securitas* immer noch als Tochterunternehmen existiert«, entgegnete Ferdinand Glaser mit einem kurzen Seitenblick zu seiner Schwester. Musste er sich etwa ihrer Zustimmung versichern?

»Es stimmt schon«, bestätigte Heidrun Glaser, aber es wirkte, als wende sie sich dabei eher an ihren Bruder als an die Kommissare. »Wie so viele andere Bereiche hat sich auch die Sicherheitsbranche in den letzten 20 Jahren radikal verändert. So war es für uns schlicht und ergreifend eine Überlebensfrage, unser strategisches Portfolio völlig neu zu gestalten.«

»Neue Geschäftsfelder, neue Spezialisierungen, neue Experten«, zählte Ferdinand auf. »Gleichzeitig war uns klar, dass wir auch die Organisation neu aufstellen mussten. Unsere Strukturen waren nämlich genauso verstaubt wie unsere Tresore.«

»Das hieß dann Selbstorganisation, oder?«

»Uns war von Anfang an klar, dass daran kein Weg vorbeiführt. Uns war aber ebenso klar, dass wir nicht einfach einen Hebel umlegen konnten. Wie wir alle wissen, braucht ein solcher Wandel Zeit. Und er braucht gezielte Unterstützung.«

»Deswegen haben Sie Nikolas Gauss als agilen Coach geholt«, folgerte Nemecek.

»Ja«, bestätigte Ferdinand Glaser. »Allen im Unternehmen sollte klar sein, dass kein Weg daran vorbeiführt. In unserem Fall war der Veränderungserfolg überlebenswichtig – und das ist den Leuten gottlob rasch klar geworden.«

Was Gott wohl mit dem Unternehmenswandel zu tun hatte, fragte sich Nemecek. Wofür musste man ihn eigentlich loben? Wahrscheinlich wollte Glaser ausdrücken, dass neben der Einsicht auch das nötige Glück auf ihrer Seite war. Oder war es vielleicht die Angst, die den Wandel an allen Ecken und Enden vorantrieb? Angst, das Unternehmen an die Wand zu fahren? Angst, den Job zu verlieren? Angst, plötzlich ohne jede Perspektive dazustehen?

»Wie passt Kanban in diese Veränderungsgeschichte?«, holte ihn Obermayr wieder aus der Angstecke. Bildete er sich das nur ein oder huschte gerade ein Lächeln über Heidrun Glasers Gesicht? Es sah aus, als ob sie sich über diese

Frage freute. Im nächsten Augenblick war sie indes wieder so ernst wie zuvor.

»Ich würde sagen«, startete sie mit einem typisch wienerischen Konjunktiv, »dass Kanban uns in mehrerer Hinsicht geholfen hat.« Sie hielt kurz inne, sodass Nemecek Gelegenheit hatte, sein Notizbuch aufzuschlagen. Hastig blätterte er an die Stelle, an der er das Wichtigste aus seinem Gespräch mit Gauss festgehalten hatte. *Kanban ist ...*, las er, bevor er sich wieder Heidrun Glaser zuwandte.

»Erstens durch das Offensichtliche«, setzte diese gerade an und schob ihre Brille zurecht, »die Visualisierung.« Nemecek deutete ein Nicken an. Genau das hatte ihm ja bereits Gauss erläutert.

»Zweitens durch den gestärkten Fokus«, führte Heidrun Glaser weiter aus. »Simpel ausgedrückt: Dass wir eben nicht nur coole Teams haben, sondern diese sich auch gut miteinander abstimmen, um die strategischen Unternehmensziele zu erreichen. Darüber hinaus sollten alle wissen, worauf ihre Arbeit einzahlt.« Nemecek nickte erneut. Das waren wohl diese verschiedenen Ebenen, von denen ihm der agile Coach berichtet hatte: Teams, Koordination, Strategie. Wie hieß dieser Ansatz doch gleich?

»Enterprise Kanban«, lieferte Ferdinand Glaser genau die Antwort, nach der er gesucht hatte. Nemecek war perplex. Konnte Glaser etwa hellsehen? Noch dazu über Tausende Kilometer hinweg? »Enterprise Kanban«, wiederholte der Junior, »bietet uns dafür genau den richtigen Ansatz.«

»Drittens«, fuhr Heidrun Glaser fort, als hätte sie ihren Bruder neben sich gar nicht gehört, »die WIP-Limits, ohne die wir niemals so viel umgesetzt hätten.«

»WIP-Limits?«, wunderte sich Nemecek.

»Die markieren die Menge der aktuellen Arbeit, die sogenannte Work-in-Process, kurz: WIP«, klärte ihn Heidrun Glaser auf. »Eingeschränkt wird damit die Anzahl paralleler Arbeiten, und zwar auf allen Ebenen.«

»Aha«, brachte Obermayr vor, klang aber nicht viel schlauer, als sich Nemecek gerade fühlte. Heidrun Glaser seufzte, zeigte sich jedoch verständnisvoll: »Ich weiß, das klingt am Anfang alles andere als einleuchtend. Haben Sie vielleicht gerade Zugriff auf ein Foto eines unserer Kanban-Boards im Unternehmen?« Obermayr öffnete das Fotoprogramm ihres Tablets. »WIP-Limits sind erst einmal bloß Zahlen, die Sie über den Spalten oder neben den Schwimmbahnen des Boards finden.«

Obermayr zog ihre Finger auseinander und gab den Blick auf eine Zahlenreihe frei, die Nemecek bislang nicht aufgefallen war. *12, 8, 10, 15, 10,* las er.

»Wenn Sie nun, sagen wir, eine 10 über einer Spalte sehen, so heißt das, dass in diesem Arbeitsschritt maximal an zehn Dingen parallel gearbeitet wird«, erläuterte Heidrun Glaser. »Dadurch, dass ab der Spalte *Next* jede Aktivitätenspalte limitiert ist, verhindern wir, dass wir mit Arbeit überschwemmt werden – was bekanntlich nicht Fluss, sondern Stau fördert.«

»Moment«, unterbrach Nemecek, »das versteh' ich nicht ganz. Es gibt doch sicher viel mehr zu tun als diese zehn Arbeiten. Wenn wir an mehreren Dingen arbeiten, wird doch auch mehr fertig, oder?«

Glaser grinste. »Das ist ein weitverbreiteter Irrglaube. Entscheidend ist nicht, ob das WIP-Limit jetzt zehn oder acht oder vierzehn beträgt. Entscheidend ist, dass wir damit die an uns gestellten Anforderungen und unser aktuelles Leistungsvermögen möglichst gut im Gleichgewicht halten. Mit anderen Worten: nicht mehr in Angriff nehmen, als wir tatsächlich verarbeiten können.«

»Das erscheint mir plausibel«, ließ Obermayr wissen. Nemecek war sich da nicht so sicher. Weniger Arbeiten sollte besser sein? Er mochte sich gar nicht vorstellen, wie Kappacher reagierte, wenn er ihm mit dieser Idee kam.

»Ich hänge noch an diesem Staubild«, brachte seine Kollegin vor. »Wenn nun mal sehr viel Arbeit ansteht, ich aber gezielt nur ein bestimmtes Arbeitsvolumen umsetze, dann wird der Stau doch immer größer. Ich verschiebe ihn lediglich.«

»Im Sinne des Flussprinzips ist das auch das einzig Sinnvolle. Sonst kann es nämlich leicht sein, dass gar nichts weiter geht.«

Vielleicht lag es an Nemeceks Gesichtsausdruck. Irgendwie gewann Heidrun Glaser jedenfalls den Eindruck, dass ihr Gegenüber nur Bahnhof verstand. Denn sie drehte sich nun ein wenig zur Seite, als versuche sie das Ganze aus einem anderen Blickwinkel zu betrachten: »Lassen Sie mich von den IT-spezifischen Arbeitsflüssen in den Straßenverkehr wechseln, um noch deutlicher zu machen, was ich meine. Was passiert auf einer Autobahn, wenn dort zu viele Autos fahren?«

»Naja, es geht natürlich langsamer voran, als wenn man freie Fahrt hat.«

»Genau, denn der Verkehrsfluss hat ebenfalls ein natürliches Limit. Wird das überschritten, wird es immer zähflüssiger. Jetzt überlegen Sie einmal, was passiert, wenn in dieser Situation noch mehr Autos auf die Autobahn strömen.«

»Es geht immer langsamer, bis alles steht«, murmelte Nemecek und stutzte.

»Und was tut die brave Polizei dann?«, setzte Glaser nach.

»Aaaah!«, brach sich Nemeceks Erkenntnis in einem Laut Bahn. Unversehens fühlte er sich wie eine dieser Comicfiguren, über deren Köpfen ein großes Fragezeichen platzte. »Die WIP-Limits helfen, den Zufluss so zu regeln, wie es die Ampeln an den Auffahrten zur Autobahn tun. Und gleichzeitig wird die Durchschnittsgeschwindigkeit gesenkt, damit der Verkehr nicht zum Erliegen kommt.«

»Exakt. Im Straßenverkehr ist das ganz selbstverständlich. Auch in der Produktion wird seit vielen Jahren auf bewusste Limitierung gesetzt. Nicht umsonst spricht man ja auch von Produktionsstraßen. Nur in der Wissensarbeit werden diese einfachen Flussprinzipien immer noch weitgehend ignoriert – was ein bisschen so ist, als würde man das Naturgesetz der Schwerkraft missachten.«

»Verstehe«, sagte Obermayr und Nemecek hatte das Gefühl, dass es ihm genauso ging. *WIP-Limits*, hielt er rasch in seinem Heft fest, *um für einen guten Fluss zu sorgen (Arbeit wie Verkehr).*

»Kommen wir nochmals zur Gesamtsituation zurück«, gab Obermayr dem Gespräch eine neue Wendung. »Wenn wir richtig informiert sind, haben Sie das Unternehmen 2013 übernommen.«

»Ja«, bestätigte Ferdinand Glaser, der froh zu sein schien, nun wieder etwas beitragen zu können. »Aus betriebswirtschaftlicher Sicht war es allerhöchste Zeit, das Ruder herumzureißen. Während Heidrun in den USA studiert hat, sind wir nämlich tief in die roten Zahlen gerutscht.«

Obermayr tippte mit dem Zeigefinger auf die entsprechende Stelle in dem Dossier, das ihnen Manninger zusammengestellt hatte. *2001-2006 Studium Computer Science and Artificial Intelligence am MIT in Boston; 2007-2010 Studium Computer Science in Stanford; 2012 Promotion zu Zukunftswei-*

sende Sicherheitslösungen im Internet, las er. Von Heidrun Glaser ein-
drucksvoller Karriere hatte ihm ja bereits Bettina berichtet.

»Im Netz haben wir ein älteres Interview mit Ihnen gefunden«, griff Obermayr ein anderes Rechercheergebnis aus der dicken Mappe auf, die Manninger mit verschiedenen Indexstreifen versehen hatte. »In diesem Interview
berichten Sie von dem schwierigen Weg aus der Talsohle. Und davon, dass
Sie sich trotzdem nicht beirren ließen, Ihr eigenes Ding zu machen.«

»Ja, genau«, setzte Ferdinand Glaser fort, bevor Obermayr klarmachen
konnte, worauf sie eigentlich hinaus wollte. Der Junior wirkte jetzt fast ein
wenig gehetzt. »Wir haben uns immer wieder dieselben zwei Fragen gestellt:
Erstens, welche Sicherheitslösungen braucht der Markt heute – und wie
könnte das morgen aussehen? Und zweitens, wie muss ein Unternehmen
gestaltet sein, das den Anforderungen des 21. Jahrhunderts gerecht wird –
und zwar sowohl denen der Kunden als auch denen der Mitarbeiter?« Mit
einem strahlenden Großer-Bruder-Lächeln gab er das Wort an seine Schwester weiter. Das wirkte mit einem Male, als würden die beiden einen einge-
spielten Vortrag halten.

»Diese Fragen haben uns einfach nicht losgelassen«, übernahm Heidrun
Glaser. Nemecek befürchtete, allmählich in eine Marketingveranstaltung
abzurutschen. »Wir haben nicht aufgehört, nach Antworten zu suchen und
die Lösungen, die uns jeweils am schlausten erschienen, möglichst rasch
auszuprobieren. Die Schlagwörter Agilität und Selbstorganisation, für die
die *SafeIT* heute steht, fassen unsere Entwicklungsschritte letztlich nur sehr
grob zusammen.«

»Der Erfolg scheint Ihrem Ansatz recht zu geben«, stellte Obermayr fest.
»Ihr Unternehmen hat sich nicht nur erholt, es ist in den letzten Jahren auch
stark gewachsen. Seit der Auszeichnung des Wirtschaftsmagazins scheint es
überhaupt *everybody's darling* zu sein. Und dann noch der Staatspreis für
Büroarchitektur.«

Auf einmal klang auch Obermayr, als verlese sie eine Werbebroschüre.
Nemecek kam sich vor wie im falschen Film.

»Das freut uns selbstverständlich und macht uns stolz«, lächelte Ferdinand
Glaser sichtlich geschmeichelt. »Wir hatten natürlich auch das nötige
Glück. Das richtige Näschen, günstige Rahmenbedingungen und vor allem
engagierte Leute.«

»Wie passte Paul Steiner in diese Erfolgsgeschichte?«, wechselte Nemecek abrupt das Thema und beobachtete, wie Ferdinand Glasers Lächeln in sich zusammenfiel.

»Ach, der Paul!«, besann er sich des eigentlichen Anlasses für ihr Gespräch. »Schreckliche Geschichte«, sagte er mit gesenktem Blick. »Obwohl ich sagen muss, dass die letzten Jahre nicht gerade einfach waren mit ihm.«

»Was heißt da nicht ganz einfach?!«, fuhr ihm seine Schwester in die Parade. Dabei riss sie beide Arme in die Höhe, als bereite sie sich auf einen Boxkampf vor. »Das ist wohl die Untertreibung des Jahres! Steiner war einfach ein Arschloch!«

»Heidrun! Das kannst du so nicht sagen«, entgegnete ihr Bruder mit gepresster Stimme. »Paul hat viel für das Unternehmen getan!«

»Hör bloß damit auf! Ich kann es echt nicht mehr hören.«

Obermayr und Nemecek sahen einander kurz an, bevor sie sich wieder dem Duell der beiden Geschwister widmeten. Es brauchte keine Worte, um sich darüber zu verständigen, dass das Gespräch eine unerwartete Wendung genommen hatte.

»Glaubst du, dass Papa ihn umsonst zum Prokuristen ernannt hat?«, sagte Ferdinand Glaser vorwurfsvoll. »Er war ein echtes Vertriebsgenie, das unser Produkt, aber auch die Technik aus dem Effeff beherrschte! Selbst du musst doch zugeben, dass er früher das A und O des Unternehmens war, der …«

»Ja, früher!«, unterbrach ihn Heidrun Glaser schroff. »Das war im letzten Jahrtausend!«

»Du übertreibst«, meinte Ferdinand Glaser. Er klang jetzt nicht nur beleidigt, er sah auch so aus: Seine Arme waren verschränkt, sein Kopf ein wenig eingezogen und seine Lippen zu so einer kleinen Schnute zusammengezogen, wie sie Kinder gerne machen, bevor sie zu weinen beginnen. Trotzdem wirkte das Ganze ähnlich eingespielt wie die Marketingvorführung, die sie vorhin miterlebt hatten. Nur dass es sich jetzt gewissermaßen um Negativwerbung handelte.

»Ach ja? Du bist doch der Betriebswirtschaftler. Sieh' dir die Umsatzzahlen der Nullerjahre an! Die sind nämlich, wie ich dich erinnern darf, eine einzige Talfahrt.«

»Du willst aber nicht behaupten, dass Paul dafür die alleinige Verantwortung trägt?«

»Nein, aber als Vertriebsleiter und Prokurist hatte er wohl einen hohen Anteil daran, dass wir viel zu lange auf unsere alten Produkte gesetzt haben. Genau das, was wir heute auf der Konferenz gehört haben: Die klassische Falle, immer nur auf inkrementelle Verbesserungen der *Cashcows* zu setzen und dabei zu übersehen, wie der Kuh allmählich die Milch ausgeht.«

»Die *SafeIT* hat stets von seinen Kontakten und seinem Verkaufstalent profitiert!«

»Pah«, schnaubte Heidrun verächtlich. »Von wegen profitiert! Er hat sein Netzwerk gehortet wie einen persönlichen Schatz. Anfangs gab es doch so gut wie keinen Informationsfluss, geschweige denn eine teamübergreifende Koordination. Das hat sich, wie du weißt, erst mit der Einführung von Kanban geändert.«

»Wir haben gehört, dass es auch auf Mitarbeiterebene immer wieder Konflikte mit Paul Steiner gab«, versuchte Obermayr am Ball zu bleiben. »Offenbar hat er einige Kollegen ziemlich herablassend behandelt. Einmal gab es ja sogar ein gerichtliches Nachspiel.«

»Sie wollen aber nicht andeuten, dass der Mord mit der alten Kündigungsgeschichte zusammenhängt?«, fragte Heidrun Glaser erschrocken. »Das Ganze ist doch schon fast zehn Jahre her!«

»Und die Anzeige wegen sexueller Belästigung. Die ist noch keine drei Jahre her.«

»Die wurde doch restlos geklärt!«, rechtfertigte sich Ferdinand Glaser, als hätte man ihn persönlich angegriffen. »Vieles davon hat sich zudem als Missverständnis herausgestellt.«

»Raten Sie mal, wie oft wir so etwas hören«, versetzte Obermayr mit spöttischem Unterton. »Komischerweise gibt es immer so viele Missverständnisse. Ich nehme an, deswegen hat Milena Dadic die *SafeIT* verlassen. Wegen der kleinen Verständigungsprobleme?«

»Auf alle Fälle«, drängte Nemecek den Spott zur Seite, »schließen wir daraus, dass einige Kolleginnen und Kollegen ein handfestes Motiv gehabt haben.«

»Das kann ich mir nicht vorstellen!«, entgegnete Heidrun Glaser entsetzt. »Das würde ja bedeuten, dass wir einen Mörder auf der Gehaltsliste haben.«

»Oder eine Mörderin«, ergänzte Obermayr. »Immerhin hatte Steiner genug Affären.«

»Aber nicht in der *SafeIT*!«, behauptete Ferdinand trotzig.

»Das kann ich mir nicht vorstellen«, wiederholte Heidrun Glaser. »Das hätten wir sicher mitbekommen.«

Obermayr und Nemecek warfen einander einen vielsagenden Blick zu.

»Und Nikolas Gauss?«, wechselte Obermayr noch einmal das Gesprächsthema.

»Wieso, was ist mit ihm?«, fragte Ferdinand Glaser verwirrt.

»Uns ist zu Ohren gekommen, dass es zwischen ihm und Paul Steiner zu heftigen Auseinandersetzungen gekommen ist. Einmal soll es sogar handgreiflich geworden sein.«

»Ach, dem Streit während des Standups lag doch nur ein dummes Missverständnis zugrunde, das wir längst aufgeklärt haben«, setzte Ferdinand Glaser seine Beschwichtigungsstrategie fort.

»Dass es zwischen Gauss und Steiner öfters zu Reibereien gekommen ist, ist alles andere als ein Geheimnis«, versuchte es Heidrun Glaser mit einer anderen Taktik. Die Geschwister kamen Nemecek jetzt wie zwei Betrunkene vor, die sich wechselseitig stützten, damit sie nicht hinfielen. »Aber das ist ja wohl klar, schließlich standen sich die beiden wie Pole gegenüber: altes versus neues Unternehmen, Urgestein gegen Newcomer, Skepsis auf der einen, Aufbruch auf der anderen Seite.«

»Nun gut«, unterbrach Nemecek, bevor sich das Gespräch endgültig im Kreis zu drehen begann. »Wir stehen ja erst am Anfang unserer Ermittlungen. Die nächsten Tage werden zeigen, in welche Richtung sich die Indizien erhärten.«

»Apropos die nächsten Tage«, übernahm Obermayr. »Wann kommen Sie eigentlich wieder nach Österreich zurück?«

»Donnerstag früh«, informierte Heidrun Glaser.

»Gut. Dann würden wir Sie gerne am Donnerstag Nachmittag im Kommissariat sehen.«

»Donnerstag Nachmittag?«, ächzte Ferdinand Glaser, der nun vollends wie ein angeschlagener Boxer wirkte. Natürlich war es reichlich spät und die beiden hatten einen langen Tag hinter sich. Trotzdem schien bei den Glasers nicht alles im Lot zu sein.

»Wir haben garantiert noch weitere Fragen«, erklärte Obermayr ganz beiläufig. »Und Sie müssen das Protokoll Ihrer heutigen Aussage unterschreiben.«

»Aber jetzt wünschen wir Ihnen erst einmal eine gute Nacht«, gab sich Nemecek versöhnlich. »Danke für das Gespräch.«

Mittwoch, 10:42
Dem Täter auf der Spur

»So wat aba ooch!«, grinste Kampinski. »Emil und die Detektivin kommen auf'n Palaver!«

»Sag bloß, du hast uns nicht erwartet«, parierte Obermayr. Ihr Tonfall machte deutlich, dass sie nicht zum Scherzen aufgelegt war. »Was hast du für uns?«

»Nicht gleich so fuchtich – in der Ruhe liecht die Kraft.« Obermayr verdrehte die Augen.

»Verschon uns bitte mit deinen Kalenderweisheiten und komm zum Punkt«, forderte auch Nemecek.

»Schon jut«, sagte Kampinski und streckte die Hände in die Höhe wie jemand, der sich ergibt. »Wo soll ick anfangen?«

»Am besten von vorne«, empfahl Obermayr und verschränkte die Arme. »Wir hören!«

»Keene Zeit vabrat'n«, zeigte sich Kampinski unerwartet verständnisvoll und griff nach seiner braunen Mappe. »Nu, der Tatort. Ja, dit war'n Ding! Da sind ja zuerst die ganzen Hirnis durchjelatscht. Spuren kannste da knicken.«

»War ja klar«, kommentierte Obermayr. Es hörte sich ein wenig so an, als wäre von Kampinski nichts anderes zu erwarten gewesen. Prompt bedachte sie dieser mit einem kritischen Blick.

»Habt ihr an der Leiche etwas Brauchbares finden können?«, lenkte Nemecek das Gespräch in eine andere Richtung. »Irgendeine fremde DNA?«

»Nee. Außerdem warten wir ooch auf eure Proben.«

»Ich dachte, die Proben holt ihr euch selbst«, entgegnete Obermayr konsterniert.

»Mir laust der Affe!«, versetzte Kampinski in einer Mischung von Anklage und Selbstmitleid. Zwar hatten sie erst in ihrem letzten Fall vereinbart, dass grundsätzlich die KTU für die DNA-Proben zuständig war. Nemecek war sich jedoch sicher, dass Kampinski die Aufgabe noch vor Ort an Manninger delegiert hatte.

»Wie sieht es mit den Daten aus?«, versuchte Nemecek sein Glück in einem anderen Bereich. Allmählich erinnerte ihn dieses Gespräch an das Spiel *Schiffe versenken*, das sie als Kinder so oft gespielt hatten. Vor allem mit Pokorny hatte er sich wilde Seeschlachten geliefert – nicht zuletzt im Unterricht, der oft genug so langweilig war, dass sie auf anderem Weg für Spannung sorgen mussten. Bei der Spurensicherung war es zwar ausreichend spannend, aber mittlerweile gehörte es zum Ritual, dass sie gezielt nachfragen mussten, bevor Kampinski etwas preisgab. Die Koordinaten, auf die sie sich dabei bezogen, waren durch die verschiedenen Bereiche der Kriminaltechnik vorgegeben – und die Schiffe, die es zu treffen galt, waren alle Beweismittel, die sie in ihrer Ermittlungsarbeit weiterbrachten. Aber diese *Treffer* rückte Kampinski für gewöhnlich erst dann heraus, wenn er zuvor oft genug *Wasser* rufen durfte.

»Dit Daten«, zögerte der Spurenprofi. »Da ham wir mal dit Zutrittsprotokolle.« Kampinski bückte sich, um ein am Boden stehendes Klemmbrett aufzuheben. Bevor er darauf einging, wollte er wissen, ob Probisch den Todeszeitraum präzisieren konnte.

»Zwischen 21 und 22 Uhr«, informierte ihn Obermayr.

»Dann ham wir schlechte Nachrichten für euch«, sagte Kampinski und blätterte durch seine eingeklemmten Unterlagen. »Dit letzte Person hat am Montag nämlich um 20 Uhr 41 aus der *SafeIT* ausjecheckt.«

»Und wer war das?«

»Ne gewisse Eleanore Ortiz«, antwortete Kampinski mit einer albernen Verrenkung, die wahrscheinlich eine spanische Tänzerin andeuten sollte. Nemecek ignorierte die Tanzeinlage und fragte sich stattdessen, was diese

Nachricht zu bedeuten hatte. Warum war die Produktmanagerin noch so spät im Gebäude?

»Da schau her!«, rief Obermayr überrascht aus und vollführte einen kleinen Luftsprung. Freute sich seine Kollegin etwa? Und wenn ja: worüber? Nemecek wandte sich wieder Kampinski zu: »Ansonsten war zur Tatzeit niemand außer Paul Steiner im Gebäude?«

»Keener von dem wir wüssten«, schüttelte der KTU-Chef den Kopf.

Nemecek schluckte. Was, wenn sich Probisch mit dem Todeszeitpunkt irrte? Das war zwar noch nie vorgekommen, seit er mit ihr zusammenarbeitete. Aber ein erstes Mal konnte es immer geben. In diesem Fall hatten sie vielleicht doch eine Tatzeugin. Oder sogar die Täterin. Welche Erklärung sollte es sonst geben?

»Zumindest keener, der regulär durch dit Gate jekommen ist«, führte Kampinski den zuvor begonnenen Gedanken fort. »Seltsam, dass dit Kamera keenen jefilmt hat.«

»Wie soll das bitte gehen?«, fragte Obermayr. »Ein unsichtbarer Mörder?«

»Da müsst ihr was ausbaldowern«, meinte Kampinski schulterzuckend. »Vielleicht ist ja jemand durchs Fenster jeflogen. Oder durch den Schornstein? Immerhin haben die ja nen Nikolaus.«

»Wer ist als Letzter durchs Gate gekommen?«, fragte Obermayr streng. Für die schmierenkomödiantische Versuche ihres Kollegen hatte sie wenig übrig.

»Monsieur Gauss«, versuchte es Kampinski nun mit einem französischen Akzent. »18 Ür 41 rein, 19 Ür 26 raus.«

Davon hatte Gauss aber nichts erwähnt, überlegte Nemecek. Was wollte der denn um diese Zeit in der *SafeIT*? Exakt 45 Minuten, rechnete er nach. Was konnte man in dieser Zeit tun? Beispielsweise einen Mord begehen und alle Spuren verwischen, um am nächsten Tag den Überraschten zu geben?

»Sind Steiners Smartphone und der Laptop eigentlich schon aufgetaucht?«, ging Obermayr zu einem anderen brisanten Punkt über.

»Nee«, antwortete Kampinski und presste die Lippen zusammen. »Wir ham ja heute morgen schon seine Wohnung und seinen Arbeitsplatz unter dit Lupe jenommen. Aber: Nichts! Zappendusta!«

»Was meinst du damit?«

»Dass icke weder Computer noch sonstige Speichermedien jefunden habe«, erklärte der Spurenprofi. »Ooch keene Spuren: weder Firmenunterlagen noch persönliche Dokumente.« Er faltete die Hände im Nacken zusammen und trat einen halben Schritt zurück: »Nicht einmal Kontobeleche.«

»Du meinst, da hat jemand vor uns aufgeräumt?«, fragte Obermayr und sprach damit aus, was Nemecek gerade durch den Kopf gegangen war.

»Alles wie aus dit *Schöner Wohnen*-Katalooch«, kam die erwartete Bestätigung. Mit einem Male wirkte Kampinski seltsam nachdenklich, beinahe besorgt: »Wenn ihr mich fracht: Da hat eena sauber jemacht. Und dabei keene Spur hinterlassen.«

»Das lässt doch nur einen Schluss zu«, folgerte Obermayr. Nemecek blickte auf. »Dass der Täter nach dem Mord in die Wohnung des Opfers gefahren ist – und einen Wohnungsschlüssel hatte.«

Oder die Täterin, ergänzte Nemecek reflexartig und konnte nicht umhin, dabei an Ortiz zu denken. War ihr das wirklich zuzutrauen? Zuerst mit einer Armbrust auf Steiner zu schießen und dann seine Wohnung leer zu räumen? »Wir müssen unbedingt herausfinden, wer am Montag in Steiners Wohnung war«, entschied er.

»René soll die Nachbarn befragen«, übersetzte Obermayr. »Und alle umliegenden Videokameras überprüfen.«

»Jute Nachrichten jibts aba ooch«, brachte sie Kampinski wieder zu ihrem Ausgangspunkt zurück, »Wir ham die Rufdaten jekriegt – und natürlich bereits ausgewertet.«

»Ihr seid spitze!«, ließ sich Obermayr zu einem spontanen Lob hinreißen, während Kampinski sein Klemmbrett gegen eine grüne Mappe eintauschte. »Aber was ist mit Kappachers *Safety First*?«

»Dit muss unser Obermacher späta regeln«, grinste Kampinski verschmitzt. »Ick könnte dit Weisung ja verlecht ham.«

»Was deinem Cheffe lieb und teuer, ergibt das schönste Freudenfeuer!«, trug Obermayr das Ihre zur guten Laune bei.

»Was Interessantes dabei?«, versuchte Nemecek zurück zur Sache zu kommen.

»Wie man's nimmt«, erklärte Kampinski vage. »Kommt wahrscheinlich drauf an, wat de wissen willst.«

»Naja, das Übliche«, entgegnete Nemecek, wusste aber selbst nicht genau, was er damit meinte. »Schildere doch mal deine Eindrücke. Du hast sicher den besten Blick.«

»Also jut«, setzte Kampinski an, als hätte er bloß auf diese Sondereinladung gewartet. So wie Nemecek ihn kannte, hatte er es tatsächlich genau darauf angelegt. »Janz allgemein betrachtet«, begann sich ihr Kollege in seine Mappe zu vertiefen, »sieht dat wie ne normale Anrufliste aus. Icke schätze mal, dass von den rund hundert Telefonaten, die Steiner im letzten Monat jeführt hat, die überwiegende Mehrheit beruflich bedingt ist.«

Kampinski streckte die grüne Mappe nach vorne, als erwarte er, dass sie die Telefonnummern kontrollierten. »Interessant«, murmelte Obermayr, deren positive Haltung heute scheinbar durch nichts zu erschüttern war.

»Aber es wird noch viel interessanter«, fuhr Kampinski fort, während er die Mappe wieder zu sich zog. »Wenn wir die internen und die Nummern aus Steiners Kundenliste mal zur Seite lassen, bleiben knapp 20 Telefonate. Wenn wir davon wiederum dit Lieferanten, dit Zeitungsfritzen und dit Verwaltungsbeamten abziehen, bleiben uns ne Handvoll Nummern, die wir nich jenau kennen.«

»Aha, und welche Nummern sind das?«, fühlte sich nun auch Nemecek zu einer Nachfrage verpflichtet. In Wahrheit hielt er das Ganze für reichlich spekulativ. Was wenn einer der Kunden der Mörder war? Oder ein Lieferant? Vielleicht sogar ein Ministerialbeamter? Sollten sie nicht besser den Anrufhäufigkeiten und der Gesprächsdauer nachgehen? Und in Erfahrung bringen, wer als Letzter mit Steiner telefoniert hatte?

»Sven, lässt sich das mit der Anrufhäufigkeit und der Gesprächsdauer kombinieren?«, schlug Obermayr in dieselbe Kerbe. »Ich bin sicher, dass euer Programm das kann!«

»Dat ist ooch n'Kinderspiel«, versetzte Kampinski erfreut und griff nach seinem Tablet. »Dit digitale Datenauswertung is eene unserer großen Stärken«, zwinkerte er ihr zu. Obermayr lächelte und Nemecek wunderte sich, dass es ihr noch immer nicht zu viel wurde. Keine Ahnung, welche Kreide sie vorhin gefressen hatte. In der Pathologie klang seine Kollegin noch ganz anders.

»Von dit sechs Nummern, die wir beruflich nirgends zuordnen konnten, hat Steiner am öftesten mit einer jewissen Karin Köllerer telefoniert.«

»Seine Lebensgefährtin«, hakte Nemecek ab. »Und sonst?«

»Milena Dadic, Luka Novacic, Sylvie Steiner«, zählte Kampinski auf. »Unsere üblichen Verdächtigen«, resümierte Obermayr.

»Mit wem hat Paul Steiner eigentlich als Letztes telefoniert?«, kam Nemecek nun auf den Aspekt zu sprechen, der ihn in puncto Telefondaten am meisten interessierte.

»Dit drei letzten Typen, mit denen Steiner jeredet hat«, sagte Kampinski, während er auf seinem Tablet herumtippte, »waren seene Schwester um 18:40, ein jewisser Luka Novacic um 19:12 und een unbekannter Prepaid-Anrufer um 20:44.«

»Schon wieder seine Schwester?«, zeigte sich Obermayr erstaunt. »Und der Typ, der angeblich seit Montag krank ist?«

Nemecek konnte ihr Staunen nachvollziehen, wollte aber auf etwas anderes hinaus. »Der Prepaid-Anrufer war offenbar der Letzte, der Paul Steiner noch lebend erwischt hat.«

Kampinski drehte den Kopf zur Seite, bevor er mit der linken Hand über den Bildschirm wischte. »Mit seener Schwester hat er immerhin 9 Minuten und 42 Sekunden lang jeredet. Vorausgesetzt, dass sie sich nicht die janze Zeit anjeschwiegen haben. Dit anderen Telefonate waren viel kürzer: 1 Minute 12 und 31 Sekunden.«

»Was redet man in 31 Sekunden?«, wunderte sich Obermayr.

»Um diese Frage zu klären, müssten wir erst einmal den Besitzer des Prepaid-Handys finden«, stellte Nemecek fest – und beschloss, gleich im Anschluss Manninger darauf anzusetzen.

»Etwas mehr als *Falsch verbunden* jeht sich schon aus«, machte Kampinski wieder einmal auf witzig.

»Da werden uns die Steiner und der Novacic etwas zu erklären haben«, brummte Nemecek, während er sein Notizbuch aufschlug.

»Na dann, auf zum fröhlichen Halali«, verkündete Obermayr und hob ihre rechte Faust zum Mund. Fehlte nur mehr, dass sie ein Trompetengeräusch von sich gab.

»Weidmanns Heil«, wünschte Kampinski und streckte nun seinerseits die Hand aus.

»Weidfraus Dank«, entgegnete Obermayr, bevor sie ihre Trompetenhand wieder senkte, um Kampinski die Hand zu schütteln.

»Danke Sven«, bestätigte Nemecek. »Das hat uns ein gutes Stück weitergebracht.«

»Aba imma wieda jerne«, grinste Kampinski und verabschiedete sich nun auch von Nemecek per Handschlag.

»Also dann, gemmas an«, reimte Obermayr, während sie neben Nemecek das Labor verließ.

»Ja, das sollten wir«, bekräftigte Nemecek und rekapitulierte noch einmal ihren Plan für den Nachmittag: um 12 Uhr die Dadic, um 13 Uhr die Ortiz, um 15 Uhr die Steiner, um 17 Uhr der Novacic. Ein dichtes Programm, aber danach sollten sie deutlich schlauer sein.

Als sie bereits an der Tür angelangt waren, hörten sie plötzlich noch einmal Kampinskis Stimme. »Ick Dussel! Dat hätte ich beinah vergessen.« Überrascht drehten sich die beiden Ermittler noch einmal zu ihrem Kollegen um, der aufgeregt auf sie zukam. »Dit merkwürdiche grüne Karte haben wir uns ooch genauer anjesehen.«

»Du meinst die *DONE*-Karte?«

»Jenau.«

»Und?«

»N fetter Daumenabdruck«, erklärte Kampinski, der die Überraschung seiner Kollegen sichtlich genoss. »Und jetzt ratet mal, was dit Abgleich erjeben hat.«

»Jetzt sag schon«, knurrte Obermayr, die nun offenbar nicht mehr im Freundlichkeitsprogramm lief.

»Nikolas Gauss.«

Mittwoch, 13:18
Austausch im Augarten

Nemecek schaute zur Seite. *Never Again* hatte jemand mit weißer Farbe auf den Beton gemalt. Das passte zu vielem, dachte er: zu Dingen, die man bereut; zu Gelegenheiten, die man verpasst hat; zu Fehlern, die nicht wiedergutzumachen sind; oder zu diesem Flakturm, den er schon als Kind ungeheuerlich fand.

Nemecek ließ seinen Blick noch einmal über das Bauwerk schweifen. Kaum zu glauben, dass diese riesige Anlage mit ihren aufmontierten Plattformen und Trägern mehr als 70 Jahre nach Kriegsende nahezu unverändert im Augarten stand – wenn man einmal von einigen Verwitterungserscheinungen und den Tonnen von Vogelkot absah, die sich im Inneren des Hochbunkers angesammelt hatten. Nemecek betrachtete den sechseckigen Grundriss, der sich über 50 Meter hoch nach oben zog. Meterdicker Stahlbeton, dessen massive Erscheinung durch diese halbkreisförmigen Plattformen unter der Turmspitze verstärkt wurde. Ob darauf wohl die Geschütze der Flugabwehr gestanden waren? Und ob man ernsthaft daran geglaubt hatte, damit etwas gegen die massiven Luftangriffe der Alliierten ausrichten zu können?

Nemecek richtete seine Augen wieder zu Boden. Die Geschichtsreise war zu Ende, jetzt ging es wieder um die Gegenwart: den aktuellen Fall, die vielen Fragezeichen, die in seinem Kopf herumschwirrten, und die Überlegungen seiner Kollegin, die nach wie vor neben ihm hermarschierte. Täuschte er sich oder hatte sie gerade etwas zu ihm gesagt? Er versuchte, Obermayrs Gesicht eine Antwort abzugewinnen. Doch auch sie schien gerade ihren eigenen Gedanken nachzuhängen. Ob sie an das Gespräch mit Eleanore Ortiz dachte, das sie gerade geführt hatte?

Nach dem Termin bei der Spurensicherung hatten sie noch etwas Zeit gehabt. Die Befragungen waren ja erst ab 12 Uhr angesetzt, sodass sie eine

Weile über die neuen Erkenntnisse diskutieren konnten. Vor allem der Daumenabdruck beschäftigte sie. Hieß das, dass sie Gauss wieder ganz oben auf ihre Liste der Tatverdächtigen setzen mussten? Oder war es, wie Obermayr einwandte, völlig normal, dass der Kanban-Verantwortliche viele Karten in die Hand nahm? Wenn er der Mörder war: Würde er dann so blöd sein und dem Toten seine Visitenkarte in den Schoß werfen, während die Tat selbst keinerlei Spuren hinterlassen hatte? Nemecek stimmte seiner Kollegin grundsätzlich zu, war aber dagegen, Kampinskis Hinweis völlig zu ignorieren: »Wenigstens befragen sollten wir Gauss dazu.«

Dann hatten sich die Dinge wieder einmal überschlagen. Aus irgendeinem Grund waren Ortiz und Dadic fast zeitgleich im Präsidium eingetroffen. Laut Plan hätte es eine Stunde Unterschied geben sollen. Aber so war das nun mal mit Plänen, wie Obermayr zu sagen pflegte: Erstens kommt es anders und zweitens als man denkt. Ob Manninger ein Fehler unterlaufen war oder eine der beiden Frauen eine falsche Zeit abgespeichert hat, blieb unklar. Am Ende war es gleichgültig. Sie beschlossen, aus der Not eine Tugend zu machen, indem sie die Gespräche parallel führten. Dadurch würden sie zumindest ein wenig Zeit gewinnen. Ihr Ermittlungsprozess war ohnehin ziemlich dicht.

In Anbetracht des schönen Wetters hatten sie nach ihren Gesprächen entschieden, den fälligen Austausch im Freien vorzunehmen. »Augarten?«, hatte Obermayr vorgeschlagen und Nemecek war sofort einverstanden gewesen. Das versprach frische Luft und die Möglichkeit, sich ein wenig die Füße zu vertreten. Außerdem konnten sie sich dann in der Bäckerei am Gaussplatz noch einen kleinen Mittagssnack gönnen, bevor sie zu Sylvie Steiner fuhren.

Fast eine Stunde später hatten sie bereits mehrere Runden durch den großen Park gedreht. Ohne besonders auf den Weg zu achten, ließen sie sich kreuz und quer durch die blühenden Alleen treiben. Kastanien, Linden, Eschen, Ahornbäume, registrierte Nemecek, während er seiner Kollegin zuhörte.

Ihr Bericht erschien ihm in mehrfacher Hinsicht aufschlussreich. Erstens, weil die Ortiz ihr Verschwinden vom Tatort als völlig normal ansah: Sie sei schockiert gewesen und habe Zeit für sich gebraucht. Zweitens gestand die Projektmanagerin freimütig, dass sie am Vorabend noch mit Paul Steiner zusammengetroffen und im Streit auseinandergegangen war. Obermayrs Frage nach dem Grund des Streits beantwortete sie nur ausweichend. »Es scheint um ein Innovationsprojekt gegangen zu sein, auf das die Firma viel Hoffnungen setzt«, las Obermayr von ihrem Tablet.

Neuerdings machte sie sich ja ebenfalls Notizen, was Nemecek beruhigte. Die längste Zeit über hatte sie nämlich alle Daten und Fakten nur im Kopf abgespeichert. »Du weißt doch, ich bin eine wandelnde Datenbank«, wies Obermayr gerne auf ihr quasi-fotografisches Gedächtnis hin. Tatsächlich konnte sie sich die meisten Dinge erstaunlich gut merken. Allerdings fehlte es ihr oft an Übersicht und vor allem an Nachhaltigkeit. Nach ein paar Wochen hatte sie nämlich vieles wieder vergessen. Dass sich ihre Erkenntnisse buchstäblich in Luft auflösten, hatte des Öfteren zu Problemen geführt.

Bei ihrem letzten Fall verlangte Nemecek gleich zu Beginn von allen Ermittlern ein Mindestmaß an formaler Dokumentation. Obwohl er sich dabei ein wenig wie Kappacher vorgekommen war, der ihn ja seit Jahren mit seinem bürokratischen Berichtswesen nervte, hatte es keinen nennenswerten Widerstand gegeben – zumindest, wenn man von gewissen Blicken und Zwischentönen absah.

Erstaunlicherweise war Obermayrs Tablet rasch zu einem ähnlich treuen Begleiter geworden wie Nemeceks Notizbuch. »I-i-ist ha-halt ei-ei-eine Ge-ge-gene-ra-rations-fra-frage«, hatte Manninger im Hinblick auf die unterschiedlichen Medien kommentiert, die sie im Team einsetzten. Für einen externen Beobachter bot das Nebeneinander der physischen und elektronischen Medien sicher einen interessanten Anblick. Manninger selbst hielt weiterhin an seinen Einzelblättern fest – um diese Blätter dann nach allen Regeln der Archivarskunst in verschiedenfarbigen Mappen abzulegen.

Freilich war es nur eine Frage der Zeit, bis die IT ihre bisherigen Arbeitsgewohnheiten verändern würde. Da war ihnen Obermayr zweifellos einige Schritte voraus. Selbst Kappacher hatte sich zuletzt zu einer positiven Anmerkung hinreißen lassen. Eine Vorreiterin digitaler Polizeiarbeit, nannte er sie zur Verblüffung aller, sogar ein Vorbild in Sachen moderner Arbeitswelten. Wahrscheinlich hatte er einen Vortrag darüber gehört und wollte gleich mit seinem neu erworbenen Wissen glänzen.

Während sie durch die barocke Gartenanlage spazierten, las Obermayr verschiedene Gesprächszitate von ihrem Tablet ab. Das lockerte den Austausch auf, hatte aber auch etwas zutiefst Anachronistisches an sich: Eine Frau, die einem Mann vortrug, während sie durch die französischen Gärten lustwandelten.

Ich wollte nicht, dass ein Verdacht auf mich fällt, servierte ihm seine Kollegin ein weiteres Ortiz-Zitat. *Immerhin war ich höchstwahrscheinlich die vorletzte, die Paul Steiner noch lebend gesehen hat.* Schon beim Lesen hatte Obermayr verständnislos den Kopf geschüttelt. Solche Erklärungen hörten sie zwar immer wieder, das machte diese aber keineswegs intelligenter. Wie konnten die Leute nur so naiv sein? Glaubten sie ernsthaft, dass die Polizei ihnen nicht auf die Spur kommen würde? Und sie dann noch viel verdächtiger erscheinen würden als vorher?

Am nächsten Brunnen hielt Nemecek an. Mit der linken Hand drückte er den dunkelgrünen Hebel hinunter, mit der rechten schöpfte er sich das kühle Wasser ins Gesicht. In der Zwischenzeit war es ziemlich warm geworden. Während er trank, fiel sein Blick auf die rote Backsteinmauer, die den gesamten Augarten umfasste, an dieser Stelle jedoch von einem breiten Tor durchbrochen war. Auf der rechten Seite bot eine Rampe einen barrierefreien Zugang. Der tiefe Kies auf vielen Wegen machte es Rollstuhlfahrern oder gehbehinderten Personen allerdings nicht gerade leicht. Und das, obwohl an der Nordmauer auch eine große Seniorenresidenz untergebracht war.

Währenddessen sich nun Obermayr erfrischte, betrachtete Nemecek die Alleen, die hier sternförmig angelegt waren. Es ging in alle Himmelsrichtungen. Ob die Straße vor dem Park deswegen nach dem Nordpol benannt wurde?

»Hältst du sie für verdächtig?«, versuchte Nemecek am zuvor Gehörten anzuschließen, als sich Obermayr vom Brunnen löste. »Obwohl sie sich ausgesprochen dämlich verhalten hat«, antwortete sie wie aus der Pistole geschossen, »kann ich mir die Ortiz beim besten Willen nicht als Täterin vorstellen.« Ihrer Einschätzung nach hatte sie zwar ein hitziges Temperament – »südamerikanisch halt« – und war nicht nur im Zuge des aktuellen Projekts mit Steiner zusammengekracht. Einen minutiös geplanten Mord traute Obermayr der kleinen Chilenin aber nicht zu.

Bei ihren wilden Spekulationen, welche Tötungsart denn eher zu Ortiz passen würde – »eine Messerattacke, ein spontaner Schlag, ein Fenstersturz« – war Nemecek ausgestiegen. Er stimmte Obermayr jedoch zu, dass ein eiskalt kalkulierter Mord nicht zu einem hitzköpfigen Gemüt passte. »Die macht sich schon anders Luft, die braucht kein Hightech-Gerät, um jemandem einen Stahlpfeil ins Hirn zu schießen«, lautete ihr abschließendes Urteil.

Ortiz: streit-, aber nicht mordlustig, schrieb Nemecek in sein Notizbuch, als sie kurze Zeit später auf einer der Parkbänke haltmachten. *Motiv?,* fügte er hinzu, blieb sich aber eine Antwort schuldig.

Über Steiner selbst hatte ihnen Ortiz nicht viel Neues erzählen können. Egoistisch, intransparent, unehrlich, umriss Obermayr die wesentlichen Eigenschaften, mit denen Ortiz den Charakter ihres Kollegen beschrieben hatte. Das bestätigte zwar, was sie bereits von Gauss gehört hatten, brachte sie allerdings keinen Schritt weiter. Spaßeshalber habe sie auch nach den positiven Eigenschaften gefragt, berichtete Obermayr. Was sie darauf zu hören bekam, ähnelte der Beschreibung Karin Köllerers. Laut Ortiz konnte Paul Steiner durchaus charmant sein, hilfsbereit, zuvorkommend, aufmerksam – zumindest so lange alles nach seinen Vorstellungen lief. Diese Bestätigung war zwar ganz interessant, half ihnen jedoch wenig. Warum Paul Steiner sterben musste, blieb weiterhin unklar.

Daran konnte auch Milena Dadic nichts ändern, musste sich Nemecek eingestehen. Obgleich ihr Gespräch durchaus interessant begonnen hatte. »Ist er wirklich tot?«, fragte ihn Dadic noch an der Tür. Es klang, als würde sie ernsthaft befürchten, dass Steiner gleich um die Ecke spazieren könnte. »Selbstverständlich«, antwortete Nemecek reflexhaft. Erst dann begann er nachzudenken: Warum fürchtete sich Dadic überhaupt? Hatte sie Manninger nicht über den Mord informiert? Oder ging es um etwas anderes?

Nach kurzem Grübeln beschloss er, diese Fragen vorerst hintanzustellen. Stattdessen nahm er sich nun endlich Zeit, um sein Gegenüber in Augenschein zu nehmen. Dadic' Frage hatte ihn aus dem Konzept gebracht, denn üblicherweise legte er großen Wert auf den ersten Eindruck. Was er spät, aber doch wahrnahm, war eine mittelgroße Frau mit einem schmalen Gesicht, aus dem grüne Augen hervor leuchteten. Ihr auffälligstes Kennzeichen waren zweifellos ihre halblangen, gewellten Haare. Nemecek ertappte sich bei der Frage, ob deren Farbe echt war; er bezweifelte allerdings, dass es ein derart leuchtendes Rot in der Natur gab.

Bevor er seine eigentliche Befragung starten konnte, überraschte ihn Dadic gleich noch einmal. »Darf man hier rauchen?«, fragte sie ihn allen Ernstes. Das Feuerzeug hielt sie bereits im Anschlag, bevor Nemecek sie über das generelle Rauchverbot aufklärte. Dass sie sich eine Zigarette in den Mund gesteckt hatte, war ihm völlig entgangen.

Während sie in Richtung Südwesten spazierten, wo sich sowohl der Sitz der Wiener Sängerknaben als auch das Filmarchiv Austria befanden, fischte Nemecek wieder sein Notizbuch aus der Tasche. Rasch versuchte er ein wenig Struktur in seine Notizen zu bringen. Was war am Wichtigsten gewesen? Und vor allem: Was wusste er jetzt, was er vorher nicht gewusst hatte?

Er begann zu rekapitulieren: Dass Dadic einmal Steiners Geliebte gewesen war, angeblich die letzte vor Karin Köllerer, war ihnen bekannt. Neu war indes, wie lange die Liaison zwischen den beiden gedauert hatte. Laut Dadic begann diese nämlich bereits vor über sechs Jahren. Mit anderen Worten also noch zu *Securitas*-Zeiten. *Cinderella* betitelte Nemecek die Geschichte von der blutjungen Fachhochschulabsolventin, die in dem charmanten Mittdreißiger einen persönlichen Mentor fand. Irgendwann, erinnerte er sich noch genau an Dadic' Worte, sei dann passiert, was wahrscheinlich passieren musste. Das klang nach einer Naturkatastrophe oder nach einem Unglück, auf das man sehenden Auges zusteuerte. Jedenfalls war dieses Irgendwann der Ausgangspunkt einer Langzeitaffäre, die offenbar ein Wechselbad der Gefühle mit sich brachte. *Kalt-warm*, hatte er den Ausdruck in sein Buch übertragen, den Dadic am öftesten verwendet hatte. Warm, ja sogar heiß, wenn die Leidenschaft überwog; kalt bis eisig, wenn wieder einmal Enttäuschung auf der Tagesordnung stand.

Dass dieses Wechselbad von Paul Steiner dominiert wurde, bestätigte das bisherige Charakterprofil. Eine gespaltene Persönlichkeit lautete auch Dadic' Conclusio: liebevoll, zuvorkommend, achtsam – rücksichtslos, egoistisch, grausam. Nemecek fiel wieder ein, wie Dadic diese Eigenschaften mit den Fingern heruntergezählt hatte. Zuerst die positiven Faktoren mit der rechten Hand, dann die negativen mit der linken. Dazwischen hatte sie nach ihrer Tasche gegriffen, um ein giftgrünes Haarband hervorzuziehen. Mit routinierten Handgriffen fasste sie zuerst ihre Mähne zu einem Pferdeschwanz zusammen und schüttelte danach den Kopf, als könnte sie erst dadurch ihre Frisur in die richtige Form bringen.

Danach berichtete sie kurz über die Jahre, die dahingezogen waren, ohne dass sie jemals ein richtiges Paar geworden waren; aber auch darüber, dass ihr die Kraft zu einem Schlussstrich fehlte. Letzteres sei ihr erst nach einer längeren Therapie gelungen, bei der sie ihre eigenen Anteile am Beziehungschaos gründlich aufgearbeitet hatte. Um für klare Verhältnisse zu sorgen, kündigte sie sogar ihre Stelle bei der *SafeIT*.

Doch es wäre nicht Paul Steiner gewesen, wenn er Dadic' Entschluss akzeptiert hätte. Stattdessen ging er fest davon aus, dass das Spiel weiterging. Dementsprechend brachte er sein ganzes Arsenal an Überredungstechniken zum Einsatz. Als das nicht fruchtete, begann er den Druck zu erhöhen: Er bombardierte sie mit Liebes-E-Mails, er lauerte ihr vor der Firma auf, er läutete mitten in der Nacht an ihrer Wohnungstür – bis zu jenem Tag, an dem er sie schließlich auch körperlich bedrängte. Damit war der Hintergrund der ihnen . vorliegenden Anzeige wegen sexueller Belästigung ausreichend geklärt. Warum Dadic diese später wieder zurückgezogen hatte, behielt sie aber für sich. »No comment«, sagte sie bloß, als Nemecek sie danach fragte.

»Und was sagt uns das?«, unterbrach ihn Obermayr. Nemecek wusste, wie viel sie von solchen Geschichten hielt. »Cinder-Hölle statt Cinderella«, hatte sie solche Pseudo-Romanzen einmal genannt. War das im Fall des Regenschirm-Mörders gewesen? Oder bei ihren Ermittlungen in dem niederösterreichischen Bestattungsunternehmen?

Nüchtern betrachtet half ihnen Dadic' Geschichte genau so wenig wie die Story, die ihnen Ortiz erzählte. Zudem konnte Dadic ein Alibi aufweisen. Manninger würde das natürlich noch prüfen müssen, doch Nemecek ging nicht davon aus, dass ihm Dadic eine Lügengeschichte aufgetischt hatte.

»Ich fürchte nichts Neues«, gab Nemecek endlich eine Antwort. Sie hatten nun fast den Ausgang am Gaussplatz erreicht. Auf der linken Seite gerieten gerade zwei große Hunde aneinander. Gefletschte Zähne und wütendes Gekläff gehörten ebenso zum Augarten wie Mütter, die ihre Kinderwägen in großem Bogen um jeden Vierbeiner steuerten. Ganz abgesehen von den Schreiduellen, die sich besorgte Eltern mit sorglosen Hundebesitzern lieferten, die ihre Lieblinge ohne Leine und Beißkorb durch den Park laufen ließen.

»Einen neuen Aspekt hat das Gespräch allerdings eröffnet«, sagte Nemecek und klappte sein Buch zu. Er wusste auch so, was er dort als Letztes zum Dadic-Gespräch festgehalten hatte.

»Und zwar?«

Nemecek grinste. »Rate mal, mit wem die Dadic jetzt liiert ist.«

»Ich dachte, du magst keine Ratespiele!«

»Ich komme vielleicht gerade auf den Geschmack«, konterte Nemecek und spürte eine lausbubenhafte Freude. Von wegen: jemanden mit seinen eigenen Waffen schlagen.

»Ich habe keine Ahnung«, grinste Obermayr. »Sag schon!«

»Luka Novacic«, sagte er und sah, wie seine Kollegin mit offenem Mund stehenblieb.

»Das gibt's doch nicht«, stammelte sie.

»Doch das gibt's«, entgegnete Nemecek trocken. »Aber den Herren haben wir ja ohnehin vorgeladen. Allerdings muss er auch auftauchen.«

»Bei krummer Tour und schrägem Lauf, fällst du den Ordnungshütern auf«, behalf sich Obermayr mit einem weiteren Spruch.

»Zuerst geht es aber endlich zu Steiners Schwester«, rief er seiner Sprücheklopferin in Erinnerung. »Und davor sollten wir uns wiederum eine kleine Stärkung gönnen.«

»Stimmt«, sagte seine Kollegin, überquerte den Zebrastreifen und betrat gemeinsam mit Nemecek die Bäckerei ihres Vertrauens.

Mittwoch, 14:45
Die Schwester des Opfers

»Hier ist es: Nummer 50«, stellte Nemecek fest. »Jetzt brauchen wir nur noch einen Parkplatz.«

»Nobel geht die Welt zugrunde.« Mit dem Kinn deutete Obermayr in Richtung der prachtvollen Gründervilla, in der Sylvie Steiner wohnte. Nemecek setzte schon zu einem Kommentar an, ließ es dann aber sein. Was hätte er schon dazu sagen sollen? Genau so etwas war zu erwarten gewesen: jede Menge alte Häuser, bisweilen wahre architektonische Schmuckstücke, die mit ihren verspielten Türmen, Erkern, Balustraden und Stuckaturen an die Märchenschlösser Walt Disneys erinnerten. Geld und Politik, fasste Nemecek das soziale Umfeld zusammen – schließlich gab es hier im 18. Bezirk nicht nur klassische Familiensitze, sondern auch eine Menge Botschaften.

Wenig später standen sie vor dem schmiedeeisernen Tor, das ihnen Einblick in einen gepflegten Vorgarten gewährte: in Stein gefasste Blumenbeete, ein Zierbrunnen, eine Sitzbank unter einer hohen Tanne. Richtiggehend kitschig, fand Nemecek und musste schon wieder an Walt Disney denken. Während Obermayr auf den altmodischen Klingelknopf drückte, drehte er sich noch einmal um. Der Türkenschanzpark lag tatsächlich genau gegenüber. Aus Steiners Wohnung im zweiten Stock musste man einen guten Blick auf den Springbrunnen haben, der sich gleich hinter dem Parkeingang aus einem kleinen Teich erhob.

»Steiner«, ertönte es aus der Gegensprechanlage. »Kriminalpolizei«, verkündete Obermayr mit der Hand auf der Klinke. »Zweiter Stock«, hörten sie, dann summte es und Obermayr zog die Tür auf.

Während sie über den knirschenden Kies zur Haustür gingen, warf Nemecek einen Blick durch die breiten Fenster des Erdgeschosses. Ganz ohne Vorhänge, wunderte er sich – und staunte gleich noch mehr, als er den jugendstil-artigen Luster entdeckte, der hier von der Decke hing. Die schwarzen Kabel bildeten einen scharfen Kontrast zu dem hellen Raum. Insgesamt schien hier dennoch alles in Balance zu sein: die grünen Fensterrahmen passten ebenso ins Bild wie die Gipsverzierungen, die sich in geraden Linien nach oben zogen. Die Fassade des ersten Stockwerks war von kleinen roten Backsteinen durchsetzt, die Nemecek an das Gebäude der *SafeIT* erinnerten. Ob hier der-selbe Baumeister am Werk gewesen war? Zumindest war es derselbe Stil, denn auch hier hatte man jedes Stockwerk ein wenig anders gestaltet. So wies die zweite Etage viel schmälere, dafür umso höhere Fenster auf, die oben halb-rund abgeschlossen wurden. Das Dach ruhte auf massiven Holzbalken, die weit über die Fassade hinausragten, sodass der obere Stock leicht umschattet wurde. Die roten Dachziegel darüber wirkten wie frisch lackiert.

»Na, brauchen wir heute eine Sondereinladung?«, beendete Obermayr sei-nen kleinen Ausflug in die Baukunst des 20. Jahrhunderts. Erst jetzt bemerkte Nemecek, dass sie ihm die Haustür aufhielt. Wie lange sie wohl schon da stand? Rasch ging er auf sie zu und schlüpfte durch den Eingang.

»Die ist noch von echtem Schrot und Korn«, attestierte Obermayr der unter jedem Schritt ächzenden Holztreppe, die sie in den zweiten Stock hinauf führte. »Da hörst du Geschichte!«

Am Ende standen sie vor einer zweiflügeligen Holztür, die mit einer altmo-dischen Drehklingel ausgestattet war. *Bitte,* war über dem schmalen, mit sti-lisierten Eichblättern verzierten Griff zu lesen und gleich darunter: *Drehen.* Obermayr warf Nemecek einen vielsagenden Blick zu.

»Wie ein altes Fahrrad«, stellte Nemecek fest, nachdem seine Kollegin geläutet hatte. Gleich darauf öffnete sich vor ihnen ein kleines Türfenster-chen, das er bisher übersehen hatte. Ein altmodischer Spion, setzte er seine Geschichtsreise fort, während er krampfhaft versuchte, seine Augen auf den dunklen Gesichtsausschnitt vor ihm zu fokussieren.

Obermayr hielt ihren Dienstausweis hoch. »Bezirksinspektorin Obermayr, Chefinspektor Nemecek.«

»Danke«, beschied ihnen eine unerwartet dunkle Stimme. Hatte sie in der Gegensprechanlage nicht viel heller geklungen? Gleich darauf schloss sich das Fensterchen wieder und sie vernahmen die klackenden Geräusche sich öffnender Türschlösser.

Nemecek fragte sich, ob diese Schlösser wohl von der *Securitas* stammten. Mit einem Male wusste er, woran ihn dieser Firmenname schon die ganze Zeit über erinnerte: Hatte nicht der berüchtigte Geheimdienst des früheren rumänischen Diktators so ähnlich geheißen? Dieses finsteren Typen, dessen Hinrichtung per Video aufgenommen wurde? Und später rund um die Welt ging?

Endlich öffnete sich die Tür und vor ihnen stand eine großgewachsene Frau mit dunklen Haaren. Sie hatte ein feingeschnittenes Gesicht mit hohen Wangenknochen und vollen Lippen. Das Gesicht eines Fotomodells, pointierte Nemecek, wie eine leere Leinwand, auf die sich alles zaubern ließ: ein Lächeln, Gleichgültigkeit, Missmut, Zorn. Als sich sein Gegenüber aus dem Türschatten ins Licht drehte, sah Nemecek, dass Sylvie Steiner ganz hellblaue Augen hatte. Ob das Kontaktlinsen waren?, fragte er sich unwillkürlich, während er gleichzeitig versuchte, Ähnlichkeiten zwischen den Geschwistern festzustellen. Hatten sie nicht dieselbe Gesichtsform mit ähnlich klaren Zügen? Oder wurde seine Erinnerung zu stark von den aktuellen Eindrücken beeinflusst?

»Sylvie Steiner?«, fragte er überflüssigerweise. Die Angesprochene trat einen halben Schritt zurück und wies mit der Hand in den Vorraum. Während sie an einem altmodischen Buffet vorbei weiter ins Innere der Wohnung vordrangen, hörte Nemecek, wie hinter ihm die Schlösser einrasteten. »Eine vorsichtige Frau«, flüsterte ihm Obermayr zu.

Schon ging diese Frau an ihnen vorüber, um mit einer kraftvollen Bewegung die nächste Doppeltür aufzustoßen. Erst jetzt, da sich das gleißende Tageslicht in den Vorraum ergoss, fiel Nemecek auf, dass Steiner keine Schuhe trug. Sie folgten ihrer wortkargen Gastgeberin zu einer weitläufigen Sitzlandschaft, die die rechte Hälfte des Raumes dominierte. Wenn man von einer modernen Stehlampe absah, war die andere Hälfte völlig leer. Mindestens 50 Quadratmeter, schätzte Nemecek und blickte über den spiegelnden Parkettboden auf die vorhanglose Fensterreihe, vor der sich die Kastanienbäume im Wind wiegten. Einige Augenblicke lang schimmerte tatsächlich der Springbrunnen durch das Blätterwerk.

»Frau Steiner«, beendete Obermayr seinen Rundblick, »Sie wissen, warum wir hier sind.«

Mit einer kleinen Bewegung gab Sylvia Steiner zu verstehen, dass ihr das durchaus bewusst war. Sie saß aufrecht auf der Sofakante und hatte ihre langen Beine übereinandergeschlagen. Ob sie ihren Nagellack immer mit ihrer Augenfarbe abstimmte?, fragte sich Nemecek als er die hellblauen Zehen wahrnahm. Ihr rechtes Knie berührte beinahe den Glastisch, auf dem kein einziger Fettfleck zu sehen war. Das sollten seine Töchter sehen, dachte Nemecek. Schließlich behaupteten diese ständig, dass man einen Glastisch nicht sauber halten konnte. Dass sich, wie ihm Sophie einmal vollmundig erläutert hatte, Glas und Reinheit wechselseitig ausschlossen – weswegen man ihnen nicht vorwerfen konnte, dass der Tisch ständig mit Essensresten oder Getränkespuren bedeckt war; geschweige denn von ihnen verlangen konnte, dass sie diesen putzten. »Ist eh für die Katz«, erklärte ihm Sophie in schönstem Wienerisch, dass sich der Aufwand keinesfalls lohnte.

»Wie Sie sich denken können, haben wir einige Fragen«, holte ihn Obermayr von seinem kleinen Familienausflug in die Gegenwart zurück. »Was können Sie uns über Ihren Bruder erzählen?«

Statt auf die Frage einzugehen, legte Sylvie Steiner den Kopf in den Nacken. Dann ließ sie ihren Blick von links nach rechts schweifen, als wäre die Antwort irgendwo im Raum versteckt. Mitten in die Bewegung hinein, sagte sie: »Er war ein Ekel.«

Es klang wie das abschließende Urteil nach einem langwierigen Gerichtsprozess. Schuldig im Sinne der Anklage. Nemecek war baff – und war sich sicher, dass es seiner Kollegin ähnlich ging.

»Geht das noch etwas genauer?«, setzte er nach.

»Er war ein Egoman. Rücksichtslos allen anderen gegenüber, großzügig nur in seiner Selbstüberschätzung«, erklärte Steiner ohne mit der Wimper zu zucken. Ihr Blick war auf Obermayr fixiert.

»Das klingt, als hätte es gute Gründe gegeben, ihn aus dem Weg zu räumen«, provozierte diese.

»Davon können Sie ausgehen«, bestätigte Steiner. Neuerlich ließ sie ihren Blick langsam durch den Raum gleiten, bis sie wieder bei Obermayr angekommen war.

»Haben Sie einen konkreten Verdacht, wer diesen Mord begangen haben könnte?«, hakte diese nach.

»Nein, mein Bruder und ich haben seit Jahren keinen Kontakt mehr. Für mich ist er bereits vor langer Zeit gestorben.«

Kontakt Paul-Sylvie?, notierte Nemecek als Nächstes. Hatte Kampinski nicht berichtet, dass die Geschwister nur ein paar Stunden vor Steiners Tod miteinander telefoniert hatten?

»Gab es dafür einen bestimmten Anlass?«, fragte Obermayr nach, als ob ihr dieser Widerspruch nicht aufgefallen wäre.

»Braucht es denn einen?«, ließ sie Steiner erneut abblitzen. Nemecek spürte Ärger in sich aufsteigen. Was glaubte Sylvie Steiner denn, wer sie war? Und worum es hier ging?

»Frau Steiner«, erhob er die Stimme und war selbst überrascht, wie streng er dabei klang. »Wir sind nicht hier, um mit Ihnen Ratefuchs zu spielen. Ihr Bruder wurde ermordet und es ist unsere Aufgabe, den Täter zu finden.«

»Oder die Täterin«, ergänzte Steiner und schlug nun ihr rechtes über das linke Bein. Ihre Grundhaltung hatte sich dadurch nicht verändert. Nach wie vor waren ihre Hände locker über den Knien verschränkt. Trotzdem hoffte Nemecek inständig, dass nun endlich Bewegung in die Sache kam.

»Es ist Ihre Pflicht, uns bei der Aufklärung mit vollen Kräften zu unterstützen. Verstehen Sie das?«

»So schafft es Paul, sogar noch nach seinem Tod mein Leben zu dominieren«, seufzte Steiner.

»Sie betonen Täterin«, setzte Obermayr nach. »Glauben Sie denn, dass Ihr Bruder von einer Frau ermordet wurde?«

»Bei der Anzahl seiner Affären würde mich das nicht wundern«, antwortete Steiner und verzog die Mundwinkel. »Wahrscheinlich ist er einmal zu weit gegangen.«

»Womit genau?«

»Hören Sie, ich sagte bereits, dass mein Bruder ein Ekel war.«

»Wie dürfen wir uns das vorstellen?«

»Er hat die Menschen benutzt und sie dann einfach weggeworfen. Genau so wie das ganze Geld, das er für seine Spielsucht brauchte.«

»Ihr Bruder war spielsüchtig?«

»Er hat fast unser ganzes Erbe im Casino gelassen.«

»Auch das Ihre?«

Steiner nickte. Nemecek sah deutlich, wie ihre Kiefermuskeln arbeiteten. Vielleicht knirschte sie sogar mit den Zähnen. Zu ihrer Geschichte hätte das allemal gepasst.

»Das muss Sie ganz schön wütend gemacht haben«, setzte er nach.

Steiner sah ihn an. Ihr Gesicht war jetzt wieder genauso ausdruckslos wie zu Beginn ihres Gesprächs. Nemecek ahnte jedoch, wie turbulent es hinter der Fassade zuging.

»Und?«, meinte Obermayr, der das Ganze zweifellos zu langsam ging. Steiner bewegte sich nicht, sagte dann aber: »Hören Sie! Paul war immer nur aufs Nehmen bedacht. Geben war ihm wesensfremd.«

»Und das ganz besonders bei Frauen, oder?«, nahm Obermayr den Hinweis auf eine mögliche Täterin noch einmal auf.

»Da hat er es besonders genossen«, meinte Steiner.

»Wissen Sie, mit welchen Frauen er in letzter Zeit zusammen war?«, versuchte Nemecek am Ball zu bleiben.

»Ich habe Ihnen doch schon gesagt, dass ich keinen Kontakt mehr mit ihm hatte.«

»Aber Sie haben vielleicht trotzdem etwas mitbekommen?«

Statt zu antworten, begann Steiner den Kopf zu schütteln: zuerst ganz sachte, dann aber zunehmend heftiger, als wäre ihr Kopf an einem allmählich heiß laufenden Motor angeschlossen. Wie jemand, der einen Alptraum loszuwerden versucht, assoziierte Nemecek. Vielleicht ging ihr der gewaltsame Tod des Bruders doch viel näher, als sie ihnen vormachte?

»Woher kennen Sie eigentlich Herrn Gauss?«, schwenkte Obermayr ansatzlos zu einem ganz anderen Thema. Doch alles, was sie damit bewirkte, war ein kurzes Zucken der Augenbrauen.

»Nikolas? Warum fragen Sie?«

»Frau Steiner!«, zeigte sich Obermayr ungehalten. »Sie wissen doch, dass wir hier die Fragen stellen! Also?«

»Nikolas war doch früher auch bei der *Cardex*. Da haben wir eine Zeit lang zusammengearbeitet.«

»In welchem Bereich?«, fragte Nemecek und ärgerte sich darüber, dass sie im Vorfeld nicht besser recherchiert hatten. Dabei betonte er doch ständig, wie wichtig eine gute Vorbereitung für den Gesprächsverlauf war. Aber für Sylvie Steiner hatte er sich nunmal keine Unterlagen zusammenstellen lassen. *Dossier als Fixpunkt* hielt er in seinem Buch fest, obwohl ihm klar war, dass diese Einsicht ein wenig spät kam.

»In der Softwareentwicklung«, antwortete Steiner, nachdem sie eine Weile geschwiegen hatte.

»Und wie dürfen wir uns Ihre Zusammenarbeit vorstellen?«

»Nikolas war dort als Scrum Master für zwei Projekte eingesetzt. Ich selbst war damals Projektmanagerin.«

»Und heute sind Sie ...?«, ließ Nemecek eine naheliegende Folgefrage vom Stapel, obgleich ihn interessiert hätte, was es mit diesem Scrum-Ding auf sich hatte. War das etwas Ähnliches wie Kanban? Und war dieser Master dann das Gleiche, was Gauss bei der *SafeIT* machte?

»Heute bin ich für die gesamte Produktentwicklung verantwortlich«, lieferte Steiner eine späte Antwort auf Nemeceks Frage. Er seufzte. Warum lief dieses Gespräch so zäh? Hilfesuchend blickte er zu seiner Kollegin. Sogleich übernahm diese die Gesprächsführung. »Das heißt, die *Cardex* arbeitet ähnlich wie die *SafeIT*?«

»Die *Cardex* war eine der ersten Firmen in Österreich, die das Wasserfallmodell über Board geworfen und auf agile Entwicklung gesetzt haben«, erläuterte Steiner. »Und der Erfolg gab dieser Strategie recht.«

Wasserfallmodell? Agile Entwicklung?, rätselte Nemecek. Was hatte das nun wieder zu bedeuten? Unwillkürlich fühlte er sich an den Anfang seines gestrigen Gesprächs mit Gauss zurückversetzt.

»Mit Herrn Gauss sind Sie aber in Kontakt geblieben, nachdem er das Unternehmen verlassen hat?«

»Ja.«

»Das heißt was genau?«

»Dass wir uns regelmäßig getroffen haben«, sagte Steiner leise. Danach breitete sich wieder Schweigen aus.

»Lassen Sie sich doch nicht jedes einzelne Wort aus der Nase ziehen«, platzte Nemecek nun endgültig der Kragen. Steiner sah ihn an und erklärte dann ruhig: »Ich sag Ihnen doch alles, was ich weiß.« Nur ein kurzes Wippen ihres Oberkörpers verriet, dass Nemeceks Impuls angekommen war.

»Also«, nahm Obermayr einen weiteren Anlauf: »Wie dürfen wir uns Ihren Kontakt vorstellen? Und jetzt bitte im Ganzen erzählt und nicht nur in Bruchstücken!«

Sylvie Steiner nickte abwesend. Doch statt zu reden, legte sie nur die Hand an ihr Kinn, wie jemand, der erst einmal scharf nachdenken muss. Nemecek spürte seine Ungeduld hochkochen. Als er gerade zu einer weiteren Tirade ansetzte, hörte er sie plötzlich erklären: »Zum einen treffen wir uns ab und an zum Frühstück im *Café Meiler*. Zum anderen sehen wir einander bei Veranstaltungen der Agile Community.«

Von einer Sekunde auf die andere war Nemeceks Ärger verflogen. Agile Community?, überlegte er. Das war wohl so etwas wie der Fanclub für die Fußballbegeisterten. Oder das Bikertreff für die Harley-Davidson-Fahrer. Ob es da ebenfalls fanatische Anhänger gab? So eine Art agile Ultras?

»Das heißt, Sie kennen auch die *SafeIT* ganz gut?«, rief ihn Obermayr wieder zur Ordnung.

»Ich denke schon.«

»Da dürfte Ihnen ja kaum der Gesprächsstoff ausgegangen sein, so viel wie sich da in den letzten Jahren verändert hat?«

»Ja. Anfangs hat mich Nikolas öfters um Rat gefragt. Sein Einstieg in die *SafeIT* ist ja ziemlich turbulent verlaufen«, erinnerte sich Steiner und drehte ihre Augen nach oben, als wären dort alle wesentlichen Bilder aus der Vergangenheit abgelegt. »Zu diesem Zeitpunkt war noch gar nicht klar, ob es die *SafeIT* überhaupt geben würde – geschweige denn, ob sich das agile Vorgehen durchsetzen würde, für das man Nikolas geholt hatte.«

»Inwiefern?«, bohrte Obermayr nach, als fürchtete sie, dass Steiners Redefluss gleich wieder versiegen würde.

»Einerseits waren Ferdinand und Heidrun Glaser damals voll mit der Familiendynamik beschäftigt, andererseits trafen ihre radikalen Veränderungsvorhaben nicht nur beim Senior auf Widerstand.«

Ihre letzten Worte hatte Steiner mit unerwartet lebendigen Gesten unterstrichen. Zuerst breitete sie ihre Arme aus, dann zog sie sie rasch wieder an den Körper, um ihre Hände kreiselartig umeinander rotieren zu lassen. Wahrscheinlich war das ihre nonverbale Beschreibung der Familiendynamik. Am Ende zerfiel der Kreisel wieder und sie presste stattdessen ihre Handflächen aufeinander. Ein Zeichen für Widerstand?, fragte sich Nemecek gerade, als Steiner ihren Bericht fortsetzte: »Doch nachdem sich die jungen Glasers nicht beirren ließen, war schon nach ein paar Monaten klar, dass die *SafeIT* um einiges weiter ging, als wir das bei *Cardex* jemals gewagt haben.«

»Inwiefern?«, bemühte Obermayr erneut dieselbe Fragestellung.

»Ich würde sagen«, setzte Steiner nach einer kurzen Nachdenkpause fort, »dass agil bei der *SafeIT* nicht nur eine Methode ist, um die Teamarbeit produktiver zu machen. Vielmehr wird alles Notwendige getan, um zu echter *Business Agility* zu kommen.«

Nemecek und Obermayr nickten fast gleichzeitig, um zu zeigen, dass sie folgen konnten. In Wahrheit war sich Nemecek da nicht so sicher.

»Schließlich geht es darum, das ganze Unternehmen wahrnehmungsfähiger und reaktionsschneller zu machen und nicht nur einzelne Teams.« Erneutes Nicken, ein zustimmendes Mmmh, alles im Sinne einer Bestätigung, die keine Worte braucht. Soziales Grunzen hieß das, wie Nemecek seit seinem letzten Kommunikationsseminar wusste.

»Das geht aber nur, wenn sie das Managementsystem ändern, also die gesamte Art und Weise, wie die Geschäfte geführt und die Arbeitsprozesse gestaltet werden«, schloss Steiner und zeigte zum ersten Mal den Anflug eines Lächelns. »Mittlerweile ist es so, dass ich Nikolas um Rat frage.«

»Und Kanban?«, versuchte Nemecek am Drücker zu bleiben.

»Kanban setzt man bei der *SafeIT* ebenfalls nicht nur auf Teamebene ein. Stattdessen fungiert das visuelle Arbeitsmanagement als zentrales Steuerungsmedium in allen Unternehmensbereichen. Das ist ja offensichtlich, wenn man durch die *SafeIT* spaziert.«

»Sie kennen das Unternehmen auch von innen?«, zeigte sich Obermayr verblüfft.

»Glauben Sie denn, dass mir der Zugang verweigert wird, nur weil mein Herr Bruder dort arbeitet?« Steiners Stimme klang mit einem Mal wieder so überheblich wie zu Beginn ihres Gesprächs.

»Sie haben an einer der öffentlichen Führungen teilgenommen?«

Steiner lachte. Nemecek fiel auf, wie verwandelt sie dadurch aussah. Fragte sich bloß, was sie so amüsierte.

»Ich habe ein paar persönliche Kontakte, die mir einen privaten Zugang gewähren.«

»Das heißt, Sie kennen nicht nur Herrn Gauss, sondern auch andere Mitarbeiter der *SafeIT*?«

»Trotz allem ist die agile Welt in Wien recht überschaubar – und da ist es ganz normal, dass man sich öfters über den Weg läuft.«

»Und wen genau kennen Sie da?«

»Am besten kenne ich Eleanore Ortiz. Die macht bei der *SafeIT* denselben Job wie ich bei der *Cardex*. Aus der Softwareentwicklung kenne ich Luka Novacic und Viktor Solochin ganz gut. Luka hat ja früher mal bei uns gearbeitet und Viktor ist sowieso Mr. Cybersecurity. Außerdem sind ja beide recht aktiv in der Community.«

»Das klingt nach intensiver Vernetzung.«

»Wie gesagt«, sagte Steiner, »die Agilen sind immer noch ein gallisches Dorf.«

»Hast du noch weitere Fragen?«, wandte sich Obermayr an ihren Kollegen. Nemecek verneinte.

»Gut«, schloss seine Kollegin und erhob sich. Steiner folgte sogleich ihrem Beispiel. Zwei Sekunden später stand auch Nemecek auf. Als sie im Vorzimmer angekommen waren, drehte er sich noch einmal um. Unversehens stand er ganz nahe vor Sylvie Steiner.

»Nur eines noch«, sagte er langsam und legte seinen Zeigefinger auf die Lippen, als müsste er noch überlegen, wie er es formulieren sollte. »Wo waren Sie eigentlich gestern Abend?«

»Sie verdächtigen mich, meinen Bruder getötet zu haben?«, entfuhr es Steiner. Zum ersten Mal wirkte sie wirklich überrascht.

»Reine Routine«, erklärte Nemecek, ohne sein Gegenüber aus den Augen zu lassen.

Einige Sekunden verstrichen, in denen sich die beiden stumm ansahen. Nemecek musste an den Ausdruck denken, dass man eine Stecknadel fallen hören kann. Auf einmal hatte er wieder Paul Steiners blasses Gesicht vor Augen. Bevor er das Bild verscheuchen konnte, erklärte Sylvie Steiner mit fester Stimme: »Ich hatte noch länger im Büro zu tun. Danach bin ich direkt nach Hause gefahren, hab noch ein Glas Wein getrunken und dann geschlafen.«

»Ich nehme an, dass das niemand bezeugen kann«, hielt Nemecek der Form halber fest. Steiner zuckte bloß mit den Schultern. während seine Kollegin zu murren begann. Nemecek wartete, ob diesem Murren noch Worte folgen würden. Doch Obermayr schien es sich anders überlegt zu haben.

»Was hatten Sie am Montag eigentlich mit Ihrem Bruder zu besprechen?«, ließ Nemecek nun endlich die Bombe platzen, die er die ganze Zeit vor sich hergeschoben hatte. Sie verfehlte ihre Wirkung nicht. Steiners Gesicht wurde zuerst ganz blass und nahm dann eine Farbe an, die Nemecek an Rhabarber erinnerte: irgendetwas zwischen rot, gelb und grün.

»Mit meinem Bruder?«, stammelte sie.

»Ja«, bestätigte Obermayr grinsend. Sie schien Gefallen an der Situation zu finden. »Das interessiert uns besonders, wo Sie doch gar keinen Kontakt hatten.«

Nemecek beobachtete, wie sich das Farbenspiel auf Steiners Haut allmählich beruhigte. Doch gleichzeitig war er sich sicher, dass sie nach wie vor aufgewühlt war. So sehr sich Steiner auch bemühte, es fiel ihr einfach keine logische Erklärung ein.

»Na, irgendetwas werden sie wohl geredet haben«, meinte Obermayr. »Immerhin waren Sie fast zehn Minuten am Telefon.«

Steiner zuckte bloß mit den Schultern. Dann hatte Nemecek genug.

»Wir sehen einander morgen im Kommissariat wieder«, erklärte er und trat dann zur Seite. »Spätestens dann erwarten wir eine Antwort. Und jetzt öffnen Sie uns bitte die Tür.«

Mittwoch, 16:09
Eine Inspektion in eigener Sache

Nemecek brummte der Kopf. In den letzten Stunden war eine Menge Informationen auf ihn eingeprasselt. Vieles war neu, manches überraschend, einiges durch und durch verwirrend gewesen. Aber war das nicht bei jedem Fall so?, überlegte er, als er nun wieder an seinem Schreibtisch im Präsidium saß. Oder brachte dieses agile Umfeld doch eine ganz eigene Dynamik mit sich, die ihre Ermittlungen mit sich riss?

»Kassasturz?«, fragte Obermayr und klang dabei fast ein wenig besorgt. Offenbar sah sie ihm seine Verwirrung an.

»Kassasturz!« Das ist jetzt das einzig Richtige, war Nemecek überzeugt, eigentlich das einzig Mögliche. Wenn sie sich erst einmal wieder ein wenig Übersicht verschafft hatten, würde sich alles Weitere finden.

»Soll ich Manninger dazu holen?«, fragte Obermayr, hatte allerdings bereits zum Telefon gegriffen. Nemecek sparte sich eine Antwort. Statt sich weiter um den Anruf zu kümmern, hing er lieber seinen eigenen Gedanken nach.

Längst war der sogenannte Kassasturz eines der wichtigsten Elemente ihrer Ermittlungsarbeit. Es bedeutete, gemeinsam innezuhalten und nicht einfach so weiterzumachen, bis man nur noch kopflos agierte. Stattdessen schufen sie sich Zeit und Raum, um ihre Erfahrungen zu sortieren. Kassasturz hieß also, erst einmal nachzudenken und Einsichten zu gewinnen. Denn welchen Sinn hatte es, immer mehr Informationen zu sammeln, wenn einem der Überblick fehlte? Wenn man die einzelnen Indizien nicht in ein größeres Bild einordnen konnte? Und selbst das potenziell überzeugendste Beweismittel nur ein loses Teil in einem chaotischen Puzzlespiel war?

Die Bürotür ging auf und Manningers Kopf erschien. »Ihr woll-woll-woll-tet mich spre-sprechen?«, fragte er. Hatte ihm Obermayr denn nicht Bescheid gegeben? Er blickte zu seiner Kollegin, aber die schaute immer noch aus dem Fenster. Hieß das nun, dass er tatsächlich keine Ahnung hatte? Oder dass er fragte, obwohl er es wusste?

»Kassasturz«, erklärte Nemecek, bevor es noch komplizierter wurde.

»Ah«, öffnete Manninger den Mund, schloss ihn aber gleich wieder.

»Zeitstrahl?«, löste sich Obermayr endlich von ihrem Fensterblick und trat an das Whiteboard heran. »Und Netzwerk?«

»Warum nicht?«, antwortete Nemecek und sah zu, wie seine Kollegin die weiße Fläche mit einem roten Stift zerteilte. *Paul Steiner* schrieb sie in die Mitte der horizontalen Linie, während sie seinen Namen vor sich hinsagte, als müsste sie ihn buchstabieren. *Montag 21:00-22:00*, notierte sie hinzu und darunter: *Mord*. Wortlos fügte Manninger zwei Tatortfotos hinzu.

Rechts davon stand gleich darauf: *Dienstag 8:30 – Nikolas Gauss findet Opfer*. Daneben klebte ein Bild des agilen Coachs.

»Laut sei-sener Aus-sa-sage hat er ihn ja sch-schon um ein-einiges frü-her-her ge-fu-funden«, merkte Manninger an. Obermayr stimmte zu: »Aber angeblich hat er zuerst eine Dreiviertelstunde im selben Raum gearbeitet, ohne etwas zu bemerken.« Nemecek legte den Kopf schief, als ob er so bes-ser über die Hinweise seiner Kollegen nachdenken könnte. Währenddessen griff seine Kollegin nach dem schwarzen Stift und wandte sich der linken Seite des Boards zu.

Sylvie Steiner 18:40, Luka Novacic 19:12, Unbekannter Anrufer 20:44, las Nemecek wenig später und blickte auf die dazugehörigen Fotografien. Nicht alle Porträts waren vorteilhaft, doch darum ging es natürlich nicht.

Obermayr hatte zu jedem Namen eines dieser altmodischen Telefonzeichen dazugemalt und sogar die Dauer der Gespräche festgehalten: *9:42 – 1:12 – 0:31*. Dann wechselte sie wieder nach rechts, um die Namen der anderen Mitarbeiter zu notieren, die an dem Meeting mit Paul Steiner teilnehmen sollten: *Igor Wasjaschwilli, Kim Sun, Akasha Devi, Harald Terzenberger, Melanie Wunzer, Eleanore Ortiz (abwesend), Luka Novacic (krank)*. Man-ninger fixierte die entsprechenden Aufnahmen am Board.

Über diese Sammlung schrieb Obermayr nebeneinander *Heidrun Glaser* und *Ferdinand Glaser* und darüber *SafeIT*, sodass das Ganze am Ende wie eine Pyramide aussah. Dieser Eindruck verstärkte sich, als sie unter *Paul Steiner* noch die Namen seiner Schwester und seiner Geliebten schrieb. *Sylvie Steiner, Milena Dadic, Karin Köllerer* bildeten eine zusätzliche Ebene dieses merkwürdigen Gebildes. Mit grünen Strichen begann Obermayr nun die Beziehungen zu markieren. Während sie alle Namen zuerst mit Paul Steiner und danach untereinander verband, brachte Manninger die letzten Bilder an der Tafel an. Am Ende gab es Striche zwischen den verschiedenen Mitarbeiterfotos, aber auch zwischen einzelnen Namen: Sylvie Steiner und Nikolas Gauss, Luka Novacic und Milena Dadic oder Karin Köllerer und Paul Steiner.

Nemecek versuchte, die Zusammenhänge zu erkennen. Nunmehr erinnerte ihn das Bild an ein verworrenes Mobile, in dem die Namen und Fotos an dünnen Schnüren hingen. Wie diese kleinen bunten Glasplatten bei seinen Töchtern, die dann bei Sonnenschein immer eine Armee von Lichtpunkten durch die Kinderzimmer tanzen ließen.

Ganz am Schluss versah Obermayr die einzelnen Linien noch mit Symbolen: rote Herzen, gelbe Blitze und schwarze Fragezeichen. Selbst wenn Nemecek die Darstellungen seiner Kollegin noch nicht gekannt hätte, wären die Bedeutungen unmissverständlich gewesen.

»Ein ziemlich dichtes Geflecht, wenn du mich fragst«, kommentierte Nemecek, als seine Kollegin von der Tafel zurücktrat. »Kein Wunder, dass sich in meinem Kopf alles dreht.«

»Ga-ga-ganz schön viele-le Blitz-ze«, bemerkte Manninger mit ausholenden Armbewegungen, als würde er die einzelnen Einschläge nachstellen.

»Und diese Blitze verstärken unseren Drehwurm noch«, meinte Obermayr zu seiner Pantomime. »Dabei habe ich bislang nur die personenbezogenen Spannungen erfasst. Im Grunde müssen wir noch die großen Konfliktfelder ergänzen, von denen wir gehört haben: ein Blitz für die Geschichte mit der Kündigung; ein Blitz für die sexuelle Belästigung; ein Blitz für den Widerstand gegen die Veränderung; ein Blitz für die Spannungen innerhalb der Familie Glaser.«

»Und dann sind da noch diese Fragezeichen, die für zusätzliche Bewegung sorgen«, sponn Nemecek weiter, um sich im nächsten Augenblick selbst zu

unterbrechen. »Stopp!«, rief er laut und sah wie Manninger zusammenzuckte. »Entschuldige, bitte«, streckte er die Hand in Richtung seines Kollegen aus, aber der schüttelte den Kopf. Nemecek war nicht klar, ob das Kopfschütteln nun hieß, dass sein Zucken nicht der Rede wert war oder dass er
seinen kleinen Schock bereits überwunden hatte. Vielleicht wusste das Manninger selbst nicht so genau. Nemecek schob die Fragezeichen zur Seite, um
endlich seinen Vorschlag einzubringen: »Können wir das Bild vorerst so stehen lassen und uns noch eine stille Stunde gönnen?«

»G-g-gerne«, grinste Manninger. Falls er jemals verstimmt gewesen sein
sollte, schien das bereinigt zu sein. Nemecek verfolgte, wie Manninger zwei
dicke Mappen vor sich auf den Schreibtisch legte, während Obermayr nach
ihrem Tablet griff. Dann widmete er sich seinem eigenen Notizbuch.

Die sogenannte stille Stunde war eine andere Methode, die sie seit vielen
Jahren einsetzten. Dabei ging es allerdings weniger um die konkrete Zeitein-
heit, die mitunter nur zehn Minuten betrug. Entscheidend war vielmehr das
Moment der Einkehr: Man zog sich zurück, ließ die Ereignisse noch einmal
Revue passieren, ging seine Aufzeichnungen durch, fasste zusammen,
brachte alles auf den Punkt. Kurzum: Jeder dachte zuerst für sich alleine
nach, bevor man Eindrücke, Hypothesen und Schlussfolgerungen aus-
tauschte und gemeinsam das weitere Vorgehen plante.

Nemecek schwor auf die stille Stunde – ja, er bezeichnete sie sogar als eines
der Herzstücke ihrer Ermittlungsarbeit. Aus seiner Sicht ermöglichte sie es,
sich dem reißenden Fluss der Ereignisse bewusst zu entziehen, um ihn
gleichsam vom Ufer aus zu betrachten. Andernfalls drohte man, wie
Nemecek sein Flussbild ausmalte, mit Geschichten überschwemmt zu werden und sich in den Untiefen von Halbwahrheiten und Lügen zu verlieren.

Früher war es des Öfteren vorgekommen, dass sie ihre Augen zwar auf ein
entscheidendes Indiz gerichtet, es aber nicht wahrgenommen hatten. Er
erinnerte sich an seinen ersten eigenen Fall, in dem er den Täter bereits in
der allerersten Befragung kennengelernt hatte – und doch war er für ihn bis
zum Schluss ein Unbekannter geblieben. Damals war Nemecek nur damit
beschäftigt gewesen, ständig neuen Hinweisen hinterherzulaufen, die
Zusammenhänge hatte er jedoch nicht gesehen. Anfängerfehler, konnte er
sich später eingestehen. Dennoch schwor er sich damals hoch und heilig,

dass ihm das in Zukunft nie wieder passieren würde. Das war die Geburtsstunde der stillen Stunde gewesen.

Nemecek sah sich um. Ja, er würde wieder einmal das Stehpult verwenden, das er Kappacher vor ein paar Jahren abgerungen hatte. Er musste schmunzeln, weil er sich an die Diskussionen erinnerte, die dieser Anschaffung vorausgegangen waren. Warum er denn unbedingt bei der Arbeit stehen wolle? Was das denn bringen soll? Und wie das aussah, wenn andere Leute ins Büro kamen?

Im Grunde war von Anfang an klar gewesen, dass sein Vorgesetzter ihn nicht verstehen würde. Der hätte nie im Leben seinen Schreibtisch aufgegeben – wohl selbst unter Gewaltandrohung nicht. Für ihn war dieser Tisch Kommandostand und Thron zugleich, ein unerlässlicher Ausweis seiner Autorität, der nicht infrage zu stellen war.

Er überflog das Sammelsurium an Sätzen, Begriffen und Zeichnungen, mit denen er sein Notizbuch gefüllt hatte. Auch hier galt es zu ordnen. Zudem warteten ja noch die Seiten auf ihn, die er bislang nur mit Überschriften versehen hatte. *Kanban ist ...,* las er, *Agil heißt ..., Selbstorganisation bedeutet ...* Hier wollte er so bald wie möglich bündige Definitionen einfügen.

Sollte er mit den geplanten Zusammenfassungen beginnen? Oder den Fragezeichen nachspüren, die seine Kollegin auf das Whiteboard gemalt hatte? Oder einfach nur seine bisherigen Aufzeichnungen durchlesen und sich überraschen lassen, welche Einsichten er dabei gewann? Vorsichtig schlug Nemecek die nächste Seite auf.

Natürlicher Weg, auf dem soziale Ordnung zustande kommt, schrieb er zu *Selbstorganisation.* Was hatte ihm Bettina noch darüber erzählt? Er kramte in seinem Gedächtnis. Das war doch erst gestern Abend gewesen, warum fiel es ihm dann so schwer, sich zu erinnern? Er beschloss, im ersten Anlauf nur das festzuhalten, was ihm sofort einfiel. *Reaktionsschnell, wendig, anpassungsfähig, leichtfüßig* schrieb er zu *Agil. Visuelles Arbeitsmanagement,* definierte er bei *Kanban: Konsequenter Fokus auf Wert, differenzierte Darstellung aller Arbeitsaspekte, guter Arbeitsfluss durch WIP-Limits, kontinuierliche Verbesserung durch regelmäßiges Feedback.* Das Aufschreiben machte ihm deutlich, dass er in der Zwischenzeit einiges über Kanban wusste; wie genau damit Arbeit gemanagt wurde, war ihm aber nach wie vor unklar. Wie funktionierte dieser Betrieb, von dem Gauss gesprochen hatte? Was hieß regelmäßige Feedbackschleifen? Und welche Auswirkungen hatte das auf die Entscheidungen, die getroffen wurden? Vielleicht sollte er morgen doch einmal die Meetings in der *SafeIT* besuchen, die ihm Gauss empfohlen hatte. Möglicherweise würde er dann das, was der agile Coach das Herzstück von Kanban genannt hatte, viel besser verstehen.

»Wollen wir?«, hörte Nemecek die Stimme seiner Kollegin, »oder braucht ihr noch mehr Zeit?« Wie so oft war es für ihn, als würde er aus einem Traum erwachen. »Nein, ist gut«, murmelte er und hatte den Eindruck, sich tatsächlich ein wenig verschlafen anzuhören.

»N-n-n-nein«, sagte auch Manninger, dem die Haare zu Berge standen, als hätte er sie in der Zwischenzeit mit einem Staubsauger bearbeitet.

»Soll ich loslegen?«, fragte Obermayr und hörte sich dabei beneidenswert munter an.

»Gerne«, antwortete Nemecek.

»Summasummarum ist das für mich ein Fall ohne Spuren und Zeugen«, fasste sie zusammen. Wie gewohnt eröffnete sie mit ihrer zentralen Einsicht. »Jeder war woanders, keiner hat etwas gesehen, nichts wurde zurückgelassen. Und das vor dem Hintergrund all dieser Boards, die das Unsichtbare sichtbar machen wollen.«

Nemecek stutzte. Grundsätzlich schätzte er es, wenn sein Gegenüber direkt zum Punkt kam. Bei Obermayr überkam ihn indessen das Gefühl, dass sie mitunter zu hastig vorging. Sie neigte dazu, wichtige Details zu überspringen und Widersprüche zur Seite zu schieben. Das wiederum regte Nemecek zum Widerspruch an, als müsste er Partei für das Verdrängte ergreifen.

»Ka-Ka-Kan-ban«, meinte Manninger, bevor Nemecek endlich den Mund aufbekam: »Du vergisst die Karte.«

Obermayr sah ihn irritiert an. Lag das nun an dem erwähnten Fakt? Oder war sie mit etwas anderem beschäftigt? »Stimmt, die Karte«, räumte sie schließlich ein und wirkte dabei ungewohnt defensiv. »Du musst aber zugeben, dass das eine unserer wenigen handfesten Spuren ist.«

»Das stimmt doch nicht«, schaltete Nemecek nun auf direkte Opposition um. Er war sich darüber im Klaren, dass er damit ihr Sparring weiter anheizte.

»D-d-das k-kommt d-d-darauf an«, mischte sich Manninger ein und wirkte dabei wie ein Ringrichter, der auf Regeleinhaltung pocht.

»Die Karte ist bloß einer von unzähligen Verdachtsmomenten«, argumentierte Nemecek weiter. »Denk beispielsweise an die Mordwaffe, deren Herkunft wir gerade recherchieren; denk an Novacic, von dessen Aufenthaltsort wir immer noch nichts wissen; an Gauss, der sogar handgreiflich geworden ist; last but not least an den unbekannten Prepaid-Anrufer, der wahrscheinlich der letzte war, mit dem unser Opfer gesprochen hat.«

»Schön und gut«, zeigte sich nun auch Obermayr von ihrer kampflustigen Seite. »Das sind erste Verdachtsmomente, mehr aber auch nicht.« Ihre Augen funkelten streitlustig. »Streng genommen ist daran nicht das Geringste stichhaltig.«

»Mag schon sein, dass wir noch wenig davon eindeutig belegen können«, gestand Nemecek. »Doch zusammen mit den Blitzen und den Fragezeichen, die du herausgearbeitet hast, zeigen sie uns doch, wo die weitere Ermittlungsreise hingeht.«

»Und z-z-zwar?«, zeigte sich Manninger neugierig.

»Ich sehe zumindest zwei Wegweiser«, sagte Nemecek und streckte beide Hände nach vorne. Mit der linken Hand berührte er jetzt seine geschlossene Rechte, bevor er mit dem Daumen nach oben zeigte. »Erstens sollten wir uns morgen noch einmal Sylvie Steiner vornehmen.«

»Wir sollten sie vor allem zu ihrer Beziehung zu Gauss befragen«, stimmte Obermayr zu. »Schließlich ist das die einzige Linie mit allen drei Zeichen: Herz, Blitz und Fragezeichen.«

»Ge-ge-genau«, bekräftigte Manninger.

»Wir wissen bereits, dass uns Steiner wesentliche Punkte verschweigt – wenn sie uns nicht sogar ins Gesicht lügt.«

»Wie du selbst angedeutet hast, liegt außerdem nahe, dass die beiden mehr verbindet als eine rein berufliche Beziehung.«

»Oder zumindest verbunden hat«, stimmte Obermayr zu.

»Deswegen plädiere ich dafür, dass wir sie dieses Mal ordentlich in die Mangel nehmen.« Nemecek genoss seine Entschlossenheit. Endlich würden sie klare Fortschritte erzielen. »Und René setzen wir als Protokollführer ein«, fügte er hinzu. »Damit bauen wir sicher genügend Druck auf.«

»G-g-gut«, sagte der Angesprochene.

Obermayr blickte zur Tafel. »Bin dabei. Was ist mit Dadic und Novacic? Da haben wir ebenfalls Blitz und Fragezeichen.«

»Exakt«, entgegnete Nemecek und bog jetzt mit dem linken Zeigefinger den rechten Mittelfinger nach oben. »Das wäre mein zweiter Ansatzpunkt.«

»Dazu müssten wir erst einmal mit Novacic sprechen«, erinnerte Obermayr.

»Deswegen hoffe ich, dass er wie geplant um 17 Uhr erscheint.«

Manninger wackelte mit dem Kopf. »G-g-gemel-det hat er sich n-nicht bei m-mir.«

»Wir werden sehen«, sagte Obermayr.

»Deine drei Fragezeichen?«, blieb Nemecek am Drücker. Seine Kollegin deutete auf die entsprechende Stelle an der Tafel: »Unser unbekannter Anrufer, sozusagen der letzte Ohrenzeuge.« Nemecek nickte und schaute dann in Richtung seines jungen Kollegen. »Was haben denn deine Recherchen ergeben?«, fragte er Manninger. »Pr-pre-paid v-verkaufs-stel-len l-läuft noch, K-kam-meraüb-ber-w-wachung n-nega-t-tiv, Z-zeugen dito.«

»Nicht gut«, resümierte Nemecek, musste sich jedoch eingestehen, dass er nichts anderes erwartet hatte. »Noch schlechter ist allerdings, dass mir der Magen knurrt. Kein Wunder: Heute hatten wir ja nur einen kleinen Mittagssnack!«

»Stimmt. Und ein leerer Bauch studiert bekanntlich nicht gern – und ermittelt auch nicht gut«, servierte ihnen Obermayr sowohl eine passende Redensart als auch einen richtungsweisenden Vorschlag: »Wie wär's, wenn uns René noch schnell was aus dem *Café Meiler* besorgt? Dann sind wir für Novacic gerüstet.«

»Das wäre großartig«, grinste Nemecek bei der Aussicht auf einen guten Espresso und ein Sandwich aus seinem Lieblingskaffeehaus.

»M-mach ich g-gerne«, sagte Manninger, »d-das Ü-übliche?«

Die beiden Inspektoren nickten unisono. Nemecek musste grinsen. Noch ein wenig Koffein und ein paar Bissen – dann war er für die nächsten Etappen bereit: die Befragung eines Tatverdächtigen; seinen Tagesabschluss im Büro; das Treffen mit seinem Freund Sebastian; die Heimkehr zu seiner Familie; und dann noch ein wenig Gute-Nacht-Lektüre. In jedem Fall keine schlechten Aussichten!

Mittwoch, 18:42
Eine erkenntnisreiche Radtour

Der Anstieg war Nemecek schon einmal leichter gefallen. Für seine Verhältnisse schwitzte er bereits ungewöhnlich stark. Dazu hatte er ständig das Gefühl, gleich außer Atem zu kommen. Zu allem Überfluss verspürte Nemecek ein heftiges Ziehen in den Beinen, als würden sich seine Muskeln gleich verkrampfen. Er klopfte sich mit der Handkante über beide Oberschenkel, obwohl er sich davon keine wirkliche Entspannung erwartete.

Nemecek blinzelte in die Sonne. Vielleicht lag es ja auch an der Hitze, dass er sich so matt fühlte? Immerhin hatten sie um 18 Uhr immer noch 26 Grad. Schon ein verrücktes Wetter, ging es Nemecek durch den Sinn. Kein Wunder, dass so viele Kleingärtner mit Gießen beschäftigt waren. Gerade eben erst musste er auf die linke Straßenseite ausweichen, um nicht in den Wasserstrahl eines übermotivierten Pflanzenfreunds zu geraten. Ein paar Häuser vor Nemecek ergoss sich ein feiner Sprühregen über die fast zwei Meter hohen Thujen, die man hier vielerorts als Sichtschutz gepflanzt hatte.

Auf alle Fälle war es viel zu trocken, kam Nemecek eine dieser Tage oft gehörte Klage in den Sinn – und musste wieder an Leas Referat über den Klimawandel denken, das sie ihm kürzlich vorgetragen hatte. In ihrer akribischen Art hatte seine ältere Tochter eine Menge Fakten zusammengetragen, die einen zum Nachdenken brachten: fortschreitende Erderwärmung, dramatische Gletscherschmelze, sukzessiver Anstieg der Meerestemperatur mit allen Nebenwirkungen für Flora wie Fauna. Welche Welt hinterließen sie bloß ihren Kindern? Trotzdem musste Nemecek plötzlich grinsen, weil ihm wieder Sophies herzhaftes Lachen einfiel, als Lea den amerikanischen Präsidenten zitierte. Der hielt den Klimawandel nämlich für eine Erfindung der Chinesen.

Nemecek stieß die Luft aus den Lungen. Eigentlich wollte er weder an den Klimawandel denken noch an den amerikanischen Präsidenten. Wie immer, wenn er sich auf seine Heimstrecke auf den Wilhelminenberg begab, strebte er nur eines an: den Kopf freizubekommen. Das war allerdings gar nicht so leicht, denn sein aktueller Fall saß ihm fest im Nacken. Gerade erst war ihm wieder ihr Kassasturz eingefallen: wie erleichtert er war, dass sie sich ein wenig Übersicht verschafft hatten; und wie enttäuscht, dass Novacic nicht aufgetaucht war.

Zuerst hatten sie noch die üblichen fünfzehn Toleranzminuten abgewartet, dann aber war allen Beteiligten klar, dass nichts aus der geplanten Befragung werden würde. Der Vollständigkeit halber hatte Manninger noch bei der *SafeIT* angerufen, dort aber lediglich erfahren, dass Novacic immer noch krank gemeldet war. Allerdings konnten sie den Serben weder zu Hause erreichen noch auf seinem Mobiltelefon. Konnte er wirklich so blöd sein und ihre Vorladung einfach ignorieren? Oder war er ernsthaft erkrankt? Vielleicht sogar im Krankenhaus? Manninger war gerade dabei, das zu überprüfen. Andernfalls würden sie ihn umgehend zur Fahndung ausschreiben.

»Na, schwächeln wir heute ein wenig?«

Nemecek fuhr zusammen. Er war so in Gedanken vertieft gewesen, dass er Neufeldner überhaupt nicht bemerkt hatte. Doch als er seinen Blick hob, sah er seinen besten Freund keine fünf Meter vor ihm stehen. Dieser hatte sein Fahrrad quergestellt, sodass nur noch ein schmaler Streifen übrig blieb, durch den sich Nemecek an ihm vorbei schob. »Geht schon, Sebastian«, rief er seinem Freund im Vorüberfahren zu.

Wie immer war die schmale Straße hinauf zum Ottakringer Bad dicht bevölkert: aus- oder einparkende Autos, bergab kommende Fahrradfahrer, Jogger, Kinder, ältere Ehepaare und jene besondere Spezies von Hundehaltern, die ihre Lieblinge mit Vorliebe an der langen Leine ausführten – oder diese überhaupt wegließen. Hier musste man höllisch aufpassen, wenn man keine brenzlige Situation erleben wollte. Dieses Mal ging alles glatt, sodass sie wenig später das Gelände des ehemaligen psychiatrischen Krankenhauses am Steinhof erreicht hatten. Zuerst ging es am Neubau für die Angestellten vorbei, den sie erst vor ein paar Jahren errichtet hatten; dann an den ersten dieser für den Steinhof typischen Pavillons; schließlich passierten sie den kleinen Tierpark, der nach wie vor für verschiedene Therapieformen genutzt wurde.

Als sie den Wanderweg in Richtung Feuerwache erreichten, klebte Neufeldner an seinem Hinterrad. Aber das stresste Nemecek nicht. Schließlich verband ihn mit Sebastian nicht nur eine jahrzehntelange Freundschaft, sondern eine ebenso lange Fahrradgeschichte. In früheren Jahren hatten sie zumindest einmal im Jahr größere Touren gemacht und dabei oft genug wahre Abenteuer erlebt. Vor allem die Expedition, die sie unmittelbar nach dem Fall des eisernen Vorhangs unternommen hatten, würde ihm unvergesslich bleiben. Stundenlang hatten sie damals versucht, über die grüne Grenze nach Ungarn zu kommen. Beharrlich waren sie dabei auf neue Stacheldrahtsperren gestoßen, die zur Umkehr zwangen. Ohne es zu merken, beschrieben sie dabei eine Kreisbewegung, sodass sie am Ende des Tages schließlich wieder am Ausgangspunkt ihrer Tour landeten.

Seit sie beide Kinder hatten, war es mit den großen Abenteuern vorbei. Allerdings blieben ihnen die abendlichen Spritztouren. Da mussten sie ihre Unternehmungslust zwar etwas einschränken, das Unterwegssein war deswegen aber nicht weniger vergnüglich. Ein wesentlicher Bestandteil dieses Vergnügens war das, was man in Österreich Einkehrschwung nannte. Der Begriff stammte zwar aus dem Wintersport, die sommerliche Übersetzung fiel passionierten Pedalrittern jedoch nicht allzu schwer. Da die beiden Freunde mittlerweile fast immer dieselben Strecken fuhren, musste dieser besondere Schwung nicht extra geplant werden. Die Gasthäuser waren vielmehr Fixpunkte auf ihren inneren Landkarten – und Gasthäuser gab es im stadtnahen Wienerwald fast ebenso viele wie Spazierwege.

»Pause?«, fragte Neufeldner, als sie an der alten Feuerwache angekommen waren.

»Ich muss auf jeden Fall etwas trinken«, antwortete Nemecek und stieg vom Rad. Einmal mehr bestaunte er den Brunnen, der gleich neben dem Haupteingang zu finden war. Dieser bestand aus einem kurzen Rohr, an dem ein etwa zehn Zentimeter langer Hebel sowie ein Kunststoffschlauch angebracht waren. Wirklich eindrucksvoll an dieser Konstruktion war jedoch, dass sie mitten aus einem großen, felsenartigen Stein ragte. Wo sie den wohl her hatten? Soweit Nemecek wusste, gab es im Wienerwald keine solchen Felsen.

»Warte, ich stärke mich auch gleich«, übernahm Neufeldner den Trinkschlauch. Kurz darauf saßen sie wieder fest im Sattel und machten sich an den Aufstieg in Richtung Jubiläumswarte. Nemecek fühlte sich jetzt deutlich besser. Das Ziehen in den Oberschenkeln war verschwunden und sein Atem ging gleichmäßig. Er hatte einen guten Rhythmus gefunden und konnte problemlos mit seinem Freund mithalten, der nun wieder vor ihm fuhr.

Mit der Stadt schien er allmählich auch seine Arbeit hinter sich zu lassen. Nur das seltsame Gespräch mit Sylvie Steiner war ihm noch einmal kurz durch den Kopf gegangen – genauer gesagt dieses eigenartige Gemisch von Verwunderung, Unverständnis und Ärger. Aber auch das verblasste zusehends.

Schon schimmerte vor ihnen die Jubiläumswarte durch die Bäume, jener rund 30 Meter hohe Aussichtsturm, von dem aus man bei guten Wetterverhältnissen einen grandiosen Blick über die Stadt hatte. Allerdings musste man dazu die knapp 200 Stufen der Wendeltreppe erklimmen, die sich um den Betonkern schlängelten. Und ein solcher Aufstieg war nicht jedermanns Sache.

Nemecek hatte nur einen Augenblick, um zur Plattform an der Turmspitze hochzusehen. Denn bereits im nächsten Moment hatten sie die Straße überquert und der Turm lag wieder hinter Bäumen verborgen. In einer Minute würden sie die große Wiese am Wilhelminenberg erreicht haben. Von dort ging es zuerst in Richtung Schottenhof hinunter, dann zur Sofienalpe hinauf und am Ende zu dem alten Gasthaus, zu dem sie ihr heutiger Einkehrschwung führen würde.

»Es ist wirklich eine eigene Zeitreise«, bestätigte Neufeldner, als er sich den grünen Stuhl zurechtgerückt hatte. »50er, 60er, 70er, 80er – man weiß es nicht so genau, oder?«

Nemecek nickte. Wann immer er hier im *Forsthäuserl* Station machte, fühlte er sich auf geradezu magische Weise in seine Jugend zurückversetzt. Waren das diese Gartenmöbel? Die alten Holztische? Die Eternitplatten auf dem Haus? Oder die alte Wirtsstube? Wahrscheinlich alles zusammen, dachte er und streckte die Beine aus.

Dann tauchte der Kellner auf, dem ebenfalls etwas seltsam Zeitloses anhaftete. Auch bei ihm vermochte Nemecek nicht zu sagen, ob das nun an der klassischen Kellnerkleidung lag, an dem kleinen Notizblock für die Bestellungen oder an der besonderen Haltung, mit der er die Getränke auf dem Tablett balancierte.

»Zwei erwachsene Hopfenkaltschalen für zwei ehrliche Sportsmänner«, verkündete der Kellner, als er die beiden Gläser vor ihnen abstellte. Selbst das fügte sich ins Bild, dachte Nemecek, so eine lockere Gastfreundlichkeit, wie man sie heutzutage nur noch selten fand. »Die Firma dankt«, sonderte Neufeldner einen dazu passenden Spruch ab. Doch der Kellner hatte sich bereits von ihnen abgewandt.

»Cheers«, sagte Neufeldner, als müsste er der Wiener Tradition, die einem hier förmlich entgegenschrie, ein wenig Internationalität entgegensetzen. »Mahlzeit, Sebastian.« Nemecek nahm einen kräftigen Schluck von seinem Bier, das in Wien, der klassischen Glasform entsprechend, Krügerl hieß.

»Du wirkst heute ein wenig angespannt«, sagte Neufeldner, nachdem er Nemecek genauer in Augenschein genommen hatte. »Neuer Fall?«

In einer anderen Situation hätte sich Nemecek vielleicht über den Spürsinn seines Freundes gewundert. Oder ein Geplänkel über Hellseherei begonnen. Doch heute war ihm nicht danach zumute. Er wollte reden; er wollte von seinem Fall erzählen; und er wollte eine Einschätzung seines Freundes. Seit den Anfängen ihres gemeinsamen Philosophiestudiums, aus dem Neufeldner sich in Richtung Rechtswissenschaft verabschiedet hatte und Nemecek in Richtung Polizeiakademie, waren sie einander innig verbunden: Busenfreunde, Unterstützer, aber auch Kritiker. Entsprechend gespannt war er auf die Reaktion, die er erhalten würde. Getreu dem Prinzip, dass man erst weiß, was man gesagt hat, wenn man eine Antwort darauf hört.

»Schieß los«, forderte Neufeldner, bevor er sich den Bierschaum vom Mund wischte. »Ich bin ganz Ohr.«

Nemecek ließ sich nicht zweimal bitten. In wenigen Sätzen umriss er, worum es ging und was sie bisher herausgefunden hatten: vom aufsehenerregenden Design der *SafeIT* über die besonderen Arbeitsmethoden bis zu den Gesprächen, die sie bisher durchgeführt hatten. Er schilderte die heftigen Emotionen, die diesen Fall regierten, und wie sehr das alles auf Liebe und Eifersucht als Mordmotive hindeutete. Selbst das Thema Kanban erwähnte er kurz, nicht zuletzt aufgrund der grünen Karte, die ihnen nach wie vor Rätsel aufgab. »Was ist«, versuchte Nemecek seine aktuelle Lage auf einen einfachen Nenner zu bringen, »wenn du eins und eins zusammenzählst, aber immer drei herauskommt?«

»Hört sich an, als würdet ihr noch ziemlich im Dunkeln tappen«, kommentierte Neufeldner und griff nach seinen Zigaretten. Nachdem er sich eine angesteckt hatte, fügte er hinzu: »Was einen eigenartigen Kontrast zu der Transparenz bildet, die das Umfeld zu dominieren scheint.« Neufeldner nahm einen tiefen Zug und ließ den Rauch dann langsam durch die Nasenlöcher streichen. »Aber vielleicht ist es in dieser Firma so, dass das, was zunächst einleuchtet, bei näherer Betrachtung von Zweifeln umschattet wird.«

Nemecek nickte, obwohl er nicht sicher war, ob er seinem Freund folgen konnte. Welche Zweifel meinte er? Und was genau leuchtete überhaupt ein?

»Wie ist das mit diesem Kanban?«, fragte Neufeldner weiter, bevor Nemecek zu einer Antwort gefunden hatte. »Das würde ich gerne mal verstehen. Immerhin scheint es in eurem Fall eine wichtige Rolle zu spielen.«

Nemecek nickte. Er überlegte kurz, ob er seinem Freund eine Kurzzusammenfassung geben sollte. Warum eigentlich nicht? Immerhin konnte er auf diese Weise sein eigenes Verständnis prüfen.

»Einfach gesagt geht es bei Kanban darum, komplexe Arbeitsverhältnisse sichtbar zu machen«, setzte Nemecek an. »Schließlich findet Wissensarbeit hauptsächlich in den Köpfen von Experten statt und ist daher großteils unsichtbar.« Neufeldner nickte. Das schien ihm einzuleuchten. War in seiner Rechtsanwaltskanzlei wohl nicht viel anders. »Zur Visualisierung werden einfache Darstellungstechniken genutzt, deren Ziel es ist, möglichst viele Aspekte explizit zu machen.«

Neufeldner nahm einen tiefen Zug von seiner Zigarette und blickte seinen Freund neugierig an. Dieser Blick ermutigte Nemecek, seine Ausführungen fortzusetzen: »Obwohl Kanban wortwörtlich Signalkarte heißt, geht es nicht allein um Visualisierung. Vielmehr ist die Visualisierung ein Hilfsmittel, um auf die richtigen Dinge zu fokussieren.«

»Und was sind die richtigen Dinge?«, fragte Neufeldner erwartungsgemäß.

»Wenn ich es richtig verstanden habe, geht es darum, die Erwartungen der Kunden besser zu erfüllen – und die Arbeit gleichzeitig so zu gestalten, dass auch die Mitarbeiter zufriedener sind.«

»Und das geht?«, zweifelte sein Freund.

»Anscheinend steht und fällt das visuelle Arbeitsmanagement mit der Limitierung paralleler Arbeiten«, führte Nemecek weiter aus, während er sich an das zu erinnern versuchte, was ihm Heidrun Glaser erst vor ein paar Stunden erläutert hatte.

»Ich kann mir nicht recht vorstellen, wie das funktionieren soll«, blieb Neufeldner seiner skeptischen Linie treu. Nemecek konnte das gut nachvollziehen, schließlich ging es ihm zu Beginn nicht anders.

»Ich hatte am Anfang auch meine Vorbehalte«, gestand er dementsprechend. »Die haben sich erst gelegt, als ich mir das Board genauer angesehen und das System dahinter verstanden habe.«

»Board?«, runzelte Neufeldner neuerlich die Stirn. »Klingt nach alle im Boot und so.«

Nemecek musste lachen. »Da ist was dran, dass alle an oder besser gesagt: am Board sein sollen«, sagte er. Neufeldner sah ihn verständnislos an. »Mit Board ist aber kein Boot, sondern die Tafel gemeint, auf der die Arbeitszusammenhänge dargestellt werden. Warte, ich zeig dir schnell ein Bild davon.«

Ein Bild sagt mehr als tausend Worte, ging Nemecek durch den Sinn, als er den *SafeIT*-Ordner auf seinem Smartphone geöffnet und es über den Tisch gereicht hatte.

»Aha«, gab sein Freund von sich. »So sieht das also aus.«

»Soll ich dir die Visualisierung genauer erklären?«

»Passt schon«, winkte Neufeldner ab. »Sag mir lieber, wie damit gemanagt wird.«

»Tja, erwischt«, grinste Nemecek. »Das weiß ich nämlich noch nicht. Angeblich erfolgt das im Wesentlichen über regelmäßige Meetings und gezielte Messungen.«

»Das solltest du dir genauer anschauen«, meinte Neufeldner, während er seine halbgerauchte Zigarette ausmachte. »Schmeckt widerlich beim Sport«, erklärte er auf den fragenden Blick seines Freundes hin.

Nemecek schürzte die Lippen. Die Einsicht, dass er den konkreten Betrieb eines Kanban-Systems besser verstehen sollte, hatte er auch schon gehabt. Höchstwahrscheinlich würde es ihm am meisten helfen, wenn er sich das aus der Nähe ansah. Was hatte ihm Gauss empfohlen? Dieses kurze Meeting im Stehen; und ein längeres, das ihn an ihren eigenen Kassasturz erinnerte. Retrospektive oder so ähnlich. Auf alle Fälle würde er gleich morgen früh vor Ort alles in Augenschein nehmen – so viel stand schon einmal fest.

»Guter Punkt«, kehrte Nemecek zu der Empfehlung seines Freundes zurück. »Hast du vielleicht noch einen anderen Tipp, um unseren dunklen Fall zu erhellen?«

»Habt ihr eigentlich schon einmal daran gedacht, dass es um etwas anderes gehen könnte als um enttäuschte Liebe, Geschwisterhass, Eifersucht oder Misstrauen?«

»Woran denkst du?«, fragte Nemecek perplex.

»Geschäftliches«, pointierte Neufeldner und schob sich eine neue Zigarette zwischen die Lippen. Nemecek versuchte, dem Gedanken seines Freundes zu folgen: Was, wenn Steiner sein eigenes Spiel gespielt hatte? Wenn er hinterrücks ganz andere Geschäfte machte? Wenn er vielleicht sogar einen großen Coup vorbereitete?

»Es könnte doch sein, dass dieser Steiner etwas ganz Bestimmtes verbergen wollte«, verstärkte Neufeldner seine Fragezeichen. »Vielleicht hat er ja in die eigene Tasche gearbeitet? Vielleicht hat er die *SafeIT* bestohlen? Vielleicht war er bereits dabei, sich mit seiner Beute aus dem Staub zu machen?«

»Interessante Überlegung«, sagte Nemecek gedehnt. Auf alle Fälle würde eine solche Diebstahl- und Fluchtthese zu Steiners Plan passen, mit Köllerer ein neues Leben zu beginnen. Fragte sich natürlich, was es in der *SafeIT* an Stehlenswertem gab.

Nemecek spürte, dass er Zeit brauchte, um diesen Überlegungen noch weiter nachzuhängen. Wahrscheinlich sah ihm das sein Freund ohnehin an. Möglicherweise spürte er sogar, dass Nemeceks bisherige Erklärungen gerade in sich zusammenstürzten wie ein schlecht gebautes Kartenhaus.

»Zahlen bitte«, hörte er ihn im nächsten Moment rufen. Neufeldner stand auf. »Wird Zeit für einen gepflegten Downhiller, was meinst du?«

»Danke Sebastian«, entgegnete Nemecek und drückte den Arm seines Freundes. Dann ging er zu seinem Fahrrad.

Mittwoch, 21:21
Späte Lektüre

Mord in IT-Unternehmen, las er in der rechten Spalte, während er sich bückte, um die Zeitung aufzuheben. Diese war anscheinend den ganzen Tag vor der Tür gelegen. Zweifellos das einzig lesbare Blatt in Österreich – obwohl er gerade keinerlei Lust verspürte, den Mordartikel durchzugehen. Irgendwann musste einfach Schluss sein!

Während er nach seinem Wohnungsschlüssel kramte, überlegte Nemecek, ob das mit dem einzig lesbaren Blatt nicht bloß ein Werbespruch war, den er irgendwo aufgeschnappt hatte. Wie auch immer. Die Zeitung bot allemal seriösen Journalismus: gute Recherchen und pfiffige Artikel. Was wollte man mehr, wenn man spät abends nach Hause kam und noch einen Blick auf das Weltgeschehen riskierte?

Nur am Papier stieß er sich nach wie vor. Warum musste man eine Qualitätszeitung in der Farbe von Klopapier drucken? »Einlagiges«, kam ihm in den Sinn und er fühlte sich schlagartig um viele Jahre zurückversetzt. »Papa, das ist ein dreilagiges Hotel«, teilte ihm die damals vielleicht dreijährige Sophie freudig mit, nachdem sie die Toilettenausstattung ihres Urlaubsdomizils inspiziert hatte. Seit dieser Zeit war es einer der beliebtesten *running gags* der Familie, das jeweilige Klopapier an den unterschiedlichsten Orten zu bewerten. Nach und nach gingen sie sogar dazu über, nahezu jedes Qualitätsurteil über die Lagenanzahl auszudrücken. Einlagig konnte für schlechtes Essen, aber auch für langweiligen Unterricht stehen, zweilagig bezeichnete Durchschnittlichkeiten aller Art, dreilagig hingegen markierte Topniveau.

In dieser Hinsicht haben wir bislang nur einlagige Ermittlungen betrieben, dachte Nemecek, bevor er endlich die Wohnungstür öffnete.

Nemecek blickte auf die Uhr und erschrak: 23:42. Verflixt! Er hatte beim
Lesen völlig die Zeit übersehen. Dabei hatte er sich fest vorgenommen,
heute einmal früher ins Bett zu gehen!

Eigentlich war er nach seiner Zeitungslektüre ja ausreichend müde gewesen.
Gähnend marschierte er durch die Wohnung. Dann aber hatte er der Versuchung nicht widerstehen können und doch noch nach dem Schnellhefter
gegriffen, den ihm Gauss schon am Dienstag in die Hand gedrückt hatte. In
der Hitze des Gefechts hatte ihn Nemecek bloß mit einem beiläufigen Danke
in die Tasche gesteckt – und bis dato völlig vergessen.

Agile Reader verkündete der Umschlag. Zuerst wollte er nur kurz in die
Sammlung hineinschnuppern, die mehrere Texte zu den Themen Agilität,
Kanban und Selbstorganisation enthielt. Doch dann verspürte er einen son-
derbaren Sog – genau wie früher, wenn er sich stundenlang in ein Buch versenkte. Steckte also doch immer noch ein kleiner Philosoph in ihm, wie
seine Frau gerne behauptete? Zumindest eine Leseratte?

Er kehrte noch einmal an die Textstelle zurück, die er zuvor gewohnheits-
mäßig angestrichen hatte. *Kanban-Systeme erleichtern die Zusammenarbeit,* las er, *da sie einen gemeinsamen Fokus anbieten – und einen Ort der
Kommunikation.* Er blickte auf die neongelben Wörter. Seitdem ihm Bettina
schlüssig dargelegt hatte, dass man nicht nur mit den Augen, sondern auch
mit der Hand las, markierte er alles, was ihm interessant erschien. Als Universitätsprofessorin hatte seine Frau natürlich weit mehr mit Büchern zu tun
als er; dennoch übernahm er ihre Gewohnheit, direkt im Text oder am Seitenrand herumzukritzeln. Zu spät fiel ihm ein, dass der vorliegende Reader
gar nicht ihm gehörte. Er würde sich wohl bei Gauss für seine Schmierereien
entschuldigen müssen.

So war er dazu übergegangen, die wichtigsten Zitate direkt in sein Notizbuch zu übertragen. Das verlangsamte zwar seine Lektüre, hielt ihn aber
auch zu größerer Genauigkeit an. Am interessantesten erschien ihm der
Artikel über den Enterprise-Kanban-Ansatz, da dieser eine unternehmensweite Anwendung des visuellen Arbeitsmanagements versprach – also
genau das, was die *SafeIT* praktisch umsetzte. *Um einen optimalen Arbeitsfluss zu garantieren, braucht es eine übergeordnete Koordination, die nicht
auf einzelne Teams fokussiert, sondern auf ihr Zusammenspiel,* notierte er.
Dabei malte er die Buchstaben eher, als dass er sie schrieb. Das lag wahr-

scheinlich daran, dass er seit vielen Jahren keine eigentliche Schreibschrift mehr verwendete, sondern Druckbuchstaben. Die Müdigkeit schien seine Bewegungen zusätzlich abzubremsen, sodass er sich zwischendurch wie ein Schulanfänger vorkam.

Trotzdem er eine gewisse Schwerfälligkeit nicht verleugnen konnte, fühlte er sich gleichzeitig hellwach. Nemecek kannte diesen Zwiespalt nur zu gut: wenn dem Körper allmählich die Energie ausging, der Geist aber noch am Rotieren war. Normalerweise konnte er damit gut umgehen. Zumindest tagsüber, denn in der Nacht machte es ihm schwer zu schaffen, wenn er keine Ruhe fand. Wie oft hatte er sich schon stundenlang im Bett herumgewälzt, hin- und hergerissen zwischen der Sehnsucht nach Schlaf und der Idee, mitten in der Nacht aufzustehen, um endlich dem nachzugehen, was in seinem Kopf herumspukte!

Ein paar Mal war er dann tatsächlich aus dem Bett gesprungen, um E-Mails zu schreiben, Berichte zu verfassen oder sein Notizbuch zu bearbeiten. Die erwartete Beruhigung war dadurch nie eingetreten. Im Gegenteil: Es zog ihn strudelartig immer tiefer in den Arbeitsalltag hinein.

Am nächsten Morgen hatte er bisweilen bereits ein halbes Tagwerk erledigt – und sich dementsprechend erschöpft gefühlt. Als disziplinierter Mensch überstand er die darauffolgenden Stunden zwar einigermaßen; was aber blieb, war das bedrückende Gefühl, sich durch einen ganzen Tag schleppen zu müssen.

Viele solcher Tage musste er nicht erleben, um seine Lektion zu lernen. Seitdem vermied er es, den drängenden Impulsen nachzugeben. Stattdessen gewöhnte er sich daran, manchmal ein wenig aufgekratzt zu sein – und fand dann zumeist doch ein wenig Schlaf. Nach solchen Nächten fühlte er sich am nächsten Morgen zwar müde, aber nicht gerädert.

In den meisten Fällen waren es bestimmte Zweifel, die ihn nicht zur Ruhe kommen ließen: Zweifel an seinen Wahrnehmungen; Zweifel an seinen Annahmen; Zweifel an ihrem Vorgehen. Zu zweifeln gehörte zu seinem Beruf. Was wäre das für eine Ermittlungsarbeit, wenn er jedem Zeugen aufs Wort glauben würde? Wenn er jeder Spur nachjagen würde, ohne zu prüfen, ob es sich womöglich um eine falsche Fährte handelte? Wenn er sich nicht beharrlich fragen würde, ob sie etwas Wesentliches übersahen?

Er blickte in sein Buch. *Alle Arbeit fließt,* stand da schwarz auf weiß, *es sei denn, dieser Fluss ist durch ein Hindernis blockiert.* Er blätterte noch einmal zu der Skizze, die er sich von ihrem Kassasturz gemacht hatte. Hatten sie dadurch wirklich einen besseren Überblick gewonnen? Natürlich waren viele Dinge dargestellt. Bei genauerer Betrachtung handelte es sich allerdings um eine Sammlung von Einzelelementen. Nemecek erkannte mit einem Male, dass dieser Sammlung etwas Statisches anhaftete. Sie sahen weder, was sie bereits getan hatten, noch das, was sie noch tun sollten. Mit Kanban betrachtet, konnte man wahrscheinlich behaupten, dass keinerlei Fluss zu sehen war. Und da sie keinen Fluss dargestellt hatten, blieb auch unklar, wo dieser blockiert war.

Nach allem, was er in den letzten Stunden gelesen hatte, war er mit dem beim Kassasturz angefertigten Bild höchst unzufrieden. Sie sprachen doch nicht umsonst immer von einem Ermittlungsprozess. Das implizierte, dass es sich um dynamische Abläufe handelte. Er fragte sich, wo diese Abläufe zu sehen waren. Folgten sie nicht immer dem gleichen Schema? Von der ersten Erkundung des Tatorts über die systematische Sammlung von Indizien bis zur Verdichtung einer überzeugenden Beweiskette?

Gleichzeitig verschärfte seine Beschäftigung mit Kanban die Frage, ob sie nicht auch andauernd über ganz ähnliche Probleme stolperten: übersehene Indizien, schlecht befragte Zeugen, widersprüchliche Aussagen, falsche Gewichtungen. Würde es sich nicht umso mehr lohnen, Prozesse wie Probleme nicht bloß in ihren Köpfen, sondern vor Augen zu haben?

Mehr Fokus, weniger Zerstreuung, hatte er sich vorhin aufgeschrieben. Und auch: *Mehr hintereinander, weniger gleichzeitig.* Mit Schaudern dachte er daran, wie oft sie davon sprachen, Bewegung in eine bestimmte Sache zu bringen. Genau genommen verschärfte das ihre Probleme eher. Denn was halfen all ihre Bewegungen, wenn sie zu wenig fokussiert und miteinander abgestimmt waren?

Das ist ja alles schön und gut, meldete sich nun der altbekannte Zweifler in Nemecek zu Wort. Es mochte ja sein, dass sich ihre Aufklärungsarbeit besser darstellen ließ. Ebenso nachvollziehbar erschien es, dass sie dadurch ihre verschiedenen Aktivitäten leichter abstimmen konnten. Sicher ließen sich auch ihre Meetings effizienter gestalten. Doch würde ihnen das alles wirklich helfen? Würden sie dadurch besser ermitteln? Den Täter früher fassen? Weniger Aufwand betreiben? Kurzum: Lohnte sich der Einsatz von Kanban wirklich?

Nemecek sah Kappachers erbostes Gesicht förmlich vor sich. Ob er denn ernsthaft glaube, dass sich der Mörder überführen ließ, wenn er Zettelchen herumschob? Ob sie plötzlich Zeit für Bastelstunden hätten? Ob professionelle Ermittlungsarbeit im digitalen Zeitalter so aussah? So oder so ähnlich würde sein Vorgesetzter wohl argumentieren. Wenn er ehrlich war, konnte Nemecek einige dieser Argumente durchaus nachvollziehen.

Zugleich aber gab es jene Stimme in ihm, die auf ein Experiment drängte. Wenn du es nicht ausprobierst, wirst du es nie wissen, raunte ihm diese Stimme zu. Vielleicht sollte er einfach mal ein erstes Bild skizzieren?

Fragte sich nur, wie so eine Skizze konkret aussehen würde. Wenn er Kanban richtig verstanden hatte, sollte man ja nicht einfach nur einzelne Tätigkeiten erfassen. Vielmehr galt es herauszufinden, welchen Nutzen sie mit ihrer Arbeit schufen und für wen sie das taten. Worin bestand eigentlich die Dienstleistung, die eine Mordkommission erbrachte? Und wer war der Kunde dieser Leistung? Vielleicht die Gesellschaft im Allgemeinen? Oder die Justiz im Besonderen? Oder die Angehörigen der Opfer?

Das waren schwierige Fragen. Ganz abgesehen davon, was deren Beantwortung für ihren Arbeitsfluss bedeuten würde. Oder sollte er besser Wertstrom sagen? Nemecek spürte, wie sein Kopf müde wurde. Verfluchtes Kanban, drängte sich eine weitere Stimme in den Vordergrund. Er verstand sie sofort. Wäre der Mord woanders passiert, würde er sich all diese Fragen ersparen: keine Karten, keine WIP-Limits, keine Feedbackschleifen. Aber bot ihm dieser Fall nicht gleichzeitig eine geradezu einmalige Gelegenheit?

Es war, als würden sich die vielen Fragezeichen allmählich wie eine Decke über ihn legen. Sie drückte seine Überlegungen nieder und ließ keine neuen Ideen aufkommen. Wahrscheinlich sollte er einmal darüber schlafen und die ganze Sache mit frischen Kräften in Angriff nehmen.

Nemecek ging ins Bad, um sein Nachtritual zu verrichten. Erst wusch er sich die Hände, dann tauchte er sein Gesicht ins kalte Wasser. Die Abkühlung tat ihm gut. Mit der Zahnbürste im Mund ging er noch einmal ins Wohnzimmer. Die agile Lesemappe lag aufgeschlagen auf dem Tisch, sodass er nicht umhin konnte, noch einen Blick hineinzuwerfen: *Visuelle Managementsysteme werden nicht von Methodengurus konzipiert (»die agile Stabstelle«) und hierarchisch vorgesetzt (»mit freundlichen Grüßen, Ihr agiles Management«). Sie werden vielmehr von den Fachexperten selbst Schritt für Schritt erarbeitet.* War es das, was Gauss mit Führung als Teamsport gemeint hatte? Und damit, dass kontinuierliche Verbesserung nicht ohne Selbstorganisation zu haben war?

Er ging zurück ins Badezimmer, spuckte die Zahncreme aus und griff nach der Mundspülung. Beim Gurgeln kam ihm plötzlich ein schräger Gedanke: Was, wenn sie Kanban in Zukunft nicht nur zur internen Abstimmung nutzen würden, sondern für die Koordination zwischen allen Abteilungen, die mit Verbrechensaufklärung beschäftigt waren? Also nicht allein die Mordkommission, sondern ebenso die Gerichtsmedizin, die Spurensicherung, die Drogenfahndung, die Wirtschaftskriminalität? Dadurch würden ihre gesamten Ermittlungen viel gezielter stattfinden können. Sie könnten ihre Kräfte besser bündeln und endlich ein paar der chronischen Konflikte bearbeiten, an denen sie sich ständig aufrieben.

Nemecek beugte sich nach hinten. Grr, hallte es noch einmal durch seinen Kopf. Er spülte gründlich aus. Diese ganze Kanban-Sache war natürlich absolute Zukunftsmusik. Geradezu utopisch. Aber war nicht auch die *SafeIT* einmal an genau diesem Punkt gestanden? So wie die vielen anderen Unternehmen, die mittlerweile auf andere Arbeits- und Organisationsformen setzten?

Man wird ja noch träumen dürfen, beruhigte sich Nemecek, als er vorsichtig die Klinke der Schlafzimmertür hinunterdrückte. Dann schlüpfte er neben seiner Frau ins Bett und war schon im nächsten Augenblick eingeschlafen.

Donnerstag, 5:03
Traumhafte Turbulenzen

Nemecek atmete durch. Was er jetzt brauchte, war Ruhe. Er ließ sich in die Polsterung fallen und stellte fest, dass sie noch genau so weich war wie beim letzten Mal. Wie beim letzten Mal?, wunderte er sich: War er denn schon einmal hier gewesen?

Plötzlich hörte er eine Stimme: »Herr Chefinspektor«, rief sie leise. »Sind Sie da?«

Nemecek zögerte. Sollte er sich zu erkennen geben? Oder im Verborgenen halten? Sobald er sich meldete, wäre es natürlich vorbei mit der angestrebten Ruhe. Konnte man ihm denn nicht einmal fünf Minuten gönnen?

Am liebsten hätte er sich einfach die Hände vors Gesicht gehalten, wie es kleine Kinder tun, wenn sie sich selbst zum Verschwinden bringen wollen. So wie das seine Töchter früher beim Versteckspielen getan hatten, um sich dann jedes Mal darüber zu empören, dass man sie dennoch aufspürte. »Du kannst mich nicht finden. Ich bin doch unsichtbar!«

»Da sind Sie ja«, sagte die junge Frau, die unversehens vor ihm stand. »Gut, dass ich Sie gefunden habe.«

Nemecek war sich sicher, dass er die Frau noch nie zuvor gesehen hatte. Sie aber schien ihn zu kennen. Sie war mittelgroß, hatte kurze schwarze Haare und trug ein kimonoartiges Kleid, das ihr bis zu den Füßen reichte. Der Kimono war von oben bis unten mit knallroten Punkten bedeckt, die sich scharf von dem hellgrünen Stoff abhoben. Bei näherer Betrachtung sahen die Punkte wie Zahnräder aus. Einen Moment lang hatte er sogar den Eindruck, dass sich diese Räder drehten.

Als Nemecek wieder aufblickte, bemerkte er, dass der Frau ein Stück ihres rechten Schneidezahns fehlte. Was wollte sie eigentlich von ihm?

»Ich soll Sie daran erinnern, dass das Meeting gleich beginnt«, antwortete die Kimonofrau, als hätte Nemecek die Frage tatsächlich ausgesprochen. Sie verbeugte sich und legte dabei die Hände in einer Weise in den Schoß, die ihre asiatische Ausstrahlung verstärkte. War das nicht der klassische Gruß der Geishas? Nemecek war verwirrt. Er fühlte sich an einen bestimmten Film erinnert, doch einmal mehr gelang es ihm nicht, sich dessen Titel ins Gedächtnis zu rufen. War es nicht etwas mit Blumen gewesen? Oder mit einem Garten?

»Sind Sie bereit?« In der Stimme der Frau lag nun ernsthafte Besorgnis.

»Ich komme«, versprach Nemecek, ohne zu wissen, wohin genau er gehen sollte.

»Wenn Sie mir bitte folgen wollen«, sagte die Kimonofrau und streckte die Hand aus. Nemecek spannte die Bauchmuskeln an, um seinen Oberkörper wieder in die Senkrechte zu bringen. Doch bevor er sich richtig aufgerichtet hatte, gab die Polsterung auf einmal nach und seine Hand griff ins Leere. Die Rückenlehne fiel nach hinten und die Sitzgruppe verwandelte sich in eine Art Aufzug, der sich zügig nach oben bewegte. Schon blickte er aus ein paar Metern Höhe auf die Frau hinunter. Sie lächelte und schien nichts Ungewöhnliches an der Situation zu finden.

»Und was halten Sie von unseren agilen Büromöbeln?«, sprach ihn eine andere Stimme an. Eindeutig männlich, urteilte Nemecek. Es blieb ihm allerdings keine Zeit für eine angemessene Orientierung. Schon im nächsten Augenblick trat nämlich eine andere Frau in den Vordergrund, die Nemecek an eine bekannte Fernsehmoderatorin erinnerte. Ob sie es wohl tatsächlich war?

»Willkommen bei unserem heutigen Standup«, grüßte die Moderatorin und drehte sich langsam von links nach rechts. Rasch bildete sich vor Nemecek ein Halbkreis von Leuten. Standup, versuchte er sich an das Besprechungsformat zu erinnern, von dem er gerade erst gelesen hatte. Das war doch dieses kurze Meeting, bei dem die wichtigsten Informationen zur aktuellen Arbeit ausgetauscht wurden?

Nemecek trat zwei Schritte nach vorne. Die Lücke in dem Halbkreis war nun geschlossen. Als hätte sich dadurch eine völlig neue Perspektive eröffnet, nahm er nun die riesige Tafel wahr, vor der die Moderatorin stand. Ein Kanban-Board, identifizierte Nemecek, bis ihm auffiel, dass die Tafel völlig leer war.

»Wie immer wollen wir mit einem Update starten«, erklärte der TV-Star und trat zur Seite. »Wenn ich euch bitten darf.«

Wie auf Kommando streckten alle im Kreis ihre beiden Arme nach vorne. Mit offenem Mund verfolgte Nemecek, wie sich aus ihren Händen Post-its zu lösen begannen. Zuerst waren es nur einzelne Zettel, die wie bei einem Kartentrick von den Handflächen auf die Tafel sprangen. Dann aber wuchs deren Menge rasch an, bis sich eine wahre Flut an Papier über die weiße Fläche ergoss.

»Danke«, sagte die Moderatorin, als wäre so ein Post-it-Regen die normalste Sache auf der Welt. »Dann sehen wir nun also, worüber wir heute sprechen werden.«

Auch Nemecek wollte die wichtigsten Themen erkennen, kämpfte aber mit der Sicht. Es dauerte eine ganze Weile, bis es ihm endlich gelang, seinen Blick scharf zu stellen. Oder war da tatsächlich eine Art von Nebel gewesen, der sich erst lichten musste? Wie auch immer: Vor Nemeceks Augen breitete sich jetzt ein gewaltiges Kanban-Board aus. Er versuchte Übersicht zu gewinnen: Sammeln, Bewerten, Auswählen, Ausarbeiten, Prüfen, Liefern, Validieren, Abschließen, identifizierte er die oberste Zeile am Board. Dann rief er sich in Erinnerung, wonach er noch Ausschau halten sollte: Schwimmbahnen, WIP-Limits, Avatare, Blockaden.

»Wir sind gerade dabei, die Beweiskette zu schließen«, sagte der Mann, der mit einem Mal in der Mitte vor dem Board stand. Er zeigte auf ein Post-it auf der rechten Seite. Nemecek wusste nicht, wovon der Mann sprach, erkannte aber dessen Stimme wieder. Das war derjenige, der ihn vorhin nach den agilen Büromöbeln gefragt hatte. Nemecek spitzte die Ohren, als könnte er sonst einen entscheidenden Hinweis überhören. Doch als der Mann zu einer weiteren Erklärung ansetzte, begann auch die Frau neben ihm zu sprechen. Hatte diese denn nicht bemerkt, dass ihr Kollege noch gar nicht fertig war?

Nemecek blickte zur Moderatorin. Doch statt Disziplin einzumahnen, stand diese einfach nur da. Nein, musste sich Nemecek gleich korrigieren, sie stand nicht nur da, sie hörte vielmehr den Ausführungen der Frau an ihrer rechten Seite zu. Schon gesellte sich eine vierte Person zu den Rednern, dann eine fünfte, eine sechste, bis am Ende der ganze Kreis durcheinander sprach. Waren die denn alle verrückt geworden?

Die Kimonofrau stand ebenfalls im Kreis. Selbstverständlich redete auch sie, obwohl ihre Rede tonlos blieb. In Anbetracht des Stimmengewirrs hätte Nemecek wohl selbst dann kein Wort verstanden, wenn sie neben ihm gestanden wäre. So aber gab er von vornherein jeden Versuch des Zuhörens auf. Stattdessen konzentrierte er sich auf das Spiel der Mienen und Gesten, das sich vor ihm entfaltete. Er sah nachdenkliche Gesichter und überraschte, fragende und skeptische, finstere und strahlende. Ganz rechts vorne, direkt vor der Tafel, entdeckte er eine Frau, die laut zu lachen schien. In der Kakofonie, die den Raum erfüllte, konnte er das Lachen allerdings nicht hören. Er sah lediglich ihren weit aufgerissenen Mund und die leicht bebenden Bewegungen ihres Oberkörpers.

Ähnlich vielfältig war auch die Welt der Gesten: Nemecek sah weit ausladende Körperbewegungen ebenso wie subtile Fingerzeige, zustimmendes Nicken und ablehnendes Kopfschütteln, zuckende Schultern und in die Hüften gestemmte Hände. Bei einem Mann, der links an der Tafel stand, konnte Nemecek sogar einen kleinen Tanz beobachten. Zuerst wippte dessen Körper vor und zurück, als stünde er auf einer kleinen Schaukel, dann vollführte er eine pirouettenartige Drehung. Am Ende beugte er die Knie nach vorne, bevor er sein Becken nach hinten schnellen ließ, sodass sich sein Hohlkreuz schlagartig in einen Buckel verwandelte.

Je länger Nemecek das muntere Treiben verfolgte, umso stärker erinnerte ihn das Ganze an eine sonderbare Maschinerie, die einer perfekt abgestimmten Mechanik zu folgen schien. Gleichzeitig verstärkte diese Maschine sukzessive ihre Lautstärke, bis das Stimmengewirr geradezu ohrenbetäubende Ausmaße angenommen hatte. Nemecek drückte seine Hände fest an den Kopf, um seine Gehörgänge möglichst gut zu verschließen. Während die Töne in einem hallenbadartigen Rauschen versanken, spürte er auch seine Lider schwer werden. Schon im nächsten Moment fiel ihm der Kopf auf die Brust.

Als er ihn wieder hob, stand er so knapp vor dem Board, dass seine Nase einen der gelben Notizzettel berührte. Erschrocken wich Nemecek zurück. Nun erkannte er, was auf der Karte stand, die er unfreiwillig beschnuppert hatte. Selbstorganisation verstehen, las er und musste kichern. Sein Kichern hörte sich sonderbar an, da er seine Hände immer noch fest an den Kopf gedrückt hielt. Er nahm sie herunter und riss gleichzeitig den Mund auf, um seine zugefallenen Ohren zu öffnen.

Erst jetzt fiel ihm auf, dass es ganz ruhig geworden war. Das lag keineswegs an seinen Ohren. Vielmehr waren alle Leute verschwunden. Ob das Stand-up zu Ende war? Offenbar hatte er die Augen länger geschlossen gehabt als ursprünglich vermutet. Was allerdings nicht erklärte, wie er nach vorne ans Board gekommen war.

Sssst, pfiff es in Nemeceks linkem Ohr, gefolgt von einem hellen Knall. Bevor er noch realisiert hatte, was gerade geschehen war, pfiff es in seinem rechten Ohr. Wenigstens den darauffolgenden Knall konnte er nun lokalisieren. Vor ihm steckten zwei Stahlpfeile in der Tafel.

»Nemecek, Nemecek«, erklang da Kappachers vertrauter Bariton, »wenn Sie nicht agiler werden, sehe ich schwarz für Sie.«

Nemecek blieb keine Zeit, um sich über seinen Vorgesetzten zu wundern, denn schon schlugen rechts und links von seinem Kopf weitere Pfeile ein. Schoss Kappacher etwa auf ihn?

Nemecek rannte los. Intuitiv schlug er einen Zick-Zack-Kurs ein, um einen Treffer möglichst unwahrscheinlich zu machen. Oder bewirkte er damit etwa das Gegenteil? Musste er befürchten, schon in der nächsten Sekunde von einem Pfeil durchbohrt zu werden?

»Agiler, agiler«, schallte es hinter seinem Rücken. Nemecek verschärfte das Tempo. Im Vollsprint durchquerte er das vor ihm liegende Großraumbüro. Aus den Augenwinkeln bemerkte Nemecek, dass es draußen bereits dämmerte. Das erklärte, warum er die Büromöbel so schlecht sah, die hier kreuz und quer herumstanden. Mittlerweile war es im Raum ziemlich dunkel geworden. Nur ganz am Ende des Büros entdeckte er einen grünlich schimmernden Lichtpunkt. Der Notausgang, füllte er seine Entdeckung mit alltagstauglichem Sinn, während er sich diesem Ausgang mit unverminderter Geschwindigkeit näherte. Gleichzeitig hatte er den Eindruck, dass sich der

Raum immer weiter ausdehnte. Konnte es denn sein, dass die Distanz umso mehr anwuchs, je schneller er lief?

Im nächsten Augenblick stand er genau unter der Lichtquelle. Wie war er hier hergekommen? Statt einer Antwort hörte er wieder Kappachers Stimme. »Agiler, agiler«, rief diese immer noch, in der Zwischenzeit klang das allerdings eher nach billiger Geisterbahn als nach bedrohlichem Horror. Von Pfeilen war hier ebenfalls keine Spur zu sehen. Nemecek hatte es offensichtlich geschafft. Erleichtert trat er nach vorne. Als er gerade dabei war, die Türschwelle zu überschreiten, erregte irgendetwas über ihm seine Aufmerksamkeit. Er blickte nach oben und hielt erstaunt inne. Auf dem grünen Leuchtkörper über ihm war nämlich gar nicht das Notausgangszeichen zu sehen. Statt der laufenden Figur mit dem weißen Pfeil war nur ein einziges Wort zu erkennen: DONE.

Donnerstag, 5:47
Nemecek goes Kanban

Nemecek riss die Augen auf. Rund um ihn war es stockdunkel. Er hob den Arm, um herausfinden, ob er wenigstens die Hand vor den eigenen Augen sehen konnte. Gleichzeitig nahm er ein leises Geräusch neben sich wahr und atmete auf: Alles war gut. Er lag in seinem Schlafzimmer und lauschte Bettinas Atemzügen, die ruhig durch die Nacht strichen. Dann drehte er sich vorsichtig zur Seite und ließ seine Hand unter das Bett gleiten. *5:47* beschied ihm sein Smartphone.

Nemecek streckte Arme und Beine aus und versuchte seinen Atem zu beruhigen. Was ihm dieser verrückte Traum wohl erzählen wollte? War Agilität wirklich so verwirrend? Die Kommunikation ein einziges Chaos? Und Kanban bloß eine Unmenge von Papier?

Trotz seiner Benommenheit spürte Nemecek, wie sich der Druck in seiner Brust allmählich zu lösen begann. Es war nur ein Traum gewesen. Eine dieser chaotischen Geschichten, die er sich in der Nacht zusammenreimte, wenn die Tage zu dicht waren. Damit war zu rechnen gewesen. Gerade am Anfang brachte jede neue Mordermittlung einfach viel zu viel Informationen mit sich. Und obwohl er mittlerweile gelernt hatte, gerade dann auf seinen eigenen Rhythmus zu achten, blieb immer zu wenig Zeit, um das Erlebte zu verarbeiten. In solchen Phasen neigten seine Gedanken dazu, sich wie Sprungseile zu verheddern.

Ob er es schaffte, wieder einzuschlafen? Es war immerhin noch über eine Stunde Zeit, bis sein Wecker läuten würde. Nemecek rollte sich zur Seite, merkte aber bald, dass seine Gedanken bereits um die Arbeit kreisten. Was, wenn Sebastian recht hatte? Wenn es tatsächlich um nichts Persönliches ging, obwohl so vieles darauf hindeutete? Wenn es sich um eine rein geschäftliche Angelegenheit handelte?

Mit einem Male fühlte er sich hellwach. Als er die Decke zurückschlug, dachte er bereits an die Notizen, die er sich am Vorabend gemacht hatte. Vielleicht sollte er seine Energie nützen und eine erste Darstellung wagen? Sozusagen ein Early Morning Board? Leise drückte er die Schlafzimmertür ins Schloss. Dann ging er ins Bad.

Morgenritual kam ihm in den Sinn, als er exakt wiederholte, was er keine sechs Stunden vorher getan hatte: Hände waschen, Gesicht erfrischen, Zähne putzen, mit der Bürste im Mund durch die Wohnung spazieren. Dieses Mal hielt er sich nur kurz im Wohnzimmer auf. Er nahm lediglich sein Notizbuch vom Sofa, trug es in die Küche und kehrte dann ins Badezimmer zurück.

Wenig später saß er angezogen am Küchentisch. Ein kurzer Blick auf die Uhr bestätigte ihm, dass er noch eine starke Stunde hatte, bis es Zeit zum Aufbruch war. Dem Rapport bei Kappacher sah er mit gemischten Gefühlen entgegen. Auch am dritten Tag ihrer Ermittlung hatten sie nicht mehr in der Hand als ein paar lose Fäden. Es war damit zu rechnen, dass ihr Vorgesetzter umso vehementer auf Ergebnisse drängen würde.

Mit den Worten »Wir sind keine Zauberer«, hatte Obermayr gleich zu Beginn ihres letzten Falls für einen kleinen Eklat gesorgt, als Kappacher sofort stichhaltige Beweise sehen wollte. »Sonst würden wir im Cabaret und nicht in der Mordkommission arbeiten!« Nemecek musste zugeben, dass er Obermayr für ihre aufrechte Haltung bewunderte. Sie nahm eben auch vor dem Oberst kein Blatt vor den Mund: Sie sagte, was sie dachte, im Guten wie im Schlechten. Die darauf folgende Standpauke hatte sie sportlich genommen. »Wie wäre es, wenn Sie vor Inbetriebnahme des Mundwerks mal Ihr Gehirn einschalten!?«, schrie ihr Chef sie an. Doch als Manninger später wissen wollte, warum Kappacher so laut geworden war, dass er ihn sogar zwei Zimmer weiter hören konnte, bemerkte Obermayr nur lapidar: »Schmilzt Eis zu Wasser, Schnee zu Matsch, weiß jeder: Was er sagt, ist Quatsch.«

Nemecek runzelte die Stirn. Er wollte sich noch nicht mit dem Arbeitsalltag beschäftigen. Der würde ab acht Uhr sowieso über ihn hereinbrechen. Viel lieber wollte er nun endlich sein Experiment starten. Er schlug sein Notizbuch auf. *Dienstleistung? Kunde? Nutzen? Wert?*, hatte er gestern festgehalten. Das waren sicher sinnvolle Fragen für einen produktiven Start. Doch welche Antworten hatte er darauf? Er erinnerte sich an das Unbehagen, das ihn in der Nacht erfasst hatte. War Kanban letztlich bloß ein visuelles Spektakel? Ein Feuerwerk an Darstellungstechniken, das einem Übersicht über komplexe Zusammenhänge vorgaukelte? Und dazu einlud, eine Menge Zettel und noch mehr heiße Luft zu produzieren? Nemecek spürte, dass er mit solchen Fragen nicht gerade an Sicherheit gewann.

Andererseits hatte er nichts zu verlieren. Er konnte einfach einmal einen Wurf wagen. Und wenn sich dieser Wurf als unbrauchbar herausstellen sollte, war es zumindest den Versuch wert. Er nahm seinen Bleistift in die Hand und begann zu schreiben.

Dienstleistung: Personen zweifelsfrei nachzuweisen, dass sie sich eines schweren Verbrechens gegen Leib und Leben schuldig gemacht haben.

Kunde: Justiz.

Stakeholder: Gesellschaft im Allgemeinen, Angehörige der Opfer im Besonderen.

Wert: Tatverdacht gegen bestimmte Person(en) so erhärtet, dass sie der Staatsanwaltschaft übergeben werden können; Beteiligung anderer Personen so geklärt, dass sie mit Fug und Recht für unschuldig erklärt werden können.

Nemecek legte den Stift zur Seite und betrachtete die Worte, die vor ihm auf dem Papier standen. Auf den ersten Blick schien ihm alles Hand und Fuß zu haben. Die Kriminalpolizei war letztlich ein ganz normaler Dienstleister, wenn auch mit einem speziellen Service. Einfach ausgedrückt: die Guten von den Bösen zu scheiden.

Genau genommen lieferten sie freilich immer nur Verdächtige, für die so lange die Unschuldsvermutung galt, bis ein Gericht das Gegenteil festgestellt hatte. Unmittelbarer Abnehmer dieser Lieferung war die Justiz, die wie die Exekutive wiederum der gesamten Gesellschaft diente. Von wegen Recht und Ordnung.

Über den Wert ihrer Arbeit ließ sich vermutlich streiten. Ganz grundsätzlich war die Polizei dazu da, den Gesellschaftsvertrag intakt zu halten. Dieser

Vertrag wurde bekanntermaßen durch Gesetze zusammengehalten, die ein Einzelner nicht brechen durfte.

Mit der Kanban-Brille betrachtet sah die Sache allerdings ein wenig anders aus – schließlich ging es auch bei der Kriminalpolizei nicht um die geleisteten Arbeitsstunden, sondern darum, dass diese Arbeit einen konkreten Nutzen brachte. Dieser Nutzen wurde indes nicht durch das reine Ermitteln, sondern nur dadurch realisiert, dass sie ein konkretes Tun hieb- und stichfest nachweisen konnten. Die Kripo machte nur dann einen guten Job, wenn sie saubere Beweisketten lieferte, die einen Täter, aber auch einen Tathergang, glaubwürdige Zeugen sowie ein Motiv enthielten, das die ganze Geschichte plausibel erklärte.

Der Wert ihrer Arbeit hing freilich nicht allein davon ab, wie klar sie den Tathergang rekonstruierten. Er bemaß sich ebenso an der Dauer dieser Rekonstruktion. Wenn sie für jeden Schritt ewig lang brauchten, sodass eine Mordaufklärung Monate oder gar Jahre in Anspruch nahm, sprach das nicht gerade für sie. Jede Detektivarbeit war für die Gesellschaft wertlos, wenn sie die Täter ewig auf freiem Fuß beließ. Mit anderen Worten: Je schneller sie waren, ohne die notwendige Sorgfalt zu vernachlässigen, umso besser. Die Dimension der Geschwindigkeit brachte ihn fast automatisch zu den beiden anderen Begriffen, die er in der Nacht zuvor festgehalten hatte: *Fluss* sowie *Aktivitäten*.

Nun ging es also ums Eingemachte: Er stand unmittelbar davor, sein erstes Kanban-System auszuarbeiten! Nach kurzem Nachdenken entschied sich Nemecek dazu, jede seiner Ideen auf ein eigenes Post-it zu schreiben. Das würde ihm maximale Flexibilität in der Gestaltung ermöglichen. Am Ende musste er nur dafür sorgen, dass alles ausreichend festgeklebt war, damit sich sein System nicht gleich wieder in seine Einzelteile auflöste.

Nemecek ging ins Arbeitszimmer. Auf den ersten Blick konnte er keine Post-its entdecken. Erst als er Bettinas vollgestopfte Schublade öffnete, fielen ihm zwei Stapel dieser kleinen Klebezettel in die Hände. Die meisten Bücher und Skripte seiner Frau waren davon übersät.

Er ging mit seiner Beute zurück in die Küche und begann, sich ans Werk zu machen. Fluss, griff Nemecek gleich das erste seiner beiden Stichwörter auf, war wohl allein dadurch gegeben, dass sie einem mehr oder weniger standardisierten Ermittlungsprozess folgten. *Tatort erkunden, Umfeld durchleuchten, Hypothesen bilden, Befragungen durchführen, Indizien sammeln, Hypothesen validieren, Beweisketten erstellen, Tatverdächtige liefern* notierte er. Er war überrascht, wie leicht ihm diese Beschreibung fiel, obgleich er sicher war, dass man ihren Fluss noch besser erfassen konnte. Auf alle Fälle musste er eine Möglichkeit finden, die verschiedenen Schleifen in ihrem Ablauf akkurat darzustellen. Etwa die Schleifen, die sich zwangsläufig zwischen der Bildung und der finalen Prüfung von Hypothesen ergaben – wofür es meistens mehr als eine einzige Befragung brauchte.

»Was machst du denn da in aller Herrgottsfrüh?«

Er hatte Bettina nicht kommen hören. Reflexartig stand er auf, um ihr einen Guten-Morgen-Kuss zu geben.

»Darf ich vorstellen: der Welt erstes Mordermittlungs-Kanban-Board«, sagte er mit einer ausladenden Geste. »Oder zumindest mein erstes«, fügte er verschmitzt hinzu.

»Aha«, meinte seine Frau. »Sieht noch ein wenig ungeordnet aus.« Sie gähnte ausgiebig. »Ich muss unter die Dusche, sonst komme ich zu spät.«

»Wie spät ist es denn?«, fragte Nemecek erschrocken. Er hatte überhaupt nicht auf die Zeit geachtet.

»7 Uhr 10, wie jeden Tag um diese Zeit«, antwortete Bettina unter neuerlichem Gähnen. »Machst du den Kindern ihr Frühstück?«

»Ja, natürlich. In 20 Minuten muss ich aber auf dem Rad sitzen. «

»Bis dahin bin ich sauber, putz und munter«, versicherte Bettina. Mit einem weiteren Kuss verabschiedete sie sich in Richtung Badezimmer.

Nemecek setzte frisches Wasser auf und holte Joghurt und Marmelade aus dem Kühlschrank. Heute würde es nur ein Sparefroh-Frühstück geben, wie das seine Kinder nannten. Nachdem er den Tee aufgegossen hatte, wandte er sich wieder seinem Notizbuch zu. *Fluss* und *Aktivitäten* las er zum x-ten Mal. Doch was floss eigentlich? Bei der *SafeIT* war das klar: Da bewegen sich Software oder Hardware vom Stadium einer ersten Idee Schritt für Schritt in Richtung eines fertigen Produkts, das für den Kunden wertvoll war. In diesem Sinne waren die einzelnen Schritte als wertgenerierend zu betrachten.

Bei einer Mordaufklärung entstanden jedoch keine Sicherheitslösungen
oder IT-Programme. Doch was floss dann? Was bezeichneten die Karten, die
sich von links nach rechts bewegten?

Nemecek zögerte, doch dann war er sich sicher: *Basiskarte=Personen,*
schrieb er. Ja, das war es! Was die Ermittlung auf Trab hielt, war die Bewegung von Personen. Diese Personen waren entweder Opfer, Tatverdächtige,
Zeugen oder Angehörige. Erst jetzt fiel Nemecek auf, dass man ihre Arbeit
viel eher mit einem Krankenhaus vergleichen konnte als mit einer Software-
schmiede. Als Chefinspektoren waren sie so etwas wie Ärzte, die sich um
Patienten kümmerten, während diese die verschiedenen Stadien der Aufnahme, Untersuchung, Behandlung und Entlassung durchliefen. Oder das
Stadium der Obduktion, ergänzte er im Hinblick auf das, was jeder Mordermittlung zugrunde lag.

Anklage unterstützen, fügte er eine weitere Aktivität hinzu. Genau genommen waren sie nämlich auch an diesem Stadium aktiv beteiligt. Fertig war
ihre Arbeit erst, wenn das Urteil gefällt war – sei es nun hinsichtlich einer
verhängten Gefängnisstrafe oder eines Freispruchs.

Nemecek holte zwei A4-Blätter aus dem Drucker im Arbeitszimmer und
klebte sie auf der Breitseite zusammen. Nun verfügte er über ausreichend
freie Fläche, um seine Post-its zu verteilen. Die Flussetappen auf der horizontalen Achse am oberen Rand, die Personenkategorien auf der vertikalen
Achse weiter links. Er war schon drauf und dran, die Linien zu zeichnen, die
er bislang bei jedem Kanban-Board gesehen hatte. Im letzten Moment
besann er sich aber eines Besseren und erfasste noch schnell die Namen der
Personen, mit denen sie es im aktuellen Fall zu tun hatten: *Paul Steiner,*
Nikolas Gauss, Igor Wasjaschwilli, Kim Sun, Akasha Devi, Harald Terzen-
berger, Melanie Wunzer, Eleanore Ortiz, Ferdinand Glaser Senior, Ferdinand
Glaser Junior, Heidrun Glaser, Luka Novacic, Viktor Solochin, Milena Dadic,
Karin Köllerer, Sylvie Steiner. Am Ende ordnete er die einzelnen Personen
den verschiedenen Stadien zu, sodass er nun sah, wie er das Linienraster
gestalten musste, ohne wesentliche Informationen zu verdecken.

Er stand auf, um sein Werk zu betrachten. Zweifellos konnte man alles ver-
feinern. Es fehlten noch die Avatare – wobei es vielleicht sinnvoll war, nicht
nur Obermayr, Manninger und ihn, sondern auch Kampinski und Probisch
zu erfassen. Blockaden müssten sie ebenfalls sichtbar machen. Und über

WIP-Limits nachzudenken, würde sich ebenfalls lohnen. Was wohl Obermayr dazu sagen würde? Oder Manninger, der ja einen guten Blick für Strukturen hatte?

»Guten Morgen, Papa«, hörte er plötzlich Leas Stimme. »Was ist denn das?«

» Guten Morgen. Das ist ein sogenanntes Kanban-Board, auf dem unsere Arbeit erfasst ist.«

»Sieht cool aus«, kommentierte Lea, während sie das Blatt überflog. »Damit arbeitet ihr jetzt?«

»Mal sehen«, antwortete Nemecek ausweichend. »Ich muss es erst noch meinen Kollegen präsentieren.«

»Na, dann Toitoitoi«, sagte Lea und hielt sich die Daumen. »Ich muss los«, fügte sie hinzu, während sie versuchte, in ihre zugeschnürten Sneakers zu schlüpfen.

»Kein Frühstück?«

»Wir haben heute Projekttag«, erklärte Lea, während im Badezimmer der Föhn anging. »Da müssen wir früher in der Schule sein«, schrie seine Tochter, um das Föhngeräusch zu übertönen.

»Morgen Papa«, tauchte in diesem Moment auch Sophie auf. »Gut geschlafen?«

»Danke. Und selbst?«

»Passt schon.«

»Ich nehme an, du willst heute auch kein Frühstück? Projekttag, oder?«

»Stimmt«, antwortete Sophie, bevor sie nach ihrer Teetasse griff.

»Magst du nicht auch zumindest einen Schluck trinken?«, wandte sich Nemecek an seine Erstgeborene.

»Keine Zeit«, entgegnete diese. »Sophie, wir müssen los!«

»Einen guten Tag, Papa«, wünschte die Angesprochene und stellte ihre Tasse ab. »Coole Zeichnung übrigens«, fügte sie auf dem Weg zur Tür hinzu.

»Danke«, sagte Nemecek lächelnd. »Ich wünsch euch auch einen guten Tag.«

Nachdem die Eingangstür mit einem dumpfen Knall wieder ins Schloss gefallen war, warf Nemecek noch einen letzten Blick auf seinen Entwurf. Das reichte für eine erste Systemskizze, war er überzeugt. Schließlich wollte er nicht alles vorgeben. Kanban war Teamsport, hatte er gelernt, und frühes Feedback sowieso einer der Motoren des agilen Arbeitens. Und die Agilität ihrer Arbeit wollte er auf alle Fälle stärken. Schließlich lebte die Mordkommission von einem guten Radarsystem und der Fähigkeit, rasch auf neue Situationen zu reagieren. Da konnte es nicht schaden, wenn sie eine Methode ausprobierten, mit der sie sowohl ihre Wahrnehmungs- als auch ihre Anpassungsfähigkeit optimieren konnten.

Nemecek klappte die beiden A4-Blätter zusammen und verstaute sie vorsichtig in seiner Tasche. Seine Kollegen würden Augen machen! Davor musste er allerdings noch den Pflichttermin bei Kappacher überstehen. Aber dafür hatte er auch schon eine Idee.

Donnerstag, 8:02
Eine diskrete Chefsache

»Ihrem Bericht entnehme ich, dass Sie noch keine nennenswerten Fortschritte gemacht haben«, sagte Kappacher und schob sich seine Lesebrille auf die Nasenspitze. »Was ist das überhaupt für eine Geschichte mit dieser Geliebten? Wollte Steiner wirklich ein neues Leben beginnen?«

»Das ist noch nicht ganz klar, Herr Oberst«, antwortete Nemecek ausweichend. Auf dem Weg ins Kommissariat hatte er sich fest vorgenommen, jeder Konfrontation mit Kappacher aus dem Weg zu gehen. In Wahrheit brannte er darauf, Obermayr und Manninger endlich von seinen frühmorgendlichen Entdeckungen zu berichten. Oder sollte er eher sagen: nächtlichen Entdeckungen? Oder gar: traumhaften?

Zuerst musste er allerdings den Termin mit Kappacher über die Bühne bringen. Wenn dieser möglichst reibungslos ausfallen sollte, war Unterwürfigkeit die beste Strategie. So lange er sich auf keine Diskussionen einließ und nicht mehr preisgab, als Manninger in ihren Tagesbericht geschrieben hatte, bot er Kappacher wenig Angriffsfläche. Wahrscheinlich musste er die eine oder andere Gardinenpredigt über sich ergehen lassen, aber das nahm er heute gerne in Kauf.

»Das Gespräch mit der Geschäftsführung war ja nicht besonders ergiebig«, konstatierte Kappacher und schlug mit den Fingerknöcheln auf den Bericht, als würde er an eine Tür klopfen. »Steiners Schwester scheint auch keine Plaudertasche zu sein.« Kappacher schob die Augenbrauen zusammen.

»Nein, das kann man wirklich nicht behaupten«, bekräftigte Obermayr, doch Kappacher hätte wohl lieber von Nemecek eine Antwort gehört. In der Zwischenzeit hatte sich die Falte auf seiner Stirn so vertieft, dass sich die

Augenbrauen beinahe berührten. »Monobraue«, nannten das Lea und Sophie, nicht ohne dazu ein schrilles »Iiiiih!« zum Besten zu geben.

Nemecek musste an sich halten, um nicht zu grinsen. Zur Ablenkung ließ er seinen Blick durch den Raum wandern. Dann sah er wieder zu Kappacher, der ihn über den Rand seiner Brille hinweg musterte. Nemecek hielt seinem Blick stand und bewegte nur einmal den Kopf, um ein zustimmendes Nicken in Richtung Obermayr anzudeuten.

»So lassen Sie sich um Gottes willen nicht alles aus der Nase ziehen«, donnerte Kappacher plötzlich und löste in Nemecek ein unangenehmes Gefühl von Geistesverwandtschaft aus. Schließlich war es keine 24 Stunden her, dass er Sylvie Steiner genau mit diesen Worten angefahren hatte – wenngleich ohne Gott und dessen Willen. Ob er Kappacher doch viel ähnlicher war, als er glaubte? Zumindest in bestimmten Dingen?

»Was ist denn heute mit Ihnen los?!«, zeigte sich Kappacher unversehens von der besorgten Seite. »Sie sehen müde aus.«

»Mit Verlaub, Herr Oberst«, mischte sich Obermayr wieder ins Gespräch. »Wir haben derzeit einfach eine Menge Bälle in der Luft und ...«

»Was wollen Sie mir damit sagen?«, fuhr ihr Kappacher in die Parade. »Dass Sie jetzt beim Zirkus sind?«

Wie so oft schien er seine Bezirksinspektorin nicht für voll zu nehmen. Doch diese ließ sich nicht beirren.

»Heute früh haben wir die jungen Glasers gebeten, gleich nach ihrer Landung ins Kommissariat zu kommen. Für 12 Uhr 30 haben wir Sylvie Steiner zur Einvernahme einbestellt«, fuhr sie beflissen fort. »Dazwischen wollten wir noch einmal zur Kriminaltechnik und ...«

»Papperlapapp!«, wischte Kappacher ihre Ausführungen zur Seite. »Dabei handelt es sich doch um ganz normale Polizeiroutine. Spielen Sie mir bloß nicht die Überforderte vor!«

Genau das war eines der Kernelemente ihrer Taktik gewesen. Den Druck verdeutlichen, unter dem sie standen, sich total beschäftigt zeigen und mit jeder Faser ihres Körpers zur Arbeit zurückstreben, um den heimtückischen Mörder zur Strecke zu bringen. Üblicherweise funktionierte das ganz gut, doch heute roch Kappacher den Braten. Was immer man über seinen Vorgesetzten sagen konnte; er verfügte nach wie vor über einen guten kriminalistischen Instinkt!

»Dieser flüchtige Novacic«, nahm Kappacher gleich die nächste Spur auf. »Was hat die Fahndung ergeben?«

»Noch nichts, Herr Oberst«, gestand Obermayr. »Aber wir suchen ihn ja auch erst seit gestern Abend.«

»Ihnen ist schon klar, dass das so nicht weitergehen kann?«, ereiferte sich Kappacher. »Ich muss wohl ganz andere Seiten aufziehen.«

Nemecek wusste, dass nun Geistesgegenwart angesagt war. Wenn er Kappacher freien Lauf ließ, würden sie hier die vollen 30 Minuten absitzen. Es war höchste Zeit, seine Trumpfkarte auszuspielen.

»In Wahrheit brauchen wir Ihren Rat, Herr Oberst«, brachte er vor und klang dabei noch betrübter als er eigentlich beabsichtigt hatte.

»Meinen Rat?«, fragte Kappacher irritiert. Nemeceks Worte schienen ihre Wirkung nicht zu verfehlen. Wenn er es jetzt nicht übertrieb, würde die Rechnung wohl aufgehen. »Ja«, führte er weiter aus: »Es geht um die Befragung von Ferdinand Glaser Senior.«

»Glaser Senior? Was hat denn der mit der ganzen Sache zu tun?«

»Nun, wir wissen, wie nahe Sie dem Herrn Kommerzialrat stehen«, antwortete Nemecek und legte eine kleine Kunstpause ein, um die Bedeutsamkeit dieser Beziehung zu unterstreichen. »Gleichzeitig ist uns bewusst, dass der Herr Kommerzialrat jahrelang mit unserem Mordopfer zusammengearbeitet hat – und ihn wahrscheinlich so gut wie kein zweiter kennt.«

»Worauf wollen Sie hinaus?«, fragte Kappacher misstrauisch. War das doch zu viel des Guten gewesen? Der Unmut in Kappachers Stimme war nicht zu überhören. Wahrscheinlich fragte er sich, was sein Untergebener da wieder aushecke. Egal, Nemecek musste seiner Linie treu bleiben. Gleich würde er die Katze aus dem Sack lassen ...

»Könnten nicht Sie das Gespräch mit dem Senior führen?«, nahm ihm Obermayr plötzlich den Sack aus der Hand. War sie von allen guten Geistern verlassen? Kappacher drehte die Augen in Obermayrs Richtung, hielt aber das Gesicht weiterhin Nemecek zugewandt.

»Sie wollen allen Ernstes, dass ich Ihre Arbeit erledige?«, knurrte er und drehte die Augen wieder zu Nemecek zurück. Der drohende Unterton verhieß nichts Gutes.

»Sie haben selbst gesagt, dass es sich dabei um eine sehr heikle Angelegenheit handelt«, versuchte Nemecek zu retten, was noch zu retten war. »Und wir dachten uns, dass wir dabei am Besten auf Ihre Erfahrung und Ihr Fingerspitzengefühl setzen.«

Nemecek warf seiner Kollegin einen warnenden Seitenblick zu – wenngleich ihm nicht klar war, ob er das nun aufgrund ihrer ungebetenen Einmischung tat oder ob er nur sichergehen wollte, dass sie nicht über seine Wortwahl lachte. In einer anderen Situation hätte er sich selbst darüber amüsiert, ihrem Chef ausgerechnet Fingerspitzengefühl anzudichten. Doch Obermayr hielt ihren Blick stur nach vorne gerichtet. Währenddessen schwieg Kappacher. Nur ein leichtes Beben der Lippen verriet, dass er ernsthaft über den Vorschlag nachdachte.

»Sie können das sicher mit der nötigen Diskretion durchführen«, legte Nemecek in dem Wissen nach, dass sich die Rotarier jeden Donnerstag trafen. »So ein Gespräch könnte uns den entscheidenden Hinweis zur Aufklärung des ganzen Falls liefern.«

»Nun ja«, ging ein kleiner Ruck durch Kappachers massigen Körper. Allem Anschein nach begann ihre Bittstellerei allmählich Wirkung zu zeigen. »Unter Umständen kann ich mir schon vorstellen, Ihnen ein wenig unter die Arme zu greifen.« Er strich seinen Schnurrbart glatt und faltete dann die Hände, als würde er sich auf ein Stoßgebet vorbereiten: Herr gib, dass dieser Kelch an mir vorübergeht! Doch es kam anders. »Heute Abend treffe ich den Ferdl ja sowieso bei den Rotariern. Da könnte ich ihn am Rande der Sitzung diskret darauf ansprechen.«

»Ohne das geringste Aufsehen zu erregen«, brachte Obermayr eines von Kappachers Lieblingsargumenten vor.

»Das wäre großartig«, bestätigte Nemecek. »Dann wüssten wir morgen früh Bescheid. Das könnte uns den lang ersehnten Durchbruch bescheren!«

»Wir wollen die Kirche im Dorf lassen, Herr Chefinspektor«, erklärte Kappacher in alter Strenge und Nemecek fürchtete schon, dass er zu hoch gepokert hätte. Doch schon beim nächsten Satz atmete er wieder auf. »Keine

Frage, dass mir der Ferdl ein paar Dinge anvertrauen wird, die er offiziell niemals preisgeben würde.«

»Genau davon gehen wir aus, Herr Oberst. Von einem vertraulichen Gespräch auf Augenhöhe.« Der Begriff der Augenhöhe gehörte zu Kappachers Favoriten, seit ihn die neue Mitte-rechts-Regierung populär gemacht hatte. Ausgerechnet diejenigen, die mit vereinten Kräften eine ungeahnte Respektlosigkeit vorantrieben!

»Also gut, ich werde sehen, was ich für Sie tun kann«, erklärte Kappacher.

Für Nemecek klang das nach abschließenden Worten. Der Zeitpunkt war gekommen, um einen geordneten Rückzug einzuleiten. Nur noch eine Mahnung und zwei gute Ratschläge, dann konnte er endlich seine Kanban-Ideen präsentieren.

»Vielen Dank, Herr Oberst!«

»Aber Nemecek: Nehmen Sie das ja nicht zum Anlass in Ihren Anstrengungen nachzulassen!«

»Keineswegs, Herr Oberst«, erklärte der Gemahnte demütig. »Im Gegenteil: Wir werden Ihre großzügige Unterstützung zum Anlass nehmen, unsere eigenen Anstrengungen nochmals zu verdoppeln.«

»Nemecek, Nemecek«, brachte Kappacher einmal mehr seinen Zeigefinger zum Einsatz. »Übertreiben Sie es nicht! Ich kann Ihnen nur raten, sich auf die richtigen Verdachtsmomente zu konzentrieren. Nehmen Sie sich die Verdächtigen einmal ordentlich zur Brust.«

Touché, dachte Nemecek: eine Mahnung, zwei Ratschläge – genau wie er vorausgesagt hatte. Er wartete noch ein wenig, um sich ausreichend nachdenklich zu zeigen. Dann sagte er: »Danke, Herr Oberst. Ich werde Ihre Worte im Hinterkopf behalten.«

Er erhob sich. Obermayr tat es ihm gleich, verzichtete jedoch auf eine weitere Wortmeldung. Auf dem Weg nach draußen fiel Nemecek auf, dass sie ihre Hände in einer seltsamen Verrenkung an den Körper gepresst hielt. Erst an der Tür bemerkte er ihre ausgestreckten Finger: einer auf der rechten Seite, zwei auf der linken. Ihr waren die Mahnung und die beiden Ratschläge also ebenfalls aufgefallen. Schön, dass sich die Welt zumindest zwischendurch noch so berechenbar zeigte!

Donnerstag, 9:39
Visuelles Ermittlungsmanagement

»Dann müssten wir Blockaden auf all jenen Karten anbringen, wo wir das Gefühl haben, dass uns jemand etwas verschweigt«, zeigte Obermayr auf das Whiteboard, das in der Zwischenzeit zum Kanban-Board geworden war.

»O-o-oder uns an-an-anlügt«, ergänzte Manninger.

Nemecek musste zugeben, dass da etwas dran war. »Dann lasst es uns doch versuchen«, ermunterte er, aber Obermayr war schon aufgesprungen. Sie nahm die kleinen roten Klebezettel in die Hand: »Wie wollen wir vorgehen?«

»T-t-teilen w-wir uns doch d-d-die Spa-spalten auf«, schlug Manninger vor.

»Gute Idee«, sagte Obermayr. Wenig später hatten sie alles erfasst, was sie derzeit als blockierend ansahen: von der Flucht Luka Novacic' über die Widersprüche in Steiners und Gauss' Aussagen bis zur offenen Frage, wer der unbekannte Anrufer war, der als Letzter mit Paul Steiner gesprochen hatte. Das Board war jetzt von roten Zetteln übersät. Fast an jeder Karte hing einer, an manchen sogar zwei. Doch Nemecek fand das alles andere als beunruhigend. Im Gegenteil: Jetzt sahen sie wenigstens, woran sie waren.

Er trat einen Schritt zurück, um auch körperlich einen neuen Blickwinkel einzunehmen. Dass ihre Ermittlungen an vielen Stellen feststeckten, wussten sie auch ohne Kanban-Board. Der Überblick, den sie gemeinsam erarbeitet hatten, schien dennoch erhellend.

Als Nemecek seine beiden A4-Blätter präsentierte, hätte er niemals damit gerechnet, dass sie nicht einmal eine Stunde später ein solches Bild vor Augen haben würden. Die positiven Reaktionen seiner Kollegen freuten ihn. Nach dem Meeting mit Kappacher war er wieder unsicher gewesen, ob er den Versuch wirklich wagen sollte. Würden die Kollegen etwas damit anfangen können? Würde sich Obermayr auf den Schlips getreten fühlen, weil er damit ihre eigene Visualisierung in den Schatten stellte? Würde es ihm überhaupt gelingen, die Grundideen des visuellen Arbeitsmanagements kurz und bündig zu vermitteln? Und würde sich Manninger, der ja eine Vorliebe für formale Strukturen hatte, auf ein solch offenes Experiment einlassen?

Als Nemecek jetzt auf die Ereignisse der letzten Stunde zurückblickte, waren ihm seine anfänglichen Zweifel regelrecht peinlich. Obermayr hatte nicht die geringste Schwierigkeit damit gehabt, ihre eigene Falldarstellung zur Seite zu schieben. Mit einer weiteren Kostprobe aus ihrem schier unendlichen Zitatenschatz – »Was kümmert mich mein dummes Geschwätz von gestern?« – war die Sache erledigt. Im Zuge der darauf folgenden Diskussion ließ sie sogar mehrmals durchblicken, dass ihr die traditionelle Falldarstellung selbst nicht besonders hilfreich erschien. Zu detailliert, zu wenig Dynamik hatte sie fast wortgetreu Nemeceks eigene Einschätzung wiederholt.

Die Kernpraktiken von Kanban verstand sie auf Anhieb. Selbst die notwendige Einschränkung paralleler Aktivitäten, gelinde gesagt nicht gerade eine ihrer Stärken, leuchtete ihr ein. »Das ständige Hin- und Herspringen ist eh nicht sinnvoll«, überraschte sie Nemecek mit einer ungeahnten Selbsterkenntnis.

Noch überraschender war für ihn Manningers Verhalten. Zuerst hatte er Nemecek nur zugehört und sich dabei eifrig Notizen gemacht. Im Vorfeld war Nemecek fest davon ausgegangen, dass ihr Assistent viele Fragen stellen würde. Doch bis auf das Thema Feedbackschleifen, das ihm nicht ausreichend klar war, blieb die erwartete Rüttelstrecke aus. Üblicherweise stand Manninger jeder Neuerung sehr reserviert gegenüber. Er ließ sich erst darauf ein, wenn er alles gründlich abgeklopft hatte. »Wenn alle Klarheiten restlos beseitigt sind«, hätte Obermayr gesagt, die von Manningers pedantischer Ader mitunter ziemlich genervt war. Einmal hatte sie ihm sogar direkt an den Kopf geworfen, dass er keine Ruhe geben könne, bis jede erdenkliche Ausnahme geregelt sei. Manninger hatte sich daraufhin schmollend hinter seine Mappen zurückgezogen und war noch eine Woche später beleidigt gewesen.

In der Auseinandersetzung mit Kanban war indes weder etwas von Pedanterie noch von Genervtheit zu spüren. Vielmehr kam es Nemecek vor, als ob sich das Verhältnis zwischen seinen Kollegen spürbar entspannte. Beinahe Hand in Hand spielten sie verschiedene Modifikationen durch, setzten ihre Avatare, brachten Blockaden an und stimmten einander sogar bei den Regeln für den Kanban-Betrieb zu, die Nemecek auf einem eigenen Blatt festhielt: *tägliches Standup, Fokus auf Veränderungen seit dem letzten Mal, Abschluss offener Arbeiten, Klärung von Blockaden, Lösungen im Anschluss.*

Er selbst hatte den Eindruck, kaum etwas beitragen zu müssen. Seine Kollegen nahmen den Ball nicht nur auf, sondern spielten ihn leichtfüßig weiter. Hatte er nicht erst gestern gehört, dass Kanban per se Teamsport sei? Und dass es darum ginge, Führung auf allen Ebenen zu fördern?

So sehr Nemecek genoss, was vor seinen Augen entstand, so wenig konnte das seine Sorgen beseitigen. Das Gefühl, in einer Sackgasse gelandet zu sein, blieb. Natürlich erkannten sie ihre Probleme jetzt besser. Der Lösung des Falles brachte sie das trotzdem nicht näher.

»Und jetzt?«, übersetzte er sein Stirnrunzeln in Worte: »Sehen wir etwas, was wir vorher noch nicht gesehen haben?« Zu seiner Verblüffung erhielt er sofort zwei Antworten. »D-d-dieser un-un-bekannte An-an-an-rufer«, deutete Manninger auf die Karte, auf dem der Avatar von Kampinski sowie eine Blockade mit der Aufschrift *Identität* prangte. »Vie-vie-vielleicht ist d-das ja ei-ei-einer aus d-der *S-Safe-I-IT*?«

»Oder es ist jemand ganz anderes, mit einem Motiv, das wir bislang nicht am Radar hatten«, schloss Obermayr nahtlos an. »Vielleicht hat das Ganze mit Paul Steiners Spielschulden zu tun? Und der unbekannte Anrufer war ein Geldeintreiber?«

Nemecek dachte an Neufeldners Hypothese, dass es gar nicht um eine Beziehungstat, sondern um etwas Geschäftliches ging. Hatte sein Freund nicht sogar von einem möglichen Diebstahl gesprochen? Dass sich Steiner etwas Wertvolles unter den Nagel gerissen hatte und dabei war, sich damit aus dem Staub zu machen? Es stellte sich nach wie vor die Frage, worum es sich dabei handeln könnte – und ob das wirklich mit der *SafeIT* in Zusammenhang stand. Eine gute Frage für das folgende Gespräch mit den beiden Geschäftsführern war das allemal. Vielleicht sollten sie die Diebstahlthese sogar ein wenig zuspitzen. Warum nicht unterstellen, dass die Glasers ihm bereits auf die Schliche gekommen waren?

Nemecek blickte wieder aufs Board. *Finanz*, las er auf dem roten Sticker, den Manninger vorhin auf die Paul-Steiner-Karte geklebt hatte. Kampinski musste da unbedingt Gas geben, sonst würde sich der Nebel niemals lichten! Aus irgendeinem Grund ging Nemecek eine Textstelle aus seiner gestrigen Lektüre durch den Kopf: *Visualisierung ist nur ein Teil des visuellen Arbeitsmanagements* oder so ähnlich. Blöderweise hatte er genau diese Stelle nicht in sein Notizbuch übertragen. Andererseits war der Wortlaut weniger wichtig als die Bedeutung des Gedankens. Es geht um Management, übersetzte er für sich, um das Treffen von Entscheidungen.

Warum fiel ihm das gerade jetzt ein? Wohl nur deshalb, weil sie sich entscheiden mussten. Doch was war die richtige Entscheidung? Worauf sollten sie sich als Nächstes konzentrieren?

»Was ist eigentlich mit diesem Solochin?«, beendete Obermayr sein finsteres Grübeln. »Das ist die einzige Karte, bei der anscheinend noch gar nichts passiert ist.«

Nemecek starrte auf die Karte, die sich tatsächlich noch in der Spalte *Umfeld durchleuchten* befand. Er starrte so lange, bis ihm die Augen brannten. Vorsichtig drückte er sich mit Daumen und Zeigefinger auf die Augäpfel.

»Wolltest du etwas sagen? «, fragte Obermayr. Während seiner Massage hatte Nemecek scheinbar die Lippen geöffnet. Wahrscheinlich hatte er lediglich tief eingeatmet.

»Ja«, stieß er die Luft wieder aus seinen Lungen: »Diesen Solochin sollten wir dringend überprüfen.«

»Was wissen wir eigentlich über den?«, fragte Obermayr.

»D-d-das ka-kann ich euch gl-gleich sa-sa-sagen«, übernahm Manninger und schlug eine seiner Mappen auf. »Vi-vi-viktor So-so-so-lochin, Cy-cy-ber-secu-cu-curity-Spe-spezialist«, setzte er an, als er von einem lauten Klopfen unterbrochen wurde. Sie drehten ihre Köpfe zur Tür.

»Morgen, Kollegen«, grüßte eine junge Frau in Uniform und nahm ihre Kappe ab. »Die Glasers wären jetzt da.«

»Danke, Kollegin«, sagte Obermayr. »Sei so gut und bitte sie gleich herein zu uns.«

Die Angesprochene nickte, setzte ihre Kappe wieder auf und zog sich zurück. Gleich darauf tauchten Heidrun und Ferdinand Glaser im Türrahmen auf. Die finale Entscheidung über die nächsten Schritte würde noch ein wenig warten müssen.

Donnerstag, 10:16
Wovon man nicht schweigen kann, darüber muss man sprechen

»Guten Morgen«, sagte Obermayr, bevor sie zurück zum Schreibtisch ging. Heidrun und Ferdinand Glaser blieben an der Tür stehen, als ob sie irgendetwas zögern ließ. Dann aber gaben sich die beiden einen Ruck und traten rasch an den großen Schreibtisch heran.

Nemecek löste sich ebenfalls vom Kanban-Board und ging auf die beiden Besucher zu. »Danke, dass Sie es gleich einrichten konnten«, erklärte er, während sie sich wechselseitig die Hände schüttelten. »Wir hätten Ihnen das gerne erspart, aber es ist wirklich wichtig.«

Heidrun deutete ein Nicken an. Für Nemecek bestätigte sie damit noch einmal ihr Einverständnis, direkt vom Flughafen ins Kommissariat zu kommen. Die Reisestrapazen waren den beiden durchaus anzusehen. Schließlich waren sie alles in allem seit gut 20 Stunden unterwegs – auch wenn sie im Flugzeug sicherlich Business Class gewählt hatten. Doch das garantierte bekanntlich auch keinen erholsamen Schlaf. Vor allem Ferdinand hatte dunkle Ringe unter den Augen, die ihn im Handumdrehen um zehn Jahre älter wirken ließen. Sein Gesicht hatte einen ungesunden Farbton angenommen und die Haare standen ihm wirr vom Kopf. Heidrun wirkte dagegen erstaunlich frisch.

»Angesichts der Strapazen, die Sie auf sich genommen haben, wollen wir gleich zur Sache kommen«, verkündete Nemecek.

Heidrun nickte erneut und Ferdinand schien ebenfalls zuzustimmen, obwohl er nur einen kräftigen Atemzug zustande brachte. Er wirkte erschöpft.

Nemecek konnte darauf keine Rücksicht nehmen. Innerlich hatte er sich längst für den Überraschungsangriff entschieden, über den er zuvor nachgedacht hatte. Mal sehen, wohin es sie führen würde, wenn er ein wenig provokanter vorging. Auf alle Fälle sollte es die beiden Geschäftsführer gehörig aufrütteln.

»Frau Glaser, Herr Glaser«, sagte Nemecek und sah den beiden dabei abwechselnd in die Augen. »Sie haben uns nicht die ganze Wahrheit erzählt.«

»Wie meinen Sie das?«, fragte Ferdinand erschrocken, aber es war klar, dass er damit nur Zeit gewinnen wollte. Nemecek konnte förmlich hören, wie sein Gehirn in den Notfallmodus wechselte. Suchte er nach einer halbwegs glaubhaften Ausflucht? Oder überlegte er, wie viel Wahrheit er nun preisgeben sollte? Er sah Nemecek an, als erhoffte er sich von ihm einen guten Tipp. Doch der hielt ebenso wie Obermayr den Mund.

»Stimmt«, fasste sich Heidrun Glaser als Erste ein Herz. »Wir haben Ihnen etwas Wesentliches verschwiegen.« Auch wenn er sich nach außen hin nichts anmerken ließ, riss Nemecek innerlich die Faust in die Höhe. Sie hatten auf die richtige Karte gesetzt! Jetzt galt es dranzubleiben.

»Dann spucken Sie es wenigstens jetzt aus«, knurrte Obermayr. Es klang so, als ob sie längst alles wüssten und es lediglich protokollarische Gründe für dieses Gespräch gäbe.

»Wir haben den dringenden Verdacht, dass Paul Steiner in seine eigene Tasche gearbeitet hat«, brachte Ferdinand Glaser vor. »Und das in großem Stil«, fügte Heidrun hinzu und verschränkte die Arme. »Deswegen haben wir auch einen Privatdetektiv auf ihn angesetzt.«

»Und das sagen Sie uns erst jetzt!«, fuhr Obermayr die beiden an. Nemecek bemerkte, wie der Junior zusammenzuckte. Am liebsten hätte er sich wohl in Luft aufgelöst, während seine Schwester in kühlem Ton entgegnete. »Wir hatten unsere Gründe.«

»Ihnen ist schon klar, dass Ihre Gründe unsere Ermittlungen massiv behindert haben!«, blieb Obermayr in Angriffsposition.

»Sie hätten an unserer Stelle sicher genauso gehandelt«, verteidigte sich Heidrun Glaser. »Immerhin stand der gute Ruf des gesamten Unternehmens auf dem Spiel.«

»Frau Glaser! Hier geht es nicht um irgendeinen guten Ruf. Es geht um Mord.«

»Wir sind nicht blöd, Frau Inspektor«, gab sich Heidrun Glaser keinesfalls geschlagen. »Wir sind uns darüber im Klaren, dass das nicht besonders vorteilhaft aussieht.« Unversehens hob sie den Zeigefinger in die Höhe. Ob sie diese Geste frisch aus San Francisco importiert hatte? »Bei unseren Nachforschungen geht es ausschließlich um wirtschaftliche Angelegenheiten«, behauptete Heidrun Glaser. »Das hat ja wohl nichts mit Ihrem Fall zu tun.«

»Mit Verlaub, Frau Glaser«, erklärte Nemecek ruhig. »Das zu beurteilen müssen Sie schon uns überlassen.« Obermayr neben ihm schnaubte. Er hoffte inständig, dass sie ihren Kampfgeist wieder in Griff bekam. Wenn wieder einmal die Pferde mit ihr durchgingen, konnte die Situation leicht eskalieren.

»Was genau haben Sie bereits über Steiners betrügerische Tätigkeiten herausgefunden?«

»In Wahrheit noch nicht allzu viel«, versuchte es Ferdinand Glaser mit der klassischen Beschwichtigungstaktik.

»Jetzt packen Sie schon endlich aus«, schnauzte ihn Obermayr an. »Oder wollen Sie den ganzen Tag auf dem Kommissariat verbringen?«

»Wir wissen tatsächlich erst wenig, die Recherchen haben ja erst vor einer Woche begonnen«, bemühte sich Heidrun Glaser um einen konstruktiveren Ton. »Bis dato hat sich unser Hauptverdacht noch nicht bestätigt.«

»Und der wäre?«

Heidrun Glaser zögerte. Sie sah ihren Bruder an, der unverändert eingeschüchtert wirkte. Eigentlich sollte er Angriffe wie den von Obermayr ja von seiner Schwester gewohnt sein.

»Industriespionage«, gestand sie schließlich.

»Sie meinen, Paul Steiner hat hinterrücks Firmenwissen abgezogen?«, zeigte sich Obermayr erstaunt. Heidrun Glaser nickte. »Ja, das meinen wir«, bestätigte ihr Bruder.

»Sie werden uns jetzt wahrscheinlich nicht sagen wollen, worum es sich dabei handelt«, spekulierte Obermayr.

»Das vermuten Sie richtig«, entgegnete der Junior, der froh zu sein schien, den Inspektoren wieder die Stirn bieten zu können. »Es liegt auf der Hand, dass es sich dabei um Geschäftsgeheimnisse handelt.«

»In einer Mordermittlung gibt es keine Geheimnisse«, fuhr Obermayr nun mit neuen Geschützen auf. »Das wird Ihnen Ihr Rechtsbeistand sicherlich bestätigen.«

»Sie wollen, dass wir unseren Anwalt hinzuziehen?«, fragte Heidrun Glaser spitz.

»Woran hat Paul Steiner denn zuletzt gearbeitet?«, versuchte Nemecek wieder aus der Minenzone zu kommen. Vielleicht fanden sie auf diesem Weg einen relevanten Hinweis. Dass die Glasers etwas mit dem Mord zu tun hatten, glaubte er nach wie vor nicht. Ganz abgesehen von der Frage, wie sie das hätten realisieren sollen. Etwa über einen Auftragsmord? Das klang für Nemecek doch zu sehr nach einem Thriller aus dem kalten Krieg.

»Paul war mit zwei Dingen beschäftigt«, sagte Heidrun Glaser und schien erleichtert, dass sich ein Weg aus der Konfrontation auftat. »Einerseits mit der laufenden Arbeit im Team Dagobert, dem er seit letztem Jahr als Vertriebsspezialist angehörte. Andererseits mit einem Projekt namens CAPS, in dem es um das Thema Cybersecurity geht.«

»Das heißt normale Kundenarbeit und Innovation?«, fasste Obermayr zusammen, während sie auf das Tablet auf ihrem Schoß blickte. Auf dem Display war das Koordinationsboard zu sehen, vor dem sie Dienstag früh Paul Steiner aufgefunden hatten. Scheinbar versuchte Obermayr die Karten auf dem Board zu identifizieren, von denen Heidrun Glaser sprach.

»Und was genau heißt jetzt CAPS?«, fragte seine Kollegin, als sie fündig geworden war. Sie hatte nun wieder den Junior ins Auge gefasst.

Ferdinand Glaser warf seiner Schwester einen hilfesuchenden Blick zu. Nach einer fast unmerklichen Bewegung ihrer Lippen erklärte er: »Cyber Attacks Protection System.«

Jetzt war es Obermayr, die ihrem Kollegen einen Blick zuwarf. Doch Nemecek war sich nicht sicher: Vermittelte dieser Blick ein Fragezeichen? Oder eher ein Stopp? Bevor er eine Entscheidung treffen konnte, sagte sie: »Das Thema Cybersecurity ist doch in aller Munde. Waren Sie nicht gerade auf einer der weltweit größten Konferenzen dazu? Die *SafeIT* arbeitet also auch aktiv daran.«

»Ja«, antwortete Heidrun Glaser. »Wie aktiv wir daran arbeiten, kann ich leider gar nicht beantworten. Gerade in den letzten Wochen hat Paul ein totales Geheimnis um das Projekt gemacht. Selbst Ele, also Frau Ortiz, die für den Business Value des Projekts verantwortlich ist, wusste nichts Genaues.«

»Wenn ich das richtig sehe, befindet sich die CAPS-Karte ja noch in einem sehr frühen Entwicklungsstadium«, servierte Obermayr wieder eine frische Information aus ihrem Tablet. Das Boardfoto füllte immer noch das Display. »Noch dazu ist die Karte mit einer Blockade versehen, auf der *technische Probleme* steht«, ergänzte Obermayr nach einem weiteren Zoom. »Und wenn diese Daten auf der Blockade die Dauer erfassen, gibt es diese Blockade offenbar schon ziemlich lang.«

Nemecek war heilfroh, dass er Kanban mittlerweile einigermaßen verstand. Andernfalls wäre das Ganze nur Fachchinesisch für ihn gewesen. Fragte sich nur, wohin sie diese CAPS-Geschichte führen würde. Hatte der vermutete Betrug mit diesem Projekt zu tun?

»Sie haben recht«, stimmte Heidrun Glaser zu. Die Spannungen von vorhin schienen vergessen. Sie strich sich ihr helles Haar über die Ohren und sagte dann: »Genau das haben wir im letzten Koordinationsmeeting kritisiert, bevor wir in die USA geflogen sind.« Sie nahm ihre Brille ab. Mit Daumen und Zeigefinger massierte sie nun ihre Nasenwurzel. Dann sprach sie weiter: »Nikolas hat uns im Anschluss bestätigt, dass Paul Steiner seit Wochen behauptet, dass das Projekt feststeckt, weil sie zuerst irgendwelche speziellen Abhängigkeiten klären müssten.«

»Ist das nicht normal für Innovationsprojekte, dass diese zwischendurch mal durchhängen?«

»Das schon«, bestätigte Heidrun Glaser. »Weniger normal ist allerdings, dass jemand so tut, als gäbe es über Wochen keinerlei Fortschritt.«

»Es ließ sich nichts weiter darüber herausfinden?«

»Anscheinend wussten auch Harry und Luka nichts Genaues darüber – also unsere internen Entwickler Terzenberger und Novacic, die an diesem Projekt arbeiten.«

»Versteh ich Sie richtig: Die CAPS-Blockade war seit Wochen ein Dauerbrenner bei den Koordinationsmeetings?«

»Ich würde es eher Feuersbrunst nennen – immerhin verfolgen wir bei der *SafeIT* nicht nur das Prinzip der Transparenz, sondern auch der wechselseitigen Hilfe.«

Nemecek schaute zu Obermayr, aber die war offenkundig mit anderen Dingen beschäftigt. Irgendetwas auf ihrem Tablet schien ihre Aufmerksamkeit zu fesseln. War sie immer noch mit dem Board zugange? Er widerstand der Versuchung, sich zu ihr hinüber zu beugen, und sagte stattdessen: »Das hat jedenfalls Ihren Verdacht erregt? Und Sie veranlasst, ein Detektivbüro zu beauftragen. Wir brauchen im Übrigen die Kontaktdaten dieses Büros.«

»Wer alles hat eigentlich an dem Projekt mitgearbeitet?«, wechselte Obermayr auf eine andere Spur.

»Wie ich bereits erwähnt habe: Eleanore Ortiz als Product Owner, Luka Novacic und Harald Terzenberger als interne Softwareentwickler, eine externe UX-Spezialistin, deren Name mir gerade nicht einfällt, Kim Sun als QA-Verantwortliche und Viktor Solochin als Cybersecurity-Experte.«

»Schon wieder dieser Solochin!«, kommentierte Obermayr laut. »Den müssen wir uns unbedingt vorknöpfen.«

»Wir müssen dringend mit ihm sprechen«, übersetzte Nemecek und merkte selbst, dass das wie eine Entschuldigung klang. Anscheinend spürte er das Bedürfnis, den schroffen Ton seiner Kollegin abzumildern.

»Mit Señora Ortiz sollten wir uns dann auch gleich noch einmal unterhalten«, sagte diese, ohne ihn anzusehen.

»Gleich wird schwierig«, meinte der Junior. »Die ist nämlich heute auf einem Kundentermin in Budapest.«

»Dann müssen wir eben telefonieren«, wischte Obermayr den Einwand zur Seite.

»Den Novacic haben wir sowieso auf der Liste«, ergänzte Nemecek. »Manninger soll sich so bald wie möglich mit diesem Detektiv kurzschließen.«

»Aber als Nächstes kommt einmal Steiners Schwester an die Reihe.«

»Entschuldigen Sie«, unterbrach Ferdinand Glaser ihr internes Pingpong. »Brauchen Sie uns noch?«

»Brauchen wir sie noch?«, wandte sich Obermayr direkt an ihren Kollegen, als wären die Glasers gar nicht anwesend.

»Ich denke vorerst nicht«, entgegnete Nemecek.

»Also dann«, sagte Obermayr und stand auf. Heidrun und Ferdinand Glaser folgten ihrem Beispiel. Schließlich erhob sich auch Nemecek. Sie reichten einander die Hände und gingen dann gemeinsam zur Tür. »Sie halten uns auf dem Laufenden«, sagte Heidrun Glaser, als sie auf den Flur trat. »Vice versa«, entgegnete Obermayr. »Und ab sofort mit der ganzen Wahrheit.«

Donnerstag, 12:38
Unerwartete Enthüllungen

Sie hatten Sylvie Steiner absichtlich etwas warten lassen. Doch als sie sie schließlich aufriefen, war keinerlei Anzeichen von Irritation zu erkennen. Ihr Gesicht wirkte regungslos wie immer. Dieses Mal trug Steiner einen dunklen Hosenanzug, eine beige Bluse und dazu passende Schuhe. An ihrem linken Arm hing eine große Handtasche, deren Marke Nemecek von seiner Frau kannte. Hatte sich Bettina nicht genau so eine Handtasche gekauft, als sie das letzte Mal in Berlin waren? Ihr Haar hatte Sylvie Steiner aufgesteckt, die Augen waren in einem erstaunlich kräftigen Grün geschminkt und ihr Mund glänzte, als hätte sie gerade erst Lippenstift aufgetragen.

»Guten Morgen«, sagte Nemecek und streckte ihr die Hand entgegen. »Nehmen Sie bitte Platz, ich bin gleich für Sie da.« Als er Steiners Hand los ließ, nahm er ein leichtes Kopfschütteln wahr. Wollte sie damit doch ein wenig Verwunderung zum Ausdruck bringen? Oder gar Ärger?

Er verließ den Vernehmungsraum durch die Seitentür, hinter der ihn Obermayr bereits erwartete. »Und? Ist dir etwas aufgefallen?«

»Die Maske«, pointierte Nemecek und musste unwillkürlich an den gleichnamigen Film mit Jim Carrey denken, in dem dieser als verrückter Verbrecher durch eine unschuldige Welt wirbelte. War sein Kostüm nicht von einem ganz ähnlichen Grün gewesen wie Steiners Lidschatten?

»Du hattest wieder einmal recht«, setzte Obermayr seinem filmgeschichtlichen Ausflug ein Ende. »Die ist scheinbar wirklich durch nichts zu beeindrucken. Sogar jetzt, wo wir sie dem Wartestress aussetzen, ist sie die Ruhe selbst.«

»Ich bin mir nicht sicher«, meinte Nemecek, während er durch den Einwegspiegel blickte. »Vielleicht müssen wir ihr Gesicht auf andere Weise lesen, als wir das gewohnt sind.«

Schweigend starrten sie in den vor ihnen liegenden Raum. Sylvie Steiner hatte jetzt wieder ihre langen Beine übereinander geschlagen und die Hände locker über den Knien verschränkt. Diese Haltung kannten sie von ihr. Seit sie vor dem großen Tisch mit dem Aufnahmegerät saß, hatte sie sich kaum bewegt. Ihr Blick war gerade nach vorne gerichtet, ihr Atem ging ruhig und sie schien völlig entspannt.

»Das ist wahrscheinlich irgendeine Meditationstechnik«, bemerkte Obermayr, die ganz Ähnliches zu beobachten schien wie Nemecek. »Oder Drogen.«

»Ich bin mir sicher, dass die noch eine Stunde so dasitzen könnte.«

»Hast du unsere Fragen?«

»Am Tablet«, zeigte Obermayr auf die schmale Tasche unter ihrer rechten Achsel.

»Gut, dann auf in die Arena«, verkündete Nemecek. »Gehst du zuerst? Ich komm in einer Minute nach.«

Nachdem seine Kollegin gegangen war, wandte sich Nemecek wieder Sylvie Steiner zu. Diese saß nach wie vor in aufrechter Haltung auf ihrem Stuhl. Er musste zugeben, dass diese Frau an seinem professionellen Stolz nagte. Stets war er davon ausgegangen, dass er über eine besondere Beobachtungsgabe verfügte. Viele Fälle hatte er auch deswegen lösen können, weil er Dinge wahrnahm, die andere übersahen. Das galt für das Sicht- wie für das Hörbare und nicht zuletzt für die nonverbalen Zeichen, die oft eine ganz andere Geschichte erzählten. Es fiel ihm leicht, sich in die Situation seines Gegenübers zu versetzen und auch das zu registrieren, was sozusagen zwischen den Zeilen gesagt wurde. Oder im Schweigen versteckt. Doch bei Sylvie Steiner schien er auf keine dieser Fähigkeiten zurückgreifen zu können. Sie war und blieb ihm ein Rätsel.

»Guten Morgen, Frau Steiner«, betrat Nemecek wenig später den Vernehmungsraum.

»Guten Morgen, Herr Inspektor«, grüßte diese zurück. Inschpekta gibt's kan, musste Nemecek an die Fernsehkrimis denken, die in seiner Jugend für Aufsehen gesorgt hatten. Das Boulevardblatt, das für die Stimmungsmache im Land verantwortlich war, hatte sich wochenlang über die skandalöse

Darstellung der Polizei empört, während Pokorny, Neufeldner und er ihre erste Kultserie entdeckten. Kuriose Fälle, tollpatschige Beamte, neurotische Vorgesetzte, tiefer Dialekt und das morbide Flair ihrer Heimatstadt – all das hatte *Kottan ermittelt* einst zum Pflichtprogramm gemacht.

»Donnerstag, 12 Uhr 46«, verkündete Obermayr mit ernster Stimme. »Beginn der Vernehmung von Sylvie Steiner. Chefinspektor Nemecek und Bezirksinspektorin Obermayr klären die Zeugin darüber auf, dass gegen sie wegen des Verdachts der vorsätzlichen Tötung von Paul Steiner ermittelt wird. Die Inspektoren belehren sie ausdrücklich darüber, dass sie das Recht hat, die Aussage zu verweigern, einen Rechtsbeistand hinzuziehen oder Beweiserhebungen zu beantragen.«

Wie vereinbart, hatte Nemecek die beiden während der Belehrung nicht aus den Augen gelassen. Im Vorfeld hatte er sich mit Obermayr für eine formelle Vernehmung entschieden und diese bewusst in den Kontext eines konkreten Mordverdachts gestellt. Dieses Mal war das ihr Spiel und sie würden es streng nach den Regeln ablaufen lassen.

»Ich brauche keinen Anwalt, ich habe ja nichts getan«, erklärte Steiner entschieden. Ihre Stimme klang dabei aber nur halb so fest, wie sie das wohl beabsichtigt hatte.

»Sie wissen, warum wir Sie vorgeladen haben«, eröffnete Nemecek mit einer rhetorischen Frage. Danach hielt er erst einmal den Mund, damit sich ein wenig Stille ausbreiten konnte. Jetzt galt es abzuwarten, was als Nächstes passierte. Und es passierte immer etwas …

»Ehrlich gesagt halte ich diesen ganzen Zinnober für höchst überflüssig«, durchbrach Steiner das lastende Schweigen. »Klären Sie mich bitte auf: Wie kommen Sie auf vorsätzliche Tötung?«

Nemecek blickte zu Obermayr und merkte, wie er dabei die Unterlippe vorschob, wie das Sophie so oft machte. Hatte er sich das etwa von ihr abgeschaut? Oder war es umgekehrt und sie hatte das von ihm übernommen? Er sollte einmal Bettina dazu befragen.

Er lehnte sich zurück und beobachtete in aller Ruhe, wie Obermayr ihre erste Offensive startete. »Frau Steiner, Sie haben uns angelogen.«

»Wie meinen Sie das?«, reagierte Steiner mit einer Gegenfrage.

»Stellen Sie sich doch nicht dümmer, als Sie sind«, legte Obermayr mit lauter Stimme nach. »Sie haben gestern behauptet, Sie hätten mit Ihrem Bruder
keinen Kontakt mehr. Dabei haben Sie allein im letzten Monat drei Mal mit
ihm telefoniert!«

Obermayr hatte ihre Vorhaltungen mit großen Gesten untermalt. Jetzt legte
sie ihre Unterarme auf den Tisch, als ob sie sich ergeben würde. Oder wollte
sie bloß Steiner dazu animieren?

»Vielleicht haben Sie ihn in diesem Zeitraum sogar persönlich getroffen?
Das letzte Gespräch hat jedenfalls keine zwei Stunden vor Paul Steiners Tod
stattgefunden. Und Sie schulden uns noch eine Antwort, worum es dabei
ging. Sagen Sie bloß, dass Sie das vergessen haben?«

»Nein, das habe ich nicht«, entgegnete Steiner ungerührt. Kannte die Frau
kein schlechtes Gewissen?

»Worum ging es in diesem Gespräch?«

»Ich wüsste nicht, was Sie das angeht.«

»Frau Steiner!«, ermahnte Obermayr und hob die Hand, »In einem Mordfall geht uns alles etwas an! Also?«

Andere hätten wohl spätestens an dieser Stelle klein beigegeben. Nicht so
Sylvie Steiner. »Es ging um eine private Sache, die nichts mit dem Mordfall
zu tun hat«, behauptete sie.

»Frau Steiner!«, brauste Obermayr auf. »Ist Ihnen lieber, dass wir Sie in
Untersuchungshaft nehmen? Oder packen Sie endlich aus?«

Im Vernehmungsraum breitete sich Stille aus. Als hätte Obermayr nicht nur
Sylvie Steiner, sondern jedwede Tonquelle eingeschüchtert. Nemecek betrachtete die vor ihnen sitzende Frau. Sie hielt sich zwar nach wie vor aufrecht,
wirkte aber nicht mehr so souverän wie zu Beginn. Oder bildete er sich das
nur ein?

»Es ging um seine neue Flamme«, hörte er sie plötzlich sagen. Hatte sie
überhaupt die Lippen geöffnet?

»Sie meinen Karin Köllerer?«, fragte er nach.

»Ja.«

»Ich«, setzte Nemecek an, überlegte sich es dann aber anders und schluckte das »glaube ihnen kein Wort« hinunter. Mal abwarten, wohin diese Story noch führte.

»Was gab es denn da zu besprechen?«, wollte Obermayr wissen. Steiner sah kurz zu ihr, wandte sich dann aber wieder Nemecek zu. Er fing ihren Blick auf, wusste ihn allerdings nicht zu deuten: Unsicherheit? Enttäuschung? Wut?

»Paul war entschlossen, ein neues Leben zu beginnen. Er meinte, dass Karin die Liebe seines Lebens sei und er mit ihr noch einmal ganz von vorne anfangen wolle.«

»Ihr Bruder wollte aussteigen?«, spielte Nemecek den Überraschten. Das hatte ihnen Köllerer ja bereits vor zwei Tagen erzählt.

»Ja.«

»Und was musste er dazu mit Ihnen besprechen?«, mischte sich Obermayr wieder ein. Nemecek hörte deutlich, wie genervt sie dabei klang. »Hat er Sie um Erlaubnis gefragt?«

»Nein«, antwortete Steiner, bevor sie wieder in Schweigen verfiel. War sie jetzt beleidigt? Ihre glänzenden Lippen waren jedenfalls ganz schmal und wirkten wie ein Siegel.

»Was dann?«, verfiel Obermayr wieder in den aggressiven Ton von zuvor. Zweifellos war seine Kollegin am Ende ihrer Geduld angekommen. Gleich würde Sie explodieren.

»Ich sage Ihnen, wie es war«, erfüllte sich Nemeceks Prophezeiung schon wenige Sekunden später. Mit zornigem Gesicht erklärte Obermayr: »Ihr Bruder hat Ihr Elternhaus hinter Ihrem Rücken verkauft. Und das war der berühmte Tropfen, der das Fass zum Überlaufen gebracht hat. Nach all seinen Frauengeschichten, seiner Spielsucht und dem ewigen Ich-Ich-Ich hatten Sie endgültig genug von ihm. Sie haben sich eine Armbrust besorgt, ihn in der *SafeIT* aufgesucht und ihn kaltblütig erschossen!«

Falls Steiner von Obermayrs Wutausbruch beeindruckt war, behielt sie das für sich. Im Gegenteil: Statt eingeschüchtert zu wirken, schien sie sich wieder zu entspannen. Ihr Lippen nahmen ihre normale Breite an und die

Augen verloren ihren verkniffenen Ausdruck. Dann öffnete sie den Mund und sagte: »Sie denken, ich habe ihn erschossen?«

»In jedem Fall erben Sie jetzt alles«, stellte Nemecek fest. »Vielleicht können Sie den Verkauf des Hauses sogar rückgängig machen.«

Steiner starrte ihn an. »Dafür habe ich mich nachts in die *SafeIT* geschlichen?«, fragte sie dann langsam, als wollte sie mit jedem einzelnen Wort unterstreichen, wie absurd diese Annahme war. Genau in dem Moment, in dem Nemecek etwas entgegnen wollte, fügte sie hinzu: »Und meinen Bruder erschossen?«

Nemecek musste zugeben, dass das sonderbar klang. Im Laufe seiner Karriere hatte er es allerdings schon mit weit seltsameren Fällen zu tun gehabt. Da brauchte er sich bloß an den Sprungseil-Mörder zu erinnern; oder an die Frau mit den vergifteten Kakteen.

Dennoch: Steiner hatte ein glasklares Motiv für den Mord an ihrem Bruder. Man durfte gespannt sein, was von ihrer Souveränität übrig blieb, wenn sie sie dem Haftrichter vorführten.

»Wann soll denn der Mord überhaupt passiert sein?«, fragte sie unvermutet.

»Zwischen 21 und 22 Uhr«, antwortete Obermayr irritiert und konnte sich ein »Warum?« nicht verkneifen.

Steiner drehte die Augen nach oben, wie jemand der angestrengt nachdenkt. »Zwischen 21 und 22 Uhr sagen Sie?«

Nemecek nickte.

»Für diesen Zeitraum habe ich ein Alibi.«

Nemecek spürte, wie ihm die Kinnlade hinunterfiel. Konsterniert blickte er zu Obermayr. Doch seine Kollegin schien ebenfalls um Fassung zu ringen. »Sie haben was?«

»Ich habe ein Alibi«, wiederholte Steiner trocken.

»Was soll das bitte für ein Alibi sein?«, stammelte Obermayr.

»Ich habe den ganzen Abend mit Nikolas Gauss verbracht.«

Nemecek traute seinen Ohren nicht: Mit Gauss! Den ganzen Abend!

»Ich nehme an, dafür gibt's keine Zeugen?«, schien sich Obermayr zu fangen. Zumindest klang das nun wieder nach einer ganz normalen Polizeifrage.

»Doch«, lieferte Steiner gleich die nächste Überraschung. »Zuerst waren wir im Theater und danach haben wir noch einen Happen beim Pokorny gegessen.«

Theater, Pokorny, ging es in Nemecek hin und her, als wäre sein Kopf schlagartig zum Hohlraum geworden, in dem zwei Pingpongbälle herumhüpften. Während Nemecek einen klaren Gedanken zu fassen versuchte, öffnete Sylvie Steiner ihre Handtasche. Sie zog mehrere Papierstreifen hervor und legte sie vor ihnen auf den Tisch. Nemecek streckte seinen Kopf nach vorne, um die Papiere näher zu betrachten. Tatsächlich: zwei Theaterkarten und zwei Bewirtungsbelege. Reflexartig prüfte Nemecek die darauf vermerkten Zeiten: *19 Uhr 30* stand auf den Karten, *20:45* auf der kleineren Rechnung, *23:32* auf der größeren, auf der Nemecek Pokornys Logo erkannte.

Manninger würde das überprüfen, schließlich bewiesen diese Belege noch nicht, dass sie tatsächlich an diesen Orten gewesen war. Geschweige denn zu den angegebenen Zeitpunkten. Wenn ihre Angaben allerdings stimmten, schieden sowohl Steiner als auch Gauss als mögliche Täter aus. Natürlich: Selbst wenn sie dort gewesen waren, hätten sich Steiner und Gauss aus dem Theater wegschleichen können, bäumte sich ein letztes Mal der Skeptiker in Nemecek auf. Doch das, gewann der Pragmatiker in ihm gleich wieder die Oberhand, war dann doch ein bisschen weit hergeholt.

»Und das sagen Sie uns erst jetzt?«, fand Obermayr zu ihrem alten Ärger zurück. Vielleicht war es auch ein neuer Ärger, ein noch viel ärgerer Ärger, wie seine Töchter sagen würden. Ihre Stimme schien sie auf alle Fälle nur mit Mühe beherrschen zu können.

»Wir wollten nicht, dass unsere Beziehung bekannt wird«, erklärte Steiner, als sei eine solche Geheimhaltung das Wichtigste auf der Welt. Nemecek spürte heißen Zorn in sich aufsteigen. Was erlaubte sich Steiner eigentlich? Dachte sie, dass es sich dabei um irgendein schräges Spiel handelte? Oder sie Zirkuspferde wären, die mal eine Sonderrunde in der Manege absolvieren sollten?

»Wir werden Ihre Angaben natürlich minutiös überprüfen«, verhinderte Obermayr seinen bevorstehenden Ausbruch. Dieses Mal übernahm sie den pragmatischen Part und Nemecek spürte, dass er fast ein wenig enttäuscht war.

»Sie halten sich zu unserer Verfügung«, setzte sie weiter auf Routine, bevor sie wieder zu Steiner aufblickte. »Und jetzt gehen Sie«, sagte sie und wies mit der Hand unmissverständlich zur Tür. Nemecek drehte den Kopf zur Seite.

Dann war Steiner gegangen. Was blieb, war das Gefühl, dass sie wieder bei null anfangen mussten. Ob der bevorstehende Besuch in der *SafeIT* einen kraftvollen Neustart ermöglichen würde? Immerhin würde er gleich Paul Steiners ehemaliges Team in Action sehen. Oder verfolgte er mittlerweile nur noch das Prinzip Hoffnung?

Donnerstag, 15:01
Ein Standup im Rückspiegel

Im Fall des geheimnisvollen Armbrust-Mordes ist die Polizei offenbar auf eine neue Spur gestoßen, schnappte Nemecek auf. Er spitzte die Ohren. Am liebsten hätte er die Empfangschefin darum gebeten, das Radio etwas lauter zu stellen. Aber die war ja gerade damit beschäftigt, eine neue Dosis Koffein für ihn aufzubereiten. Der Lärm der Espressomaschine führte dazu, dass er die Nachrichtensprecherin nur bruchstückhaft verstand: *... in einer der renommiertesten IT-Firmen des Landes passiert ..., ... aus ermittlungstechnischen Gründen ..., ... Leiter der Mordkommission ..., ... unmittelbar vor der Aufklärung stehen ...* Als sich der Lärm endlich legte, war die Sprecherin bereits beim bevorstehenden Brexit angelangt, der nun angeblich in eine heiße Phase kam.

Unmittelbar vor der Aufklärung?, rief sich Nemecek eines der Bruchstücke des Radioberichts ins Gedächtnis. Wenn er sich nicht verhört hatte, musste Kappacher in seiner heutigen Pressekonferenz ziemlich dick aufgetragen haben. Sein Vorgesetzter liebte ja solche Medienauftritte – und er liebte es noch mehr, sich dabei als Macher zu inszenieren. Der Wahrheitsgehalt seiner Ankündigungen war dabei oft zweitrangig.

Unmittelbar vor der Aufklärung! Im Angesicht dessen, was sie vor einer Stunde erfahren und von Manninger mittlerweile bestätigt bekommen hatten, war das geradezu lachhaft. Nach Lachen war Nemecek dennoch nicht zumute. Steiner und Gauss hatten ein hieb- und stichfestes Alibi. Seine Wut über deren Schweigetaktik war noch kein bisschen verraucht – und sein Vorhaben, diese Wut an Gauss auszulassen, steckte in der Warteschleife fest. Gleich bei seiner Ankunft in der *SafeIT* wurde ihm nämlich beschieden, dass der agile Coach heute nicht im Haus sei. Ob sich dieser absichtlich versteckt hielt? Oder hatte er ihm schon gestern seine Abwesenheit angekündigt, als er ihm die Termine der Standup-Meetings durchgab?

»Milch? Zucker?«, riss ihn die Empfangsdame aus seinen trüben Gedanken. Nemecek schüttelte den Kopf. Wie hieß die Frau nochmal? Er überlegte. War das nicht ein Name mit M gewesen? Oder mit R? Verdammt, sie hatte sich erst vor zwei Tagen bei ihm vorgestellt. War er wirklich schon so vergesslich? Doch so sehr er sich anstrengte: Der Name der freundlichen Frau blieb ihm verborgen. So beließ er es bei einem dankbaren Lächeln und schlug sein Notizbuch auf.

Er blickte auf die Zeichnung, die er vorhin angefertigt hatte. *Standup-Meeting Team Dagobert* verhieß die Überschrift. Gleich darunter waren neun kleine Kreise zu sehen, die halbkreisförmig um eine etwa drei Zentimeter lange Linie angeordnet waren. *Board* hatte er neben diese Linie geschrieben. Als seine Uhr *14:00* angezeigt hatte, ging es los.

1. Pünktlicher Start, stand dementsprechend ganz oben auf der Liste, in der Nemecek die einzelnen Schritte des Meetings zusammenfasste. Wenn jemand nicht teilnehmen konnte, hatte man ihm schon vor Beginn des Standups erklärt, so tat er das einem Kollegen kund. Wenn jemand unentschuldigt zu spät kam, und sei es nur eine einzige Minute, wartete eine Sparbüchse auf ihn, die standesgemäß die Form von Dagobert Duck hatte. Dort hatte der Übeltäter dann einen kleinen Obolus zu entrichten. Angeblich war diese Büchse in der Anfangszeit ihrer Standups ganz gut gefüllt gewesen. Mittlerweile nagte Dagobert indes am Hungertuch.

2. Stehen statt Sitzen, las er weiter und erinnerte sich an seine anfängliche Verwunderung, dass eine offizielle Besprechung ohne Tisch und Stühle auskam. Es dauerte allerdings nicht lange, bis Nemecek sich mehr über seine Verwunderung wunderte als über die fehlenden Möbel. Schließlich war die dadurch entstehende Energie geradezu mit Händen greifbar. Gerade ihm als Sportler sollte der Zusammenhang von körperlicher und mentaler Fitness wahrlich keine Rätsel aufgeben!

3. Agenda per Update, rekapitulierte er den dritten Schritt. In dieser Hinsicht lief das Meeting ohne irgendeines der üblichen Besprechungsrituale ab: kein Sitzungsleiter, der verstaubte Protokolle verlas, kein Experte, der unverständliche Erklärungen abgab, keine langweiligen Ansprachen eines

Vorgesetzten, schon gar keine Befehlsausgaben. Stattdessen die zügige Aktualisierung dessen, was am Board zu sehen war. Mit wenigen Handgriffen wurden alle Karten auf den letzten Stand gebracht. Als die Teammitglieder keine 30 Sekunden später zurücktraten, stellte Nemecek fest, dass einige Karten um 45 Grad gedreht wurden. Bald war klar, dass das Team damit seine heutige Agenda sichtbar gemacht hatte. In der Folge sprach man ausschließlich über jene Karten, die bewegt wurden. Übersicht über die wichtigsten Punkte *gewinnen, dazu relevante Informationen austauschen.*

4. *Fluss*, pointierte die oberste Zeile. Darunter hatte er zwei Unterpunkte festgehalten: *4.1 Arbeit* und *4.2 Kommunikation*.

Er griff nach seiner Espressotasse und stellte mit Bedauern fest, dass diese fast leer war. Ob er wohl noch einen weiteren Doppio bekam? Oder war das unverschämt? Das mit dem Empfang verknüpfte Organisationsbüro hatte sicher wichtigere Dinge zu tun, als ständig für ihn Kaffee zu kochen. Wenn er sich bloß an den Namen der freundlichen Mitarbeiterin erinnern könnte, das würde die Sache sicher erleichtern.

»Küss' die Hand, Frau Watzinger«, hörte er plötzlich eine sonore Stimme in seinem Rücken. »Wie ist denn das werte Befinden?«

Nemecek sah, wie die Angesprochene abwinkte. »Ach, Herr Grüblinger«, seufzte sie. »Sie können sich gar nicht vorstellen, was hier seit gestern los ist!«

»Ich hab in der Zeitung davon gelesen«, zeigte sich der Besucher verständnisvoll. »Furchtbare Geschichte.«

»Das ganze Haus ist in Aufruhr«, nickte die Empfangschefin. »Bei uns läutet fast ununterbrochen das Telefon. Meine Kolleginnen sind nur noch damit beschäftigt, Heerscharen von Zeitungsreportern und Fernsehleuten abzuwimmeln. Sogar die internationale Presse hat sich gemeldet.«

»Naja, so ein Fall erregt Aufsehen«, zeigte der Mann Verständnis für den Medienrummel. Ob er selbst dieser Meute angehörte? Eher der Vertretertyp, sagte sich Nemecek nach einem kurzen Blick auf den Anzug: dieselbe Farbe wie sein Lederkoffer, irgendetwas zwischen Mocca und Mausgrau.

»Und alle wollen alles ganz genau wissen«, klagte Watzinger und lehnte sich gegen die Theke. »Natürlich auch die Polizei«, fügte sie mit gedämpfter Stimme hinzu. Nemecek entging nicht, dass sie dabei mit dem Kopf nach rechts deutete, woraufhin ihr Besucher zu ihm herüber schielte. Nemecek konnte sich gut vorstellen, was jetzt in dessen Kopf vorging. Er hatte ja schon oft genug erlebt, dass selbst das lebendigste Gespräch ins Stottern kam, sobald er seinen Beruf nannte.

»Noch Kaffee, die Herren?«, fragte Watzinger, bevor es peinlich wurde. Sie trat wieder einen Halbschritt zurück und blickte demonstrativ von links nach rechts.

»Danke. Für mich nicht«, bereitete Grüblinger seinen Abgang vor. Ihm war die Situation sichtlich unangenehm. »Sonst komm ich am Ende noch zu spät zu meinem Termin!«

»Für mich gerne«, ließ Nemecek wissen, während sich Grüblinger in Richtung Treppenhaus verabschiedete. »Ihrem Kaffee kann man einfach nicht widerstehen, Frau Watzinger!« Sie schenkte ihm ein Lächeln und wandte sich dann der Espressomaschine zu. Als das Mahlwerk einsetzte, begann sich Nemecek wieder seinen Aufzeichnungen zu widmen.

Fokus auf Arbeitsfortschritte und -blockaden hatte er zu *4.1 Arbeit* notiert. Inhaltlich war er bald aus der Diskussion der Standup-Teilnehmer ausgestiegen. Soweit er verstand, ging es einerseits um den Abschluss von zwei Arbeitspaketen, um eine unmittelbar bevorstehende Kundenlieferung sowie um ermutigende Testergebnisse; und andererseits um unerwartete Qualitätsprobleme, um Abhängigkeiten vom Team Scooter und vor allem um die Verfügbarkeit eines bestimmten Mitarbeiters, dessen Namen sich Nemecek dummerweise nicht aufgeschrieben hatte. Irgendetwas Russisches, glaubte er sich zu erinnern.

Obwohl ihm einige Zusammenhänge fehlten, war er davon überzeugt, dass er das Grundprinzip verstanden hatte. Im Standup ging es nicht um einseitige Kontrolle. Vielmehr trug man gemeinsam dafür Sorge, dass alle über relevante Fortschritte, aber auch über Arbeitsprobleme im Bilde waren. Über Erstere durfte man sich freuen, Letztere bedeuteten zusätzliche Arbeit. Es war evident, dass gerade die blockierten Karten besondere Aufmerksamkeit verdienten: Was konnte wer tun, damit das angezeigte Problem möglichst rasch gelöst wurde? Welche Ideen gab es dazu? Und wer sollte sich noch genauer damit beschäftigen? Nemecek fiel auf, dass dabei ständig von Kunden die Rede war, vom Wert oder vom Nutzen, den man für diese Kunden generierte. Zudem fiel ihm auf, dass nicht nur der Fokus der Besprechung ungewöhnlich war, sondern auch die Art der Auseinandersetzung. Leute lümmelten weder herum noch hatten sie Laptop-Barrieren vor sich aufgebaut. Statt in Unterlagen zu kramen und dabei heimlich auf das Smartphone zu schielen, stand hier die direkte Auseinandersetzung im Zentrum.

Er überflog, was er unter *4.2 Kommunikation* festgehalten hatte: *nur ein Sprecher, keine Nebengespräche, alle hören zu, direkte Ansprache, offene Interaktion, gemeinsame Verantwortung.*

»Ohne Milch und ohne Zucker«, hörte er Watzingers Stimme, während er die gefüllte Tasse auf sich zukommen sah. »So wie ihn der Herr erschuf.« Nemecek versuchte ein weiteres Dankeslächeln zu mobilisieren, hatte aber das Gefühl, dass ihm das gründlich misslang. Er war jetzt so sehr mit dem Kanban-Meeting beschäftigt, dass er sogar seinen Espresso vergaß. Außerdem war ihm gerade etwas eingefallen, das ihm bedeutsam erschien. Durch die Unterbrechung hatte er den Gedanken aber wieder verloren. Nemecek führte die Tasse zum Mund, genoss den Bohnengeruch und hoffte darauf, dass das Verlorene zurückkam.

5. Konsequente Auslagerung richtete er seine Aufmerksamkeit auf den letzten Baustein des von ihm beobachteten Meetings. *Komplexe Probleme nicht im Meeting bearbeiten*, las er und musste sofort an jene Marathonbesprechungen denken, die ihm Kappacher während ihres letzten Falls aufgezwungen hatte. In riesigen Runden mit bis zu 20 Teilnehmern hatten stundenlang die Köpfe geraucht. Und wenn ihre Köpfe am Ende nicht platt waren, so waren es zumindest ihre Allerwertesten – getreu dem Motto: ein Meeting ist der Triumph des Sitzfleisches über das Gehirn.

Die Standup-Kultur setzte solchen Monstermeetings einen pointierten Austausch entgegen, an dessen Ende gemeinsam über notwendige Folgeschritte entschieden wurde. Außerdem mussten diese Schritte nicht von allen, sondern nur von jenen gegangen werden, die zu einer Lösung beitragen konnten – was auch erklärte, warum Nemecek zwischendurch Berichte über verschiedene Maßnahmen hörte, die seit dem letzten Mal unternommen wurden. Einiges davon hatte scheinbar funktioniert, da die betroffenen Karten keine Blockade mehr aufwiesen. Anderes brauchte noch Zeit oder einen neuen Ansatz, damit die Karte wieder in Bewegung kam.

Alles in allem schien das Standup jedenfalls ein brauchbares Mittel zu sein, um einige chronische Probleme der Zusammenarbeit in den Griff zu bekommen. Freilich hatte Nemecek auch einige kritische Punkte festgehalten: *Rhythmus* beispielsweise, also die Frage, wie oft so ein Standup durchgeführt werden sollte; oder *Teilnahme,* wobei er vielleicht weniger das Regelmeeting als das Delegationsprinzip meinte, das ja für das Koordinationsboard wichtig war; oder *Disziplin,* die ihm als ein oft vernachlässigtes, nichtsdestoweniger wesentliches Element jeder ernsthaften Veränderung erschien.

In dem Gespräch, das Nemecek im Anschluss an das Standup führte, hatte das Team unumwunden zugegeben, dass gerade der letzte Punkt schwierig war. Die Umstellung der Besprechungskultur war natürlich für jeden Einzelnen eine Herausforderung. Paul Steiner schien diese Umstellungsprobleme auf die Spitze getrieben zu haben. Mehrere Teammitglieder beschwerten sich über die Passivität ihres Kollegen, die zuweilen als regelrechte Sabotage empfunden wurde. Bestimmte Informationen musste man ihm geradezu abbetteln, mitunter verweigerte er aber sogar dann die Auskunft. »Das ist noch nicht spruchreif«, gehörte offenbar zu seinen Lieblingsfloskeln. Blockaden machte er selten von selbst explizit, geschweige denn, dass er sich an einer gemeinsamen Lösung beteiligt hätte. Er hielt sich bedeckt, wo immer das ging. Naheliegenderweise hatte es deswegen heftige Konflikte im Team gegeben. Vor allem mit Gauss war Steiner oft zusammengekracht. Wiederholt hatte der Vertriebsexperte den Transparenzzwang bekrittelt. Einmal soll er dabei sogar die Metapher des gläsernen Menschen als Begründung angeführt haben.

Nemecek schob sein Notizbuch zur Seite und griff nach seiner Tasse, um seinen Mund noch einmal mit Bohnengeschmack zu füllen. Der Kaffee war bereits kalt. Aber daran war er gewöhnt.

Im Rückblick war Nemecek unsicher, ob sich sein Besuch in der *SafeIT* gelohnt hatte. Einerseits wusste er jetzt deutlich mehr über den konkreten Betrieb eines Kanban-Systems; mit anderen Worten: wie Arbeit visuell gemanagt wurde. Er hatte gesehen, in welchem Kontext Steiner gearbeitet hatte, seine Kollegen in Action erlebt und nebenbei noch ein interessantes Besprechungsformat kennengelernt, das er für sein eigenes Kanban-Experiment gut brauchen konnte.

Andererseits musste Nemecek zugeben, dass er vergleichsweise wenig Fallrelevantes erfahren hatte. Steiners Verhaltensmuster wurden zwar bestätigt, bahnbrechende Hinweise konnte jedoch niemand geben. Keiner der anderen Dagoberts hatte näher mit Steiner zu tun gehabt – was angesichts seines Verhaltens durchaus verständlich war. Zwischendurch hatte Nemecek sogar den Eindruck, dass einige Teammitglieder geradezu erleichtert waren, dass sie sich nie wieder mit Steiner herumschlagen mussten. Das mochte zynisch wirken, war aber für Nemecek weitaus glaubwürdiger als Betroffenheitsrhetorik.

Wie auch immer: Tathergang und Motiv waren so unklar wie zuvor. Vielleicht hatte ja Obermayr etwas Neues herausgefunden. Außerdem standen noch die Gespräche mit Novacic und Solochin an. Ob Manninger Solochin in der Zwischenzeit erreicht hatte? Und ob Novacic endlich gefasst war? Er hoffte beides.

Andernfalls, besann sich Nemecek sogleich auf das vielzitierte Gute im Schlechten, würde er wenigstens früher zum Laufen kommen. Nach der langen Nacht gestern und der heutigen Frühschicht wollte er diesen Abend zur Regeneration nutzen. Laufen gehen, ausgiebig duschen und in aller Ruhe mit seiner Familie essen. Immerhin gab es auch ein Leben abseits der Ermittlungsarbeit.

Gestern standen wir am Abgrund, aber heute geht es vorwärts. Wo kam denn jetzt auf einmal der alte Kalauer her? War das nicht ein passendes Sinnbild für ihre derzeitige Situation? Mal sehen, was der morgige Tag bringen würde. Nemecek schloss sein Notizbuch und griff ein letztes Mal nach seiner Espressotasse.

Donnerstag, 17:54
Wie Bewegung in den Fall kommt

Nemecek schüttelte seine Arme aus. Er hätte auch seinen Kopf schütteln
können, denn dieser Fall war wirklich eine harte Nuss. Gerade erst hatte ihm
Manninger von den neuesten Erkenntnissen der Kriminaltechnischen Untersuchung berichtet. »Au-Aufre-regend-de D-ding-ge«, kündigte sein Assistent
an – und er sollte recht behalten. Erstens wussten Kampinskis Leute nun,
dass Steiner im Sitzen erschossen wurde, und zwar genau in dem Stuhl, in
dem sie ihn Dienstag früh aufgefunden hatten: Tatort und Fundort waren
also definitiv derselbe. Zweitens wies der Einschusswinkel darauf hin, dass
Steiners Mörder gestanden war. Drittens waren sie nun hundertprozentig
sicher, dass es sich bei der Tatwaffe um eine Armbrust handelte. »W-wie sie
v-von Sp-sport-schütz-zen ver-ver-wend-det w-wird«, bestätigte Manninger
wortwörtlich, was ihnen Gerda Probisch bereits am Vortag berichtet hatte.
Viertens ließ die Einschusstiefe des Projektils darauf schließen, dass Steiner
aus relativ großer Entfernung erschossen wurde; Kampinski schätzte mindestens drei Meter. Wie weit der Mörder tatsächlich vom Opfer entfernt war,
hing vom genauen Waffentyp ab – weswegen sie bereits unterschiedliche
Fabrikate recherchierten. Das Projektil selbst war leider wenig aussagekräf-
tig. »Ein g-ganz nor-maler St-stahl-st-stift«, zitierte Manninger den KTU-
Chef, »ab-g-geseh-hen v-von d-der Zu-zu-sp-spitz-zung und d-der K-kerbe.«

Während er seine Laufschuhe anzog, versuchte Nemecek die neuesten Informationen zu verarbeiten. Steiner war also tatsächlich mit einer Armbrust
erschossen worden. Fragte sich bloß, wem das zuzutrauen war. Gab es
Sportschützen oder Jäger unter den Personen, die sie bisher befragt hatten?
Und handelte es sich bei dem Mord um eine bewusste Inszenierung? Oder
war der Einsatz der Armbrust letzten Endes ebenso zufällig wie die Verbindung zu Kanban?

Standup, fiel Nemecek reflexartig ein, als er seine Laufjacke vom Haken holte – aber dieser Querverweis zwischen dem visuellen Arbeitsmanagement und dem aufrecht stehenden Täter war wohl eher nicht als sachdienlicher Hinweis zu werten. Viel interessanter war da schon die Frage, ob Steiner seinen Mörder gekannt hatte. Wie wäre dieser sonst ins Gebäude gekommen? Und warum hätte sich Steiner mit einem Fremden vors Kanban-Board setzen sollen?

Nemecek öffnete die Haustür und lief endlich los. Der Fall blieb ihm allerdings dicht auf den Fersen. Je mehr er über den Tathergang nachdachte, umso rätselhafter erschien er ihm. Ganz abgesehen davon, dass sie nach wie vor keine Spur vom Täter hatten. Wie hatte es dieser überhaupt bewerkstelligt, weder im elektronischen Eingangsgate noch von einer der Kameras erfasst zu werden?

»Jetzt lass den Fall mal hinter dir«, forderte eine Stimme in Nemecek. »Konzentrier dich aufs Laufen!« Die Stimme klang energisch und hatte natürlich recht. Aus Erfahrung wusste Nemecek, dass er nicht schlauer wurde, wenn er sich so in eine Ermittlung verbiss. Zwischendurch musste er auch mal loslassen, Abstand gewinnen, abschalten. Er wusste, dass es dafür kein besseres Mittel gab als Bewegung. Seinen Problemen davonzulaufen, hatte zwischendurch auch etwas Gutes.

Er blickte auf den heranbrausenden Verkehr, um die Entfernung der nächsten Autos abzuschätzen. Dann rannte er über die Hernalser Hauptstraße in die Tankstelle, die sich im Erdgeschoss eines mehrstöckigen Hauses befand. Zum wiederholten Male fragte sich Nemecek, wie es sich wohl anfühlte, direkt über Tausenden Litern Benzin zu wohnen. Nach wenigen Schritten hatte er das Gebäude durchquert und hielt auf das große Einkaufszentrum zu. Er bog nach rechts, was ihn zur Tiefgarage und danach zu jenem fensterlosen Block brachte, auf dessen Dach sich eine Sportanlage befand. Im Sommer wurde dort Tennis gespielt, wie die hohen Netze verdeutlichten, die man von der Straße aus sehen konnte.

Im Winter aber verwandelte sich das Dach in einen Eislaufplatz, wie Nemecek von vielen Ausflügen wusste, die er mit seiner Familie dorthin unternommen hatte. Seit vielen Jahren besaß er diese besondere Eintrittskarte, die ihn unweigerlich an seine Kindheit erinnerte, in der er fast jedes Winterwochenende am Eislaufplatz verbracht hatte. Für Nemecek kam es einem Wunder gleich, dass diese Karte auch 2017 noch aus farbigem Papier bestand, auf dem eine dreizeilige Tabelle aufgedruckt war. War es das, was man Anachronismus nannte? Dieses Gefühl, dass die Zeit stehen geblieben war? Und man mit seinen Töchtern die eigene Kindheit wieder erlebte?

Jedenfalls wurden von dieser Tabelle bei jedem ihrer Besuche einige Zeilen und Spalten durchgestrichen, ohne dass Nemecek je durchschaut hätte, welchem System man dabei folgte. In Wahrheit war ihm dieses System aber gleichgültig, da stets das Vergnügen im Vordergrund stand: das Vergnügen an der gemeinsamen Bewegung über das Eis, aber auch das Vergnügen an den Pausen, die sie dann jedes Mal in das alte Selbstbedienungslokal am Rande des Platzes führten. »Kann ich Pommes?«, »Darf ich Cola?«, hatte er sogleich diese eigenartig verkürzte Kindersprache im Ohr, die diesen Lokalbesuchen stets ihre ganz besondere Note verliehen.

Mit den Stimmen kam auch dieser einzigartige Geruch zurück: irgendetwas zwischen nassen Socken und heißem Frittieröl. Und natürlich gehörte dazu das Bild des blauen Wagens, mit dem das Eis erneuert wurde, während die Kinder auf den Sitzbänken herumturnten und der Vater wieder einmal über Benimmregeln nachdachte.

Nemecek bog nach links und machte sich auf den Weg nach Westen, der ihn hinaus nach Neuwaldegg bringen würde. Die lange Gerade bot die ideale Gelegenheit, den Tag noch einmal vor seinem geistigen Auge ablaufen zu lassen.

Als Erstes fiel ihm sein Traum ein. Es fühlte sich zwar so an, als läge dieser bereits Tage zurück. An dieses sonderbare Gemisch von Verwirrung und Gehetztheit konnte er sich indes noch bestens erinnern. Erstaunlicherweise hatte ihn der Traum nicht abgebremst, sondern ihm vielmehr einen ungeahnten Schwung verliehen. Sein erstes Kanban-Board hatte er auf alle Fälle mit leichter Hand erstellt. Von seiner Lektüre am Vorabend war ihm allerdings in Erinnerung, dass die Erstellung eines initialen Boards vergleichsweise einfach war. Viel schwieriger war es, damit laufend für Verbesserung zu sorgen.

Umso erfreulicher war es, dass Obermayr und Manninger keinerlei Vorbehalte zeigten. Sie waren Nemeceks Erklärungen gegenüber aufgeschlossen und ließen sich ohne Wenn und Aber auf das Visualisierungsexperiment ein.

Dementsprechend leicht fiel es ihnen, Nemeceks initialen Entwurf in ein tragfähiges Arbeitssystem zu verwandeln.

Bei der Morgenbesprechung hatten sie Kappacher dann für einen Sondereinsatz gewonnen. Bei allen berechtigen Zweifeln durfte man gespannt sein, was sein Gespräch mit Glaser Senior ergeben würde. Sie hatten ja mehrfach gehört, dass es bereits zu *Securitas*-Zeiten Probleme mit Paul Steiner gegeben hatte. Ob Kappacher das wohl ansprechen würde?

Das Gespräch mit den jungen Glasers hatte der Konfliktgeschichte einige unerwartete Facetten hinzugefügt. Anscheinend gab es Hinweise darauf, dass Paul Steiner an der *SafeIT* vorbei in seine eigene Tasche wirtschaftete. Ja, mehr noch: Zusätzlich zur Untreue stand der Verdacht auf Industriespionage im Raum. Das deckte sich mit der These seines Freundes Sebastian Neufeldner, dass dieser Mord geschäftlich motiviert sein könnte.

Selbst wenn dem so war, blieb unklar, wer Steiner ermordet hatte. War es vielleicht doch ein Auftragsmörder gewesen? Steiners Schwester schied als Täterin mittlerweile ebenso aus wie Gauss. Blieben Novacic, der nach wie vor auf der Flucht war, und dieser Solochin, den sie bislang sträflich vernachlässigt hatten. Irgendetwas in Nemecek sagte ihm, dass sie mit dem CAPS-Projekt auf der richtigen Spur waren. Oder klammerte er sich bloß an den letzten verbliebenen Strohhalm?

Wie Nemecek zugeben musste, war der Rest seines Tages enttäuschend verlaufen. Um nicht zu sagen: frustrierend. Sein Besuch in der *SafeIT* hatte in puncto Mordaufklärung keine neuen Erkenntnisse gebracht. Sein Gastspiel beim Standup war zwar interessant gewesen, ermittlungstechnisch aber so bedeutungslos wie das anschließende Gespräch mit Paul Steiners ehemaligem Kernteam. Am Ende dieses Tages fühlte er sich wieder einmal so, als wäre er in einem riesigen Kaleidoskop gefangen, in dem die Welt ständig in neue Scherbenbilder zerfiel.

Nemecek blickte auf. Dass er gerade an der Sondermülldeponie vorbeilief, passte zu seiner Stimmung. Vielleicht sollte er da gleich ein paar Scherben entsorgen. Genau genommen konnten sie alle bisherigen Verdachtsmomente auf den Misthaufen werfen. Dafür hatte sich Luka Novacic durch sein unerwartetes Fernbleiben ins Zentrum katapultiert. Doch wie passte das zur Geschäftsthese? Wenn, dann hatte Novacic wohl eher aus Eifersucht zur Armbrust gegriffen.

Nemecek spürte deutlich, dass sich irgendetwas in ihm vehement gegen die Rückkehr zum Liebesmotiv sperrte. Hatte das vielleicht damit zu tun, dass er dieses Motiv im Grunde genommen bereits ad acta gelegt hatte? Dass er sich seit gestern auf ein ökonomisches Motiv eingeschossen hatte? Obgleich es dafür bislang kaum mehr als vage Indizien gab? Er musste Manninger fragen, ob dieser bereits den von den Glasers engagierten Privatdetektiv erreicht hatte.

Gleichzeitig war nicht von der Hand zu weisen, dass Luka Novacic gute Gründe hatte, Paul Steiner zu hassen. Dass dieser seine Ex-Freundin Milena Dadic wiederholt belästigt und dafür sogar eine Anzeige wegen sexueller Belästigung kassiert hatte, war das eine. Dass er ihr aber offenbar auch noch nachstellte, als sie bereits mit Novacic liiert war, war noch einmal eine ganz andere Geschichte. Außerdem durfte man natürlich nicht außer Acht lassen, dass Novacic wegen schwerer Körperverletzung vorbestraft war.

Während Nemecek hin- und herüberlegte, tauchte auf der rechten Seite der kleine Weinberg auf. Noch waren die Stöcke erst zart begrünt, in ein paar Wochen würden sich aber hier wieder dicke Blätter an den Drähten entlang ranken. Noch 300 Meter, bis er nach rechts abbiegen und an den Weinstöcken entlang bergauf laufen würde. An der Spitze des Berges würde er sich dann wieder auf den Rückweg machen.

Als er sich schließlich an den zuerst langsam ansteigenden und dann immer steiler werdenden Aufstieg machte, beschloss er noch einmal mit Nachdruck, den Fall für heute Fall sein zu lassen. Wie jeder andere hatte auch er einen erholsamen Feierabend verdient – und seine Familie seine ungeteilte Aufmerksamkeit. Er reduzierte seine Schrittfolge und stellte den Atemrhythmus auf Berglauf um. In wenigen Minuten würde er eine ganz andere Perspektive auf die Stadt haben.

Nemecek schüttelte erneut seine Arme aus und spürte, wie sich Freude in ihm ausbreitete: Freude über das Unterwegssein in der Abendsonne; Freude an der Stadt, in der er bald ein halbes Jahrhundert lang lebte; Freude auf seine Familie, die ihm so einen starken Rückhalt gab. Nemecek ließ seinen Blick über die Weinstöcke schweifen. Was seine Töchter wohl heute wieder für Geschichten auf Lager haben würden?

Donnerstag, 19:32
Schildbürgerliche Erkenntnisse

»Und wie war es heute in der Schule?«, fragte Nemecek. »Ein ganz normaler Tag? Oder hat sich heute irgendetwas Besonderes ereignet?«

»Und ob!«, platzte Sophie heraus und stach dabei die Gabel genau so in die Luft, wie Nina Obermayr das immer tat. Es wirkte, als hätte sie die ganze Zeit über auf diese Frage gewartet.

»Heute waren die Schildbürger dran!«

»Die Schildbürger!?«, rief nun auch Lea und schien sofort Feuer und Flamme. »Das waren in der 1. Klasse meine Lieblingsgeschichten.«

»Ja, die bringen's.«

»Voll.«

»Welche Geschichte hat dir denn am besten gefallen?«, unterbrach Nemecek das Pingpong seiner Töchter. Er wusste nur zu gut, wie so etwas enden konnte.

»Mmmmh«, machte Sophie ein nachdenkliches Gesicht, als wüsste sie nicht schon längst ihre Antwort. Sie genoss es offensichtlich, dass ihr Nemecek und Lea an den Lippen hingen.

»Also am besten hat mir die Geschichte gefallen, in der die Schildbürger das Licht einzufangen versuchen …«

»… um ihren fensterlosen Ratssaal zu erhellen!«, sprang Lea ein und breitete ihre Arme aus, als ob sie gleich die Dimensionen des Saals ausloten wollte. Ob die beiden gleich wieder einen ihrer berüchtigten Unterbrechungs-Wettbewerbe starten würden?

»Lea, ich erzähl die Geschichte!«, erklärte Sophie prompt und sah ihre Schwester streng an.

»Ist ja gut«, gab diese klein bei.

»Also«, setzte Sophie noch einmal an. »Die Schildbürger versuchen ihren Ratssaal zu erhellen, bei dessen Bau sie dummerweise die Fenster vergessen haben.«

Lea nickte heftig, verbiss sich aber einen Kommentar. Wie lang das wohl gut ging?

»Ganz begeistert machen sich alle Bürgerinnen und Bürger ans Werk, um das Licht einzufangen – sei es nun in Säcken, Töpfen, Kesseln oder Körben. Eine stellt sogar eine Mausefalle auf«, erzählte Sophie vergnügt. Wie immer, wenn sie von etwas begeistert war, begann sie zwischendurch zu kichern. Manchmal lachte sie bei ihren Geschichten sogar laut auf und dieses Lachen war so ansteckend, dass nach und nach die ganze Familie mitgerissen wurde.

Auch dieses Mal gelang es ihr schon nach wenigen Sätzen, Nemecek in den Bann der verrückten Geschichte zu ziehen. Ihr von lebendiger Pantomime begleiteter Bericht über den von Zeit zu Zeit zuschnappenden Mechanismus, über das vermeintliche Wissen, dass dann der Tag in die Falle gegangen war, und über all die weiteren närrischen Methoden, das finstere Haus zu erleuchten, trieb ihm die Tränen in den Augen. Wahrscheinlich, dachte Nemecek, begeisterte ihn gar nicht die Geschichte selbst, sondern die Art, wie Sophie sie erzählte. Erstaunlicherweise schien sogar Lea ganz hingerissen, sodass sie auf jedwede Einmischung verzichtete.

»Jeder bringt irgendeinen Behälter mit, um das Tageslicht ins Rathaus zu befördern«, erzählte Sophie weiter und streckte die Arme in die Höhe. »Einige verwenden Schaufeln und Heugabeln, damit sie das widerspenstige Licht nicht mit bloßen Händen einfangen müssen.«

Erneut legte Sophie eine kleine Pause ein. Wie eine große Erzählerin, die Ruhe einkehren lässt, bevor sie ihre Pointen setzt. Oder ein Weitspringer, der einige Momente lang einfach nur dasteht, bevor er Anlauf nimmt. »Wie groß war ihre Enttäuschung«, setzte Sophie zu ihrem eigenen Finalsprung an, »als am Ende nicht der kleinste Lichtschimmer zu sehen war. All ihre Bemühungen waren vergeblich gewesen. Nichts davon hat auch nur die kleinste Erhellung gebracht. Der Saal blieb so dunkel wie zuvor.«

Noch einmal unterbrach Sophie ihre Geschichte, um tief Luft zu holen. Nemecek bemerkte, wie sie nicht nur ihm, sondern auch ihrer Schwester in die Augen schaute. Jetzt kommt's, wusste er.

»Doch die Schildbürger waren nicht nur erschöpft. Sie waren auch stolz. Schließlich hätte das Ganze ja ebenso gut gelingen können. Immerhin hatten sie es versucht. Gemeinsam für die Gemeinschaft!«, rief Sophie plötzlich ganz laut und streckte die Faust in die Luft, als wollte sie zur närrischen Revolution aufrufen.

»Allein der Versuch zählte – und dieser musste auch belohnt werden. Also beschlossen sie einstimmig, ein Festessen auf Kosten der Gemeinde auszurichten. Aus diesem Grund überwog am Ende der Jubel und nicht die Enttäuschung. Und das könnte uns allen eine Lehre sein«, schloss Sophie. Zufrieden lehnte sie sich zurück, um gleich darauf wieder nach vorne zu schnellen. »Wo ich gerade von Festessen rede«, murmelte sie, griff nach dem Löffel und schaufelte sich eine neue Portion Reis auf den Teller.

»Das ist auch eine meiner Lieblingsgeschichten«, nützte Lea die Hungerattacke ihrer Schwester für einen persönlichen Kommentar. »Ich mag aber auch die Fortsetzung. Sie erinnert mich ein bisschen an Till Eulenspiegel.«

»Welche Fortsetzung meinst du?« Sophie war verblüfft.

»Ich meine die Geschichte, wo dieser vermeintliche Experte auftritt, um ihnen einen guten Rat für ihr Lichtproblem zu geben.«

»Kenn' ich nicht. Erzähl!«

»Naja, das lief so«, ließ sich Lea nicht zweimal bitten. »Ein Mann kommt nach Schilda, weil er von dem Lichtproblem gehört hat. Schalk, der er ist, bietet er den Bürgerinnen und Bürgern eine verrückte Lösung an.«

Natürlich musste Lea unter Beweis stellen, dass sie sich ebenfalls aufs Erzählen verstand. Also griff sie nach ihrem Wasserglas, um einige große Schlucke zu nehmen. Gleichzeitig ließ sie ihre Schwester nicht aus den Augen, als wollte sie keinen Augenblick der Spannung versäumen, der sie sie damit aussetzte. Tatsächlich begann Sophie jetzt ungeduldig auf ihrem Sitz herumzurücken.

»Und?«, drängte sie.

»Also«, setzte Lea fort, als hätte sie nur auf diese Frage gewartet: »Zuerst verkündet der Schalk, dass er leider bereits anderswo erwartet wird und noch am selben Abend weiterziehen muss.«

»Und dann?«, hielt es Sophie kaum noch aus.

»Dann gibt er den Schilderbürgern den Rat, einfach das Dach abzutragen.«

»Jiouuu«, zeigte Sophie in der für sie typischen Art ihre Skepsis. »Das Dach abzutragen!« Für Uneingeweihte mochte sich das nach einer eigenwilligen Zustimmung anhören; doch Nemecek wusste genau, dass seine Tochter damit eher das Gegenteil zum Ausdruck brachte. So wie jemand, der zwar ein Ja andeutet, das aber auf eine Weise tut, dass alle nur ein Nein hören.

»Das Dach abtragen?«, fragte Sophie noch einmal ungläubig, bis bei ihr der Groschen fiel. »Ach so, verstehe!«

»Zuerst sind die Schildbürger ganz begeistert und belohnen den weisen Mann reichlich. Endlich ist es hell im Ratssaal!« Lea hob die Hände nach oben, als würde sie den freien Himmel begrüßen. »Aber eines Tages ging ihnen dann wirklich ein Licht auf.«

»Nämlich im Regen«, ergänzte Sophie mit ihrem einzigartigen Lachen.

»Genau!«, bestätigte Lea, die nun ebenfalls lachte. »Crazy, oder?«

»Und die Moral von der Geschicht'?«, fühlte sich Nemecek zu einem kleinen Beitrag verpflichtet. »Traue bloß Beratern nicht!«

»Haben denn alle Berater etwas Schalkhaftes an sich?«, fragte Sophie, die plötzlich wieder ganz ernst geworden war.

»Keine Ahnung«, antwortete Nemecek und musste unwillkürlich an Gauss denken. Gab der auch solche Ratschläge? Glich das Vorhaben, ein agiles Unternehmen zu schaffen, etwa der Geschichte mit dem Ratsherrnsaal? Und verhielten sich die Mitarbeiter selbst wie Schildbürger, wenn sie auf Selbstorganisation setzten?

Verflixt, ertappte er sich aufs Neue, er wollte doch einmal einen ruhigen Abend mit seinen Kindern verbringen und nicht schon wieder an seine Arbeit denken!

»Wollen wir uns einen Film anschauen?«, fragte er, um sie abzulenken.

»Aber ich darf aussuchen«, rief Lea.

»Nein ich«, konterte ihre Schwester reflexartig.

»Wenn ihr euch nicht einigen könnt, such eben ich aus!«

»Sicher nicht!«, sorgte Nemeceks Statement sogleich für die erste Einigkeit.

»Wie wär's mit einem alten Astrid-Lindgren-Film?«, schlug Sophie vor. »Michel aus Lönneberga haben wir schon ewig nicht mehr gesehen!«

»Oder Karlsson vom Dach!«, ging Lea in dieselbe Richtung.

»Dann lieber gleich Pippi Langstrumpf.«

»Jaaa«, stimmte Sophie begeistert zu.

»Zwei mal drei macht vier widdewiddewitt und drei macht neune«, begann Lea das berühmte Lied zu singen und es dauerte nicht lange, bis Schwester und Vater lauthals mit einstimmten. »Ich mach' mir die Welt – widdewidde wie sie mir gefällt. Hey – Pippi Langstrumpf hollahi-hollaho-holla-hopsasa. Hey – Pippi Langstrumpf, die macht, was ihr gefällt.«

»Was ist denn hier los?«, hörten sie plötzlich eine vertraute Stimme.

»Mama!« Sophie sprang auf. »Schaust du mit uns Pippi?«

Bettina grinste. »Da brauchen wir aber unbedingt Popcorn dazu, oder?«

»Und Cola!«, ergänzte Lea mit dem Brustton der Überzeugung.

»Dann räume ich noch rasch den Tisch ab«, verkündete Nemecek.

»Alles klar, Herr Kommissar«, zitierte Lea plötzlich den berühmten Falco-Song und vollführte dazu ein paar rapartige Bewegungen. Alle lachten, sogar Nemecek, der den Song eigentlich nicht ausstehen konnte. Und einem vergnügten Abend im Kreise seiner Liebsten stand nichts mehr entgegen.

Freitag, 7:59
Geheimmissionen und Bastelstunden

»Was konnten Sie herausfinden, Herr Oberst?«, platzte Obermayr gleich mit der Tür ins Haus. Wer den Oberst kannte, wusste, dass das keine aussichtsreiche Eröffnung war. »Jetzt mal langsam mit den jungen Pferden«, konterte Kappacher erwartungsgemäß. Er ließ sich nunmal nicht gerne die Führung aus der Hand nehmen. Stattdessen klopfte er auf ihren schriftlichen Bericht, der vor ihm auf dem Schreibtisch lag. »Berichten Sie mir lieber einmal, wie es um diesen Novacic steht. Konnten Sie ihn jetzt endlich dingfest machen?«

»Wir rechnen jeden Moment mit einer Festnahme«, zeigte sich Nemecek überzeugt. »Die Schlinge ist quasi bereits zugezogen.«

Nemecek wusste, dass die Schlinge zu den Lieblingsmetaphern seines Chefs gehörte: ausgeworfen, um den Hals gelegt, sich verengend oder zugezogen. Stets ging es darum, sich auf das Unweigerliche gefasst zu machen. Nämlich auf den langen Arm des Gesetzes, der bei Kappacher eben gerne in Schlingenform daherkam.

»Gut so«, nickte Kappacher. Das martialische Sinnbild schien auch dieses Mal Wirkung zu zeigen. »Niemand kann sich dem langen Arm des Gesetzes entziehen«, deklamierte Kappacher und hob dabei die Hand, als würde er im nächsten Augenblick tatsächlich ein Lasso auswerfen.

»Dieser komische Coach und die Schwester des Opfers: ein Liebespaar!« Kappacher schien es nicht fassen zu können. »Was für eine Geschichte!«

War da so etwas wie ein Seufzen zu hören gewesen? Nemecek war sich nicht sicher. Es hätte jedenfalls zu seinem Vorgesetzten gepasst, der ja bekanntermaßen einen Hang zum Dramatischen hatte. So besonders war die Geschichte von Gauss und Steiner nun auch wieder nicht. Oder hatte Kappacher noch nie etwas vom ganz normalen Beziehungswahnsinn gehört?

»Und die jungen Glasers?«, besann sich Kappacher, dass es noch eine Welt außerhalb von Schlingen und Liebesgeschichten gab. »Was sagen die zu Steiners Verhalten?«

Nemecek war irritiert. Hatte der Oberst ihren Bericht nicht gelesen? »Die haben zugegeben, dass sie ihn seit Längerem im Visier haben«, erklärte er. »Sie setzten sogar einen Privatdetektiv auf ihn an.« Er verkniff sich den Hinweis, dass das klar und deutlich aus ihrem Bericht hervorging.

»Potzblitz«, meinte Kappacher. »Wer hätte das gedacht!«

»Das steht ja genau so in unserem Bericht«, kehrte Obermayr wieder einmal ihre undiplomatische Seite hervor. Wenigstens ließ sie das »Haben Sie ihn denn nicht gelesen?« unausgesprochen. Ein hämisches Grinsen konnte sich seine Kollegin allerdings nicht verkneifen.

»Ja, natürlich, natürlich«, beteuerte der Oberst. Er wollte sich anscheinend nichts anmerken lassen – und verriet sich umso mehr, indem er nun seine Unterlagen umzuordnen begann. Oder suchte er nach einer speziellen Notiz? Vielleicht von seinem gestrigen Gespräch? Auf alle Fälle hatte ihn Nemecek selten so verlegen erlebt.

Freilich wäre es nicht Kappacher, wenn er sich nicht zu helfen gewusst hätte. Er trat einfach die Flucht nach vorne an. »Sie wollten ja etwas über mein Gespräch mit Kommerzialrat Glaser wissen.«

»Wir brennen darauf«, ließ Obermayr wissen. Sie schien die Verlegenheit ihres Vorgesetzten in vollen Zügen zu genießen. Wenn sie es mal nur nicht übertrieb! In Wahrheit durfte man sich nämlich nicht allzu viel von Kappachers Recherche erwarten. Wenigstens würde der Oberst keine unangenehmen Fragen stellen, solange er selbst am Berichten war. Also beschloss Nemecek mitzuspielen und zog artig sein Notizheft aus der Tasche.

»Nun, alles in allem ist es genau so gelaufen, wie ich es geplant habe«, nahm Kappacher sogleich eine sonderbar verschwörerische Haltung an, als hätte er sich gestern in geheimer Mission befunden. Eine Mission, die er, so viel war klar, nur aufgrund seines agentenhaften Geschicks ausführen konnte.

»Nach der Sitzung habe ich den Herrn Kommerzialrat um ein Gespräch unter vier Augen gebeten«, berichtete er weiter. »Und diese konspirative Zusammenkunft hat später auch stattgefunden.«

Konspirative Zusammenkunft! Nemecek verstand die Welt nicht mehr. In einer anderen Situation hätte er über eine solche Übertreibung einfach nur gelacht.

»Und?«, drängte Obermayr, die es nicht ausstehen konnte, wenn sie auf die Folter gespannt wurde.

»Nun ja«, wirkte Kappacher mit einem Male ungewohnt zögerlich, »im Großen und Ganzen bestätigte der Herr Kommerzialrat, was er mir schon bei früheren Gelegenheiten über Paul Steiner erzählt hatte. Er war einer seiner verlässlichsten Mitarbeiter, lange sein bestes Pferd im Stall, beinahe so etwas wie ein Partner.«

»Und später?«, setzte Obermayr nach.

»Wie meinen Sie das?«

»Er war lange das beste Pferd im Stall«, zitierte Obermayr. »Und danach?«

Ein lahmer Gaul, ging Nemecek durch den Kopf, oder ein sturer Esel.

»Ja, also«, geriet der Oberst ins Stottern. »Also …«

Die Situation war ihm sichtlich unangenehm. Fragte sich nur, ob das daher rührte, dass er nichts Neues in Erfahrung gebracht hatte, oder daher, dass er seine ursprüngliche Meinung revidieren musste. »Es war offenbar so«, erzählte Kappacher mit gesenktem Kopf, »dass Ferdl immer mehr Unregelmäßigkeiten auffielen.«

»Paul Steiner hat die Zahlen frisiert«, übersetzte Obermayr auf ihre unverblümte Art, »und in die eigene Tasche gewirtschaftet.«

»Himmel, nein!«, entgegnete Kappacher entsetzt. »So schlimm war es gewiss nicht. Aber es gab augenscheinlich triftige Gründe, ihm die Prokura zu entziehen.«

Weil er die Zahlen frisiert und in die eigene Tasche gewirtschaftet hat, war Nemecek überzeugt. Aus naheliegenden Gründen beschloss er jedoch, diese Überzeugung für sich zu behalten. Alles in allem war das nichts Neues. Interessant war es aber allemal. Der Verdacht der jungen Glasers schien also durchaus begründet. Doch wenn Steiner bereits früher sein eigenes Spiel verfolgt hatte: Warum war er dann überhaupt im Unternehmen verblieben? Warum hatten ihn Heidrun und Ferdinand übernommen? War er in der *Securitas* der Sündenbock für das Scheitern des alten Glaser gewesen? Und als kleines Entgegenkommen hatte man ihn in der *SafeIT* behalten, obwohl er dort gar nicht hineinpasste? Die Sündenbock-These würde zumindest erklären, warum sich die jungen Glasers sein Verhalten so lange bieten ließen. Und Gauss gleichsam als Puffer einsetzten, um die von Steiner verursachten Schäden abzufedern. War das möglich? Oder driftete er nun vollends in die Verschwörungstheorie ab?

»Ganz etwas anderes, Nemecek«, machte ihm Kappacher einen Strich durch die Verschwörungsrechnung. »Mir ist zu Ohren gekommen, dass sie sich neuerdings mehr mit Bastelstunden als mit Ermittlungen beschäftigen.« Nemecek schluckte. Wie konnte das sein? Woher wusste Kappacher von ihrem Kanban-Experiment? Hatte Manninger etwa gepetzt? »Wie meinen Sie das, Herr Oberst?«, fragte er, merkte aber selbst, wie sehr das nach Blödstellen klang. Kappacher ignorierte Nemeceks Frage und wollte stattdessen wissen, was diese Zettelwirtschaft sollte.

»Ein Kanban-Board, Herr Oberst«, sprang Obermayr in die Bresche. »Damit gewinnen wir einen deutlich besseren Überblick über unsere Arbeit und ...«

»Soso«, fegte Kappacher Obermayrs Erklärung zur Seite wie eine lästige Fliege. »Und für so etwas haben Sie jetzt Zeit?«

Nemecek merkte, wie ihn sein Chef fixierte. Dieses Spiel kannte er. Er ließ sich auf das Duell der Blicke ein und lehnte sich zurück. Noch etwas, das ihm dabei half, sich von seinem anfänglichen Schock zu erholen. Er merkte zwar, wie ihm die Wut über Manningers Verrat den Magen umdrehte; damit zugleich schien jedoch auch sein Verstand wieder auf Touren zu kommen.

Im Kontext des Gesprächsverlaufs betrachtet, war sonnenklar, dass sich Kappacher rehabilitieren musste. Schließlich hatten sie ihn gleich zwei Mal in Verlegenheit gebracht. Wahrscheinlich ärgerte es ihn im Nachhinein, sich überhaupt auf die Befragung des alten Glaser eingelassen zu haben.

Doch Nemecek wollte keinesfalls klein beigeben. »Mit Verlaub, Herr Oberst«, erhob er seine Stimme wie seinen Oberkörper. »Die Arbeitsmethoden müssen sie schon uns überlassen.«

Nemecek hatte seinen Chef nicht aus den Augen gelassen. Er war sogar noch ein bisschen weiter nach vorne gerutscht, sodass sein Bauch nun beinahe die Tischkante berührte. Viel mehr Offensive ging nicht mehr. Und diese Offensive zeigte Wirkung. Oder bildete er sich nur ein, dass sein Vorgesetzter vor ihm zurückwich? In jedem Fall hatte er seinen Blick von Nemecek genommen.

»Sehen Sie lieber zu, dass Sie Ergebnisse liefern«, erklärte Kappacher dem Papierstapel vor ihm. Das klang so gedämpft, als hätte er unter dem Stapel gelegen. Sogar sein übliches Nemecek, Nemecek hatte er vergessen. »Und verschwenden Sie das Geld der Steuerzahler nicht mit aberwitzigen Experimenten.«

Ex-pe-ri-men-te, klang es in Nemecek nach, als hätte ihm Manninger ins Ohr geflüstert. Aus Kappachers Mund hörte sich der Begriff jedenfalls an wie eine ekelhafte Krankheit.

»Wir sind dran, Herr Oberst«, versicherte Nemecek, als plötzlich eine bekannte Melodie erklang. *I beg your pardon*, hörte Nemecek den Refrain des Songs, den Obermayr als Klingelton gewählt hatte. *I never promised you a rose garden.*

Unter dem finsteren Blick von Kappacher hob seine Kollegin ab. »Hallo René. Gibt's was Neues zur Fahndung?«, sagte sie. Während Nemecek überlegte, ob sie nun eher ihren Assistenten begrüßt oder ihrem Vorgesetzten erklärt hatte, warum die Störung sein musste, fiel kein weiteres Wort mehr. Zumindest nicht auf Obermayrs Seite. Diese wippte nur leicht mit dem Kopf und schien ansonsten ganz im Zuhören aufzugehen. Was wohl so dringend war, dass Manninger sogar die strenge *Do Not Disturb*-Regel missachtete, die Kappacher für all seine Besprechungen ausgegeben hatte?

»Alles klar«, hörte er seine Kollegin sagen. Schon im nächsten Moment hatte sie aufgelegt und verkündete mit ernstem Gesicht: »Novacic hat sich gestellt. Er wartet im Verhörraum auf uns. Der Termin mit Eleanore Ortiz ist für 9 Uhr 30 angesetzt. Und Viktor Solochin hat Manninger auch endlich erreichen können. Der war anscheinend die ganze Woche in München, kommt aber um 11 Uhr zu uns.«

Nemecek blickte zu Kappacher. »Also, worauf warten Sie?«, sagte dieser mit wiedererstarkter Stimme. »An die Arbeit.« Obermayr sprang auf. Nemecek betrachtete noch kurz diese scheuchende Geste, mit der der Oberst sie in Richtung Tür beförderte. Dann stand er ebenfalls auf und verließ gemessenen Schrittes das Büro.

Freitag, 8:28
Ein Verdächtiger taucht auf

Geboren 7.11.1980 in Novi Pazar; Aufgewachsen in Smederovo; Technisches Gymnasium in Subotica (1994–1998); Militärdienst in Kikinda (1998–1999), Studium der Informatik in Nis (1999-2003), Softwareentwickler bei Mirsan IT *in Zajecar (2003–2004); Ausbildung zum* Certified Scrum Master *in Uzice (2004)* überflog Nemecek das Dossier, das ihm Manninger für das Verhör zusammengestellt hatte. Alles in allem eine Menge Daten, insbesondere geografische. Deswegen hatte ihr Assistent wahrscheinlich die Serbien-Karte beigefügt und die für Novacic' Biografie wesentlichen Orte mit Leuchtstift markiert. Auf einen Blick erkannte Nemecek, dass ihr Verdächtiger ganz schön herumgekommen war: Im Laufe seiner Geschichte hatte er praktisch ganz Serbien kennengelernt. Mit Belgrad lokalisierte Nemecek sogleich das Zentrum, bevor er sich von Norden nach Süden vorarbeitete: Subotica an der Grenze zu Ungarn; Kikinda am nordöstlichen Rand zu Rumänien; Smederovo und Belgrad in der Mitte; Zajecar in Richtung Bulgarien; schließlich Uzice, von wo aus, wie Nemecek wusste, eine spektakuläre Bergstraße nach Bosnien-Herzegowina führte.

Blitzartig wurde er von einem ganz besonderen Erinnerungsstrom ins Jahr 1990 zurückgeschwemmt. Als frisch gebackene Abiturienten waren Neufeldner und er in das damalige Jugoslawien gefahren, um wilde Abenteuer zu erleben. Wochenlang ließen sie sich mit ihren Enduro-Maschinen von einem Ort zum nächsten treiben. Sie fuhren auf schmalen Forststraßen und schliefen unter freiem Himmel; sie halfen einem Bauern, der mit seinem Karren stecken geblieben war; sie aßen und tranken mit Leuten, deren Sprache sie nicht verstanden; und einmal wurden sie sogar spontan zu einer Hochzeitsfeier eingeladen. Auf diese Weise hatten sie einen Vielvölkerstaat kennengelernt, der kein Jahr später auf blutige Weise zerbrechen sollte. Nemecek drängte die auftauchenden Bilder von Massengräbern und verstümmelten Körpern zurück und blätterte um.

Die einzige Geschichte, die ihn jetzt interessieren sollte, war die von Luka Novacic. *Scrum Master und agiler Entwickler in verschiedene IT-Firmen (2004–2008)*, las er weiter. *Mit Rot-Weiß-Rot-Karte nach Österreich emigriert (2009), Softwareentwickler und technischer Projektleiter bei* Cardex *(2009–2013); Softwareentwickler und agiler Coach bei* SafeIT *(2014–heute)*. Er stutzte. Novacic war also in beide Unternehmen involviert, die in diesem Fall eine Rolle spielten. Zudem schien es ihm interessant, dass Novacic bei der *SafeIT* ebenfalls als agiler Coach tätig war. War er etwa der Vorgänger von Gauss gewesen, der seines Wissens nach erst seit knapp zwei Jahren dabei war? War man mit Novacic unzufrieden gewesen und hatte ihn ersetzt? Oder traf das Gegenteil zu und man wollte das Coaching weiter ausbauen? Soweit er sich erinnern konnte, hatte Gauss bislang nichts von einem zweiten Coach erwähnt.

Nemeceks Überlegungen wurden von einem lauten Klopfen unterbrochen. »Ja, bitte!«, rief er in Richtung Tür, die nun zögernd aufgeschoben wurde. Dann kam endlich Manningers rundes Gesicht zum Vorschein. »H-Herr Chef-in-in-spektor? Frau Bez-zirks-in-in-spekto-torin?«, fragte das Gesicht mit einem Grinsen, das Nemecek nicht zu deuten wusste. Gab es da überhaupt etwas zu fragen? Geschweige denn zu grinsen? Nemecek und Obermayr saßen doch direkt vor ihm und es war sonnenklar, was diese erwarteten. »Luk-ka No-No-Novacic wä-re jetzt h-hier«, bemühte Manninger den typisch österreichischen Konjunktiv.

Nemecek unterdrückte den Impuls, den Kopf zu schütteln, weil er nicht respektlos wirken wollte. An und für sich machte Manninger einen guten Job, er neigte allerdings zu einer gewissen Umständlichkeit, die einem die Anerkennung nicht immer leicht machte. »Was erwartest du dir von jemand, der mit 32 noch bei Mama und Papa wohnt?«, hatte Obermayr ihn zuletzt gefragt, nachdem die Situation wieder einmal eskaliert war. »Noch dazu im Burgenland, am A der Welt?«

Auf der einen Seite verstand er seine Kollegin: Ihn ärgerte es genauso, wenn sie für eine Routinebesprechung über eine Stunde brauchten, weil Manninger jedes Detail ausführlich erörtern wollte. Andererseits konnte er es nicht zulassen, dass in seiner Abteilung Geringschätzung um sich griff. Warum fällt mir das gerade jetzt ein, überlegte Nemecek – und spürte deutlich, wie sauer er immer noch auf Manninger war. Warum konnte der nicht einfach seinen Mund halten, statt Kappacher brühwarm von ihrer Kanban-Initiative zu erzählen?

»Worauf wartest du?«, schlug Obermayr in dieselbe Kerbe. Ihr aggressiver Ton war nicht zu überhören.

Nachdem er sich bei Obermayrs Worten geduckt hatte, als müsste er einem nach ihm geworfenen Gegenstand ausweichen, drehte sich Manninger wieder um. Anscheinend hatte er noch etwas mit jemandem zu besprechen, der hinter der Tür stand. Aus den Augenwinkeln sah Nemecek, wie seine Kollegin theatralisch die Augen verdrehte.

»René!«, rief sie in Richtung Tür. Sie sprach seinen Namen wieder wie Renne aus, obwohl sie genau wusste, das Manninger das hasste. »Ich renne nicht, wenn du mich rufst«, hatte er ihr zuletzt unerwartet zornig erklärt. Obermayr war darüber so erstaunt gewesen, dass sie nichts erwidert hatte. Vielleicht lag das aber auch daran, dass Manninger dabei weder gestottert noch den Kopf eingezogen hatte, wie er das sonst so oft tat.

»René?«, fragte Nemecek nochmals nach.

»K-Kollegen!«, antwortet Manninger, als wäre das die einzig angemessene Antwort. Doch bevor Nemecek dazu kam, sich über diese seltsame Reaktion zu wundern, sah er zwei Uniformierte im Türrahmen auftauchen. Er kannte die Beamten vom Sehen, erinnerte sich aber gerade nicht an ihre Namen. Es waren zwei große, grobschlächtige Kerle – Modell Folterknecht, wie Obermayr zu sagen pflegte. Doch der Mann, den sie mit sich führten, überragte die beiden um mindestens einen halben Kopf.

»Luk-k-ka No-Novacic«, erklärte Manninger in feierlichem Tonfall, als würde er eine berühmte Persönlichkeit ankündigen. Fehlte nur noch, dass er mit einem Zepter auf den Boden stampfte! Endlich wichen die beiden Uniformierten zur Seite, sodass nun die ganze Gestalt ihres Hauptverdächtigen zum Vorschein kam. Als er über die Schwelle trat, zog er unwillkürlich den Kopf ein. Nach Nemeceks Dafürhalten hatte Novacic auch allen Grund dazu, denn ihm fehlte nicht allzu viel auf die zwei Meter des Querbalkens.

»Aufmachen«, befahl Obermayr grimmig. Wie Nemecek konnte sie es nicht leiden, wenn Zeugen sofort Handschellen angelegt wurden – selbst wenn die Wachbeamten in diesem Fall einen besonderen Grund dafür sahen. Selbstredend hatte Novacic mit seinem Untertauchen die Unschuldsvermutung sauber strapaziert. Doch wenigstens hatte er sich heute freiwillig gestellt.

»Chefinspektor Nemecek, Bezirksinspektorin Obermayr«, begrüßte Obermayr. »Nehmen Sie bitte Platz.« Mit drei lockeren Schritten hatte Novacic den Besucherstuhl erreicht, der unter seinem massigen Körper wie Kinderspielzeug aussah. Knapp zwei Meter groß, etwa 100 Kilo schwer, überschlug Nemecek. Karin Köllerer hatte ja bereits angedeutet, dass er regelmäßig ins Fitnessstudio ging; eine solche Erscheinung hatte Nemecek dennoch nicht erwartet. Dabei wirkte Novacic keineswegs aufgeblasen, wie man das von Bodybuildern kannte. Er war einfach nur perfekt durchtrainiert. Dazu passten sein kantiges Gesicht und die kurzen schwarzen Haare, die an beiden Seiten ausrasiert waren. Ob das wohl so ein Undercut war, von dem seine Töchter immer wieder redeten? Auf alle Fälle war es kaum zu glauben, dass dieser Typ seinen Lebensunterhalt als hochspezialisierter Softwareentwickler verdiente und nicht als Rausschmeißer im Wiener Prater.

»Herr Novacic«, holte ihn Obermayr aus der Klischeekiste ins Hier und Jetzt zurück. »Als Erstes würden wir gerne wissen, warum Sie unserer Gesprächseinladung erst jetzt Folge leisten?«

Nemecek war irritiert. Eigentlich hatten Sie einen anderen Gesprächseinstieg vereinbart. Doch seine Kollegin liebte es nun einmal, ihr Gegenüber sofort unter Druck zu setzen. Frei nach dem Motto: ein bisschen Forechecking hat noch keinem geschadet!

»Ich dachte mir, dass Sie mich sicher verdächtigen«, erklärte Novacic. »Aber ich war es nicht!« Er klang genau so defensiv, wie es Obermayr beabsichtigt hatte – und bot ihr zugleich eine willkommene Gelegenheit für ein herzhaftes Lachen.

»Und Sie sind davon ausgegangen, dass Sie mit Ihrer Flucht die Verdachtsmomente sozusagen in alle Winde zerstreuen können?«, fragte sie mitten in ihr Lachen hinein. Unbehaglich rutschte Novacic auf seinem Stuhl hin und her. Nemecek wartete geradezu darauf, dass dieser ein Ächzen von sich gab.

Das hätte man dem Stuhl nicht verübeln können, aber das Holz blieb standhaft.

»Ich bin vorbestraft«, gestand er zerknirscht.

»Natürlich wissen wir, dass Sie vorbestraft sind«, streute Obermayr Salz in die Wunde. »Umso bescheuerter war Ihre Aktion. Damit haben Sie sich vollends in die Bredouille gebracht!«

Novacic kniff die Augen zusammen. Es war ihm deutlich anzusehen, dass ihm Obermayrs Angriffslinie nicht behagte. Gleichzeitig war er wohl intelligent genug, um zu wissen, wann er einstecken musste.

»Herr Novacic«, schien Nemecek nun der richtige Moment für ein wenig Faktenprüfung zu sein, »Sie sind wegen schwerer Körperverletzung vorbestraft. Verraten Sie uns doch einmal, wie es dazu gekommen ist.«

Das Protokoll der Anzeige lag ihnen selbstverständlich vor. Doch es hatte sich in vielen Fällen bewährt, den Täter noch einmal selbst zu Wort kommen zu lassen – wobei es zumeist gar nicht so sehr darum ging, was sie erzählten, sondern wie sie das taten.

»Das war mit meiner früheren Freundin«, eröffnete Novacic. »Ein Typ aus ihrer Arbeit hat sie immer wieder belästigt. Ich habe ihm erklärt, dass er das lassen soll. Da ist es zum Streit gekommen.«

Novacic senkte den Kopf, als sei die Geschichte hier zu Ende. Nemecek blickte zu Obermayr und diese schob die Akte über den Tisch.

»Streit ist wohl eher ein Hilfsausdruck«, erklärte sie und zeigte auf eines der Bilder, das von Novacic' damaligem Opfer aufgenommen wurde. »Gebrochenes Nasenbein, Platzwunde über der Braue, zwei ausgeschlagene Zähne, eine ...«

»Das war erst beim zweiten Mal«, unterbrach Novacic die schaurige Aufzählung. »Ich hatte ihn gewarnt, aber er wollte nicht auf mich hören.« Er breitete die Arme aus wie jemand, der seine Unschuld betonen wollte. »Er hat mich zuerst angegriffen.«

Tatsächlich war der genaue Tathergang bis zuletzt unklar geblieben. Wurde Novacic vorsätzlich in die Falle gelockt? War es nicht doch Notwehr gewesen? Oder überschritt seine Selbstverteidigung, wie der Anwalt der beiden Verletzten argumentierte, wirklich jedes vernünftige Maß? Trotz aller Zweifel befand das Gericht Novacic am Ende für schuldig – setzte seine Strafe aber zumindest zur Bewährung aus. Seit damals schwebte ein Damoklesschwert über dem Softwarespezialisten.

»Vor zwei Wochen haben Sie dann Paul Steiner tätlich angegriffen«, ging Obermayr ansatzlos zu ihrem aktuellen Fall über. »Obwohl Sie wussten, was das für Sie bedeutet.«

»Ich habe ihn nicht angegriffen.«

»Sondern?« Obermayr verdrehte die Augen wie jemand, der ein »Nicht schon wieder!« zum Ausdruck bringen will. Hatte sie nicht sogar ein kurzes Schnauben von sich gegeben? So wie sie das immer tat, wenn sie die Geduld zu verlieren begann?

»Ich habe ihm nur deutlich gemacht, dass er sich von Milena fernhalten soll.«

»Und mit den Fäusten haben Sie dieser Botschaft Nachdruck verliehen.«

»Nein«, schüttelte Novacic den Kopf. Nemecek beobachtete, wie sich dabei die Sehnen an seinem Hals anspannten. Dann zog er die Mundwinkel zur Seite. Während er die Grimasse des Hünen betrachtete, fragte sich Nemecek, ob dieser gerade seine Chancen abwog. Vielleicht war er aber auch damit beschäftigt, sich eine neue Geschichte auszudenken? Nemecek beschloss, sich wieder ins Gespräch einzumischen.

»Wie hat Paul Steiner auf Ihre Ansage reagiert?«

»Er hat mich beschimpft.«

»Und dann?«

Novacic atmete tief durch und blickte Nemecek dann zum ersten Mal direkt in die Augen. »Hab ich ihn ausgelacht.«

»Sie haben ihn ausgelacht?« Obermayr konnte kaum glauben, was sie gerade gehört hatte.

Ohne den Blick von Nemecek zu lassen, antwortete Novacic: »Ja.« Daraufhin kniff er die Augen zusammen. Irgendetwas schien seine Aufmerksamkeit gefangen genommen zu haben. Oder musterte er ihn etwa?

»Milena hat mir erzählt, dass ihn das am meisten trifft«, bot Novacic nun von selbst eine weitere Erklärung. Wirklich klarer wurde die Sache dadurch allerdings nicht.

»Und war dem so?«, fragte Nemecek, weil ihm nichts Besseres einfiel.

»Er ist jedenfalls ausgerastet.«

»Moooment«, sagte Obermayr gedehnt, als hätte sie bei Loriot studiert. »Er hat sie körperlich attackiert?«

Nemecek sah, wie seine Kollegin dabei mit den Augen blinzelte wie jemand, der ein Trugbild verscheuchen will. Diese Reaktion konnte er gut nachvollziehen, denn es ging ihm nicht viel anders. Was ihnen Novacic da erzählte, war schwer zu glauben. Nemecek öffnete sein Notizbuch. *Novacic Notwehr?*, schrieb er.

»Zuerst ist er rot angelaufen und dann hat er sich auf mich gestürzt«, setzte Novacic noch einen drauf. Nemecek musste an sich halten, um nicht den Kopf zu schütteln. Allmählich nahm diese Geschichte absurde Züge an.

»Und was haben Sie gemacht?«,

»Ich habe seinen Angriff abgewehrt«, erklärte Novacic nach einer kurzen Pause, in der er wahrscheinlich die Tragweite seiner Worte abzuschätzen versuchte. Sicherlich merkte er selbst, wie unglaubwürdig das alles klang. Konnte sich ein kluger Mann wie er wirklich keine bessere Story ausdenken? Oder war am Ende alles genau so abgelaufen, wie er es beschrieb?

»Ach, kommen Sie«, brauste Obermayr auf. Ihre Gutgläubigkeit schien endgültig aufgebraucht. Sie klatschte in die Hände und übersetzte dann: »Doch nicht schon wieder diese Notwehr-Nummer!«

»So war es aber«, entgegnete Novacic. »Ich habe Paul Steiner nicht angegriffen.«

»Ja, natürlich«, setzte Obermayr weiter auf ihre Aggressionsstrategie, die bereits viele Lügengeschichten ins Wanken gebracht hatte. »Sie wollten Ihre Freundin nur beschützen – aber dann ist die Situation ein wenig außer Kontrolle geraten.« Ihre Stimme troff jetzt geradezu vor Häme.

Novacic schien davon unbeeindruckt. Er atmete ganz ruhig weiter, während er ihr geradewegs in die Augen blickte. »Nichts ist außer Kontrolle geraten«, korrigierte er und streckte die Arme nach vorne. »Ich habe ihm nur einen einzigen Schlag versetzt.«

»Zuerst der edle Ritter«, ätzte Obermayr weiter, »und dann auch noch ein Superheld.« Sie schüttelte den Kopf. Nemecek konnte sich indes gut vorstellen, dass ein einziger Schlag genügt hatte, um Paul Steiner außer Gefecht zu setzen. Schließlich war Steiner völlig untrainiert, während Novacic seit seiner Jugend Kampfsport betrieb. Ob er dabei mit Waffen zu tun hatte?

»Schließt der Kampfsport, den Sie betreiben, eigentlich Waffengebrauch mit ein?«, nahm ihm Obermayr das Wort aus dem Mund. Auf einmal klang sie wieder gefasst und sachlich, als hätte sie nicht gerade eben noch Funken versprüht.

»Keine Feuerwaffen«, antwortete Novacic ungewohnt spontan. »Falls Sie darauf hinauswollen.«

»Aber traditionelle Waffen wie Stöcke oder Bögen?«

Novacic sah sie wieder eine Weile an und nickte dann.

»Armbrüste?«

»Armbrüste gibt es im asiatischen Kampfsport nicht«, schüttelte Novacic den Kopf. »Sie denken immer noch, dass ich Paul Steiner erschossen habe?«

»Wir stellen hier die Fragen«, lag Nemecek schon auf der Zunge. Dann aber überlegte er es sich anders: »Wo waren Sie eigentlich am Montag Abend?«

Kaum, dass Nemecek die Frage ausgesprochen hatte, ließ Novacic den Kopf sinken.

»Wir hören«, drängte Obermayr, die nun offenkundig keine Zeit mehr vergeuden wollte. Nemecek war sich sicher, dass sie Novacic kein Wort glaubte.

»Ich war bis 18 Uhr beim Arzt«, gab sich Novacic endlich einen Ruck. Seine Stimme klang jetzt seltsam rau und seine Kiefer schienen jedes einzelne Wort zu zermahlen. »Danach bin ich mit einem Kollegen noch einen Happen essen gegangen.«

»Wie lange? Wohin? Mit wem?«, schoss ihn Obermayr an.

»Bis gegen 20 Uhr«, erklärte Novacic, nachdem er sich kräftig geräuspert hatte. »Wir waren im Gasthaus Pokorny, falls Sie das kennen.«

»Und mit wem waren Sie dort?«, bohrte seine Kollegin nach. Nemecek hielt seinen Blick auf Novacic fixiert, als könnte ihm andernfalls ein wichtiger Hinweis entgehen. Man brauchte keine Adleraugen, um zu erkennen, wie der Hüne mit sich rang. Er verlagerte mehrmals sein Gewicht und drückte seine Hände aufeinander. »Mit Eleanore Ortiz«, gestand er schließlich.

»Mit Eleanore Ortiz«, wiederholte Obermayr wie ein Papagei. Erstaunt beobachtete Nemecek, wie sich seine Kollegin die linke Hand aufs Gesicht legte, kurz die Stirn kratzte und dann langsam mit den Fingernägeln über die Augenbrauen und die Nase bis zu den Mundwinkeln fuhr. Es wirkte, als würde sie sich eine überflüssige Hautschicht abkratzen.

»Was hatten Sie denn so Wichtiges zu besprechen mit Señora Ortiz?«, fragte Nemecek in Obermayrs Peeling hinein.

»Es ging um ein Projekt, an dem wir gemeinsam mit Steiner arbeiteten.«

»CAPS?«, fragte Nemecek nach, nachdem er kurz in seinem Notizbuch nach der Abkürzung gesucht hatte.

»Cyber Attacks Protection System«, bestätigte Novacic.

»Und danach?«

»Danach bin ich nach Hause.«

»Gegen 20 Uhr?« Novacic nickte.

»Das glaub ich Ihnen nicht«, sprang Obermayr unversehens wieder an. Nemecek hob den Blick. »Ich bin mir sicher, dass Sie gemeinsam mit Ihrer Kollegin noch einmal in die *SafeIT* zurückgekehrt sind.«

Obermayr hielt inne, um die erste Reaktion von Novacic abzuwarten. Doch der ließ sich nicht aus der Ruhe bringen.

»Eleanore Ortiz hat bereits zugegeben, dass sie noch dort war«, verriet Obermayr. Nemecek vermutete allerdings, dass Novacic das längst wusste. Obermayr deutete ein Nicken an, wie um zu zeigen, dass ihr das ebenfalls klar war. Dann zog sie die Lippen nach innen, drückte sie kurz aufeinander und öffnete langsam den Mund. Jetzt würde gleich ihr Mordszenario kommen.

»Sie sind mit Ortiz noch einmal in die *SafeIT* gegangen«, rief Obermayr ihr letztes Argument in Erinnerung. »Dort haben Sie Paul Steiner gemeinsam zur Rede gestellt. Ihn mit Ihrem Verdacht konfrontiert. Oder ihm geradewegs an den Kopf geworfen, dass er sich mit firmeneigenem Know-how aus dem Staub machen wollte. Ein Wort ergab das andere und dann …«

»… und dann«, übernahm Novacic die Vorlage, »habe ich die Armbrust aus der Tasche gezogen und ihn erschossen.« Er verschränkte die Arme. »So stellen Sie sich das also vor?«

Obermayr starrte ihn an.

»Die Armbrust trage ich natürlich ständig bei mir«, baute Novacic sein eigenes Szenario weiter aus. »Man kann schließlich nie wissen, wann man sie braucht.«

Nemecek musste zugeben, dass das reichlich konstruiert klang. Dennoch war da noch irgendetwas anderes gewesen. Die Ungerührtheit, mit der Novacic Obermayrs Vorwürfe über sich ergehen ließ? Oder bloß der Tonfall, in dem Novacic sich selbst belastet hatte? Bevor er seiner Irritation auf die Spur gekommen war, hörte er seine Kollegin kontern: »Herr Novacic! Ihr Zynismus hilft Ihnen nicht weiter. Alle Indizien sprechen gegen Sie. Geben Sie es doch endlich zu, dass Sie dort waren und die ganze Sache dann aus dem Ruder gelaufen ist.«

Nemeceks Gefühl, dass etwas nicht stimmen konnte, verstärkte sich. Vielleicht war es ja bloß das Unbehagen, dass ihn immer überkam, wenn seine Kollegin zu schnell auf ein Geständnis drängte. Wenn ihr die Argumente ausgingen und sie eine saubere Beweisführung durch persönlichen Druck ersetzte.

»Ich war am Abend nicht mehr in der *SafeIT*«, versicherte Novacic. »Und ich habe Paul Steiner nicht ermordet.«

Wenn er dort gewesen wäre, hätten sie eigentlich seine Daten im Zugangsprotokoll finden müssen, versuchte Nemecek an das Thema Beweisführung anzuschließen. Manninger sollte das sicherheitshalber noch einmal überprüfen. Außerdem war es höchste Zeit, wegen der Videoaufzeichnungen nachzufassen.

»Gut«, schien Nemecek nun der richtige Zeitpunkt gekommen, sich wieder ins Gespräch zu mischen. »Angenommen, das war so, wie Sie sagen. Sie haben mit Eleanore Ortiz zu Abend gegessen und sich dann gegen 20 Uhr verabschiedet.« Novacic nickte. Nemecek nahm das als Zeichen, mit seiner Erklärung fortzufahren. Doch statt einer großen Geschichte hatte er bloß eine kleine Frage anzubieten: »Wenn dem so was – was haben Sie dann ab 20 Uhr gemacht?«

War das Erleichterung, die sich auf Novacic' Gesicht zeigte? Oder etwas anderes? Novacic öffnete seine Fäuste, die er die ganze Zeit über aneinander gepresst gehalten hatte. Dann öffnete er auch den Mund: »Ich habe telefoniert.«

»Sie haben telefoniert?«, fragte Obermayr zurück. Es hörte sich nicht danach an, als wollte sie damit eine Tatsache prüfen. Es klang eher nach einer weiteren Betonung ihrer Skepsis.

»Mit wem haben Sie denn telefoniert?«, setzte Nemecek ungerührt auf eine sachliche Klärung. »Unmittelbar nach Ihrer Diskussion mit Eleanore Ortiz?«

Novacic schaute Nemecek jetzt wieder geradewegs ins Gesicht. Er ließ sich mit seiner Antwort Zeit, als wäre erst einmal nur das Atmen wichtig. Ohne eine Miene zu verziehen, sagte er dann: »Mit Viktor Solochin.«

Freitag, 9:56
Irreführung der Behörden

»Warum haben Sie uns verschwiegen, dass Sie unmittelbar vor dem Mord mit Novacic essen waren?« Ortiz drehte die Augen nach oben. Anscheinend rief sie irgendeine spezielle Erinnerung ab. Vielleicht etwas Unangenehmes, denn sie rümpfte die Nase, als würde ein schlechter Geruch durch den Raum wehen. Nemecek aber war davon überzeugt, dass das Einzige, was hier stank, ihre Lügen waren.

Er betrachtete Ortiz' Mienenspiel, das von ihrer Mähne umrahmt war wie ein Kunstwerk. Darunter wirkte ihr Körper seltsam verdreht. Nach wie vor saß sie so schräg, dass Obermayr nur einen kleinen Teil ihres Gesichts sehen konnte.

»Weil Luka mich darum gebeten hat«, beantwortete sie endlich die Frage seiner Kollegin. Auf Nemecek wirkte diese Antwort ziemlich angestrengt. War ihr klar, dass das nicht gerade für sie sprach? Oder steckte etwas anderes dahinter?

»Lassen Sie mich raten: Er wollte sich nicht verdächtig machen. Stimmt's?« Ortiz zog die Augenbrauen zusammen. Sie schien zu überlegen, ob diese Frage eine Falle war. Immerhin klang sie reichlich rhetorisch.

»Ja«, entschloss sich Ortiz zu einer einsilbigen Antwort. Wahrscheinlich meinte sie, damit am wenigsten zu riskieren.

»Sie waren also mit Ihrem Kollegen essen«, kehrte Nemecek noch einmal zum Ausgangspunkt zurück. »Wo waren Sie denn?«

»Beim Pokorny.«

»Was haben Sie denn gegessen?«

»Gebackenen Fisch. Es gab noch Mittagsmenüs.«

Nemecek wusste, dass es sich dabei um eines der typischen Pokorny-Menüs handelte: Scholle, Seehecht oder Kabeljau – auf alle Fälle paniert, wie es bei der klassischen Wiener Küche üblich war. Sie würden das natürlich prüfen müssen, insbesondere was die Dauer ihres Gasthausbesuchs betraf. Er nahm jedoch nicht an, dass sie dabei etwas herausfinden würden, was Ortiz' Aussagen widersprach.

»Wie lange waren Sie beim Pokorny?«, wollte Obermayr wissen.

»Bis kurz vor acht.«

»Was hatten Sie denn so Wichtiges zu besprechen mit Novacic?«

»Es ging wieder einmal um das CAPS-Projekt.«

»CAPS«, wiederholte Nemecek, als sei damit alles geklärt.

»Und nach dem Essen?«, blieb Obermayr am Drücker.

»Danach bin ich noch einmal in die *SafeIT*«, sagte Ortiz mit einem kleinen Stöhnen. Es klang, als hätte sie das bereits hundert Mal erklären müssen.

»Und Novacic?«

»Der wollte noch mit Solochin sprechen.«

»Er ist nicht mit Ihnen in die *SafeIT* zurückgekehrt?«

»Nein«, antwortete Ortiz sichtlich genervt. »Das sagte ich doch bereits: Er hatte noch ein Telefonat zu erledigen.«

»Wie spät war es, als sich Ihre Wege getrennt haben?«

»20 Uhr«, antwortete Ortiz mit einer müden Geste. »Auch das sagte ich bereits.«

Obermayr kräuselte die Lippen. Nemecek sah ihr an, dass sie nicht zufrieden war. Wenigstens hatten sie damit Novacic' Aussage überprüft. An deren Wahrheitsgehalt gab es anscheinend nichts zu rütteln.

»Trauen Sie Novacic einen Mord zu?«, schlug Nemecek nun einen anderen Weg ein.

»Luka?« Ortiz konnte ihr Erstaunen nicht verbergen. Oder war das sogar mehr als bloßes Erstaunen? Wirkte sie nicht regelrecht entsetzt?

Nemecek betrachtete die Projektmanagerin. Was ihr wohl gerade durch den Kopf ging? Überlegte sie, wie sie den Verdacht gegen ihren Kollegen entkräften konnte? Oder war sie mit ihrer eigenen Verteidigungstaktik beschäftigt? Immerhin war noch nicht gänzlich ausgeschlossen, dass sie selbst die Tat begangen hatte.

Nemecek entschied sich, vorerst mit den naheliegenden Fragen weiterzumachen: »Sie kennen Luka Novacic schon lange?«

»Ja«, antwortete die Programmmanagerin. »Ich schätze seit 2012 oder 2013.«

Nemecek blätterte in seinen Unterlagen. Wo hatte Manninger nur die Firmenzugehörigkeit vermerkt? War Novacic nicht erst seit drei Jahren bei der *SafeIT*?

»Das heißt, Sie kannten einander schon, als Sie noch bei der *Securitas* gearbeitet haben – und Novacic bei der *Cardex*?«, nützte Obermayr wieder einmal ihr quasi-fotografisches Gedächtnis. Mit Sicherheit hatte sie Manningers Unterlagen nur überfliegen müssen, um sich alle Daten zu merken. Ortiz nickte. »Wir haben uns bei einem Treffen der Agile Community kennengelernt. Und sind uns später bei verschiedenen Veranstaltungen über den Weg gelaufen.«

»Und wie intensiv haben Sie bei der *SafeIT* zusammengearbeitet?«

»Sehr«, fiel Ortiz wieder in die Einsilbigkeit zurück.

»Wenn Sie ihn so gut kennen: Wie würden Sie dann seinen Charakter beschreiben?«

Nemecek sah, wie Ortiz die Augen zusammenkniff. Zeigte sie damit nicht, wie sehr sie auf der Hut war? Oder stellte sie nur ihren Blick scharf, als könnte sie Novacic' Persönlichkeit dadurch besser erkennen?

»Ruhig, konstruktiv, verlässlich, unterstützend«, servierte Ortiz ihnen einige Häppchen. Überraschenderweise schien sich Obermayr damit zufriedenzugeben. Statt die mageren Appetizer abzulehnen und nach dem Hauptgang zu verlangen, sagte sie plötzlich: »Ihnen ist schon bekannt, dass es da noch eine ganz andere Seite gibt?«

Irritiert drehte Ortiz ihren Kopf in Obermayrs Richtung. Es brauchte keine Worte, um ihr »Wie meinen Sie das?« zu kommunizieren – ihr Blick reichte dafür vollkommen aus.

»Novacic ist vorbestraft«, begann die wortlos Angesprochene nun ihr eigenes Menü zu präsentieren. »Wegen schwerer Körperverletzung.«

»Ich weiß«, entgegnete Ortiz leise. Das schien ihr wohl zu schwächlich, denn sie streckte ihren Oberkörper durch und fügte mit lauter Stimme hinzu: »Aber dafür konnte er nichts.«

Dieses Mal war es an Obermayr, ein Fragezeichen durch die Luft zu schicken. Ortiz nahm es auf und erklärte: »Er wurde angegriffen und hat sich nur gewehrt.«

»Sie glauben diese Notwehr-Geschichte?«, versetzte Obermayr bissig. Ortiz blinzelte zwar kurz, hatte sich aber rasch gefangen. »Dass er wie ein Rugby-Spieler aussieht, macht ihn noch lange nicht zum Mörder.«

»Ah«, stöhnte Obermayr. »Die alte Geschichte von harte Schale – weicher Kern!«

»Vielleicht sollten Sie sich mal fragen, wie sehr Sie in Vorurteilen gefangen sind«, zeigte sich Ortiz unvermutet kampflustig. Ob sie wohl immer so schlagfertig war? Bevor die Situation weiter eskalierte, zog er die Reißlinie. Außerdem war er neugierig, wie Ortiz auf einen abrupten Schwenk reagieren würde.

»Und Viktor Solochin?«

»Wieso Viktor?«, zeigte sich Ortiz überrascht. Das war zu erwarten gewesen.

»Was können Sie uns über Solochin erzählen?«, ließ sich Nemecek nicht beirren.

»Was genau wollen Sie wissen?«, reagierte Ortiz mit einer neuen Gegenfrage.

»Alles«, mischte sich Obermayr wieder ins Gespräch und verschränkte demonstrativ die Arme. Sie schien mit ihrer Geduld am Ende. Wenn ihr Ortiz weiter auswich, konnte sie für nichts garantieren. Doch die Programmmanagerin war nun zum Reden entschlossen.

»Vic ist ein echter Nerd«, eröffnete sie und ergänzte im selben Atemzug: »Ein Typ, der 24 Stunden am Tag am Computer sitzt.«

Nemecek und Obermayr nickten unisono.

»Für die *SafeIT* ist sein Wissen ein wahrer Segen«, fuhr Ortiz fort, ohne das Synchronnicken zu beachten. Stattdessen strich sie sich mit beiden Händen ihre Mähne nach hinten. »Trotz seiner Jugend verfügt er bereits über einen riesigen Erfahrungsschatz.« Sie breitete die Arme aus, um die Dimension dieses Schatzes anzudeuten. »Er ist total einfallsreich, hat für jedes Problem einen Lösungsansatz parat und ist ein Berserker in der Umsetzung.«

»Wie dürfen wir uns das vorstellen?«, fragte Nemecek und startete selbst einen Antwortversuch. »Er ist reaktionsschnell und innovationsfreudig?«

»Er ist extrem ergebnisorientiert«, überging Ortiz seinen Versuch, agiles Know-how zu demonstrieren. Das extrem sprach sie mit einem lang gezogenen e aus wie das Nemecek von seinen Mädels kannte: extreeeem, uuuur, suuuper, paaast. Auch Sophies ungläubiges Jiouuu passte in diese Kategorie.

»Und wie ist die Zusammenarbeit mit ihm?«, wollte Obermayr wissen.

Ortiz zögerte. Sie blickte zu Obermayr und dann zum Fenster. Es wirkte, als versuchte sie sich die richtigen Worte zurechtzulegen – und dazu gleich den passenden Tonfall. Doch was gab es da groß zu überlegen?

»Wie alle Nerds neigt er natürlich zu einem gewissen Autismus«, ließ sie schließlich wissen.

»Das heißt, es war schwierig mit ihm zu kooperieren«, bot Nemecek eine praktische Erklärung an.

»Eigentlich gar nicht.« Ortiz runzelte die Stirn. »In den Standups lieferte er stets sehr präzise Informationen und fragte gezielt nach, wenn ihm etwas unklar war. Und in den Retrospektiven hat er uns oft mit neuen Blickwinkeln überrascht.«

»Das hört sich nach einem klassischen Aber-Satz an«, bemerkte Obermayr. Als hätte sie einen unsichtbaren Stoß erhalten, ließ Ortiz ihren Körper unversehens zur Seite fallen. Dann wechselte sie ihre Beinstellung und richtete sich so schwungvoll wieder auf, dass Nemecek unwillkürlich an ein Stehaufmännchen denken musste. Stehaufmännchen?, dachte er. Gibt es eigentlich auch Stehaufweibchen?

Die ganze Bewegung war jedenfalls blitzschnell abgelaufen, wie im Zeitraffer. Ortiz' Gesicht war nun Obermayr zugewandt. »Vic war zumeist recht kurz angebunden«, schien sie den körperlichen Schwung in ihre Antwort mitgenommen zu haben. »Er redete nicht mehr als nötig. Wenn es nicht um fachliche Themen ging, schwieg er meistens.«

»Mit anderen Worten«, übersetzte Obermayr, »das ganze zwischenmenschliche Zeug war nicht so seins.«

»Und er tat sich schwer mit Konflikten«, ergänzte Nemecek.

Ortiz ließ ihren Blick wieder zum Fenster wandern. Sie schien über die angebotene Deutung nachzudenken.

»Hat Solochin jemals irgendwelche Anzeichen von Gewalt erkennen lassen?«, fragte Nemecek, merkte aber selbst, wie geschraubt diese Frage klang. Manchmal redete er nicht nur geschwollen, sondern dachte auch so. »Ich meine, ob ...«, setzte er zu einem Reparaturversuch an. Aber Ortiz winkte ab. »Ich weiß, dass das nicht das ist, was Sie hören wollen«, erklärte sie. »Aber Vic ist ein ebenso friedlicher Mensch wie Luka.«

»Der seinerseits eine Vorstrafe wegen schwerer Körperverletzung hat«, ließ sich Obermayr eine kleine Spitze nicht nehmen.

Ortiz ließ sich nicht aus der Fassung bringen. Sie zuckte nur kurz mit den Schultern und senkte ihren Blick dann wieder auf die Tischplatte. Nemecek hatte ohnehin den Eindruck, dass sie am Ende ihres Gesprächs angelangt waren.

Er schaute ein letztes Mal in sein Notizbuch. Die Fragen, die er sich dort notiert hatte, waren allesamt gestellt – und, wie er zugeben musste, zum größten Teil schlüssig beantwortet.

Er blickte zu Obermayr, die in diesem Moment von ihrem Tablet aufschaute. Sie zuckte ebenfalls mit den Schultern und er nahm das als Zeichen, dass ihr auch nichts mehr einfiel. Nemecek stand auf.

»Danke, Frau Ortiz«, sagte er. Er sah, wie Ortiz sich leicht schwankend erhob und nach ihrer Tasche griff, als müsste sie sich unbedingt an etwas festhalten. Nemecek streckte die Hand aus. Doch Ortiz hatte sich bereits von ihm abgewandt und auf den Weg zur Tür gemacht.

»Frau Ortiz«, rief ihr Obermayr in den Rücken. Nemecek ahnte, dass jetzt eine ihrer klassischen Verabschiedungen folgen würde. Sie wartete, bis sich Ortiz zu ihr umgedreht hatte, und sagte dann: »Sie halten sich bitte zu unserer Verfügung.« Immerhin, dachte Nemecek, hat sie dieses Mal bitte gesagt.

Freitag, 11:28
Eine Sackgasse, die keine sein sollte

»Nein«, wiederholte Solochin. »Darüber weiß ich nichts.«

»Aber Sie haben doch intensiv mit Paul Steiner zusammengearbeitet«, griff Obermayr noch einmal den Faden auf, den sie die längste Zeit verfolgt, dann aber aus den Augen verloren hatte. Wie erwartet entpuppte sich der IT-Experte als harter Brocken. Oder glich er nicht eher einem Fisch, den sie einfach nicht zu fassen bekamen? »Das CAPS-Projekt tritt seit Langem auf der Stelle«, erklärte er mit anderen Worten, was er bereits zuvor gesagt hatte.

Nemecek lehnte sich zurück. Irgendwie wurde er das Gefühl nicht los, dass sie etwas Wesentliches übersahen. Doch was war es, das ihn nach wie vor an der ganzen Geschichte zweifeln ließ? Er betrachtete die schlaksige Gestalt, die vor ihnen saß. *Viktor Solochin, geboren 1995 in Kiew, die Mutter Ukrainerin mit moldawischen Wurzeln, der Vater ein chinesisch-stämmiger Armenier.* So stand es jedenfalls in Manningers Dossier. Ein echtes Multikulti-Kind, ging Nemecek durch den Kopf – und das vor dem Hintergrund der politischen Geschichte, die das Land nicht zur Ruhe kommen ließ.

Beide Elternteile waren anscheinend Informatiker der ersten Stunde gewesen, die bereits vor der Unabhängigkeit als herausragende Experten galten. Dem Sohn wurde die IT gleichsam in die Wiege gelegt, sodass man sich über seine Karriere nicht zu wundern brauchte. Nemecek hatte keinen blassen Schimmer, worum es bei Cybersecurity im Detail ging. Er wusste allerdings, dass der vor ihm sitzende Mann als Genie auf diesem Gebiet galt. Mit knapp 23 Jahren konnte er bereits eine beeindruckende Liste von Kunden aufweisen.

Vor diesem Hintergrund war die Einladung zu der Fachkonferenz, an der er seit Montag teilgenommen hatte, alles andere als zufällig. Nemecek nahm noch einmal das Konferenzprogramm in die Hand, das ihnen Solochin aus München mitgebracht hatte. Obwohl es ihm unverändert schwer fiel, die Tatsachen zu akzeptieren – hier stand es schwarz auf weiß: Am Montag um 18 Uhr hatte Solochin einen Vortrag gehalten. Warum konnte er das nicht endlich zur Kenntnis nehmen?

»Und wann haben Sie Paul Steiner das letzte Mal gesehen?«, durchbrach Obermayr das Schweigen, das über ihren Köpfen hing. Nemecek warf ihr einen irritierten Blick zu: Genau diese Frage hatte sie doch keine zehn Minuten zuvor schon gestellt! Offenbar war seine Kollegin ebenso ratlos wie er selbst.

»Das haben Sie mich doch vorhin schon gefragt«, merkte auch Solochin an. Im Unterschied zu ihnen wirkte der junge Mann gelassen, so als ob das alles gar nichts mit ihm zu tun hätte. Dabei hatten sie so sehr auf eine neue Spur gehofft. Doch der Cyberguru verfügte über ein hieb- und stichfestes Alibi. »400 Augenzeugen«, hatte er ihnen gleich zu Beginn ihres Gesprächs erklärt. »Und das Video meines Vortrags ist auch bereits online.«

»Was haben Sie eigentlich am Montag Abend gemacht?«, startete Obermayr einen neuen Versuch, einen brauchbaren Hinweis zu finden. Solochin sah sie an. Sein Gesicht war nach wie vor völlig ausdruckslos. Nemecek betrachtete seinen Brustkorb, der sich gleichmäßig hob und senkte. Das war die einzige Bewegung, die er wahrnahm. Wie es wohl in seinem Inneren aussah? »Nach dem Ende meines Vortrags habe ich einen Happen gegessen«, erklärte Solochin ruhig. »Um 20 Uhr habe ich kurz mit Luka Novacic telefoniert.«

»Worum ging es in diesem Gespräch?«

»Um ein paar technische Details zum CAPS-Projekt.«

»Sie haben nicht über Paul Steiner gesprochen?«, bohrte Obermayr verwundert nach.

»Nein. Warum sollten wir?« Solochins Frage hing wie eine riesige Spinnwebe im Raum, die niemand beseitigen wollte. Nemecek fiel jedenfalls keine schlüssige Antwort ein. Oder hätte er von seinem diffusen Bauchgefühl reden sollen, dass an Solochins Geschichte etwas nicht stimmte? »Wir haben uns über spezielle Konfigurationen abgestimmt, die Luka am nächsten Tag vornehmen wollte«, lieferte Solochin noch ein wenig Zusatzinformation.

Genau das Gleiche hatte bereits Novacic zu Protokoll gegeben. Warum hielt
Nemecek das für verdächtig? Sollte er weiter nach dem Inhalt des Telefonats
fragen? Wahrscheinlich würde ihm Solochin irgendwelche Fachvokabeln
liefern. Doch genauso gut konnten sie miteinander telefoniert haben, um
den Mordanschlag abzustimmen. Nein, so kamen sie nicht weiter.

»Es gibt Hinweise, dass Paul Steiner auf dem Absprung war«, startete Obermayr eine neue Offensive: »Was wissen Sie darüber?«

»Das hör ich zum ersten Mal«, entgegnete Solochin ohne mit der Wimper
zu zucken.

»Und dass er sein neues Leben mit Industriespionage finanzieren wollte?«

»Mit Spionage?«

»Wir vermuten, dass das etwas mit dem CAPS-Projekt zu tun hat. Da müssen Sie doch etwas mitbekommen haben!«

Solochin schüttelte den Kopf. Seine Mundwinkel waren jetzt leicht verzo-
gen, als hätte er gerade auf etwas Saures gebissen.

»Vielleicht hat er ja auch Ihr Know-how gestohlen«, versuchte es Nemecek
mit einem Querschläger.

Das Kopfschütteln wiederholte sich. »Steiner hatte keine Ahnung von der
Technik. Wie hätte er da etwas stehlen sollen?«

Nemecek fixierte den jungen Mann, der ihn so frappant an den jungen
Bruce Lee erinnerte. Wartete er nicht geradezu auf eine Kampfhandlung?
Oder wenigstens auf einen dieser spitzen Schreie, die Lee immer ausstieß,
wenn es ans Eingemachte ging? Wie Lee hatte Solochin dunkle Haare, die er
halblang über die Ohren trug. Seine Brauen waren breit und standen so weit
über den mandelförmigen Augen, dass sie wie aufgeklebt wirkten. Sein
Mund war hingegen ganz schmal, sodass die Nase ziemlich fleischig wirkte.
Dass Solochin immer wieder die Oberlippe nach vorne schob, als müsste er
seinen Mund versiegeln, verstärkte diesen Eindruck.

»Betreiben Sie Kampfsport?«, fragte Nemecek unvermutet. Obermayr und
Solochin blickten ihn gleichermaßen erstaunt an. Nemecek konnte das gut
nachvollziehen: Seine Frage war sogar für ihn selbst überraschend gekommen – obwohl sie aufgrund seiner Bruce-Lee-Assoziationen nahelag.

»Sie meinen Martial Arts?«, entgegnete Solochin, nachdem er sich einige
Sekunden Bedenkzeit genommen hatte.

»Whatever«, antwortete Nemecek und war schon wieder überrascht. Diesen Ausdruck hatte er offenbar von seinen anglophilen Kindern übernommen. Oder hing das irgendwie mit Bruce Lees amerikanischen Wurzeln zusammen?

»Ich mache Kung-Fu«, erklärte Solochin.

»Ist das nicht das Gleiche, was Luka Novacic macht?«, setzte Obermayr sofort nach. Anscheinend wollte sie Solochin keine Pause mehr gönnen.

»Luka macht mehr Kick-Boxing«, erklärte Solochin ungerührt. »Für viele Sprung- und Schlagtechniken des Kung-Fu ist er einfach zu groß.«

»Aber Sie kennen einander gut.«

»Seit vielen Jahren«, bestätigte Solochin.

»Das heißt, dass Sie wie Novacic Zugang zu Waffen haben.«

»Worauf wollen Sie hinaus?«, fragte Solochin und hob die Hände. Zum ersten Mal schien er ein wenig von seiner stoischen Ruhe eingebüßt zu haben. »Meinen Sie, dass ich Steiner von München aus erschossen habe?«

Nemecek war sich nicht sicher, ob er sich das nur einbildete, aber seiner Ansicht nach hatte Solochin kurz die Augen verengt, als er das Wort erschossen gesagt hatte. Und ganz entgegen seiner bisherigen Gewohnheit hatte er nach dem Sprechen den Mund offen gelassen. Die Frage war nur, was diese nonverbalen Zeichen bedeuteten. Konnte man daraus etwas Bestimmtes ableiten? Wohl kaum, musste Nemecek zugeben. Zumindest nichts, was ihn an dieser Stelle weitergebracht hätte.

»Reine Routine«, kam Obermayr auf Solochins Frage zurück. »In einem Mordfall ermitteln wir in alle Richtungen.« In Nemeceks Ohren klang ihr Standardargument irgendwie unglaubwürdig. Warum beendeten sie die Befragung nicht? Die Routine war längst erledigt.

»Kommen wir noch einmal auf das CAPS-Projekt zurück«, unternahm Obermayr einen neuen Versuch, endlich auf einen grünen Zweig zu kommen. »Ihnen ist da wirklich nichts Verdächtiges aufgefallen?«

Nemecek beobachtete, wie Solochin die Lippen schloss, um sie gleich darauf wieder zu öffnen. »Was hat denn dieses Projekt mit dem Mord zu tun?«

»Beantworten Sie einfach unsere Frage«, verlangte Obermayr.

»Sie wollen wahrscheinlich wissen, wie die Zusammenarbeit mit Steiner lief«, mutmaßte Solochin. Er wartete auf eine Bestätigung, sprach dann aber weiter, obwohl ihm Obermayr keinerlei Zeichen gegeben hatte. »Er war die personifizierte Blockade.«

»Das heißt im Klartext?«

»Er gab keine Informationen weiter. Er unterstützte das Team nicht. Er verfolgte immer nur seine eigenen Interessen.«

»Das kann einem auf die Dauer ganz schön zusetzen, nicht wahr?«

Solochin runzelte die Stirn und presste dann wieder die Lippen aufeinander. Doch dieses Mal wirkte das eher enttäuscht.

»Frau Kommissar«, hob er an, kam aber nicht weit. »Inspektor, wenn ich bitten darf!«, wies ihn Obermayr zurecht.

»Frau Inspektor«, nahm Solochin einen zweiten Anlauf. »Wenn Sie meinen, dass Sie daraus ein Motiv konstruieren können …« Er ließ seinen Blick zu Nemecek und dann wieder zurück zu Obermayr wandern. »… dann liegen Sie falsch. Außerdem hab ich ein Alibi, schon vergessen?«

»Wussten Sie eigentlich«, ignorierte Obermayr seinen Einwand, »dass die Glasers einen Privatdetektiv auf Paul Steiner angesetzt haben?«

»Nein«, gab Solochin postwendend zurück.

Nemecek konnte die Lüge förmlich riechen. Der Cyberguru hatte davon mit Sicherheit bereits erfahren. Die Frage war nur, was diese Information für ihn bedeutete. Wie wertete er diese Nachforschungen? War das der entscheidende Beleg, dass sein Kollege die ganze Zeit über ein falsches Spiel getrieben hatte? Oder wusste er das längst?

Nemecek gab auf. Diese Fragen würde ihnen Solochin garantiert nicht beantworten. Ganz abgesehen davon, dass er über ein Alibi verfügte. Doch Nemecek wurde einfach das Gefühl nicht los, dass der Mann vor ihm etwas mit dem Mord zu tun hatte. Zumindest steckte er in irgendeiner Form mit Novacic unter einer Decke. Oder sogar mit Novacic und Ortiz. Vielleicht hatte Novacic zwar die Tat verübt, aber Solochin war gewissermaßen der Drahtzieher? Immerhin kannten sich die beiden seit vielen Jahren.

Wie man es auch drehte und wendete: De facto hatten sie nichts gegen Solochin in der Hand. Er drehte seinen Kopf in Richtung Obermayr und bemerkte, dass diese bereits in seine Richtung sah. Wortlos nickten sie einander zu.

»Herr Solochin«, übersetzte Obermayr dieses Nicken. »Das war's vorerst.«

Nemecek spürte, dass es das noch lange nicht war. Gleichzeitig wusste er aber selbst nicht, womit er ein längeres Gespräch hätte rechtfertigen können. Ganz abgesehen davon, dass ihm ohnehin keine Frage mehr einfiel, die sie nicht bereits gestellt hatten.

So aber musste er tatenlos dabei zusehen, wie Solochin wie eine angespannte Feder von seinem Stuhl aufsprang. Allem Anschein nach war er um einiges nervöser gewesen, als es nach außen hin gewirkt hatte. Kurz darauf schien sich Solochin jedoch wieder im Griff zu haben. Sein Händedruck war so fest wie der, mit dem sie sich begrüßt hatten.

»Sie halten sich zu unserer Verfügung«, sagte Obermayr zum Abschied. Nemecek betrachtete seine Kollegin, die total frustriert wirkte. Dann blickte er zum Ausgang und sah gerade noch, wie Solochin mit einer geschmeidigen Bewegung durch die kaum geöffnete Tür entschwand.

Freitag, 12:53
Das erste Standup der Mordkommission

Nemecek streckte den Rücken durch. Obermayr und Manninger waren noch unterwegs und das Büro angenehm leer. Kurzerhand beschloss er, sich ein paar Minuten für sein Notizbuch zu gönnen.

Eigentlich hatte er Besseres zu tun, als am Schreibtisch zu sitzen. Doch gerade dieser Fall hatte ihn gelehrt, dass weniger oft mehr war – und sich der vermeintlich langsamere Weg nicht selten als der schnellere entpuppte. *Paralleles Arbeiten, zwischen Aufgaben hin- und herspringen, Fehleranfälligkeit, Staugefahr*, las Nemecek, was er sich an seinem Leseabend zum Thema Work-in-Process aufgeschrieben hatte. Und wie ging nochmal der Spruch mit dem langsamen Gehen und der Eile? Hatte nicht sogar ein Bestseller einst einen solchen Titel getragen? Bei Gelegenheit würde er Bettina danach fragen, die wusste das bestimmt.

Nemecek legte die Füße auf den Tisch. Wenn ihn Kappacher jetzt sehen könnte! Das gäbe sicher ein Spektakel: von wegen Arbeitsdisziplin und Vorbildwirkung und Kernaufgaben. Doch das war Nemecek jetzt herzlich egal. Statt sich um die ungeschriebenen Gesetze seines Chefs zu kümmern, betrachtete er in aller Ruhe ihr Kanban-Board. Das war das genaue Gegenteil solcher Gesetze: nämlich eine explizite Darstellung all dessen, was für ihre Ermittlungsarbeit wichtig war. Arbeiten, Arbeitsflüsse, Blockaden, Verantwortliche, rekapitulierte er die Kernelemente des Systems, das sie seit gestern im Einsatz hatten. Erst seit gestern?, wunderte sich Nemecek und vermochte sich überhaupt nicht mehr vorzustellen, wie sie jemals anders arbeiten konnten. Gleich würden sie ihr erstes Standup vor dem Kanban-Board durchführen und er war schon gespannt, wie das lief – und noch mehr darauf, welche neuen Erkenntnisse sie dabei gewinnen würden.

Wie erhofft hatte die Visualisierung ihren Überblick gestärkt. Ja, mehr noch: Das Sichtbarmachen dessen, was davor nur in den einzelnen Köpfen steckte, verbesserte das gemeinsame Verständnis. Nemecek hatte den Eindruck, seine Arbeit noch nie zuvor so genau betrachtet zu haben. Dazu kam, dass es nicht bei der reinen Betrachtung blieb. Die physische Natur des Boards half, diese Arbeit im wahrsten Sinne des Wortes zu begreifen. Auch diesbezüglich würde ihr Standup einen deutlichen Unterschied machen.

Einen Begriff von etwas haben, im Begriff zu sein, etwas auf einen Begriff bringen, kam Nemecek aufs Neue ins Assoziieren. War das nicht die Grundvoraussetzung, um gute Entscheidungen zu treffen? Um ein System nicht nur zu visualisieren, sondern aktiv zu managen? Nicht umsonst, fiel Nemecek ein, stammte das Wort Management vom lateinischen *manus* ab. Die Hand, von der aus es nur ein kleiner Schritt zur Handhabung war, zum Hand anlegen oder an der Hand führen. Von der Hand in den Mund, assoziierte Nemecek weiter, Handarbeit und Kopfarbeit, Begreifen und Bedenken.

Er schüttelte den Kopf: Da ging wieder einmal der Philosoph mit ihm durch! Dabei war Kanban alles andere als ein reines Gedankenspiel. Die fünfzehn Minuten vor dem Board würden ihnen vielmehr ihre aktuellen Probleme drastisch vor Augen führen. Es hätte ihnen nichts gebracht, wenn diese Probleme nicht an die Oberfläche gekommen wären. Gut fühlte sich das Ganze trotzdem nicht an.

Er blätterte weiter in seinen Notizen. *Gute Visualisierung wichtig*, stand da, *regelmäßiges Feedback entscheidend*. Zumindest eine Schleife würden Obermayr, Manninger und er gleich drehen. Wie aufs Stichwort öffnete sich die Bürotür.

»Ha-hallo R-Robert«, grüßte Manninger, während Obermayr nur zwei Finger an die Stirn legte und diese dann nach vorne schnellen ließ.

»Hallo ihr beiden. Seid ihr bereit?«

»Aber so was von«, ließ Obermayr wissen.

»Aye-aye, Sir«, fügte Manninger an.

Nemecek stand auf und ging zum Kanban-Board. Im nächsten Moment sagte er: »Herzlich Willkommen bei unserem ersten Standup-Meeting!« Ein neues Kapitel ihrer Zusammenarbeit war eröffnet.

Als Allererstes bat Nemecek um eine Aktualisierung des Boards. Genau wie er es bei der *SafeIT* beobachtet hatte, wurden alle Karten, zu denen es etwas Neues zu berichten gab, um 45 Grad gedreht. Unwillkürlich fiel ihm dazu sein verwirrender Traum ein: War da nicht ebenfalls ein Update vorgekommen? Oder passierte das erst durch diesen kuriosen Post-it-Regen? Er drängte seinen Traum zur Seite und konzentrierte sich auf seine Arbeitsrealität: Was hatte sich seit gestern verändert? Was war im Fluss? Was blockiert?

Nach dem Update hatte das Board Schlagseite bekommen. Erstaunlich viele Karten waren jetzt gedreht. Konnte das sein? Oder hatten sie etwas falsch gemacht? Nemecek beschloss, seine Bedenken vorerst zu ignorieren und einfach weiterzumachen. Rasch zählte er die Anzahl der gedrehten Karten ab, über die sie sich austauschen sollten. Vierzehn, stellte er fest. Das war ziemlich viel für die fünfzehn Minuten, die er für das Standup reserviert hatte.

»Nach Adam Riese ergibt das maximal eine Minute pro Karte«, verkündete er. »Dann bleibt uns eine Minute, um die wichtigsten Folgeschritte zusammenzufassen.«

Obermayr warf ihm einen skeptischen Blick zu. Wahrscheinlich hielt sie eine Minute für zu kurz. Gemessen an ihren bisherigen Gepflogenheiten war das verständlich: Da hatten sie mitunter ewig über irgendwelche Details diskutiert. Doch anscheinend stellte sie diesen Vergleich gar nicht an. Stattdessen deutete sie mit dem Kopf in Richtung Manninger. Nemecek war nicht sicher, worauf sie hinaus wollte: Meinte sie etwa, dass das mit Manninger nicht zu schaffen war? Dass seine Umständlichkeit und seine Stotterei eine so enge Zeitbeschränkung zwangsläufig über den Haufen werfen würden?

Bevor er sich eine passende Reaktion überlegen konnte, stand ihr Assistent auf. Im nächsten Moment drehte er schon die erste Karte wieder in die Waagerechte zurück. »Ich w-war heu-te-te früh schon bei Kam-pi-pinski«, eröffnete er. »In-interes-sante Neuig-kei-keiten.« Dann berichtete er kurz und prägnant von dem, was die KTU in der Zwischenzeit herausgefunden hatte.

Es war endlich gelungen, ein wenig Licht in Steiners finanzielle Situation zu bringen. Das schien ein eigenes Puzzlespiel zu sein, da Steiner insgesamt sieben Konten bei verschiedenen Banken besaß, darunter ein Depot auf den Cayman Islands. Vor Kurzem hatte er sogar eine GmbH auf seinen Namen angemeldet, deren offizieller Geschäftssitz in Liechtenstein war. »Si-sicher ei-eine B-b-brief-ka-kastenfi-firma«, konstatierte Manninger und Nemecek war überzeugt, dass er damit genau Kampinskis Worte wiedergab.

Soweit die KTU herausfinden konnte, war Steiner bis vor Kurzem hoffnungslos überschuldet gewesen. Offenbar stimmte das Gerücht mit der Spielsucht. Oder hatte er einfach nur auf zu großem Fuß gelebt? Vielleicht beides, dachte Nemecek.

Im Anschluss berichtete Manninger von dem großen Betrag, der erst vor zwei Wochen auf einem seiner Konten eingegangen und vor drei Tagen wieder davon verschwunden war. »B-barent-na-nahme«, erklärte Manninger und ließ seinen Blick bedeutungsvoll zwischen seinen beiden Kollegen hin- und herschweifen. »E-eins kom-ma S-sieb-ben Mil-lion-nen Eu-ro!«

»Höchstwahrscheinlich der Erlös, den Steiner für den Verkauf des Elternhauses erzielt hat«, mutmaßte Obermayr.

»D-die Bl-blockade *Finanz* ist hierm-mit ge-gelöst«, erklärte Manninger stolz und nahm den entsprechenden Klebezettel vom Board.

»Super«, sagte Nemecek und schaute dann zu Obermayr. Er hatte den Eindruck, dass er in ihrem Gesicht dieselben Fragen lesen konnte, die ihm gerade durch den Kopf gingen: Was hatte diese Barentnahme zu bedeuten? Kündigte diese Paul Steiners bevorstehenden Aufbruch an? Und wenn dem so war: Wohin sollte seine Reise gehen?

Nemecek besann sich darauf, dass das Standup nicht der richtige Ort war, um diese Fragen zu diskutieren. Das sollten sie im Laufe des Tages aber noch tun. Vielleicht beim Mittagessen? Oder gleich, wenn er von der *SafeIT* zurückkam, der er heute Nachmittag nochmals einen Besuch abstatten wollte.

»Der Vollständigkeit halber sollten wir der Paul-Steiner-Karte eine neue Blockade verpassen«, schlug Obermayr vor.

»B-barent-na-nahme?«, fragte Manninger, hatte den entsprechenden Zettel aber bereits geschrieben. Eilig brachte er ihn ans Board.

Nachdem Manninger mit seinen Karten durch war, fasste Obermayr zusammen, was sich seit gestern bei all jenen Dingen getan hatte, auf denen ihr gelber Farbmagnet zu sehen war. Sie berichtete kurz über ihr Gespräch mit Eleanore Ortiz und fasste die Verdachtsmomente zusammen, die für Novacic als Täter sprachen.

Daraufhin ergänzte Nemecek, was aus seiner Sicht berichtenswert war. Er erzählte, was ihm beim Laufen durch den Kopf gegangen war, und brachte seine Enttäuschung zum Ausdruck, dass sie Solochin aus dem Kreis der Verdächtigen ausschließen mussten. Trotzdem betonte er nochmals seine Zweifel an Novacic' Täterschaft. »Irgendetwas sagt mir, dass er unschuldig ist«, schloss er seinen Bericht. »Ich weiß nur noch nicht was.«

Plötzlich begann eine Glocke zu läuten. Nemecek blickte auf die Uhr. »Die 14 Minuten sind vorüber«, informierte er und schaltete den Alarm seines Handys ab. »Gibt's noch etwas Wichtiges? Oder können wir die Folgeschritte zusammenfassen?«

Obermayr und Manninger schüttelten den Kopf. Nemecek war nicht ganz klar, ob das Schütteln nun der ersten, der zweiten Frage oder beiden Fragen galt. So war das mit Oder-Fragen!

Seine Kollegen schienen darin kein Problem zu sehen. Nachdem Manninger mit dem erhobenen Daumen seine Zustimmung versichert hatte, fuhr Nemecek wie geplant fort.

»Alsdann: Welche Schritte stehen eurer Meinung nach an?«

»Ich möchte mehr über diese Barentnahme herausfinden«, brachte Obermayr vor. »Meiner Meinung nach sind die Geldflüsse von entscheidender Bedeutung. Allein Steiners Konten-Dschungel ist höchst verdächtig.«

Nemecek nickte. Das erschien ihm einleuchtend.

»Fol-low t-the Mon-ney«, sagte Manninger. »I-ich küm-mere mi-mich weiter um die Sp-spiel-sch-schulden.«

»Am besten redest du nochmals mit der Dadic«, empfahl ihm Obermayr. »Die müsste eigentlich am meisten darüber wissen, so lange, wie die mit Steiner liiert war.«

»St-stossmich, z-ziehd-dich«, rief Manninger den Charakter dieser Liaison in Erinnerung. Zweifellos mochte er Dr. Dolittle.

»Vielleicht hat sich Steiner ja mit den falschen Leuten angelegt«, spekulierte Obermayr. »Möglicherweise steckt ganz etwas anderes hinter dem Mord, als wir die ganze Zeit annehmen.«

Der Gedanke war Nemecek auch schon gekommen. Aber war so eine Gangsterstory wahrscheinlich? Und würden ein paar Vorstadtganoven ausgerechnet zu einer Armbrust greifen? Oder handelte es sich um eine größere Sache? Ging es um mehr als um ein paar verlorene Pferdewetten oder Pokerspiele? Um Steuerflucht? Schmiergeld? Geldwäsche? Falls sich Steiner mit der Mafia angelegt hatte, wäre eine bewusste Inszenierung des Mordes alles andere als abwegig. Man hatte die Tat vielleicht absichtlich in der *SafeIT* begangen, um die Polizei auf eine falsche Fährte zu locken. Und dann in aller Ruhe dabei zugesehen, wie sie tagelang in die falsche Richtung liefen.

Die Vorstellung, dass sie die ganze Zeit über die falsche Spur verfolgt hatten, verursachte Nemecek Übelkeit. Er hoffte inständig, dass das nicht der Fall war. Ein Blick aufs Board genügte jedoch, um zu erkennen, dass sie ihre Anfangshypothesen bereits gut durchgearbeitet hatten. *Mafia?* schrieb Nemecek schweren Herzens auf eine neue Karte und spürte sofort, wie sein Magen rebellierte. Dennoch schaffte er es, die Karte mitsamt seinem roten Avatar ans Board zu bringen.

Verdammtes Kanban!, durchfuhr es Nemecek. Mussten sie sich all die Sackgassen, in die sie rannten, so gnadenlos vor Augen führen? Spieglein, Spieglein an der Wand – wer ist der Blödste im ganzen Land?

»Und was machst du?«, riss ihn Obermayr aus seinem deprimierenden Spiegelkabinett.

»Ich kehre noch einmal an den Tatort zurück.«

Obermayr runzelte die Stirn. Es war ihr deutlich anzusehen, wie viel sie davon hielt.

»Irgendwie lässt mich der Gedanke nicht los, dass wir noch einmal ganz von vorne anfangen müssen«, erklärte Nemecek. Er war allerdings nicht sicher, ob diese Erklärung wirklich seinen Kollegen galt oder eher ihm selbst. Dann öffnete er sein Notizbuch. »Dazu passt, dass ich mir um 16 Uhr die Retrospektive des Scooter-Teams ansehen werde.«

Nemecek blickte von seinem Notizbuch auf. Obermayrs Stirn hatte sich nicht entspannt.

»I-ich mu-muss los«, sagte Manninger plötzlich. »Kam-kampinski-ski wa-wartet auf mi-mich.«

»Ich pack's dann auch gleich«, meinte Obermayr und räumte ebenfalls das Feld.

Mit dem gemeinsamen Mittagessen würde es heute also nichts werden, dachte Nemecek, während er vom Kanban-Board in Richtung Schreibtisch zurückging. Dann halt gleich in die *SafeIT*! Immerhin gab es dort einen ausgezeichneten Espresso, tröstete er sich, nahm seinen Fahrradhelm vom Kleiderhaken und machte sich auf den Weg.

Freitag, 14:31
Zurück zum Start: Hausbesuch in der *SafeIT*

»Grüß Sie, Herr Chefinspektor!« Watzinger schenkte ihm ein strahlendes Lächeln. »Wie gehen die Ermittlungen voran?«

»Hallo Frau Watzinger.« Nemecek fühlte sich sofort von der guten Laune der Empfangsdame angesteckt. Er lächelte zurück, blieb aber vage: »Geht so.«

»Wie können wir heute helfen?«, fragte Watzinger.

»Eigentlich komme ich zur Retrospektive des Scooter-Teams«, entgegnete Nemecek ausweichend. »Aber zuerst möchte ich mich noch einmal im Haus umschauen.« Er konnte nicht verhindern, dass er kurz auf die Espressomaschine schielte. Die schien ihn auf magische Weise anzuziehen.

»Ich weiß schon, wie ich Ihnen helfen kann, Herr Chefinspektor!«, schmunzelte Watzinger und machte sich auf den Weg. Nemecek atmete auf. Wenn das kein gutes Zeichen war!

Wenig später stieg er mit einer dampfenden Kaffeetasse die Treppe hoch. Vorsichtig blies er in das seltsam geformte Porzellan und sog den köstlichen Duft ein. *Wird schon schief gehen*, hatte ein findiger Designer auf die Tasse geschrieben, die tatsächlich etwa zehn Grad aus dem Lot war. Nomen est Omen!

Noch war der Kaffee zu heiß, aber es würde nicht mehr lange dauern, bis dieser einzigartige Geschmack nach gerösteten Bohnen seine Sinne stimulierte. Im Vorübergehen blieb sein Blick noch einmal an dem Bild hängen, das ihn schon bei seinem allerersten Besuch in der *SafeIT* gefesselt hatte. Konnte das wirklich die Großaufnahme einer Erdbeere sein?

Er beschloss, seinen Lokalaugenschein gleich im ersten Stock zu starten. Er hätte nicht zu sagen vermocht, was er eigentlich finden wollte. Wenn ich wüsste, was ich finden will, müsste ich nicht suchen, sagte er sich, war aber ziemlich sicher, dass er diese Wendung von Obermayr übernommen hatte.

Wie Nemecek bereits wusste, war die erste Etage von der Küche dominiert. Nun nahm er diese jedoch nicht bloß im Vorübergehen wahr, sondern ließ seinen Blick in aller Ruhe durch den Raum schweifen. Vor der Essensausgabe hatte sich eine kleine Warteschlange gebildet und das Küchenteam hatte alle Hände voll zu tun. Das ist wohl eher nicht im Sinne eines geschmeidigen Flusses, überlegte Nemecek, während er an den Hungrigen vorbei in Richtung des blauen Schriftzugs ging. *SafeIT* hatten die Bürodesigner mithilfe dieser schmalen Leuchtkörper auf die Rückwand geschrieben, die sich scheinbar beliebig formen ließen. Die linke Seite des Raumes wurde hier von einem weiteren amphitheaterartigen Sitzbereich eingenommen, vor dem sich einige Stehtische sowie eine große Kaffeemaschine befanden. Gegenüber davon entdeckte er eine weitere Treppe, die offenkundig in den zweiten Stock führte.

Nemecek blickte sich um. Irgendwie hatte er den Eindruck, dass er unter Beobachtung stand. Doch so sehr er sich bemühte: Er konnte kein Augenpaar entdecken, das auf ihn gerichtet war. Möglicherweise eine Kamera? Fehlanzeige, stellte er fest, nachdem er alle Ecken und Nischen abgesucht hatte. Das Unbehagen blieb jedoch. War das die Rache für seine eigene Neugier? Eilig lief er die schmale Metalltreppe in den zweiten Stock hinauf.

Hier sah es völlig anders aus. Hinter den Kommunikationsboxen, die er ja bereits kannte, war die rechte Seite großteils mit Glas verbaut und in verschiedene Bereiche unterteilt. Diese ähnelten am ehesten klassischen Büros, obgleich Nemecek auffiel, dass jeder Raum unterschiedlich gestaltet war: breite rote Sofas in dem einen, ein runder Glastisch mit vier bunten Stühlen im anderen, dann wiederum ein klassisch anmutendes Arrangement mit weißen Möbeln.

Der spektakulärste Raum war zweifellos derjenige, in dem sich eine runde Sitzgruppe befand. Deren Form wurde sowohl vom kreisförmigen Teppich als auch von einer von der Decke hängenden Metallschiene gespiegelt, die noch dazu von Pflanzen bewachsen war. Im zweiten Stockwerk gab es überhaupt jede Menge Pflanzen: Efeu an der Wand, verschiedene Palmenarten in den Fluren, Monsteras in jeder zweiten Ecke und an der Decke Moos in unterschiedlichen Formen.

Durchbrochen wurde die dschungelartige Atmosphäre nur von einigen Tafeln und Bildschirmen, auf denen verschiedene Informationen zu sehen waren. Nemecek erkannte eine Tortengrafik, unterschiedliche Tabellen und Zahlenreihen, Flussdiagramme sowie mehrere Cartoons, die anscheinend etwas mit den Teams zu tun hatten. Er sah Dagobert Duck, einen punkartig gestylten Scooter, ein VIP-Zeichen und eine Packung Manner-Schnitten, in die ein Witzbold ein Cannabis-Blatt mit der Aufschrift *Legalize it* eingearbeitet hatte.

Nemecek näherte sich einer kleinen Gruppe an Leuten, die intensiv miteinander diskutierten. Ein Kanban-Board konnte er jedoch nicht in der Nähe entdecken. Also gab es auch Themen, für die das visuelle Arbeitsmanagement keine Rolle spielte. Nemecek musste zugeben, dass ihn das beruhigte. Gleichzeitig fragte er sich, ob er allen Ernstes glaubte, dass in diesem Unternehmen jeder arbeitsrelevante Aspekt dargestellt wurde. Konnte es denn sein, dass sich alle Gespräche auf einzelne Karten bezogen? Und hinter jeder Auseinandersetzung eine eigene Betriebsregel stand? Das mutete ihm dann doch ein wenig zu totalitär an.

Nemecek verwarf seine seltsamen Anwandlungen und konzentrierte sich wieder auf das Geschehen um ihn herum. Das gab sicher mehr her. Und siehe da: Als er gerade am letzten Büroraum vorbeiging, warf einer der Besprechungsteilnehmer theatralisch die Arme in die Höhe. Gleich darauf begann der junge Mann, Nemecek schätzte ihn auf höchstens 25, einen Kreis in die Luft zu malen. Dem Anschein nach erklärte er auch etwas dazu, durch die geschlossene Glastür konnte er dessen Worte aber nicht verstehen. Nichtsdestotrotz bekam er mit, wie der Mann mitten in der Bewegung abbrach und im nächsten Moment schallendes Gelächter ertönte.

Wie es wohl war, in einer Umgebung zu arbeiten, in der es zwischendurch auch etwas zu lachen gab? Ob sein eigener Bierernst nur damit zusammenhing, dass eine Mordkommission nunmal kein Komödienstadel war? Wahrscheinlich traf das gleichermaßen auf die *SafeIT* zu. Sicherheitslösungen zu entwickeln, war bestimmt auch nicht immer der reine Spaß. Während er den großen Raum durchquerte, hatte er trotzdem das Gefühl, die hier vorherrschende Arbeitsatmosphäre geradezu mit Händen greifen zu können: konzentriert, aber entspannt; leidenschaftlich, aber konstruktiv; ergebnisorientiert, aber nicht verbissen; bei aller Professionalität eben immer für ein Späßchen zu haben. Wie hatte es Neufeldner neulich so schön auf den Punkt gebracht? Was immer du tust: Ohne Humor ist das Ganze völlig witzlos!

Er machte einen Bogen um den riesigen Schreibtisch, der sich in dem freien Raum am Ende des Glasverbaus befand. Er wollte die Leute nicht stören, die hier in ihre Computer vertieft waren. Am Tisch wurde nicht gesprochen und die Diskussion im Nebenraum war nur mehr als leises Säuseln zu vernehmen. Die Akustiker haben hier wahrlich ganze Arbeit geleistet, dachte Nemecek und erinnerte sich wieder an sein Erstaunen über die Kommunikationsboxen, in denen er die ersten Gespräche geführt hatte.

An der Tür traf er auf drei Leute an einem Stehtisch. Ihre Köpfe steckten so eng zusammen, dass Nemecek unweigerlich an eine Verschwörung denken musste. Er riskierte einen zweiten Blick. War das nicht diese asiatisch aussehende Frau, die an dem Meeting am Dienstag teilgenommen hatte? Oder täuschte er sich? Verstohlen betrachtete er die Frau, konnte ihr aber weder einen Namen noch eine Funktion zuordnen.

Als Nemecek auf ihrer Höhe angelangt war, löste sich die Frau plötzlich aus der Verschwörerrunde. »Hallo, Herr Chefinspektor«, grüßte sie freundlich. »Wissen Sie schon etwas Neues?«

»Leider noch nicht«, bedauerte Nemecek. »Deshalb sind wir über jeden Hinweis dankbar.«

»Ich habe leider nichts für Sie«, sagte sie mit einer entschuldigenden Geste. »Wir haben im Team nochmals darüber gesprochen, sind jedoch auf nichts gekommen, was wir Ihnen nicht schon erzählt haben.«

Die Frau breitete ihre Arme zu einer resignativen Geste aus und machte dabei ein so trauriges Gesicht, dass sich Nemecek zu einem Trost verpflichtet fühlte. »Macht nichts«, sagte er und hätte ihr am liebsten die Hand auf die Schulter gelegt. »Wir kriegen den Mörder schon.«

»Kim, kommst du?«, fragte ein bärtiger Mann, der ebenfalls der Verschwörung angehörte. Wahrscheinlich ein Kollege aus ihrem Team oder jemand, mit dem sie in einem speziellen Projekt zusammenarbeitete. Vielleicht so etwas Ähnliches wie CAPS? Soweit er wusste, wurde Innovationsarbeit in der *SafeIT* ziemlich groß geschrieben.

»Ich muss«, sagte die Frau, deren Namen Nemecek nun wieder eingefallen war. Wie lange er ihn sich dieses Mal merkte?

»Alles Gute, Frau Sun!«, verabschiedete er sich und trat dann ins Treppenhaus. Nachdem er die dritte Etage bereits kannte, stieg Nemecek direkt ins

Dachgeschoss auf. Er wusste, dass dieser Bereich erst nachträglich ausgebaut und die gesamte Außenfläche verglast worden war. Dementsprechend erwartungsvoll war er.

Der Ausblick war noch weit spektakulärer, als er sich das ausgemalt hatte. Während die Sicht nach Osten von der Brigittakirche bestimmt war, öffnete sich die Perspektive nach Westen hin. An einem wolkenlosen Tag wie dem heutigen konnte man sogar bis zu den Wiener Hausbergen sehen: Nussberg, Kahlenberg, Cobenzl, Leopoldsberg identifizierte Nemecek. Dann schwenkte er nach links, wo es ebenfalls etwas Interessantes zu entdecken gab. Schräg gegenüber hatte man nämlich eine Glaskuppel auf das Wohnhaus gesetzt, die wie eine kleine Sternwarte aussah. Nemecek spähte durch das Gebilde aus Stahl und Glas, konnte aber kein Teleskop entdecken. Vielleicht handelte es sich um eine Art von Atelier?

Der obersten Etage der *SafeIT* haftete ebenfalls etwas Atelierartiges an: etwas Künstlerisches, aber auch etwas Wissenschaftliches – was durch die zahlreichen Bücher betont wurde, die hier zu finden waren. Nemecek trat näher, um die langen Reihen zu inspizieren. Die meisten Titel sagten ihm nichts. Erst am Ende des Holzverbaus entdeckte er Themen, mit denen er mittlerweile etwas anfangen konnte: *Selbstorganisierte Teams führen*, las er, *Selbstorganisierte Unternehmen, Agilität neu denken*.

Weiter links fand Nemecek sogar eine ganze Reihe mit Kanban-Büchern. Er zog eines davon heraus und schlug das Inhaltsverzeichnis auf: *Warum machen wir Kanban?*, wurde hier gleich gefragt, bevor das nächste Kapitel versprach: *Kanban-Systeme betreiben und verbessern*. Und das übernächste: *Kanban im Großen*. Das hörte sich interessant an. Ob er sich in eine dieser Kojen begeben sollte, die an die Kommunikationsboxen der zweiten Etage erinnerten, jedoch nicht Tisch und Sitzbänke, sondern nur eine Liegefläche mit Decken und Polstern boten? Oder er schnappte sich einen dieser bequem aussehenden Ohrensessel? Es gab sogar passende Fußteile und der Teppich, auf dem sie standen – natürlich in Grün gehalten –, sah ganz weich aus. Dazu noch dieser prächtige Ausblick auf den blauen Himmel und die vor den Fenstern wogenden Kastanienbäume …

Schweren Herzens entschied sich Nemecek gegen eine solche Auszeit. Die Lektüre musste warten, immerhin hatten sie einen Mord aufzuklären. In dieser Hinsicht sah es alles andere als gut aus. Vieles war zwar schon geklärt

– um die viele erledigte Arbeit zu sehen, brauchten sie neuerdings nur auf ihr Kanban-Board zu schauen. Nichtsdestotrotz schien mit einem Male wieder alles möglich: Sie könnten sich von Anfang an geirrt haben; sie könnten die ganze Zeit über aufs falsche Pferd gesetzt haben; sie könnten aber ebenso gut knapp an der Lösung vorbeigeschrammt sein, ohne es zu merken.

Während er seinen Blick noch einmal über die Kirche schweifen ließ, war Nemecek mit einem Male sicher, dass sie etwas übersehen hatten: etwas Wesentliches, etwas, das der Schlüssel zum ganzen Fall war. Vielleicht hielt ihnen ihr Kanban-Board diesen Schlüssel bereits vor Augen, sie erkannten ihn aber nicht als solchen?

Je länger er darüber nachdachte, umso überzeugter war Nemecek, dass sie Kanban zur Lösung führen würde. Dass ihnen ihr System zumindest dabei half, einen Ausweg aus der aktuellen Sackgasse zu finden. Am liebsten wäre er jetzt gleich zurück ins Büro gefahren. Dann hätte er aber auf die Retrospektive verzichten müssen, die er sich unbedingt anschauen wollte. War es nicht klüger, das morgige Standup abzuwarten, um das Board gemeinsam durchzugehen? Immerhin stünden die Chancen dann um einiges besser, den gesuchten Schlüssel auch zu finden? Mehrhirndenken, hatte Obermayr das nach ihrem ersten Standup genannt – und das ohne gleich einen flotten Spruch hinterher zu schieben.

Nemecek beschloss, sich in Geduld zu üben. Er hätte dem Team gerne einen Wochenendeinsatz erspart. Doch heute würden sie den Fall ohnehin nicht mehr aufklären, da konnte er gleich bis morgen warten. Vielleicht brachte ihn ja die Retrospektive des Scooter-Teams auf neue Gedanken? Er war jedenfalls gespannt, was an diesem Meeting so besonders war. Im *Agile Reader* hatte er gelesen, dass die Retrospektive als Motor des agilen Vorgehens galt. Gauss behauptete sogar, dass damit das persönliche Lernen und die unternehmerische Verbesserung gleichermaßen vorangetrieben wurden. Ob sie so etwas auch mit ihrem eigenen Kanban-System schafften?

Nemecek blickte auf die Uhr: 15:24. Das hieß, es war noch Zeit für eine kleine Koffeindosis, bevor das Meeting startete. Rasch lief er die Treppe hinunter. Im ersten Stock musste er allerdings scharf abbremsen, da er beinahe eine dunkel gekleidete Person übersehen hätte, die direkt unter dem Geländer hockte. Offenbar schnürte sie sich gerade die Schuhe. Während er noch mit seinem Gleichgewicht kämpfte, richtete sich die Person wieder auf und

Nemecek erkannte, um wen es sich dabei handelte. Wie das Schicksal manchmal so spielt! Vor ihm stand niemand geringerer als Nikolas Gauss – und mit dem hatte er ja noch eine Rechnung offen.

»Ah, der Herr Kommissar«, grüßte ihn der agile Coach überrascht. Um seine Verlegenheit zu überbrücken, streckte er die Hand nach vorne. Nemecek schüttelte sie und blickte Gauss dabei gerade ins Gesicht.

»Gibt's etwas Neues?«, sagte dieser mit einem schiefen Lächeln. Das schlechte Gewissen wegen des verschwiegenen Alibis stand ihm ins Gesicht geschrieben. Nemecek beschloss, diesen Punkt noch ein wenig aufzuschieben. In der Zwischenzeit erklärte er: »Nein. Aber ich wollte mich noch einmal umsehen.«

Es sollte sich nicht nach Rechtfertigung anhören, aber anscheinend fasste es Gauss so auf. Jedenfalls fühlte er sich bemüßigt, seine Hilfe anzubieten: »Was suchen Sie denn?«

»Keine Ahnung«, antwortete Nemecek wahrheitsgemäß.

»So werden Sie aber nichts finden«, meinte Gauss und zuckte mit den Schultern. Der hat denselben Sprüchekalender zu Hause wie Obermayr, ging Nemecek durch den Sinn.

»Wer weiß?«, entgegnete er. Doch kaum, dass er die beiden Worte ausgesprochen hatte, merkte er, wie kryptisch sich das anhörte.

»Wie war denn das Standup?«, versuchte Gauss auf ein sichereres Terrain zu kommen. »Ganz interessant«, antwortete Nemecek, ohne sein Gegenüber aus den Augen zu lassen. »Ich sehe mir gleich die Retrospektive des Scooter-Teams an.«

»Ah, sehr gut, sehr gut«, meinte Gauss zerstreut und ließ seinen Blick zu Boden sinken. Nemecek spürte förmlich, wie es im Kopf des Coaches ratterte. Sollte er ihn noch weiter zappeln zu lassen? Verdient hätte er es wohl. Nemecek entschied sich dagegen.

»Wieso haben Sie uns eigentlich nicht gesagt, dass Sie eine Beziehung mit Sylvie Steiner haben?«

Trotz des gesenkten Kopfes bemerkte Nemecek, wie Gauss von einer Sekunde auf die andere rot anlief. So etwas hatte er schon lange nicht mehr gesehen – oder vielleicht noch nie, denn das Gesicht des Coaches schien jedem Vergleich mit einer Tomate zu spotten.

»Ja«, gestand die Tomate leise. »Das war schwachsinnig von uns.«

»Das können Sie laut sagen!«, versetzte Nemecek. »Warum haben Sie denn ein solches Geheimnis daraus gemacht?«

»Das ist eine lange Geschichte«, erklärte Gauss seinen Schuhspitzen.

»War ihnen denn nicht klar, dass Sie sich dadurch verdächtig machen?«, ließ Nemecek nicht locker. »Abgesehen davon, dass Sie uns damit die Arbeit erschweren. Warum machen Sie so etwas?«

Gauss nahm all seine Kraft zusammen und hob den Kopf. Er schaffte es sogar, Nemecek ins Gesicht zu sehen. Seine Augäpfel huschten dabei allerdings so unruhig hin und her, als hätte jemand ihre Befestigung gelockert. Dann öffnete er den Mund, schloss ihn aber gleich wieder.

»Warum nur?«, wiederholte Nemecek. »Warum?« Doch Gauss brachte bloß ein hilfloses Schulterzucken zustande.

Nemecek seufzte. Gleichzeitig merkte er jedoch, dass ihn Gauss' Antwort in Wahrheit gar nicht mehr interessierte. Sein Fragekanon hatte ihn nämlich wieder auf das Mordmotiv zurückgeworfen: Warum musste Paul Steiner sterben? Ging es tatsächlich um etwas Geschäftliches? Hatte Steiner Geld gestohlen? Oder Know-how? Dann blieb immer noch die Frage, wem er das gestohlen hatte. Der *SafeIT*? Der Mafia? Einer Gruppe? Oder einer einzelnen Person?

Nemecek löste sich aus dem Dickicht seiner Fragezeichen und konzentrierte sich wieder auf Gauss, der immer noch wie ein Häufchen Elend vor ihm stand. Ihm war nach Erlösung, aber auch nach Klarstellung.

»Fürs Protokoll will ich noch einmal festhalten, dass Sie sich total idiotisch verhalten haben«, bekräftigte er. »Sie haben uns angelogen und die Ermittlungen behindert.«

Gauss nickte schuldbewusst. Nemecek ließ noch einige Sekunden verstreichen, um seinen Worten das nötige Gewicht zu verleihen. Dann sagte er: »Aber Schwamm drüber.«

Gauss sah ihn überrascht an. Damit hatte er wohl nicht gerechnet.

»Ihr schlechtes Gewissen bringt uns auch nicht weiter«, erklärte Nemecek. Außerdem ist das bloß ein Nebenschauplatz, ging ihm dazu durch den Kopf. Nichts, was sie einer Lösung näherbrachte. Letztlich reine Energieverschwendung. All diese Gedanken ließ er allerdings unausgesprochen. Stattdessen empfahl er: »Konzentrieren Sie sich lieber auf die bevorstehende Retrospektive – die moderieren Sie doch, oder?«

Der agile Coach lächelte dankbar. Unversehens schien sich seine Bedrückung in Nichts aufgelöst zu haben. Hatte er ihn zu leicht davonkommen lassen, fragte sich Nemecek fast automatisch. Obermayr wäre sicher ganz anders mit ihm umgesprungen. Doch er war nunmal nicht Obermayr – und nachtragend war er schon gar nicht.

»Ich hole mir noch schnell frischen Kaffee«, löste sich Nemecek endlich aus der Konfrontation. »Ich seh Sie dann bei der Retrospektive.«

Freitag, 16:01
Retrospektive in Action

Als Moderator der Retrospektive lud Gauss als Allererstes zu einem sogenannten Check-in ein: Jeder im Team Scooter sollte einen Satz zum letzten
Monat sagen. Reihum gaben alle ihre Statements ab. Nemecek hätte nicht zu
sagen vermocht, ob diese Statements besonders erkenntnisreich waren. Er
bildete sich allerdings ein, dass sie die Stimmung auflockerten. Man hörte
einander zu, es gab viel nonverbale Zustimmung und die Gesichter drückten
Wohlwollen aus. Einmal brach die ganze Runde sogar in Gelächter aus, aber
Nemecek konnte nicht wirklich nachvollziehen, warum. Anscheinend wurde
auf eine bestimmte Situation angespielt und es fielen mehrmals die gleichen
Namen. Einen Reim konnte sich Nemecek trotzdem nicht darauf machen.

Spätestens nach der Einstiegsrunde war die positive Einstellung des Teams
deutlich spürbar. Dass dabei jeder Einzelne zu Wort gekommen war, förderte sicherlich die Teilnahmebereitschaft – und betonte ganz nebenbei, dass
hier eben die Meinung aller gefragt war. Das Einbeziehen aller war wahrscheinlich umso bedeutsamer, als es sich bei den Scooters um das handelte,
was Gauss im Vorfeld ein buntes Team nannte. »Unterschiedliche Herkunft,
unterschiedliche Geschlechter, unterschiedliche Altersstufen, unterschiedliche Expertisen«, erläuterte er Nemecek diese Buntheit, bevor die Retrospektive losging.

Vieles davon war augenfällig, sobald man das Team kennenlernte. Igor Wasjaschwilli hatte er ja bereits am Dienstag getroffen, denn der fungierte derzeit
als Delegierter der Scooters für alle teamübergreifenden Angelegenheiten. Er
wusste außerdem, dass Wasjaschwilli Softwareentwickler war und aus Weiß-
russland stammte. Bei den anderen Teammitgliedern verrieten ihm das Aussehen, aber auch die verschiedenen Akzente, dass sie aus unterschiedlichen
Ländern kamen. China schätzte er gleich beim ersten Sprecher – und musste

sofort an das Klischee denken, dass alle Asiaten gleich aussehen. Vielleicht kam der junge Mann ja aus Taiwan. Oder aus Südkorea. Polen, riet er beim nächsten, der in Nemeceks Alter zu sein schien. Oder stammte er eher aus Russland? Oder der Ukraine? Die beiden deutschen Kolleginnen machten es ihm relativ einfach und beim Holländer war er sich ebenfalls ziemlich sicher. Dafür passte er bei der dunkelhäutigen Frau, die als Letzte an die Reihe gekommen war, gleich von vornherein. Seiner Ansicht nach hätte sie aus jedem afrikanischen Land stammen können. Oder aus Großbritannien, den USA oder Australien. Ihr Englisch klang jedenfalls nach Muttersprache.

Nach der Einstiegsrunde rief Gauss noch einmal die Agenda des Retrospektive-Meetings in Erinnerung: Zuerst würde man die vergangenen Ereignisse Revue passieren lassen und positive wie negative Erfahrungen sondieren, dann daraus gemeinsame Einsichten gewinnen, um am Ende konkrete Verbesserungsmaßnahmen auszuarbeiten, die bis zur nächsten Retrospektive umgesetzt werden sollten. Letzteres war wohl auch der Grund dafür, dass Gauss zu Beginn der geplanten Rückschau auf die Maßnahmen verwies, die sie das letzte Mal beschlossen hatten. Dieser Verweis war für Nemecek leicht nachvollziehbar, da sich alle erwähnten Maßnahmen auf dem Kanban-Board befanden.

Nemecek blickte auf die unterste Schwimmbahn des Boards, die das Team mit *Interne Verbesserungen* bezeichnet hatte, und sah, dass sich vier Maßnahmen ganz rechts, also in der *Done*-Spalte befanden, zwei in *Umsetzen* und eine in *Next*. In der linken Spalte fanden sich noch drei weitere Karten, aber Nemecek wusste mittlerweile, dass es sich dabei lediglich um Optionen handelte, die noch nicht ausgewählt waren.

Problematischer erschien ihm indes, dass sich auf einer der beiden laufenden Maßnahmen eine Blockade befand. Wenn er es richtig entzifferte, stand da *Feedback der GF*. Das bedeutete wohl, dass hierzu noch eine Rückmeldung der Geschäftsführung ausstand. Ob sich die Blockade löste, sobald sich Heidrun und Ferdinand Glaser wieder ins Tagesgeschäft einklinkten? Oder ging es doch um mehr als um eine routinemäßige Abstimmung? Dazu hätte er wahrscheinlich wissen müssen, was die eigentliche Verbesserungsmaßnahme bedeutete. *JF mit Sth* sagte ihm jedoch nichts.

Während Nemecek überlegte, ob es sich lohnte, das auf seine Frageliste zu setzen, teilte sich das Team in Paare und Trios auf. Jede dieser Kleingruppen sollte gemeinsam die letzten Wochen reflektieren und am Ende ihre wichtigsten Erkenntnisse liefern. *Top 3*, hatte Gauss neben die beiden Reflexionsfragen auf das Flipchart geschrieben: *Was seit der letzten Retrospektive gut gelaufen ist? Was nicht so gut lief?*

Diese Beschränkung auf die drei wichtigsten Antworten war wohl auch als Limit zu verstehen. Nemecek fand das intuitiv ebenso sinnvoll wie die Beschränkung der Zeit, die hier alle Time-Boxing nannten. Aus seiner eigenen Erfahrung wusste er nämlich, dass in den allermeisten Fällen nicht mehr herauskam, wenn man länger Informationen sammelte. *Auswählen nicht ausdehnen,* hielt er in seinem Notizbuch fest und malte gleich drei Ausrufezeichen dazu. Gerade dieses Prinzip wollte er sich für die Gestaltung seiner eigenen Besprechungen noch einmal durch den Kopf gehen lassen.

Nach zehn Minuten bat Gauss alle wieder ins Plenum. Für die Präsentation hatte jede Gruppe maximal zwei Minuten Zeit. Am Ende überflog Nemecek noch einmal, was auf den Kärtchen auf der linken Seite stand: *Zusammenarbeit, Spirit, offene Kommunikation, gute Lösung von Blockaden, Blockadenbearbeitung, gemeinsames Verständnis der Probleme, technische Lösungen, Abbau technischer Schulden, Reduktion von Abh*ängigkeiten. Auf der rechten Seite befanden sich deutlich weniger Karten. *Weitere technische Schulden, ungelöste Flussprobleme, WIP-Limit nicht eingehalten, WIP-Limit?, Blockade durch Dagobert* sowie *Informationsfluss Koordinationsboard?* Ob es ein positives Zeichen war, dass es mehr positive als negative Karten gab?

Nach der Präsentation der Karten und deren inhaltlicher Gruppierung lud Gauss zu einer sogenannten Resonanzrunde ein. Gefragt waren dabei kurze Kommentare zum Gesamtbild, auf die man sich mit dem Sitznachbarn verständigte. So etwas kannte Nemecek natürlich aus seiner eigenen Praxis: Was löst eine bestimmte Situation in einem aus? Welche Wirkung haben beispielsweise die Tatortbilder auf einen? Wie interpretiert man bestimmte Fakten? Wo zieht es einen am stärksten hin? Und so weiter und so fort.

Interessant fand Nemecek den folgenden Schritt, der allem Anschein nach Punktabfrage hieß. Dabei ging es um eine gemeinsame Entscheidung, worauf sich das Team konzentrieren wollte. *Die Lösung welchen Problems birgt meiner Einschätzung nach das größte Verbesserungspotenzial?* hatte Gauss auf das Flipchart geschrieben. Das Team schien mit dieser Moderationsmethode vertraut, da fast alle bereits einen Stift in der Hand hielten, mit dem sie nun die zwei Punkte verteilten, die jeder Person zustanden. Im Handumdrehen war ein klares Wahlergebnis zustandegekommen. Zwei Themencluster hatten jeweils fünf Punkte erhalten, die restlichen Stimmen verteilten sich auf die verbliebenen Kärtchen.

Ohne eine weitere Ansage teilten sich die Leute selbstständig in zwei Gruppen auf, die jeweils eines der priorisierten Themen bearbeiteten. Offenkundig hieß die nun folgende Arbeitseinheit *Maßnahmensponsoring* – zumindest stand es so auf dem Plakat, das Gauss nun aufblätterte. *20* hatte er dazu auf ein kleines quadratisches Post-it geschrieben und Nemecek schätzte, dass es sich dabei um die Zeit handelte, die für die Ausarbeitung der Maßnahmen zur Verfügung stand. »Wir gehen in den Lauda«, hörte er Wasjaschwili verkünden, während er *Mehr Time-Boxing* in sein Notizbuch schrieb. Auch diese Praktik war ohne besonderen Aufwand in seinem eigenen Arbeitsalltag umzusetzen.

»Meiner Erfahrung nach ist das tatsächlich essenziell«, hörte er plötzlich eine Stimme hinter sich. Gauss hatte ihm anscheinend über die Schulter gespäht. Jedenfalls deutete er mit dem Zeigefinger auf die aufgeschlagene Seite.

Nemecek kam sich ein wenig ausspioniert vor, verzichtete aber auf eine entsprechende Anmerkung. Stattdessen fragte er: »Sie meinen die bewusste Einschränkung der Diskussionszeit?«

»In der agilen Praxis ist die Limitierung zentral«, bestätigte Gauss. »Es ist nämlich so, dass mehr Zeit keineswegs zu besseren Ergebnissen führt.«

»Man kann es sicher übertreiben«, entgegnete Nemecek und merkte selbst, wie vorwurfsvoll sich das anhörte. War er etwa doch noch sauer?

Gauss schien der Unterton allerdings entgangen zu sein. Er nickte nur und sagte dann: »Natürlich. Es braucht schon eine gewisse Zeit, bis man komplexe Probleme versteht.«

Nemecek wartete darauf, dass Gauss weiter argumentierte, aber der schien unversehens in seinem eigenen Problemfilm zu versinken. Dachte er gerade an ein Arbeitsproblem? Oder wieder an den Mord, der keine vier Tage zuvor geschehen war? Bevor Nemecek nachfragen konnte, wandte sich Gauss plötzlich von ihm ab und ging in Richtung der im Raum verbliebenen Halbgruppe. Wahrscheinlich hatte er sich vorhin einfach nur auf seine Rolle als Moderator konzentriert.

Nemecek sah Gauss nach, der gerade den Raum verließ. Wahrscheinlich war er jetzt auf dem Weg zu der anderen Gruppe, die sich in eines der kleinen Büros zurückgezogen hatte, die das Team Scooter standesgemäß nach dem österreichischen Formel-1-Weltmeister benannt hatte. Ob dieses Büro wohl bei allen so hieß? Oder wurde es vom Team Dagobert vielleicht Goofy genannt? Und vom Manner-Team Cookie?

Kurze Zeit später kehrte Gauss mit der Lauda-Gruppe im Schlepptau zurück. Auch die zweite Gruppe signalisierte ihre Bereitschaft zum Austausch. Doch anders als Nemecek erwartet hatte, wurden diese Maßnahmen nicht im Plenum präsentiert. Vielmehr gab es nun zwei Mischgruppen, die sich jeweils zur Hälfte aus den vorherigen Arbeitsgruppen zusammensetzten. Ihm fiel auf, dass dadurch eine wesentlich intensivere Auseinandersetzung entstand, als er das von den üblichen Präsentationen gewohnt war. Außerdem gab es durch die Teilung zwei aktive Präsentatoren pro Halbgruppe, was die Perspektivenvielfalt zweifellos förderte. Nemecek schien plausibel, dass gerade in dieser Phase eine gute Klärung wichtig war. Am Ende sollte ja die bestmögliche Entscheidung getroffen werden. *Sich über mögliche Maßnahmen in kleinen Gruppen austauschen*, schrieb Nemecek. Nach kurzem Nachdenken strich er diesen Satz wieder durch und schrieb stattdessen: *Entscheidung in gemischten Gruppen vorbereiten.*

Bei der finalen Entscheidung erlebte Nemecek die nächste Überraschung. Statt nun doch im Plenum zu diskutieren, bat Gauss alle Teammitglieder zum Kanban-Board. Erst in diesem Moment bemerkte Nemecek, dass beide Gruppen ihre Verbesserungsvorschläge auf Kanban-Karten erfasst hatten. Diese wurden nun in der linken Spalte zu den anderen Optionen hinzugefügt, bevor Gauss ein gelbes A5-Blatt dazuklebte.

Nemecek stellte seine Augen scharf, um zu erkennen, was auf diesem Blatt stand. *Silent Prioritization*, las er. Bevor er enträtseln konnte, was dieser Begriff bedeutete, begann sich vor seinen Augen ein seltsames Schauspiel zu entfalten. Die dunkelhäutige Frau griff nach zwei Karten, um sie ganz nach rechts an die Grenze der Optionenspalte zu bringen. Kaum, dass sie damit fertig war, setzte eine der Deutschen eine neue Karte an die erste Stelle, bevor der Holländer unmittelbar darauf für eine neue Reihung sorgte. Das Hin und Her ging noch eine Weile weiter, wobei das Ganze eher einem behutsamen Tanz als einem Kampf glich. Ohne auf die Uhr gesehen zu haben, hatte Nemecek den Eindruck, dass dieser Tanz insgesamt keine zwei Minuten dauerte.

Das ganze Team begutachtete noch einmal das Endergebnis. Vereinzelt gab es ein Nicken, das sich verstärkte, als Wasjaschwilli nach vorne trat. Er zog die erstgereihte Karte in die *Next*-Spalte und setzte einen roten Magnet darauf. Keine fünf Sekunden später folgte eine der beiden Deutschen seinem Beispiel und fügte einen gelben Magnet hinzu. Dann war es wieder ruhig und man blickte eine ganze Weile schweigend auf die Tafel. Unversehens begann der asiatisch aussehende Mann zu applaudieren und nach und nach folgten ihm auch die anderen. Offenbar signalisierte jeder Einzelne dadurch seine finale Zustimmung.

»Danke euch«, fand Gauss als Erster die Sprache wieder. »Check-out-Time«, rief er plötzlich. »Ein Satz pro Person. Wenn der oder die letzte fertig ist, sind wir mit der heutigen Retrospektive durch.«

Check-out schrieb Nemecek, während der erste Scooter das Wort ergriff. *Ein kurzes Abschlussfeedback zum Meeting.* Dann schloss er sein Notizbuch. Eigentlich eine schöne Doppeldeutigkeit, ging ihm der Begriff noch einmal durch den Kopf: abmelden, ausstempeln, aber auch ausprobieren und testen.

Nemecek blickte zur Tür. Er spürte deutlich, dass ihm jetzt ebenfalls nach Abmeldung war. Kein Mordfall mehr, keine Ermittlung, kein Tatort und auch kein Kanban. Nur mehr Rückzug: Essen, Zeit mit seiner Familie verbringen, zur Ruhe kommen, Schlafen.

Plötzlich brandete noch einmal Applaus auf. Er blickte auf die aufeinanderschlagenden Hände der Teammitglieder. Dann stand er auf und verließ rasch den Besprechungsraum.

Freitag, 18:06
Am Tiefpunkt der Erkenntnis

»Du siehst müde aus«, meinte Bettina und strich ihm über den Unterarm. Nemecek sah, wie sich seine blonden Härchen kurz aufstellten, bevor sie wieder in ihre ursprüngliche Form zurückfielen.

»Ich bin müde«, stimmte er zu und fühlte sich gleich noch matter. Heute fehlte ihm sogar zum Laufen die Energie. Selbst die Fahrradfahrt von der *SafeIT* nach Hause war ungewohnt anstrengend gewesen.

»Schweren Tag gehabt?«, fragte Bettina, ohne die Hand von seinem Arm zu nehmen.

»Wir kommen in unserem Fall nicht weiter«, brach es aus ihm heraus, obwohl Nemecek eigentlich nicht darüber reden wollte. Irgendeine Kraft in ihm war indes stärker als die Vernunft, die ihm zum Abstand riet. War es die ganz normale Enttäuschung, wenn sich alle Verdachtsmomente in Luft auflösen und man plötzlich wieder bei null anfangen muss? Oder eine viel tiefer gehende Frustration? Wie sagte Obermayr so schön: Zur Starkstromleitung treibt dein Drachen? Lass einen andern weitermachen!

»Wie war denn dein Tag?«, bemühte er sich um einen Perspektivenwechsel, bevor Bettina weiter nachbohren konnte. Sie schenkte sich ein Glas Saft ein und gesellte sich dann zu ihm an die Bar.

»Nicht so schlecht«, antwortete Bettina und zog dabei das o derart in die Länge, das es sich ganz komisch anhörte. Nemecek wurde hellhörig. Diese Betonung kannte er doch!

»Sag bloß, du hast die Förderung bekommen?«, spekulierte er.

»Ich gestehe alles, Herr Chefinspektor!«, grinste Bettina.

»Das ist ja großartig!«, rief Nemecek und packte seine Frau spontan an der Taille. Lachend ließ sich diese von ihm hochheben und durch die Luft drehen, bevor er sie wieder vor der Bar absetzte. Schlagartig schien alle Schwere von Nemecek gewichen. Immerhin musste Bettina fast ein Jahr lang um die Finanzierung ihres neuen Forschungsprojekts kämpfen. Zuletzt war sie zutiefst frustriert über all die bürokratischen Mühlen, die ihr in Österreich, aber auch auf EU-Ebene begegneten.

»Darauf müssen wir unbedingt anstoßen!«, verkündete Nemecek. »Wissen es die Mädels schon?«

»Ja«, nickte Bettina. »Die warten ohnehin schon auf dich. Die wollen dir nämlich auch was sagen.«

Nemecek beugte seinen Oberkörper zurück, um den Gesichtsausdruck seiner Frau besser wahrnehmen zu können. Sie schien jetzt sogar noch mehr zu strahlen. Also erwarteten ihn offensichtlich noch weitere gute Nachrichten. Hatte Lea etwa schon ihre Schularbeit zurückbekommen? Oder Sophie? Oder gar beide?

»Dann dreh ich mal eine Runde«, sagte Nemecek. Bevor er sich von seiner Frau löste, gab er ihr noch einen dicken Kuss. Wie leicht sich mit einem Male alles anfühlte!

Als er die Tür zu dem Wohnungsbereich öffnete, in dem seine Töchter ihre Zimmer hatten, wurde er mit Musik empfangen. Ein stakkatoartiger Rhythmus, Schlagzeug, Synthesizer. Das Lied kannte er doch! *Ohne Zweifl ist des Lebn öfters stressig, ohne Stress ist's oba dann a wieder lässig*, hörte er den bekannten Refrain aus Leas Zimmer wummern. Er erinnerte sich, dass dieses Lied Teil einer CD war, die ihm seine Töchter einmal zu Ostern geschenkt hatten. Wie hieß nochmals die Band? Der Name wollte ihm partout nicht einfallen, obwohl er die beiden Musiker genau vor sich sah. Damals hat man jedenfalls noch CDs gekauft, dachte er und hatte plötzlich den Eindruck, als wäre das letzte Jahrtausend so weit weg, wie es sich anhörte.

Nemecek klopfte und öffnete dann die Tür. »Hallo Schatz! Wie geht's dir?«

»Hallo Papa«, antwortete seine ältere Tochter und blickte kurz von ihrem Smartphone auf. »Ganz gut, glaub ich.«

»Mama hat gesagt, dass du mir etwas erzählen willst.«

Lea grinste, genoss es aber offensichtlich, ihren Vater noch etwas auf die Folter zu spannen. »Rate mal«, forderte sie, nachdem sie für geraume Zeit einfach nur vor sich hingestrahlt hatte. Sogar ihr Handy schien mit einem Male unwichtig.

Obwohl er Ratespiele hasste, ließ es Nemecek auf einen Versuch ankommen. Schließlich wollte er Lea nicht gleich die gute Laune verderben. »Du hast Englisch zurückbekommen?«

»Das auch«, erklärte Lea die Schularbeit kurzerhand für sekundär. »Wieder eine eins.«

»Gratulation«, sagte Nemecek erfreut. »Super gemacht!«

»Danke«, entgegnete Lea. »Aber weißt du, was noch viel superer ist?«

Nemecek hätte jetzt natürlich weiter rätseln können. Das vergrößerte allerdings das Risiko, sich dabei zu blamieren. Also hielt er den Mund und setzte ein ratloses Gesicht auf.

»Stell dir vor: Wir fahren mit der Klasse nach Paris!«, erlöste ihn Lea und sprang von ihrem Bett auf. »Paris, Papa! Paris!«

Schon war ihm Lea um den Hals gefallen und schwang mit den Armen hin und her. Nemecek wusste, dass Lea seit vielen Jahren von einer Reise in die französische Hauptstadt träumte. Für sie war das schlicht und ergreifend die ultimative Stadt der Liebe. Denn obwohl sie erst 13 Jahre alt war, hatte sie schon viel für gepflegte Romanzen übrig.

»Ich freu mich sehr für dich!« Nemecek spürte, wie sich Freude in ihm ausbreitete. Ja, mehr noch: Wie immer, wenn er sich seinen Lieben nahe fühlte, empfand er ein porentiefes Glück, das sich jeder Beschreibung entzog. Er drückte seine Tochter ganz fest und fühlte sich in jene Zeit zurückversetzt, als er sie leibhaftig am Herzen trug. Stundenlang war er damals mit der Neugeborenen durch die Stadt marschiert, während sie in der Trage an seinem Bauch schlief, das Ohr genau an seinem Herzschlag.

»Du musst noch zu Sophie schauen«, löste sich Lea schließlich aus der Umarmung. »Die will dir auch noch etwas mitteilen.«

»Okay«, sagte Nemecek. »Sehen wir uns später noch?«

»Ja, ich komm gleich zu euch rüber«, erklärte Lea, während sie sich mit beiden Händen durch ihr Haar fuhr. »Mama wollte mir noch einen Zopf flechten.«

Nemecek verabschiedete sich aus dem Zimmer seiner älteren Tochter, um das seiner jüngeren Tochter zu betreten. »Hereinspaziert«, beschied ihm diese fröhlich, nachdem er kurz an ihre Tür geklopft hatte.

»Hallo Sophie.«

»Hallo Papa. Warst du schon bei Lea?«

»Ja, ich weiß schon«, antwortete Nemecek grinsend. »Großartig, oder?«

»Das ist wirklich uuur toll«, kommentierte Sophie mit der für sie typischen Dehnung. Obwohl ihm die inflationäre Verwendung ihres Lieblingsausdrucks missfiel, musste er eingestehen, dass dieser einfach zu ihr gehörte. Fast wie ein Markenzeichen, das in allen Lebenslagen zu gebrauchen war: uuur blöd, uuur toll, uuur arg, uuur fad, uuur …

»Und wie war dein Tag?«, stoppte Nemecek seine Assoziationskette. »Ich habe gehört, bei dir gibt's ebenfalls Neuigkeiten.«

»Ja«, lächelte Sophie. »Hör zu, was heute alles passiert ist!«

Sie griff nach seiner Hand und Nemecek ließ sich auf ihr Bett plumpsen. Er ahnte, dass das eine längere Geschichte werden konnte. »In der ersten Stunde«, begann sie und drückte dabei auf Nemeceks Zeigefinger, »gab's Bio.« Sie verzog das Gesicht. »Amöben, sag ich nur.«

»In der zweiten hatten wir dann Deutsch«, fuhr Sophie fort, hielt aber gleich wieder inne. Wenn er diesen Augenaufschlag richtig deutete, dann war es jetzt an ihm, nachzufragen.

»Ihr habt aber doch den Aufsatz noch nicht zurückbekommen, oder?«

»Doch, Papa!«, platzte Sophie heraus und drückte dieses Mal gleich Nemeceks ganze Hand. »Eins mit Sternchen«, rief sie begeistert. »Ich durfte die Geschichte sogar vorlesen!«

Nemecek spürte neuerlich diese spezielle Wärme, die ihn stets erfüllte, wenn er sich mit seiner Familie über etwas freuen durfte. In diesem Fall war Sophies Erfolg umso erfreulicher, weil sie am Anfang völlig ratlos gewesen war. »Was soll ich da nur schreiben?«, hatte sie ihn gefragt und dabei sogar Tränen in den Augen gehabt.

Nemecek fand das Thema *Als ich mich einmal so richtig gefürchtet habe* nicht so schwierig. »Vielleicht solltest du darüber schreiben, dass du befürchtet hast, diesen Aufsatz nicht schreiben zu können«, hatte Nemecek es mit einem kleinen Scherz versucht. Sophie musste lachen und irgendwie war danach ihre Schreibblockade gelöst. Gemeinsam hatten sie schließlich ihre Familiengeschichte durchkämmt, um möglichst gutes Material zu finden. Tatsächlich war es alles andere als schwer gewesen, furchteinflößende Situationen aufzuspüren. So erinnerten sie sich etwa an die aggressiven Affen, die ihnen auf ihrer Reise durch Südafrika einmal die Einkaufstüte zerrissen hatten; an den ohrenbetäubenden Knall eines Blitzeinschlags, der ganz in der Nähe ihrer Berghütte stattgefunden haben musste; an den plötzlichen Lichtausfall, als sie einmal den Keller aufgeräumt hatten; oder an den heftigen Streit, den Bettina und er einmal im Auto hatten, bis Sophie unter Tränen fragte: »Lasst ihr euch jetzt scheiden?«

Am Ende war ihnen so viel eingefallen, dass Sophie sich regelrecht überfordert fühlte. »Jetzt weiß ich wieder nicht, was ich schreiben soll«, hatte sie lachend gemeint, sich aber wenig später an die Arbeit gemacht. Wie bei den meisten Deutschaufgaben durfte Nemecek diesen Aufsatz später Korrektur lesen, war aber mit wenigen Anmerkungen ausgekommen. Im Vergleich zu ihrer großen Schwester waren sowohl Sophies Satzbau als auch ihre Rechtschreibung nahezu tadellos.

»Dritte, vierte Stunde hatten wir dann Turnen«, holte sie ihn wieder aus der Geschichte zurück. »Da haben wir eigentlich die ganze Zeit über Ball gespielt: zuerst Völkerball, dann Handball und am Ende Fußball.« Nemecek spürte, wie das ganze Bett wackelte. Die Aufzählung der Ballsportarten hatte Sophie nämlich mit einem heftigen Hin und Her ihres Oberkörpers begleitet. »Und stell dir vor«, setzte sie jetzt noch einen richtiggehenden Hüpfer hinzu: »Wir Mädchen haben die Burschen 3 zu 2 geschlagen!«

»Wahnsinn!«

»Aber das Beste des Tages kommt erst noch«, bereitete Sophie schon das nächste Highlight vor. »Du weißt ja, dass wir am Freitag immer diesen blöden Nachmittagsunterricht haben, oder?«

Er nickte. Er hätte genau so gut den Kopf schütteln können, denn Sophie war nun ohnehin nicht mehr aufzuhalten. »Und jetzt stell dir vor: Nachdem die Konoglu immer noch krank ist, haben sie die beiden Ökonomiestunden einfach nach vorne gezogen.«

Nemecek spürte, wie er Gänsehaut bekam. Von einer Sekunde zur anderen war er wieder mitten in seinem Fall. Sophies Worte hatten ihn mit voller

Wucht in den heutigen Tag zurück katapultiert – und zugleich nach vorne, weil ihm nun endlich klar war, was sie die ganze Zeit übersehen hatten. Montag, 18 Uhr?, Montag, 18 Uhr?, Montag, 18 Uhr?, tönte es in ihm, als wäre eine Schallplatte hängengeblieben.

Er sprang auf. »Sophie, entschuldige bitte«, stammelte er, während sich die Gedanken in seinem Kopf überschlugen. »Können wir später weiterreden?«

»Mann-oh!«, hörte er seine Tochter klagen: »Was ist mit dir?« Aber da war er schon an der Tür. »Alles gut«, warf ihr Nemecek noch über die Schulter zu. »Ich muss nur ganz dringend telefonieren!«

Freitag, 23:11
Unerwartete Wendungen

»Wir müssen uns wohl oder übel in Geduld üben.«

Nemecek konnte kaum glauben, was seine Kollegin da vorschlug, verkörperte sie selbst doch das genaue Gegenteil. Sie war schnell, wendig, zuweilen sprunghaft und zwischendurch völlig unberechenbar. War es das, was persönliche Agilität meinte? Jederzeit auf Überraschungen gefasst und gleichzeitig fähig zu sein, andere zu überraschen? Und ausgerechnet Frau Oberagil wollte jetzt ruhig auf der Wartebank sitzen?

»Ich weiß, dass sich das aus meinem Mund schräg anhört«, stellte sie einmal mehr ihr gedankenleserisches Talent unter Beweis. »Aber so sehr ich auch hin- und herüberlege, ist es das Einzige, was wir derzeit tun können.«

»Die notwendigen Beweise sind erbracht, die Staatsanwaltschaft ist verständigt, die Fahndung läuft auf Hochtouren«, fasste Nemecek die aktuelle Situation zusammen. »Jetzt müssen wir ihn nur mehr fassen.«

»Ich gebe dir Bescheid, wenn sich etwas tut«, versicherte Obermayr. »In diesem Sinne: auf ein baldiges Wiederhören!«

Wie so oft hatte Obermayr bereits aufgelegt, bevor sich Nemecek seinerseits verabschieden konnte. Von wegen in Geduld üben! Doch vielleicht, überlegte er weiter, hatte die ganze Situation ja auch ihr Gutes. So konnten die Dinge wieder ein wenig zur Ruhe kommen. Schließlich hatten sich die Ereignisse lange genug überschlagen. Er ließ die letzten Stunden noch einmal vor seinem geistigen Auge ablaufen.

Nach seinem Heureka-Moment in Sophies Zimmer hatte er als Erstes seine Kollegin angerufen. Er brauchte nicht lange, um sich zu erklären. Obermayr verstand sofort, worauf er hinauswollte. Nemecek konnte förmlich hören, wie sie sich mit der Hand auf die Stirn schlug. Dass sie da nicht früher drauf gekommen waren! Aber im Nachhinein kann einem leicht sonnenklar erscheinen, was zuvor im Finsteren verborgen lag.

Sie hielten sich nicht lange mit Nebensächlichkeiten auf. In wenigen Sätzen hatten sie das weitere Vorgehen abgesprochen: Obermayr kümmerte sich um den Leiter der Münchner Konferenz, während Manninger weitere Zeugen auftrieb und er selbst den Staatsanwalt kontaktierte. Noch fehlten ihnen einige entscheidende Puzzleteile, aber Nemecek war davon überzeugt, dass es nur mehr eine Frage der Zeit war, bis jedes Teil am rechten Platz saß. Besser gesagt: eine Frage der Erreichbarkeit. Immerhin war es Freitagabend. Würden sie jemand aus dem Organisatorenteam erreichen? Augenzeugen zu so später Stunde zu einer protokollierbaren Aussage bewegen können? Und den Staatsanwalt zu jenem Durchsuchungsbeschluss, den sie so dringend brauchten, um ihre Thesen zu untermauern?

Dieses Mal hatten sie das nötige Quäntchen Glück. Gleich beim ersten Versuch erreichte Nemecek den Staatsanwalt. Dr. Rüdinger kam gerade aus der Oper, nach einem kurzen Update erklärte er sich aber sofort zu einem Abstecher ins Büro bereit. Dann gelang es Manninger, einen Kölner Security-Experten aufzutreiben, der am Montag ebenfalls einen Vortrag gehalten hatte. Der war zwar ziemlich verwundert, dass er an einem Freitag um 21 Uhr von der Wiener Polizei angerufen wurde – im Kern aber bestätigte er genau das, was Nemecek vermutet hatte._ Solochins Vortrag war tatsächlich vorverlegt worden. Und weil es so schön lief, erwischte Obermayr den Konferenzleiter höchstpersönlich – gleichwohl dieser, wie er angeblich drei Mal erklärte, am Wochenende eigentlich nie ans Telefon ging. Seine Botschaft war kurz und knackig: Ja, der Wiener Cybersecurity-Experte hatte bereits um 16 Uhr die Bühne betreten und war überraschenderweise nicht zum Speaker's Dinner erschienen.

Kurzum: Solochins Alibi war geplatzt. Noch vor Rüdingers offiziellem Durchsuchungsbeschluss begannen sie dessen Wohnung in der Hollandstraße auf den Kopf zu stellen. Gefahr im Verzug! Eine Nachbarin bestätigte ihre Vermutung, dass Solochin die ganze Woche über nicht vor Ort gewesen war. »Des waaß i genau, wonn der daham is«, berichtete die alte Frau, »da hauts da die Sicherungen aussa, wonn bei dem die Musi plärrt.«

Als Nemecek eintraf, waren bereits alle da: von seinem Team über den Staatsanwalt bis zur Spurensicherung, die natürlich die meiste Arbeit zu tun hatte. Die Stimmung war konzentriert, aber gelöst. Alle spürten, dass die finale Aufklärung jetzt zum Greifen nahe war. Wie so oft wurden dadurch neue Kräfte frei. Kein Murren, von wegen Wochenende, keine zynischen Bemerkungen, keine einzige der üblichen Klagen. Stattdessen wurde zwischendurch sogar gescherzt, was aus Nemeceks Sicht ein gutes Zeichen war.

Selbst Kampinski wirkte tiefenentspannt. Ungewohnt ruhig koordinierte er seine Leute, bevor er sich selbst an einem der unzähligen Computer zu schaffen machte, die hier herumstanden. Ob einer davon Paul Steiner gehörte? Vielleicht sogar genau der, den Kampinski gerade zu knacken versuchte?

Kampinskis Entspannung hatte wohl auch mit dem zu tun, was er kurz zuvor gefunden hatte. Als er nämlich routinemäßig den Schrank in Solochins Arbeitsraum öffnete, entdeckte er ein Paket mit einer interessanten Aufschrift. Ein Schrei begleitete dessen Öffnung. »Ick lach mir'n Ast.«

Nemecek wusste zwar nicht, was es da zu lachen gab, staunte aber dennoch nicht schlecht, als er den Inhalt des Pakets vor sich liegen sah: eine ultramoderne Armbrust! Er betrachtete die Konstruktion mit dem langen Schaft, dem gebogenen Vorderteil und diesem bläulich gefärbten Stahlseil, das eine im wahrsten Sinne des Wortes tödliche Spannung zustande brachte. Sogar ein Zielfernrohr gab es! Nemecek blickte zu Obermayr und spürte deutlich, wie es auch bei ihr ratterte: War das die Tatwaffe? Würden sie darauf Solochins Fingerabdrücke finden? Und solche Stahlstifte entdecken, wie sie beim Mord verwendet wurden?

»Jenuuch geglotzt«, beendete Kampinski vorerst alle Spekulationen. »Dit gude Ding muss mal heim zu Vaddern.« Er reichte die Armbrust an einen seiner Mitarbeiter weiter, der sogleich mit der Spurensicherung loslegte. Man durfte gespannt sein!

Kurz nach zehn traf Kappacher ein. Rüdinger hatte sich bereit erklärt, ihn über sein Privattelefon zu verständigen. Nemecek war froh gewesen, dass er ihm diese Aufgabe abnahm. Doch selbst der Oberst schien von der besonderen Atmosphäre angesteckt zu werden. Kein großer Auftritt, wie sie ihn schon so oft erlebt hatten, schon gar kein Poltern, damit jeder mitbekam, dass hier der Chef den Raum betrat. Nur ein kurzer, für seine Verhältnisse fast kollegialer Gruß, bevor er sich mit Rüdinger in eine Ecke zurückzog. Scheinbar war er gekommen, um das Seine zur Lösung beizutragen. Oder zumindest Präsenz zu zeigen.

Obermayr stieß Nemecek in die Seite, als sich Kappacher sogar Handschuhe überstreifte und ebenfalls zu kramen begann. Nemecek grinste nur und setzte dann seinen eigenen Streifzug durch die wild wuchernde IT-Landschaft fort, die Solochin hier aufgebaut hatte.

Gegen Mitternacht war die erste Durchsuchung abgeschlossen. Kampinskis Team hatte über 30 verschiedene Computer und Smartphones gesichert, zudem waren jede Menge Unterlagen beschlagnahmt worden. Kampinski hielt es zwar für unwahrscheinlich, dass sich Steiners Laptop unter den sichergestellten Geräten befand. »Dit Gerät wird der Kerl mit sich schleppen«, vermutete er. »Aba ick werd dem was husten!«

Nachdem die Spurensicherung erledigt war, ließ es sich der Oberschnüffler nicht nehmen, alle Anwesenden aus der Wohnung zu komplimentieren. Die Tür versiegelte er höchstpersönlich. »Allet paletti!«, sagte er zu Kappacher.

»Sie melden sich, wenn es etwas Neues gibt«, schärfte ihnen der Oberst zum Abschied ein. »Und zwar jederzeit, verstanden?« Nemecek nickte abwesend und Obermayr drehte sich bloß für einen Augenblick zu ihrem Vorgesetzten um, bevor sie ihr Gespräch mit Manninger fortsetzte. Als Kappacher gegangen war, legten sie die weiteren Schritte fest. Obermayr zeigte sich fest dazu entschlossen, ins Kommissariat zurückzukehren. Irgendjemand musste ja auch die Stellung halten. Manninger wollte es sich nicht nehmen lassen, sie dorthin zu begleiten. »V-v-v-ier Au-au-gen se-sehen m-mehr als zw-zwei«, argumentierte er. Nemecek verstand zwar nicht, was genau er sehen wollte, aber Obermayr hatte nichts dagegen einzuwenden.

Nemecek war erleichtert. Er musste sich vorerst um nichts mehr kümmern. Kaum, dass sich die Tür hinter Kampinski schloss, war nämlich alle Spannung von ihm abgefallen und er hatte sich vollkommen erschöpft gefühlt. Das Einzige, was er jetzt noch wollte, war sein Bett. Wenigstens ein paar Stunden Schlaf, hoffte er. Um morgen mit frischen Kräften den Täter dingfest zu machen.

»Ihr meldet euch, wenn es etwas Neues gibt«, sagte er zum Abschied. Erst als ihn Obermayr irritiert ansah, fiel ihm auf, dass sich Kappacher mit exakt den gleichen Worten verabschiedet hatte.

»Gu-gu-gu-te F-f-f-ahrt«, rief ihm Manninger nach, als er die Treppe nach unten lief. Dann drückte er auf den elektrischen Öffner, schob die schwere Holztür auf und trat ins Freie.

Samstag, 7:17
Verfolgungsjagd durch die Innenstadt

Nemecek fuhr hoch. Er hatte sich nicht getäuscht. Sein Telefon vibrierte. Ein leises Schnarren, aber ausreichend penetrant, um ihn aus dem Schlaf zu reißen. Was hatte er gleich noch einmal geträumt? Irgendetwas mit Fahrrädern, erinnerte er sich.

Aber jetzt war keine Zeit für Traumbilder. Er drückte auf die Annahmetaste. »Morgen Nina«, flüsterte er ins Telefon, während er auf Zehenspitzen aus dem Schlafzimmer schlich.

»Wir haben ihn!«, hielt sich Obermayr erst gar nicht mit Begrüßungsfloskeln auf. »Vor zehn Minuten wurde er von zwei Kollegen der Zivilstreife am Karmelitermarkt gesichtet. Sie sind ihm gefolgt und haben ihn in ein Haus in der Praterstraße verschwinden sehen. Nummer 2, gleich bei der Schwedenbrücke. Ich bin schon unterwegs.«

»Ich bin in 15 Minuten bei euch«, verkündete Nemecek. »Bitte wartet mit dem Zugriff auf mich.«

»Keine Sorge, wir warten. Wir sind gerade dabei, das Haus zu umstellen. Unsere Kollegen von der Alarmabteilung sind ebenfalls angefordert«, erklärte Obermayr. »Ich muss jetzt Schluss machen.«

»Ja, passt«, erklärte Nemecek der toten Leitung, während er umständlich in seine Hose stieg. Er blickte aus dem Fenster und entschied sich dann für eine leichte Jacke. Fahrrad oder Auto?, überlegte er, aber eigentlich war die Entscheidung bereits klar. Die Anfahrt würde fast gleich lang dauern und den Wagen müsste er erst noch aus der Garage holen. Also Fahrrad.

Als Nemecek fünf Minuten später in die Schwarzspanierstraße bog, läutete erneut sein Telefon. Mit der rechten Hand drückte er den kleinen Knopf seines Headsets und hatte im nächsten Moment Obermayrs aufgeregte Stimme im Ohr.

»Der haut uns ab!«, schrie sie so laut, dass Nemecek unwillkürlich zusammenzuckte. Dabei verriss er den Lenker und geriet kurzfristig in die Fahrbahnmitte. Nur gut, dass gerade kein Auto in der Nähe war! »In Richtung Donaukanal! Mit dem Fahrrad!«

»Wie konnte er euch denn entkommen?«, lag Nemecek auf der Zunge, als er bei Orange über die Kreuzung schoss. Aber er verkniff sich die Frage. Während es in hoher Geschwindigkeit die Berggasse hinunter ging, fragte er stattdessen: »Kanalaufwärts oder -abwärts?«

»Er ist gerade die Treppe bei der Schwedenbrücke hinunter und fährt jetzt Richtung Marienbrücke«, aktualisierte Obermayr. »Er ist jetzt genau gegenüber der Bootsanlegestelle.«

»Bleib in der Leitung und sag mir, wie er weiterfährt«, entgegnete Nemecek, während auf der linken Seite das rote Schild des Freud-Museums vorbeizog. »Ich bin gleich am Kanal.« Im nächsten Moment musste er allerdings scharf bremsen. Genau zu dem Zeitpunkt, da er mit vollem Tempo die Porzellangasse überqueren wollte, bog nämlich eine Straßenbahn um die Ecke. Der gute alte D-Wagen, sprang in Nemecek sofort ein spezieller Erinnerungsfilm an. Immerhin war er einige Jahre lang mit dieser Straßenbahnlinie zu seiner ersten großen Liebe gefahren. Von der Haltestelle Schlickgasse, die jetzt rechts vor ihm lag, bis zur Endstation in Nußdorf, wo Renate mit ihren Eltern gelebt hatte. War schon eine aufregende Zeit gewesen, damals!

»Wir haben jetzt ein Einsatzfahrzeug die Rampe hinunter geschickt«, beendete Obermayr seine sentimentalen Anwandlungen. Immerhin hatte auch die heutige Zeit Aufregendes zu bieten. »Die jagen jetzt mit Blaulicht über den Uferweg.«

»Bin gleich am Kanal«, versicherte Nemecek, nachdem die Straßenbahn an ihm vorbeigezogen war. Er trat wieder in die Pedale und überlegte kurz, warum es eigentlich kein Blaulicht für Fahrräder gab. Vorfahrt zu haben, wäre in diesem Fall sicher von Vorteil. Oder hätte die Straßenbahn ohnehin nicht gebremst? Das Blaulicht auf einem Rad für einen schlechten Scherz gehalten?

Nemecek verscheuchte die D-Linie von seinem inneren Radar und konzentrierte sich auf den Weg. Jetzt kam es darauf an, ob er diesseits oder jenseits des Kanals auffahren sollte. Was wohl klüger war?

»Solochin wechselt gerade die Seite«, gab Obermayr ihr nächstes Update und Nemecek konnte ihren Ärger hören. Jetzt hatten sie das Einsatzfahrzeug auf der falschen Seite. Solochin hatte wohl vor, sich durch den ersten Bezirk zu schlagen, wo er ihnen die Verfolgung um einiges schwerer machen würde. Schließlich eignete sich die Innere Stadt mit ihren verwinkelten Gassen, Treppen und Hausdurchgängen ideal für ein ausgedehntes Katz-und-Maus-Spiel. Mal ganz abgesehen von den zahlreichen Fußgängerzonen, die zwar um diese Tageszeit noch nicht groß bevölkert waren, eine Hochgeschwindigkeitsjagd dennoch unmöglich machen würden. Und dass Solochin schnell sein würde, daran zweifelte Nemecek keine Sekunde lang.

»Er fährt in Richtung Stephansplatz, gleich verlier ich ihn aus den Augen«, wurde seine Vermutung über Solochins Fluchtpläne bestätigt. »Hubschrauber ist schon im Anflug.«

Nemecek musste eine Entscheidung treffen. Sollte er die Strecke über den Kanal nehmen, die zweifellos schneller war? Oder doch die Route in den 1. Bezirk? Kam darauf an, was Solochin vorhatte. Würde er wieder in Richtung Wasser ziehen? Oder sich wirklich durchs Zentrum schlagen? Ohne weiter zu überlegen, riss er den Lenker nach rechts.

Dass gleich drei Ampeln hintereinander auf Grün standen, wertete er als positives Zeichen. Freie Fahrt für den Mörderjäger! Keine 30 Sekunden später stand er bereits Am Gestade. Die Treppe mit dem malerischen Namen führte hinauf zur Marienkirche, doch Nemecek zögerte. War es nicht doch besser, wieder nach links zu ziehen?

»Ein Streifenpolizist hat gerade ein Fahrrad mit hoher Geschwindigkeit am Lugeck gesehen«, kam ihm Obermayr zur Hilfe. »Ich wäre sehr überrascht, wenn das nicht unser Mann ist.«

Also doch die Treppe! Augenblicklich hatte Nemecek sein Fahrrad geschultert. Bereits nach wenigen Stufen war er außer Atem. Um sich abzulenken, begann er seine Schritte zu zählen. »Eins, zwei, drei …«, murmelte er vor sich hin »… vier, fünf, sechs …« Trotz der Ablenkung spürte er, wie sich seine Unterschenkel verspannten. Mit aller Kraft stieß er die Luft aus den Lungen. Nur noch ein paar Stufen …

»Dreiundzwanzig!«, rief er laut, als er endlich am Ende der Treppe angelangt war. Erschrocken drehten sich einige der Touristen nach ihm um, die vor der Kirche standen. Japaner, registrierte Nemecek, bevor er wieder auf sein Fahrrad sprang. Oder doch Chinesen?

Über das Kopfsteinpflaster rumpelte er weiter. Als er endlich am Hohen Markt angekommen war, begann es laut zu knattern. »Ich steige gerade in den Hubschrauber«, klärte ihn Obermayr über die Natur dieses Knatterns auf. »Gleich unterstützen wir dich aus der Luft. Außerdem sind zwei weitere Kollegen mit dem Fahrrad gestartet.« Das ist gut, dachte Nemecek. Mit dem Fahrrad war Solochin zweifellos viel zu wendig, um ihnen in ein konventionelles Netz zu gehen.

»Servus die Wadln«, schloss Obermayr standesgemäß mit einem Spruch. Der ging allerdings nicht auf ihr oberösterreichisches Erbe, sondern auf die Werbung eines Sporthändlers zurück, die eine Zeit lang allgegenwärtig war. Doch sofern sich Nemecek recht entsann, war dieser Sporthändler, der vor lauter Servus schließlich Konkurs anmelden musste, auch Oberösterreicher gewesen.

Am Lugeck verlangsamte er sein Tempo. Vor ihm lag jetzt einer der Tempel des Wiener Schnitzels: ein imposantes Gebäude, das vor ein paar Jahren von der Gastronomenfamilie übernommen wurde, die diesen Stadtteil kulinarisch diktierte. Aber das war jetzt nebensächlich. Was zählte, war einzig und allein die baldige Festnahme von Viktor Solochin.

Wenn man nur wüsste, welches Ziel er verfolgte! Was täte Nemecek an seiner Stelle? Schwer zu sagen. Spätestens, wenn er den Hubschrauber sah, würde er wohl von der offenen Straße verschwinden: in ein Haus, einen Durchgang oder in einen der Innenhöfe, die das Gassenwerk auf labyrinthische Weise vernetzten. Schmeckender-Wurm-Hof, Deutschordenshof, Heiligenkreuzer Hof, Fähnrichhof rief sich Nemecek die Spielplätze seiner Kindheit ins Gedächtnis.

»Seht ihr ihn?«, rief er probehalber zu Obermayr hinauf.

»Negativ«, beschied ihm diese unwirsch. Das bestätigte seine These: Solochin musste sich irgendwo versteckt haben.

Heiligenkreuzer Hof, entschied Nemecek auf die Gefahr hin, dass er damit zu sehr seiner eigenen Geschichte folgte – schließlich hatten sie als Jugendliche viel Zeit in dem barocken Innenhof zugebracht. Damals war die Kapelle freilich noch nicht so herausgeputzt gewesen. Statt Schönbrunner Gelb und perfekter Stuckatur hatte es schmutzige Oberflächen und bröckelndes Mauerwerk gegeben. Aber gerade das hatte Neufeldner und ihm gefallen, dieser morbide Charme der Innenstadt, in der sie jedes Wochenende nach neuen Abenteuern gesucht hatten.

Nemecek musste sich erneut zur Räson rufen. Die Vergangenheit war jetzt unwichtig, es ging um die Gegenwart. Er nahm wieder Tempo auf. Er hätte jetzt wirklich viel für ein Blaulicht oder wenigstens eine Sirene gegeben. Denn trotz der frühen Stunde bummelten bereits erstaunlich viele Menschen durch die engen Gassen, sodass er ständig zum Bremsen gezwungen war. Da er annahm, dass Solochin über den Osteingang in den Heiligenkreuzer gefahren war, entschied er sich für den Westeingang. Vielleicht konnte er ihm so den Weg abschneiden? Natürlich bestand die Gefahr, dass Solochin die Richtung wechselte, aber was sollte er machen? Er war nun einmal kein Hellseher. Als er gerade wie ein Motocrossfahrer sein Bein ausstreckte, um die nächste Linkskurve zu nehmen, hatte er wieder Obermayr im Ohr.

»Solochin Post«, gab ihm seine Kollegin den neuen Standort des mutmaßlichen Mörders durch. Verdammt, wie war der so schnell dorthin gekommen? Nemecek zog an den Bremshebeln, dass es nur so quietschte. Er würde schneller sein, wenn er hier wendete. Als er nach dem mühsamen Pflaster endlich wieder normalen Asphalt unter den Rädern hatte, tauchte plötzlich Solochin vor ihm auf. Keine 50 Meter entfernt fuhr dieser mit hoher Geschwindigkeit in Richtung Wollzeile.

»Sichtkontakt, Sichtkontakt«, schrie Nemecek ins Mikrophon und hatte das Gefühl, dass ihm allein die Wortwiederholung einen zusätzlichen Antrieb verlieh. Im nächsten Moment war Solochin jedoch schon wieder aus seinem Gesichtsfeld verschwunden. Auf alle Fälle hatte er jetzt zusätzliche Orientierungspunkte: schwarze Hose, rote Jacke, blauer Rucksack, grünes Rad speicherte er ab. War das tatsächlich ein Mountainbike gewesen? Nemecek war sich dessen ziemlich sicher. Jedenfalls hatte er dicke Reifen und Scheibenbremsen wahrgenommen.

Da meldete sich wieder die vertraute Stimme: »Stubenbastei.« Das laute Knattern vermischte sich nun mit den Sirenen der beiden Polizeiwagen, die genau in dem Augenblick durch die Wollzeile rasten, in dem Nemecek einbiegen wollte. Er schaffte es gerade noch, sein Fahrrad auf den Gehsteig zu lenken. Mit dem Ellbogen schrammte er an den parkenden Autos entlang, bis er das Gleichgewicht wiedererlangt hatte. Er hoffte, dass Sie ihm wenigstens die Durchfahrt freiließen.

Doch die Hoffnung wurde enttäuscht: Die beiden Wagen stellten sich mit quietschenden Reifen vor ihm quer und er musste wohl oder übel erneut in die Eisen gehen. Fast wären die Kollegen im Gastgarten gelandet. Man konnte nur froh sein, dass da zu dieser Zeit noch keine Gäste saßen.

»Zedlitz«, krachte es durch die Leitung und Nemecek stemmte sich mit vollem Gewicht in die Pedale. Als er an seinen Kollegen vorbeikam, die aus den Autos gesprungen waren und nun ratlos herumstanden, konnte er sich ein Kopfschütteln nicht verkneifen. Wussten die denn nicht, dass hier keine Durchfahrt möglich war? Und wieso hielten sie hier, statt sich über den Ring wieder in das dahinterliegende Gassenwerk einzufädeln?

»Herr Chefinspektor«, winkte ihm einer der Kollegen zu, doch Nemecek vermochte die Geste nicht recht zu deuten. Winkte er nun, weil er ihn erkannte oder weil er Hilfe brauchte? Für Höflichkeiten hatte Nemecek indes ebenso wenig Zeit wie für Erklärungen. Er musste so schnell wie möglich in die Zedlitzgasse kommen, bevor ihm Solochin entwischte.

»Korrigiere Singer«, unterbrach Obermayr seinen Tatendrang. »Nein, sorry. Jakober.« Was denn nun? Soweit er wusste, gingen alle drei genannten Gassen nach rechts ab. Aber welche sollte er nehmen? Er entschied sich für den Mittelweg.

»Wo ist er?«, schrie er gegen den Rotorenlärm an. Es hörte sich an, als ob sich der Hubschrauber nun genau über ihm befand. »Seht ihr ihn?«

»Negativ«, presste Obermayr hervor. Bestimmt hätte sie jetzt liebend gerne geflucht. Auch Nemecek musste an sich halten, um nicht eine Schimpftirade abzulassen. Es war wirklich zum Aus-der-Haut-Fahren! Gerade noch war er ihm doch zum Greifen nahe gewesen. Wohin war Solochin verschwunden?

Während er langsam weiterrollte, versuchte er, sich die Umgebung vor sein inneres Auge zu holen. Das sogenannte Blutgassenviertel, in dem er sich jetzt befand, gehörte zu den ältesten von Wien. Dessen Fundamente reichten bis ins zwölfte Jahrhundert zurück und die meisten der darauf errichteten Gebäude waren ebenfalls mehrere Hundert Jahre alt. Aufgrund ihrer Bauweise boten sie jede Menge Verstecke. Wenn sich Solochin in einem der Kreuzgänge verbarg, in einer der unzähligen Kellernischen oder in einem alten Schuppen, konnte es Stunden dauern, bis sie ihn aufstöberten.

Aber passte es zu Bruce Lee, in einem Versteck zu verharren? In einer Ecke zu kauern und darauf zu warten, was weiter passieren würde? Nein, so etwas würde er niemals tun! Nemecek war fest davon überzeugt, dass er in Bewegung bleiben und bis zuletzt kämpfen würde.

Im nächsten Moment bestätigte Obermayr seine Einschätzung: »Solochin Mozarthaus«, vernahm er durch das Knattern. Mozarthaus, überlegte Nemecek krampfhaft: Da gingen doch beide Ausgänge auf die Singerstraße, oder? Oder gab es eine Möglichkeit, direkt auf den dahinterliegenden Stephansplatz zu kommen?

»Stephansplatz«, beantwortete ihm Obermayr seine Frage genau in dem Moment, als er auf die Singerstraße bog. Nemecek blickte auf. War das da vorne Solochin? Zumindest hatte er eine rote Jacke gesehen. Er versuchte erneut zu beschleunigen, auch wenn ihm bereits die Oberschenkel brannten.

»Eins, zwei, drei …«, begann er wieder zu zählen, um neue Kräfte zu mobilisieren. Als er bei fünf angekommen war, sah er schon das weltberühmte Dach mit dem Doppeladler vor sich. Der Südturm des Doms war nach wie vor eingerüstet. Nemecek hätte gerne gewusst, was der Schweizer Uhrenhersteller dafür zahlte, dass sein Logo gleich auf drei der riesigen Abdeckplanen zu sehen war. Neben den überlebensgroßen Uhren blickten dort sogar drei bekannte Hollywoodstars auf die Touristen herunter. Den Schweizern zuliebe trugen sie nicht nur deren Uhren, sondern hatten sich auch gleich zur *Cinema Squad* vereinigt.

Nemecek ließ Hollywood hinter sich und hielt auf das Haashaus zu. Dessen gewölbte Glasfront gab ein verzerrtes Bild des Stephansdoms wieder. Wie in einem Spiegelkabinett im Prater, wechselte Nemecek in Gedanken von einem Wiener Wahrzeichen zum nächsten, bis der Vergnügungspark mit dem weltberühmten Riesenrad einer wesentlich näherliegenden Frage wich: Wohin jetzt?

»Jasomirgott«, instruierte ihn Obermayr genau im richtigen Moment. Diese Gasse lag ein wenig rechts, genau gegenüber dem Haupteingang der Kirche. Wie erwartet befanden sich hier schon viele Besucher, sodass ein kleiner Slalom nötig war, um den Platz unfallfrei zu überqueren. Im Vorüberfahren fiel

Nemecek auf, dass einige Leute ihre Köpfe himmelwärts gerichtet hatten. Einige hielten sich außerdem die Ohren zu. Wie sie sich wohl den Hubschraubereinsatz erklärten? Und ob sie irgendeinen Zusammenhang zu den beiden Fahrradfahrern herstellten, die hier kurz hintereinander an ihnen vorbeisausten?

»Petersplatz«, dirigierte seine Kollegin weiter. Er folgte der Anweisung, passierte den Platz und erreichte wenig später die Tuchlauben. »Gerade weiter. Vorsicht Fiaker«, markierte Obermayr den Weg, aber auch das Hindernis, das ihm im Weg stand. Besser gesagt: die Hindernisse, denn als Nemecek das nächste Kopfsteinpflaster in Angriff nahm, sah er einen wahren Fiakerstau vor sich.

Denen würde ein bisschen Kanban auch nicht schaden! Trotz aller Anspannung musste er über seinen Einfall schmunzeln. Nachdem das bei Weitem nicht der einzige Ort in der Stadt war, an dem die Pferdekutschen alles verstopften, würde ein FIP-Limit zweifellos helfen. Fiaker-in-Progress spukte ihm noch im Kopf herum, als vor ihm etwas Rotes aufblitzte. Er hob den Blick von der Straße und sah, wie Solochin gerade von einer Seite zur anderen kreuzte. Zwischen ihnen befanden sich nun lediglich drei oder vier Pferdekutschen.

Nemecek überlegte. Zwischen der linken Hauswand und den Fiakern sollte er am Stau vorbeischlüpfen können. Tatsächlich kam er ganz gut voran, bis unmittelbar vor ihm ein Gespann ausscherte. Reflexartig zog er nach links. Er prallte mit der Schulter gegen die Mauer und wäre beinahe zu Sturz gekommen. Im letzten Augenblick konnte er sich mit dem linken Bein abfangen und das Fahrrad wieder aufrichten. Eine Handbreit vor den beiden Pferden schlingerte er auf die rechte Seite.

Nachdem er sich einigermaßen restabilisiert hatte, richtete er seinen Blick wieder nach vorne – und traute seinen Augen nicht. Vor dem ersten Fiaker stand jetzt nämlich Solochin mitten auf der Straße. Er hatte beide Füße von den Pedalen genommen und sein Rad quer zur Fahrbahn gestellt. Augenblicklich sah Nemecek seine Vermutung bestätigt: Es handelte sich tatsächlich um ein Mountainbike, mit hohem Sattel und niedrigem Lenker, voll gefedert und mit Scheibenbremsen vorne und hinten. Definitiv kein Rad für die Stadt, für Kopfsteinpflaster, Gehsteigkanten und über Treppenabsätze hinweg allerdings äußerst vorteilhaft.

Die viel entscheidendere Frage war jedoch, warum Solochin stehen geblieben war. Hatte er etwa eine Panne? Wartete er, bis Nemecek ihn eingeholt hatte? Legte er es auf einen Kampf Mann gegen Mann an?

Nemecek drängte seine Wildwestfantasien zur Seite und versuchte stattdessen, seine Augen scharf zu stellen. Zweifellos blickte Solochin genau in seine Richtung. Unklar war jedoch, was dieser Blick ausdrücken wollte: Verwunderung? Wut? Herausforderung? Resignation?

Nein, machte sich Nemecek klar: Solochin würde niemals aufgeben. Und er hatte auch keine Panne. Vielmehr sprang er gerade wieder in den Sattel, um in westlicher Richtung davonzuziehen. Dort hatte Nemecek erneut große Mühe, seine Hände auf dem Lenker zu halten. Zwischen den Pflastersteinen waren hier so tiefe Spalten, dass ein fast artistischer Fahrstil nötig war. Wenn der Vorderreifen in einen dieser Gräben geriet, war ein Sturz wohl unvermeidbar. Hier war Solochin einmal mehr im Vorteil. Scheinbar mühelos zog er mit seinem Mountainbike davon und erreichte Am Hof, einen riesigen Platz, in dessen Mitte sich die Mariensäule befand.

Während Nemecek alle Hände voll damit zu tun hatte, die Erschütterungen abzufedern, verschwand Solochin nach rechts. Judenplatz, rief Nemecek den nächsten Punkt auf seiner inneren Landkarte ab. Möglicherweise würde Solochin seinen neuen Vorsprung dafür nutzen, um in einer der Seitengassen zu verschwinden, bevor Nemecek etwas davon mitbekam.

Endlich hatte auch Nemecek den Platz erreicht. Wie erwartet war von Solochin keine Spur zu sehen. Links oder rechts?, stand er erneut vor der Frage, die im wahrsten Sinne des Wortes wegweisend war. »Solochin Juden«, hörte er Obermayrs Stimme, bevor ihm sein Wohin? über die Lippen gekommen war. Das perfekte Timing spornte Nemecek an. Während er wieder die Pedale ankurbelte, warnte seine Hubschrauberkollegin: »Touristengruppe rechts!« Der nächste Stau, dachte Nemecek, nur dieses Mal mit Menschen. Vielleicht hielt die Ansammlung Solochin zumindest ein wenig auf.

Nemecek selbst entschied sich für die linke Seite und hatte im nächsten Moment wieder Blickkontakt. Gleichzeitig hörte er Solochin durch den Lärm schreien: »Aus dem Weg! Get out of my way.« Rücksichtslos drängte sich der IT-Experte durch die Menschenmenge, die sich vor dem Mahnmal für die 65.000 ermordeten österreichischen Juden und Jüdinnen der Schoah versammelt hatten. Nemecek spürte den Unmut der Menschen – schließlich erwartete man keine aufgebrachten Fahrradrowdys, wenn man sich zum Gedenken versammelte.

Der junge Ukrainer kümmerte sich nicht um die murrenden Leute. Stattdessen beschleunigte er wieder und bog in die nächste Gasse ein. Nemecek wusste, dass dieser Weg direkt in die Wipplingerstraße führte. Ihm war jedoch schleierhaft, was Solochin dort wollte – die große Straße bot ihm letztlich nur wenig Schutz. Deswegen war es viel wahrscheinlicher, dass er sich durch die Lauben nach rechts schlug. Oder er fuhr geradeaus durch den sogenannten Stoß im Himmel, bis er die Kirche Am Gestade erreicht hatte. Von dort aus konnte er wieder die Treppe hinunterlaufen und die Verfolgungsjagd von vorne beginnen lassen.

Während Nemecek die verschiedenen Varianten durchging, zog Solochin plötzlich nach links. »Solochin Wipplinger. Jetzt haben wir ihn gleich«, verkündete Obermayr siegessicher. »Eine Streife kommt euch entgegen, eine andere schneidet ihm von rechts her den Weg ab.«

Schlagartig wusste Nemecek, was Solochin im Sinn hatte. Schon sah er ihn auf die Treppe zuhalten, die von der Wipplingerstraße hinunter in den Tiefen Graben führte. Und schon im nächsten Moment verschwand Solochin zwischen der blauen Fassade und dem verschlungenen Jugendstilgeländer der Hohen Brücke nach unten. Natürlich war bei dieser Aktion das Mountainbike wieder vorteilhaft. Nichtsdestoweniger brauchte es eine gehörige Portion Mut, um sich die steilen Stufen hinunterzustürzen. Sollte Nemecek es ebenfalls wagen?

»Streife in den Tiefen Graben«, rief er in sein Headset, nachdem er am Rand der Treppe angekommen war, sich aber im letzten Moment gegen eine solche Höllenfahrt entschieden hatte. Das Risiko eines Sturzes schien ihm einfach zu groß. Er ließ die Treppe links liegen und fuhr geradeaus bis zur Mitte des Brückengeländers. So würde er wenigstens wissen, welche Richtung Solochin einschlug, sobald dieser den Graben erreicht hatte.

Noch bevor er vom Fahrrad gestiegen war, hörte er auf einmal einen lauten Schrei. Es klang wie ein Fluch, gefolgt von einem heftigen Bremsgeräusch und dem dumpfen Knirschen, das entsteht, wenn sich Metall verbiegt. Dann waren einige Momente lang wieder nur die knatternden Rotoren über ihm zu hören, bevor sich ein lautes Hupen hinzugesellte.

Nemecek sprang endlich vom Fahrrad. Er beugte sich über das Geländer und staunte nicht schlecht. Genau unter ihm lag Viktor Solochin zwischen zwei Autos auf der Straße. Auf der anderen Seite lag sein Mountainbike. Es sah nicht so aus, als wäre es noch fahrtüchtig. Noch weniger schien das der Fahrer zu sein, der sich auf dem Asphalt krümmte. Unter seinem Kopf hatte sich bereits ein kleine Blutlache gebildet.

»Ambulanz in den Tiefen Graben«, rief er in die Luft und hob automatisch die Hand. Erst jetzt bemerkte er den überdimensionalen Schornsteinfeger, der über ihm aus dem Haus herausragte. Nemecek wusste, dass diese Metallfigur nichts mit dem altehrwürdigen Gewerbe zu tun hatte. Sie warb vielmehr für die Lotterie, die hier untergebracht war. Solochin hatte die Figur allerdings kein Glück gebracht.

»Wir haben ihn«, kommentierte Obermayr aus der Luft, während am Boden gerade zwei Polizeiwagen an der Unfallstelle eintrafen.

Nemecek atmete auf. Die Jagd war zu Ende.

Samstag, 9:29
Das vorläufige Ende der Aufklärung

»Ich gratuliere, Herr Chefinspektor«, begrüßte ihn Kappacher und breitete die Arme aus, als wollte er ihn gleich an sein Herz drücken. »Saubere Arbeit!«

»Danke, Herr Oberst«, entgegnete Nemecek pflichtschuldig. »Aber danken Sie nicht mir. Danken Sie lieber dem ganzen Team.«

Kappacher zog die Augenbrauen zusammen. Nemecek wusste natürlich, dass es sein Vorgesetzter nicht ausstehen konnte, wenn man ihn korrigierte. Aber in manchen Situationen ging es einfach nicht anders.

»Ja, natürlich, Sie haben recht«, sagte er langsam, nachdem er Nemecek nochmals mit einem strengen Blick bedacht hatte. In Anbetracht der aktuellen Situation wollte er aber Gnade vor Recht ergehen lassen. »Das war eine außergewöhnlich gute Teamarbeit.«

»Zu der auch Sie das Ihre beigetragen haben«, betonte Obermayr. Nemecek verstand, dass gute Stimmung angesagt war. Deswegen fügte er eilig hinzu: »Vor allem Ihr gestriger Einsatz.«

Augenblicklich hellte sich Kappachers Gesicht auf. Falls ihn dieses ungewohnte Lob irritierte, ließ er sich jedenfalls nichts anmerken. Im Gegenteil: Sein Schnauzbart zog sich in die Breite, wie er das immer tat, wenn Kappacher lächelte. Was selten genug vorkam – und wenn, dann war dieses Lächeln von jener väterlichen Art, die Nemecek stets an einen gütigen Patriarchen denken ließ. Dieses Mal schien er sich einfach nur geschmeichelt zu fühlen.

»Das war doch selbstverständlich«, relativierte Kappacher auf eine Weise, die das Gegenteil zum Ausdruck brachte. Ohne ihn, so die Kernbotschaft wäre der Fall sehr wahrscheinlich ungelöst geblieben. Aus den Augenwinkeln bemerkte Nemecek, wie ihm Obermayr einen ihrer vielsagenden Seitenblicke zuwarf. Er widerstand der Versuchung, ihr zuzuzwinkern.

»Apropos selbstverständlich«, verlosch das Lächeln in Kappachers Gesicht, um jener ernsten Miene Platz zu machen, die er ihnen gegenüber gerne zur Schau stellte. »Wann bekomme ich eigentlich Ihren schriftlichen Bericht?«

Nun konnte Nemecek doch nicht umhin, zu Obermayr zu blicken. Er sah, wie ihre Ohren rot wurden und wusste, dass sie kurz vor einer Explosion stand. Zuerst die Ohren, dann der Hals, am Ende das ganze Gesicht – das waren die untrüglichen Vorboten des Jähzorns, der sie gerne packte, wenn sie sich ungerecht behandelt fühlte.

Nemecek war drauf und dran, den Kopf zu schütteln, als sich Kappacher erneut zu Wort meldete. »Nun gut, Sie hatten natürlich einiges um die Ohren«, gab er sich großzügig, »aber heute Mittag möchte ich ihn auf dem Schreibtisch haben. Verstanden?«

Nemecek nickte, weil ihm nichts Besseres einfiel. Erst jetzt bemerkte er, dass seine eigenen Ohren zwar nicht glühten, aber ganz verschlagen waren. Er öffnete kurz den Mund, um den Druck auszugleichen. Der Ausdruck, wenn es einem die Sprache verschlägt, kam ihm in den Sinn und er stutzte. Woran erinnerte ihn dieser Gedanke bloß?

Kappacher schien Nemeceks offenen Mund anders zu deuten: »Sie wollten etwas sagen, Herr Chefinspektor?«

Nicht, dass ich wüsste, dachte Nemecek, sagte aber: »Wenn Sie sich vorerst mit einem mündlichen Bericht zufrieden geben wollen?«

Kappacher musterte ihn, als wittere er eine heimtückische Falle. Auch Nemecek selbst war sich nicht sicher, wie sich seine letzten Worte angehört hatten: respektvoll, gar untertänig oder doch mit jenem Unterton der Insubordination, den Kappacher so oft beklagte?

»Ich kann nur hoffen, dass ich das jetzt nicht mit dem falschen Ohr gehört habe«, spielte sein Vorgesetzter genau auf diesen Punkt an. Für Töne hatte er ein besonderes Sensorium. »Aber lassen wir unsere alte Diskussion einmal beiseite und Sie erklären mir endlich, warum Sie unbedingt den ganzen Polizeiapparat mobilisieren und die halbe Stadt in Aufruhr versetzen mussten.«

Nemecek sah seinen Vorgesetzten an. Nach einer gefühlten Ewigkeit griff er nach seinem Notizbuch. Nicht dass er dort irgendetwas über die turbulenten Ereignisse der letzten Stunden aufgezeichnet hätte. Doch das Buch war nun mal etwas, an dem er sich festhalten konnte.

Er nahm sich Zeit für seinen Bericht. Immerhin war das eine gute Gelegenheit, um sich mit Obermayr auf den letzten Stand zu bringen. Nachdem er Kappacher von der Festnahme unterrichtet hatte, wollte sie dieser nämlich unverzüglich in seinem Büro sehen, sodass ihnen keine Zeit für einen Austausch geblieben war.

In aller Ruhe ließ Nemecek den Tag noch einmal Revue passieren. Er ließ nichts aus. In manchen Punkten berichtete er sogar um einiges ausführlicher, als er das sonst tat. Er startete mit dem Anruf, der ihn frühmorgens aus dem Schlaf gerissen hatte: Als er erfuhr, dass Solochin aufgespürt und ihnen doch durch die Lappen gegangen war. Nemecek teilte sogar seine Überlegungen, ob er denn nun mit dem Auto oder mit dem Fahrrad in die Stadt fahren sollte; und wie froh er war, dass er sich für letzteres entschieden hatte. »Sonst wäre er uns wahrscheinlich entwischt«, fügte er mit Nachdruck hinzu.

Mit der Jagd durch die Wiener Innenstadt nahm sein Bericht endlich ein wenig Fahrt auf. Spätestens mit dem Hubschraubereinsatz, von dem Obermayr ähnlich detailliert berichtete, war man dann im Spektakel gelandet. In beschwingtem Pingpong legten die beiden Inspektoren nun ihre Erlebnisse zusammen: die Anweisungen aus der Luft und die Verfolgung am Boden; die wilde Jagd über die holprigen Straßen und das unvermutete Abtauchen des Verdächtigen; Obermayrs Übersicht und Nemeceks sportlicher Einsatz; das ständige Aus-den-Augen-Verlieren und der finale Unfall.

Sie ließen kaum etwas aus. Sie erwähnten sogar die zwischendurch erhaltenen Informationen, die ihre Jagd weiter beflügelten: zuerst Manningers Anruf, dass sie unter den in Solochins Wohnung sichergestellten Geräten auch das Prepaid-Handy gefunden hatten, mit dem Paul Steiner kurz vor seinem Tod angerufen wurde; dann die Nachricht, dass sich unter den sichergestellten Dingen doch auch Steiners Laptop befand; und schließlich die von Kampinski höchstpersönlich überbrachte Neuigkeit, dass sie diesen Computer geknackt und dort unter anderem einen regen E-Mail-Verkehr mit dem Patentamt vorgefunden hatten. Laut Kampinski war Steiner darauf und dran, sich alle Rechte auf CAPS zu sichern.«

Damit hatten sie nicht nur den Täter gefasst, sondern auch das Mordmotiv geklärt: Wie vermutet ging es tatsächlich um Diebstahl. Mit dem Patent auf seinen Namen hätte Steiner CAPS in die ganze Welt verkaufen können. Eine revolutionäre Sicherheitslösung, wie das Steiner selbst in einem seiner E-Mails an das Patentamt genannt hatte. Es war unschwer zu erraten, von wem er das dafür notwendige Know-how abgezogen hatte.

Der Höhepunkt ihrer Geschichte war natürlich die Szene, in der sie Solochin schließlich ergreifen konnten. In dramatischen Worten schilderte Nemecek, wie er ihn in der Wipplingerstraße schon beinahe eingeholt hatte, bevor dieser dann seine todesmutige Treppenfahrt angetreten hatte. Dass ihm die weitere Verfolgung zu riskant und er deswegen auf der Brücke geblieben war, ließ er kurzerhand unter den Tisch fallen. Doch Obermayrs Bericht über die doppelte Vogelperspektive der beiden Inspektoren machte diese kleine Scharte mehr als wett. Denn während sie vom Hubschrauber aus Nemecek auf der Hohen Brücke stehen sah, habe dieser die darunter liegenden Geschehnisse genau verfolgt. Und sei dann zum richtigen Zeitpunkt im Graben zur Stelle gewesen.

Nemecek musste zugeben, dass ihn sein Bericht über die finale Verhaftung durchaus mit Stolz erfüllte. Nicht nur, dass er mit einem durchtrainierten Mittzwanziger auf dem Fahrrad mithalten konnte; er schaffte es sogar, Bruce Lee zur Strecke zu bringen. Dass ihm dabei die Verletzungen zu Hilfe kamen, die Solochin bei seinem Sturz erlitten hatte, erwähnte er nur am Rande. Am Ende hatte er den Mörder von Paul Steiner vor allem aufgrund seines persönlichen Einsatzes gefasst. Ohne sein regelmäßiges Training und die profunde Kenntnis seiner Heimatstadt hätte er das niemals geschafft.

Obermayr schnitt sich ebenfalls ein gutes Stück vom Erfolgskuchen ab. Und das zu Recht. Nach der aufsehenerregenden Hubschrauberlandung Am Hof war sie sofort in den Rettungswagen gesprungen, um Solochin ins Krankenhaus zu begleiten. Nachdem sich dieser von seinem ersten Schock erholt hatte, habe der Cyberguru, ohne zu zögern, ein volles Geständnis abgelegt. »Ja, ich habe dieses Schwein getötet«, soll er wortwörtlich gesagt und dabei immer noch vor Zorn gebebt haben.

»Und wie hat er das nun bewerkstelligt?«, fragte Kappacher ungewohnt zurückhaltend. Scheinbar war er vom Heldenmut seiner Inspektoren durchaus beeindruckt.

»Gleich nach dem Ende seines Vortrags in München ist er ins Auto gesprungen und nach Wien gefahren«, schilderte Obermayr und streckte die Arme nach vorne, als würde sie gleich nach dem Lenkrad greifen. »Da muss es etwa 16 Uhr 45 gewesen sein. Kurz vor Wien hat er Steiner dann von einem seiner Prepaid-Handys angerufen – wie wir wissen, exakt um 20:44. Nachdem dieser noch in der Firma war, ist Solochin direkt in die *SafeIT* gefahren, um ihn zur Rede zu stellen. Dort hat er dann offenbar nicht mehr viele Worte gemacht.«

Sondern die Armbrust sprechen lassen, ergänzte Nemecek für sich. In jedem Fall, überlegte er weiter, war die Tat genau kalkuliert. Daran war nichts Spontanes. Dass Steiner sterben musste, war bereits beschlossene Sache, bevor Solochin nach München aufgebrochen war.

»Und das Motiv?«, fragte Kappacher plötzlich. Nemecek war verblüfft. Hatte der Oberst vorhin nicht zugehört, als sie von Kampinskis Anruf berichteten? Obermayr schien das egal zu sein. Ohne ihr übliches Augenverdrehen führte sie noch einmal in aller Ruhe aus: »Steiner hat Solochins Erfindung gestohlen. Anders als er uns im gestrigen Verhör weismachen wollte, hatte er offenbar schon länger den Verdacht, dass sich Steiner CAPS unter den Nagel reißen wollte – zumindest den technologischen Kern dieses Systems. Solochin ahnte, dass die Abstimmungsprobleme, von denen Steiner in den letzten Wochen mantraartig berichtete, nur vorgeschoben waren. Und als Hacker war es ihm ein Leichtes, Steiners E-Mails anzuzapfen. Später hat er ihm offenbar sogar eine Wanze ins Telefon gepflanzt.«

Kappacher schüttelte ungläubig den Kopf. »Das klingt ja nach Spionageroman. John LeCarré, kalter Krieg, Doppelagenten.«

»Am Ende hatte er genug Beweise, um Steiners Diebstahl eindeutig zu belegen.«

»Und?«

»Angeblich hat ihn Steiner ausgelacht, als er ihn damit konfrontierte«, setzte Obermayr ihren Thriller fort. »Der behauptete nämlich, schon ein Patent auf das CAPS angemeldet zu haben. Natürlich unter seinem Namen. Und einen ersten potenten Käufer hatte er offenbar auch schon an der Angel. Da ging es anscheinend um Millionen.«

»Aber wie ist Solochin unbemerkt in die *SafeIT* und wieder herausgekommen?«, wollte Kappacher weiter wissen. Obermayr begegnete ihm mit einem Gesichtsausdruck, der fast mitleidig wirkte. »Er hat einfach das Sicherheitsprotokoll und die Kameraaufzeichnungen manipuliert.«

»Ach so, ja natürlich«, schien sich der Oberst nun daran zu erinnern, dass sie es mit einem gewieften IT-Spezialisten zu tun hatten.

»Die grüne Karte hat er dem Toten übrigens absichtlich in den Schoß gelegt«, schloss Obermayr ihren Bericht. »In Erinnerung an all die Meetings, in denen er alle im Projekt belogen hatte.«

»Sinngemäß: Mit dem bin ich jetzt fertig?«, fragte Nemecek. Obermayr ließ den Kopf hin- und herpendeln, wie jemand, der etwas abwiegt. »Wahrscheinlich. Oder auch: Du bist am Ende.«

»Alles in allem ein sauberes Geständnis«, schloss Kappacher und rieb sich die Hände. Für Nemecek blieb allerdings offen, ob dieses Geständnis nun eher aufgrund der zunehmend erdrückenden Beweislast oder aufgrund von Solochins verzweifelter Lage zustande kam. Einer Lage, zu der die körperlichen Schmerzen nach dem Sturz sicher das ihre beitrugen. Im Krankenhaus hatten sie mehrere Abschürfungen, Prellungen und eine Platzwunde auf der Stirn festgestellt. Gebrochen war nur das Schlüsselbein. Das war wahrscheinlich passiert, als er nach seinem Salto über die Motorhaube auf die Straße aufschlug. Nemecek wusste aus eigener Erfahrung, wie lange es dauerte, bis so ein Bruch komplett verheilt war – und wie sehr man dabei körperlich abbaute. Der Knochen hieß nicht umsonst Schlüsselbein, er hatte auch eine zentrale Funktion für den gesamten Bewegungsapparat.

Beinahe hätte Nemecek zu erwähnen vergessen, dass sie in Solochins Rucksack nicht nur seinen Computer, sondern auch eine weitere Armbrust gefunden hatten. Diese war deutlich kleiner als jene, die sie am Vorabend in seiner Wohnung entdeckt hatten. Nemecek zweifelte keine Sekunde daran, dass es sich dabei um die Tatwaffe handelte. Warum hätte Solochin sie sonst mitschleppen sollen? Plante er womöglich, sich damit im Notfall zu verteidigen?

Wie auch immer, die Waffe wanderte ebenso ins kriminaltechnische Labor wie sein Laptop. Wahrscheinlich mussten sie warten, bis ihnen Solochin die nötigen Passwörter verriet. Der Computer eines Cybersecurity-Experten war sicher eine Festung. Laut Dr. Rüdinger hatte die Staatsanwaltschaft aber so oder so bereits genug für eine starke Anklage in der Hand.

Nemecek dachte nach. Obwohl sie bereits ein Geständnis hatten und das Motiv klar war, blieben noch einige wesentliche Punkte offen: Was genau hatte sich in der verhängnisvollen Nacht abgespielt? Warum trafen sich Paul Steiner und Solochin ausgerechnet vor dem Kanban-Board? Wie viel hatten die anderen CAPS-Mitarbeiter von Solochins Vorhaben gewusst? Last but not least: Wer wusste von Paul Steiners Machenschaften? Köllerer? Seine Schwester? Vielleicht sogar Novacic und Ortiz?

Nemecek war überzeugt, dass sie auch darauf Antworten bekommen würden. Es würde sicher nicht allzu lange dauern, bis Kampinskis Leute die diversen Computer ausgewertet hatten und Solochin wieder vernehmungsfähig war.

Erst als sie ans Ende ihres Berichts kamen, fiel Nemecek auf, dass Kappacher die Augen geschlossen hatte. Wie lange er wohl schon so dasaß? Irgendwann war Nemecek so in seiner Geschichte versunken, dass er nichts mehr registrierte. Als er seinen Vorgesetzten nun wieder bewusst wahrnahm, wirkte dieser ganz friedlich. Man durfte nicht vergessen, dass es gestern auch für ihn ziemlich spät geworden war.

»Herr Oberst?«, fragte er vorsichtig.

»Sind Sie fertig?«, fragte Kappacher benommen. Done, dachte Nemecek, während Obermayr ein überraschend freundliches »Ja, Chef!« von sich gab.

»Wie gesagt«, sagte Kappacher mit leicht krächzender Stimme. »Gute Arbeit.« Er hatte wohl selbst bemerkt, dass sich seine Stimme seltsam anhörte, denn jetzt räusperte er sich mehrmals. Zweifellos versuchte er, seine gewohnte Autorität wiederzugewinnen. Als er seinen Oberkörper aufrichtete, um sich vom Schreibtisch zu erheben, musste er husten. Die darauf folgenden Worte klangen wieder wie eh und je: »Aber vergessen Sie mir ja nicht den schriftlichen Bericht! Um vierzehn Uhr haben wir eine große Pressekonferenz angesetzt, da will ich im Bilde sein.«

Nemecek sah, wie sich Obermayr neben ihm hochschraubte. Er erhob sich ebenfalls und hörte, wie sein Stuhl knarrte. Der Deliquentensessel, wie sie den Besucherstuhl auf gut Österreichisch nannten: ein ebenso unförmiges wie unbequemes Ungetüm, das seine besten Zeiten lang hinter sich hatte. Schon lange hegte Nemecek den Verdacht, dass diese Sitzgelegenheiten ein wesentlicher Teil von Kappachers Gesamtkonzept waren. Sie führten unweigerlich dazu, dass man sich verkrampfte, während der Oberst auf seinem ausladenden Lederstuhl thronte.

Er schob den Gedanken an die möblierten Über- und Unterordnungen beiseite, um sich endlich seiner Kollegin anzuschließen. Wie Obermayr deutete er eine Verbeugung an, nuschelte ihr »Herr Oberst« nach und ging zur Tür. Bevor einer von ihnen die Hand auf die Klinke legen konnten, öffnete sich diese und gab den Blick auf Kappachers Chefsekretärin frei. Woher hatte Poppowitz gewusst, dass die Besprechung genau in diesem Moment zu Ende war? Hatte sie etwa hinter der Tür gelauscht? Oder gab es eine geheime Verbindung, über die Kappacher ihr ein Signal gab? Gar eine versteckte Videoüberwachung?

»Frau Bezirksinspektorin, Herr Chefinspektor«, sagte Poppowitz in ihrem gewohnt strengen Ton.

»Frau Chefsekretärin«, entgegnete Obermayr im selben Ton, bevor sie das Vorzimmer mit großen Schritten durchquerte und die Tür zum Treppenhaus aufstieß.

Samstag, 11:00
Vom Zentrum nach Ottakring

»Vier Kaiser, zwei Pariser, zwei Mürbe«, fasste die Verkäuferin seine Bestellung zusammen. Nemecek nickte und bemerkte gleichzeitig, wie ihn der neben ihm stehende Mann mit einem konsternierten Blick bedachte. Vielleicht ein Deutscher, überlegte Nemecek, der die Bestellung nicht versteht? Brötchen, Croissant, Hörnchen, übersetzte er im Geiste und musste schmunzeln. Schließlich hatte er gerade gehört, wie der Mann »Do you speak English?« gefragt hatte. So viel zur Macht der Vorurteile!

»Macht«, sagte jetzt auch die Verkäuferin, »11 Euro 70.« Die lassen sich ihr Gebäck hier auch vergolden, dachte Nemecek, während er nach Münzen kramte. »Stimmt so«, überreichte er seine Sammlung von Euro- und Cent-Stücken, die der Wiener gerne als Schotter bezeichnete.

»Danke«, sagte die Verkäuferin in säuerlichem Ton, als sie die Münzen in Empfang nahm. Sie blickte kurz auf das Durcheinander, das in ihre Hand gerieselt war. Dann beschloss sie, sich nicht weiter mit Zählen aufzuhalten, und warf das Ganze in ein Seitenfach ihrer altmodischen Registrierkasse. Das war wohl das Fach für die ganz besonderen Fälle, folgerte Nemecek und griff nach den beiden Papiertüten.

Als er die Bäckerei verließ, vernahm er plötzlich einen bekannten österreichischen Hip-Hop-Song. *G'frei di, über jeden Tog auf dem Planet*, schnappte er aus dem Lautsprecher auf. *Gfrei di – dass da wieder bessa geht.* Ja, er hatte allen Grund, sich zu freuen. Sie hatten es wieder einmal geschafft. Der Mord war aufgeklärt, der Täter festgenommen, die Beweislage eindeutig. Sogar ein Geständnis war vorhanden. Der Fall war also so gut wie abgeschlossen. Es fehlten nur noch einige Puzzleteilchen, die in den nächsten Tagen jedoch wie von selbst ins Gesamtbild fallen würden.

Trotzdem war noch einiges zu tun, bis sie den Fall wirklich zu den Akten legen konnten. Aber all das firmierte bei Nemecek unter Pragmatischem. Dazu gehörte die stichwortartige Zusammenfassung des mündlichen Berichts, den sie gerade Kappacher geliefert hatten; der kurzfristige Bericht, den Manninger gerade für die Pressekonferenz erstellte; das Treffen mit der Staatsanwaltschaft, um das weitere Vorgehen abzustimmen; oder die Sondierung der vorliegenden Beweismittel sowie deren systematische Ergänzung.

Jetzt aber zählte nur eins für ihn: möglichst rasch zu seiner Familie zu kommen und in aller Ruhe gemeinsam zu frühstücken. Oder zu brunchen, denn mittlerweile war es bald Mittag. Aber wer weiß: Vielleicht waren seine Töchter noch gar nicht wach? Endlich Zeit haben, um sich über all die positiven Dinge zu freuen, die sich in den letzten Tagen ereignet hatten: Bettinas Finanzierungszusage, Leas Paris-Reise, Sophies Schulerfolg. Wenn er sich daran erinnerte, konnte er kaum glauben, dass sich das Ganze innerhalb weniger Stunden ereignet hatte. Es fühlte sich eher an wie eine Woche oder noch länger. Doch dieses verzerrte Zeitgefühl war ja typisch für den Tunneleffekt, den verzwickte Kriminalfälle mit sich brachten.

Vielleicht ließen sich solche Fälle aber auch ganz anders organisieren? Er ahnte, dass sie gerade aus dem Kanban-Ansatz noch viel Nutzen ziehen konnten. War das agile Vorgehen nicht bestens dazu geeignet, ihre Arbeitsabläufe deutlich effizienter zu gestalten? Und ihnen gleichzeitig das Ermittlungsleben spürbar zu erleichtern?

Nemecek beschloss, sich in den nächsten Tagen ausreichend Zeit für sein Notizbuch zu nehmen. Es würde sich mit Sicherheit lohnen, seine Aufzeichnungen noch einmal en detail durchzugehen. Er wollte über die Fragezeichen nachdenken, die er sich für später notiert hatte, und dann Schritt für Schritt konsolidieren, was er in den letzten Tagen gelernt hatte. Und im Team sollten sie nicht nur ihre Standups fortsetzen, sondern auch eine eigene Retrospektive zum Tatort Kanban machen. Immerhin hatte er dafür ausreichend Anregungen erhalten, um ein solches Experiment wagen zu können.

Endlich kam sein Fahrrad in Sicht, das immer noch an der Hohen Brücke stand. War es nicht reichlich schräg, dass er beim Anblick seines alten Drahtesels fast so etwas wie Rührung empfand? Doch dieses Fahrrad begleitete ihn mittlerweile so viele Jahre, dass es gewissermaßen schon zur Familie gehörte. Es war ihm stets ein treuer Begleiter gewesen und hatte ihm gerade heute morgen beste Dienste geleistet.

Als Nemecek an dem neben der Brücke gelegenen Elektrogeschäft vorbeikam, hielt er plötzlich inne. *Wien: Armbrustmörder gefasst*, las er die Schlagzeile am unteren Rand des Bildschirms, der hier die neuesten Nachrichten in die Auslage stellte. Über dem weißen Feld sah er die wackligen Aufnahmen, die das Kamerateam von der Brücke gemacht hatte: die Ambulanz, die kreuz und quer stehenden Polizeiwagen, die Traube von Schaulustigen, die sich gebildet hatte. Einmal gab es sogar einen kurzen Schwenk in die Luft, wo der Polizeihubschrauber kreiste. Der ganze Stummfilm war von Blaulicht durchsetzt. Ganz unten informierte ein Newsticker gerade über *eine wilde Verfolgungsjagd durch die Wiener Innenstadt, die zur Verhaftung von Viktor S. führte.* Nemecek verfolgte noch kurz den roten Schriftbalken, der von rechts nach links durch den Bildschirm lief. *Der IT-Experte Viktor S. steht im dringenden Tatverdacht, Paul S. ermordet zu haben.* Dann wandte er sich ab. Für heute war sein Bedarf an Spektakel wahrlich gestillt.

Als er am Brückengeländer ankam, zog es seinen Blick fast magnetisch in die Tiefe. Am Asphalt des Tiefen Grabens war immer noch der runde Fleck zu sehen, den Solochins Blut darauf hinterlassen hatte. Trotz allem hatte dieser Glück im Unglück gehabt, denn solche Stürze konnten ganz anders ausgehen. So wie es aussah, würde Solochin keine bleibenden Schäden davon tragen – wenngleich ihm zweifellos eine lange Gefängnisstrafe drohte.

Nemecek zog seinen Schlüsselbund aus der Tasche und beugte sich nach vorne. Mit einer kurzen Drehung hatte er das Fahrradschloss geöffnet. Wie immer ließ er das geöffnete Schloss gleich wieder einschnappen, zog den roten Schlüssel heraus und hängte den Bügel über die Lenkstange. Jetzt kann es nicht mehr lange dauern, bis es richtig Sommer wird, ging ihm durch den Kopf, als er auf das frische Grün der Bäume blickte. Dann schwang Nemecek sein rechtes Bein über den Sattel und machte sich auf den Weg nach Ottakring.

Nachwort

Die meisten Geschichten sind erfunden – das gilt für Romane, aber ebenso für jene Geschichten, die angeblich das Leben schreibt. Deswegen werden Sie, geschätzte Leserinnen und Leser, einige Schauplätze des vorliegenden *Tatorts* ebenso vergeblich suchen wie die Personen, von denen er erzählt.

Viele Geschichten haben allerdings auch, wie man so sagt, einen wahren Kern. Deswegen können Sie jederzeit auf Nemeceks Spuren durch Wien wandeln; Sie können die von ihm entdeckten Arbeitswelten auffinden; Sie können mehr über *Kanban* erfahren; und mit dem Fahrrad durch die Stadt fahren können Sie sowieso.

Kurzum: *Tatort Kanban* kombiniert Erfundenes und Wahres. Auf der einen Seite berichtet er von Ereignissen, die so niemals stattgefunden haben. Auf der andere Seite handelt er von Phänomenen, die mittlerweile in vielen Unternehmen gang und gäbe sind: Sei es nun das visuelle Management, das agile Vorgehen oder die Selbststeuerung.

Alles in allem hat es Spaß gemacht, meine beraterischen Erfahrungen mit diesen Phänomenen in Form eines Kriminalromans zu verarbeiten. Ich hoffe, dass auch Sie Spaß beim Lesen haben. Mit Chefinspektor Nemecek können Sie dabei nicht nur einen Mord lösen, sondern auch entdecken, was es denn mit diesen neuen Arbeits- und Organisationsformen auf sich hat, von denen derzeit so viel die Rede ist.

Um Ihnen diese doppelte Aufklärung zu erleichtern, finden Sie in der Folge zwei Glossare: Das erste stellt Ihnen kurz die wichtigsten Charaktere vor; das zweite liefert bündige Definitionen vieler Fachbegriffe, die im Buch vorkommen. Ganz am Ende finden Sie noch einige Quellenangaben zu den zitierten

Musikstücken sowie Literaturhinweise – falls Sie auf den Geschmack gekommen sind und mehr über die agilen Realitäten abseits der Krimiwelt in Erfahrung bringen wollen.

Tatort hin, *Kanban* her – beides wäre ohne die Hilfe bestimmter Menschen nicht zustande gekommen. Das Wort agil im Untertitel beansprucht dieser Kriminalroman nämlich nicht nur aufgrund der Themen, die darin behandelt werden. Vielmehr ist er ebenso dem Umstand geschuldet, dass die Entwicklung der Story, der Spannungsbögen und der Figuren von Anfang an Teamsport war. Ohne die ko-kreative Energie einiger Menschen und das laufende Feedback zu den einzelnen Textteilen, wäre dieser Wirtschaftskrimi weder entstanden noch fertiggestellt worden.

Insbesondere möchte ich mich bei folgenden Personen für deren tatkräftige Mitwirkung bedanken:

- Melanie Feldmann
- Barbara Lauer
- Klaus Leopold
- Francois Mairey
- Britta Mauerböck
- Silke Spögler-Mairey
- Nadine Thiele
- Georg Tillner
- Dirk Volovsek
- Wolfgang Wiedenroth
- Hannes Wirlinger
- Martin Wohlrab
- Ben Ziech

Besonders hervorheben möchte ich meine Lektorin Christa Preisendanz, die diesen Roman von Anfang an unterstützt und dessen Reifung ebenso leidenschaftlich wie akribisch begleitet hat.

Bedanken möchte ich mich auch bei den beiden Dottores Tom Claus Pustelnik und Harald Kubiena, die mir während des Schreibprozesses buchstäblich den Rücken gestärkt haben.

Einmal mehr stehen die drei Frauen am Ende meiner Dankesliste, die auch die vorliegende Geschichte am allermeisten beflügelt haben: meine Töchter Selina und Stella Kaltenecker und meine Frau Sabine Eybl. Merci für die zahlreichen Inspirationen aus unserem agilen Familienleben! Merci für das Aushalten diverser Tunneleffekte, die die Schreiberei nunmal mit sich bringt! Und Merci dafür, dass ihr mir immer wieder den Weg aus solchen Tunneln weist!

Glossar der Figuren

Die Ermittelnden

- **Robert Nemecek**
  Chefinspektor in Wien, Ehemann und Familienvater, passionierter Läufer und Fahrradfahrer

- **Nina Obermayr**
  Bezirksinspektorin, Kollegin und Sparringpartnerin von Robert Nemecek, stammt ursprünglich aus Oberösterreich, was man nicht nur an ihren Sprüchen erkennt.

- **René Manninger**
  Kriminalassistent, die Datenbank im Hintergrund, große Spürnase, manchmal allerdings ein wenig umständlich

- **Heribert Kappacher**
  Vorgesetzter der Mordkommission, Führungskraft der alten Schule, befreundet mit Ferdinand Glaser Senior

- **Ingrid Poppowitz**
  Kappachers Chefsekretärin, zumindest ebenso alte Schule

- **Sven Kampinski**
  Leiter der Kriminaltechnischen Untersuchung (KTU), Spurensicherungsprofi mit Berliner Schnauze

- **Gerda Probisch**
  Grande Dame der Rechtsmedizin, Schönbrunner Original und Opernfreundin

- **Martin Habicher**
  ihr ewiger Assistent und Konzertmeister

▦ **Gunther Rüdinger**
Staatsanwalt mit unerwartet agilen Potenzialen

Die Familie

▦ **Bettina Nemecek**
Universitätsprofessorin für Biologie, Expertin für Selbstorganisation, Nemeceks Ehefrau und die Mutter ihrer gemeinsamen Töchter

▦ **Lea Nemecek**
aufgeweckte 13-Jährige, die ihre Eltern in Bewegung hält

▦ **Sophie Nemecek**
nicht weniger aufgeweckte 11-Jährige, der Nemecek am Ende einen entscheidenden Hinweis verdankt

Die Unternehmen

▦ *SafeIT*
ein auf Sicherheitslösungen spezialisiertes Unternehmen mit Sitz im 20. Wiener Gemeindebezirk

▦ *Securitas*
das alte Familienunternehmen, das sich auf Tresore und andere Hardware-Sicherheitslösungen spezialisiert hatte

▦ *Cardex*
ein mittelständischer Softwaredienstleister, der zu den agilen Pionieren in Österreich gehört

Personen in der *SafeIT* (extern und intern)

▦ **Paul Steiner**
Vertriebsexperte in der *SafeIT*, ehemaliger Prokurist der *Securitas*, Frauenheld, aktuell liiert mit Karin Köllerer

▦ **Eleanore Ortiz**
Projektmanagerin und agile Product Owner in der *SafeIT*, arbeitet mit Paul Steiner im Rahmen eines Innovationsprojekts mit dem Namen CAPS zusammen

▥ **Nikolas Gauss**

agiler Coach, gestaltet alle Veränderungsmaßnahmen, die für den Wandel der *SafeIT* hin zu einem selbstorganisierten Unternehmen notwendig sind

▥ **Heidrun Glaser**

Geschäftsführende Gesellschafterin der *SafeIT*, Expertin für Cybersecurity und verantwortlich für die technische Entwicklung und das Marketing des Unternehmens

▥ **Ferdinand Glaser**

Geschäftsführender Gesellschafter der *SafeIT*, Betriebswirtschaftler, verantwortlich für die Wirtschaftlichkeit des Unternehmens

▥ **Ferdinand Glaser Senior**

ehemaliger Geschäftsführer der *Securitas*, dem alten Unternehmen der Familie Glaser, aus dem später die *SafeIT* hervorgeht

▥ **Monika Watzinger**

Mitglied des Organisationsteams der *SafeIT*, Empfangsdame der Woche und versierte Barrista, sehr zur Freude von Robert Nemecek

▥ **Luka Novacic**

Softwareentwickler in der *SafeIT*, Mitarbeiter im Innovationsprojekt *CAPS*, aktueller Freund von Milena Dadic, vorbestrafter Kampfsportler

▥ **Viktor Solochin**

internationaler Cybersecurity-Guru, externer Mitarbeiter beim Innovationsprojekt *CAPS*, Kampfsportler, der Bruce Lee ähnlich sieht

▥ **Akasha Devi**

verantwortlich für das Marketing in der *SafeIT*

▥ **Igor Wasjaschwilli**

Softwareentwickler im Team Scooter der *SafeIT*

▥ **Melanie Wunzer**

Produktentwicklung im VIP-Team der *SafeIT*

▥ **Kim Sun**

Qualitätssicherung in der *SafeIT*

▥ **Harald Terzenberger**

Softwareentwickler in der *SafeIT*, Mitarbeiter im Innovationsprojekt *CAPS*

▨ **Max Grüblinger**
ein Vertreter mit einem kurzen Auftritt

▨ **Marie Rosinger**
Architektin, Mitglied des Designteams, das die *SafeIT* gestaltet hat, Lebensgefährtin von Nina Obermayr

Paul Steiners Umfeld

▨ **Sylvie Steiner**
IT-Programmmanagerin, agile Expertin, Schwester von Paul Steiner

▨ **Milena Dadic**
Sales-Spezialistin, ehemalige Mitarbeiterin der *SafeIT*, Langzeitgeliebte von Paul Steiner, aktuelle Freundin von Luka Novacic

▨ **Karin Köllerer**
BWL-Studentin und Fitnessstudio-Mitarbeiterin, aktuelle Geliebte von Paul Steiner, angeblich die Liebe seines Lebens

Robert Nemeceks Umfeld

▨ **Sebastian Neufeldner**
Jurist, alter Weggefährte und Busenfreund

▨ **Rudolf Pokorny**
Gastwirt in x-ter Generation, Inhaber des gleichnamigen Gasthauses, um das sich vieles im Roman dreht, ehemaliger Schulkamerad

Glossar der Fachbegriffe

Kanban

Kanban

Wörtlich Signalkarte. Auf solchen Karten sind stichwortartig arbeitsrelevante Informationen wie etwa Inhalt, Wert, Aufwand oder Start- und Beendigungsdaten erfasst. Sie bilden das Basiselement des visuellen Arbeitsmanagements.

Kanban-Methode
Einsatz des visuellen Arbeitsmanagements nach bestimmten Prinzipien und Praktiken

Kanban-Board
Zentrales Medium der Methode, auf dem alle wesentlichen Aspekte eines bestimmten Arbeitssystems dargestellt sind – von einzelnen Arbeitspaketen über Kernaktivitäten und sogenannte Work-in-Process-Limits bis zu den Regeln, die für den Betrieb eines Kanban-Systems vereinbart werden.

Kanban in der Wissensarbeit
Übersetzung des ursprünglich aus der Automobilindustrie stammenden Vorgehens auf alle möglichen Formen komplexer Wissensarbeit wie Softwareentwicklung, Marketing, Human Resources oder Design

Kanban-Betrieb
Regelgeleiteter Einsatz des visuellen Arbeitsmanagements im Unternehmensalltag. Dieser Einsatz steht und fällt mit der Qualität der Feedbackschleifen. Zu den zentralen Betriebsregeln gehören daher agile Standardmeetings (wie Standups und Retrospektiven), ausgewählte Messungen (etwa zur Durchlaufzeit oder zur Dauer von Blockaden) sowie Besprechungen mit Kunden bzw.

deren Vertretern (zur Qualität der aktuellen Produkte, zu neuen Bedürfnissen und nicht zuletzt zur Klärung der Frage, woran als Nächstes gearbeitet werden soll).

Enterprise Kanban

Unternehmensweiter Einsatz des visuellen Arbeitsmanagements. Damit können Team-, teamübergreifende und strategische Dimensionen dargestellt und zielorientiert miteinander verzahnt werden.

Avatar

Grafischer Stellvertreter, der für eine bestimmte Arbeit verantwortlichen Person oder des verantwortlichen Teams – oft in Form von Magneten in unterschiedlichen Farben, mit Bildern oder mit Initialen

Delegiertenprinzip

Lösung für Enterprise-Kanban-Systeme, an denen viele Teams bzw. Personen beteiligt sind. Arbeiten mehr als 20 Leute innerhalb eines bestimmten Systems, erfolgt der Betrieb üblicherweise nicht mehr mit allen, sondern mit ausgewählten Vertretern aus den einzelnen Teams. Diesen Delegierten wird die laufende Koordination aller Arbeiten im Interesse aller anvertraut. Folglich sind sie auch für einen guten Informationsfluss von den und in die jeweiligen Teams verantwortlich.

Rotationsprinzip

Dieses Prinzip verhindert, dass die Team- oder Bereichsvertreter in großen Enterprise-Kanban-Systemen klammheimlich zu Chefdelegierten mutieren, indem die Vertreter in sinnvollen Abständen wechseln.

Schwimmbahn

Horizontale Zeile, in der typische Arbeiten nach bestimmten Kategorien erfasst werden: etwa »Features« oder »Changes« in der Softwareentwicklung oder »Zeugen« und »Verdächtige« auf dem Kanban-Board der Mordkommission.

Work-in-Process (WIP)

Anzahl der parallelen Arbeiten innerhalb eines bestimmten Arbeitssystems. Durch die bewusste Limitierung dieser Anzahl lässt sich dieses System auch in hochkomplexen Umfeldern so stabilisieren, dass die vorhandene Kapazität optimal auf die vorhandenen Anforderungen ausgerichtet werden kann.

Ohne eine solche Limitierung kommt es unweigerlich zu Stauphänomenen ähnlich einer überfüllten Autobahn.

Agilität

Agil
Wörtlich schnell, beweglich, flink

Agile Methoden
Iterative Vorgehensweisen, die die effiziente Entwicklung von Projekten, Produkten oder Services in kurzen Etappen fördern und das rasche Reagieren auf veränderte Anforderungen erleichtern. Bekannte Beispiele für solche Methoden sind XP, Scrum, Lean Startup, Design Thinking oder eben Kanban. Sie beruhen allesamt auf der regelmäßigen Lieferung kleiner Produktteile (in sogenannten Sprints) und beziehen dafür von Anfang an alle wesentlichen Fachdisziplinen sowie den Kunden oder einen Kundenvertreter mit ein (cross-funktionale Teams). Damit unterscheiden sich agile Methoden kategorisch vom sogenannten Wasserfallmodell, das auf einem vorweg festgelegten Masterplan beruht, der in großen Blöcken von unterschiedlichen Spezialisten hintereinander abgearbeitet wird.

Standup
Zentrales Meeting für die operative Koordination, im Stehen abgehalten, auf die wichtigsten Punkte konzentriert und je nach Meetingintervall von einer Dauer von 15 bis 30 Minuten. Genauere Diskussionen oder Problemlösungen werden konsequent ausgelagert.

Retrospektive
Meeting, um den gesamten Arbeitsprozess in regelmäßigen Abständen auf den Prüfstand zu stellen. Dabei wird eine gemeinsame Rückschau (Was ist zuletzt gut gelaufen? Was nicht?) mit pointierten Einsichten (Was zeigt uns die Bilanz? Wo liegen unsere Hauptprobleme?) und einem klaren Ausblick verbunden (Welche konkreten Verbesserungsmaßnahmen wollen wir setzen?).

Agiles Manifest
Sammlung von Werten, die eckpfeilerartig den Rahmen für das agile Vorgehen abstecken. (*https://agilemanifesto.org/iso/de/manifesto.html*)

Lean

Lean
Wörtlich schlank, dünn, knapp

Lean Management
Ursprünglich von Toyota entwickelte Managementphilosophie, die auf starken Grundprinzipien beruht. Dazu gehören die konsequente Ausrichtung aller Arbeitsvorgänge auf Kunden, die Fokussierung auf kundenorientierte Wertströme sowie die kontinuierliche Verbesserung aller Arbeitsvorgänge.

Wertstrom
Serie von Aktivitäten, die notwendig sind, um aus einer ersten Idee ein konkretes Produkt oder einen Service zu machen, das bzw. der den Kunden zufriedenstellt. In diesem Sinne wird gerne von wertgenerierenden Aktivitäten im Unterschied zu Arbeiten gesprochen, die keinen Nutzen stiften (sondern nur Overhead verursachen).

Selbstorganisation

Selbstorganisation
Zentrales Gestaltungsprinzip für agile Teams, einzelne Geschäftsbereiche und ganze Unternehmen. Dieses Prinzip beruht auf der Grundannahme, dass Fachexpertinnen und -experten fähig sind, ihre eigene Arbeit nicht nur durchzuführen, sondern auch zu managen. Damit diese Fähigkeit für alle Beteiligten profitabel wird, braucht es allerdings gute Rahmenbedingungen. Dazu gehören ein klarer Fokus, schlanke, unbürokratische Prozesse, die gezielte Delegation von Entscheidungskompetenz, kollegiale Unterstützung auf allen Ebenen sowie eine kooperationsfreundliche Infrastruktur. Die sukzessive Entwicklung der vorhandenen Potenziale braucht aber in jedem Fall auch Zeit sowie praktische Übungsgelegenheiten, um die neuen Arbeits- und Organisationsformen gewissermaßen in Fleisch und Blut übergehen zu lassen. Professionelles Feedback auf das konkrete Tun ist dafür eine Grundvoraussetzung.

Literatur

[**Carney & Getz 2009**] Carney, B. M.; Getz, I.: Freedom, Inc. – Free Your Employees and Let Them Lead Your Business to Higher Productivity, Profits, and Growth. Crown Business, 2009.

[**Habighorst 2018**] Habighorst, M.: Auf die schlanke Tour. So werden Unternehmen lean und agil. O'Reilly, 2018.

[**Kaltenecker 2015**] Kaltenecker, S.: Selbstorganisierte Teams führen. Arbeitsbuch für Lean & Agile Professionals. 2., überarbeitete und erweiterte Auflage, dpunkt.verlag, 2018.

[**Kaltenecker 2017**] Kaltenecker, S.: Selbstorganisierte Unternehmen. Management und Coaching in der agilen Welt. dpunkt.verlag, 2017.

[**Kaltenecker 2018**] Kaltenecker, S.: Kanban und Selbstorganisation, 2018; *https://www.loop-beratung.at/blog/kanban-und-selbstorganisation-teil-3/*.

[**Kaltenecker 2019**] Kaltenecker, S.: Enterprise Kanban. Teamgrenzen agil überwinden, 2019; *https://www.managerseminare.de/ms_Artikel/Enterprise-Kanban-Teamgrenzen-agil-ueberwinden,268838*.

[**Koschek 2013**] Koschek, H.: Geschichten vom Scrum. Von Sprints, Retrospektiven und agilen Werten. 2., überarbeitete Auflage, dpunkt.verlag, 2013.

[**Leopold 2016**] Leopold, K.: Kanban in der Praxis. Vom Teamfokus zur Wertschöpfung. Hanser Verlag, 2016.

[**Leopold 2018**] Leopold, K.: Agilität neu denken. Warum agile Teams nichts mit Business Agilität zu tun haben. LEANability, 2018.

[**Leopold & Kaltenecker 2013**] Leopold, K.; Kaltenecker, S.: Kanban in der IT. Eine Kultur kontinuierlicher Verbesserung schaffen. Hanser Verlag, 2013.

[**van Solingen 2017**] van Solingen, R.: Der Bienenhirte. Über das Führen selbstorganisierter Teams. dpunkt.verlag, 2017.

Musik

Lynn Anderson
Rose Garden. *https://www.youtube.com/watch?v=2-eclUz-RYI.*

Attwenger
One. *http://attwenger.at.*

Granada
Ottakring. *https://www.granadamusik.com.*

Georg Friedrich Händel – Catarina Ligendza
Neun deutsche Arien. *https://www.discogs.com/de/Georg-Friedrich-Händel-Catarina-Ligendza-Neun-Deutsche-Arien/release/5092053.*

John Lennon
Beautiful Boy. *http://www.johnlennon.com.*

Skero
G'frei di. *https://www.skero.at.*

Siegfried Kaltenecker

Selbstorganisierte Teams führen

Arbeitsbuch für
Lean & Agile Professionals

2., überarb. und erw. Auflage 2018
254 Seiten
komplett in Farbe, Broschur
€ 32,90 (D)

ISBN:
Print   978-3-86490-551-3
PDF   978-3-96088-416-3
ePub   978-3-96088-417-0
mobi   978-3-96088-418-7

Siegfried Kaltenecker beschreibt, wie Führung in einem sich selbstorganisierenden Umfeld funktioniert, und gibt viele Hinweise, wie die eigenen Führungskompetenzen ausgebaut werden können. Er führt in die Grundlagen und die Grundwerte selbstorganisierter Teams ein: Commitment, Einfachheit, Respekt und Mut. Anhand von konkreten Fallbeispielen aus der Lean- und agilen Welt beschreibt er sodann ausführlich die handlungsleitenden Kernkompetenzen Fokussieren, Designen, Moderieren und Verändern. Für jede Kompetenz hat er konkrete Werkzeuge parat, wie z.B. Kunden-Radar, visuelles Arbeitsmanagement, bescheidenes Befragen oder Feedback-Planer, mit denen der Leser die Umsetzung in der Praxis nachvollziehen kann.

Die 2. Auflage wurde um neue Werkzeuge (z.B. Wertstromanalyse, Design Thinking, Delegation Board oder Klärungsgespräch) und weitere Fallbeispiele zur agilen Teamführung ergänzt.

»Auf der Suche nach Antworten auf die Frage, wie Führungsarbeit im 21. Jahrhundert gestaltet werden kann, findet sich in diesem übersichtlich strukturierten Buch ein reichhaltiger Fundus auf 150 lesefreundlichen Seiten – ergänzt durch knackig und plastisch beschriebene Tools auf weiteren 100 Seiten.«
SQ-Magazin zur 1. Auflage

www.dpunkt.de

Siegfried Kaltenecker

Selbstorganisierte Unternehmen

Management und Coaching in der agilen Welt

2017
330 Seiten
komplett in Farbe, Broschur
€ 34,90 (D)

ISBN:
Print   978-3-86490-453-0
PDF   978-3-96088-195-7
ePub   978-3-96088-196-4
mobi   978-3-96088-197-1

Was genau müssen Manager tun, um eine agile Transformation ihres Unternehmen zu ermöglichen? Worauf sollten sich Coaches konzentrieren, um ihrer Rolle als Impulsgeber gerecht zu werden? Und welche speziellen Chancen ergeben sich aus der Kombination von Führungs- und Beratungskompetenzen?

Siegfried Kaltenecker bietet praxisorientierte Antworten auf all diese Fragen, die unterstreichen, dass unternehmerische Agilität ohne Selbstorganisation nicht zu haben ist. Er bündelt Praktiken aus über 40 Unternehmen zu acht Gestaltungsbereichen für ein agiles Organisationsdesign: konsequenter Kundenfokus, transparente Steuerung der Abläufe, kurze Feedbackschleifen, kundennahe Entscheidungen, experimentierfreudige Verbesserungs- und Innovationskultur, schlanke Aufbauorganisation, Verteilung von Managementaufgaben sowie laufendes Training und Coaching. Jenseits von vorgefertigten Rezepten lassen sich so die vorhandenen Stärken und Potenziale aller Mitarbeiter bestmöglich nutzen.

»Das Buch ist besonders aufgrund der hohen Praxisorientierung interessant und nützlich. [...] Die gut gewählten Beispiele aus zahlreichen Pionierunternehmen zeigen, wie Selbstorganisation im echten Leben aussieht.«

jakubitz.at

dpunkt.verlag
www.dpunkt.de